Fuera de España se conoce muy poco sobre la brutal represión soportada por los campesinos de Andalucía a manos de las fuerzas franquistas.

Pero aún es menos conocida la épica lucha de aquellos que continuaron su pugna contra la dictadura mucho después de la deposición de la República.

Ahora David Baird ha recreado laboriosamente la trágica y aún hoy heroica historia de un pequeño grupo rebelde. En un momento en el que España se encuentra dividida por una amarga disputa acerca de lo que sucedió durante y después de la Guerra Civil, este libro magníficamente escrito no podía ser más oportuno.

Tan excitante como una novela de intriga, pero mucho más conmovedor, este libro merece ser leído por todo aquel interesado en la historia contemporánea de España.

— **Paul Preston, historiador**

LA GENTE
DE LA SIERRA

Lucha sin cuartel
contra las fuerzas franquistas

David Baird

Maroma Press

Copyright © David Baird 2017

Nueva revisada edición publicada 2017
por Maroma Press
Calle Real, 76
29788 Frigiliana (Málaga)
http://maromapress.wordpress.com

Primera edición en castellano, título *Historia de los maquis*,
publicada en 2008 por Editorial Almuzara, Córdoba.
Primera edición en inglés, título *Between Two Fires*, publicada en
asociación con el Cañada Blanch Centre for Contemporary Spanish Studies, London
School of Economics.

Reservados todos los derechos. No está permitida la reproducción total o parcial de este libro por cualquier medio sin el permiso previo por escrito del titular del copyright.

Depósito Legal: MA 1456-2016
ISBN: 978-84-617-7561-3

Las fotos históricas y los documentos proceden de los archivos oficiales (véase la lista de fuentes) o han sido amablemente prestados por individuos y entidades. Las fotos de Santiago Carrillo, Dolores Ibárruri y los entrevistados son del autor, también las fotos de Frigiliana y las sierras.
Portada: panfleto procedente de los archivos del Partido Comunista de España.
Tapa posterior: imagen de los archivos de la Guardia Civil.

Agradecimientos

NO HABRÍA SIDO POSIBLE escribir este libro sin la ayuda de muchas personas. Ante todo estoy en deuda con los hombres y las mujeres de Frigiliana que me han contado sus historias personales, publicadas aquí. Me contestaron a mis preguntas con una paciencia excepcional, aún cuando se trataba de recuerdos bastante dolorosos. Gracias a todos los que han comentado la primera edición y me han ofrecido las correcciones necesarias.

Doy mis gracias a todos los vecinos que me ayudaron tan generosamente con información y fotos, entre ellos Antonio Acosta Cerezo, Antonio Orihuela, Dolores García Platero, Federico Martín Requena, Adolfo Moyano Jaime, Manolo Ortega Rosa, Sebastián Orihuela Herrero, José Padial, Rosario Platero Martín, Antonio Rodríguez Santisteban y su mujer Carmelita (de la Poeta), Manuel Rodríguez Santisteban y Ana Sánchez Santisteban. Mención aparte merece Sebastián Martín Iranzo por su ayuda a verificar los datos y por su apoyo.

Antonio Sánchez Sánchez compartió conmigo la fruta inestimable de sus años investigando la historia de Frigiliana mientras su hija, Rita Sánchez Ruiz, me salvó la vida transcribiendo las muchas horas de entrevistas grabadas. Estoy en deuda con José Manuel Cabezas, Aníbal Alfaro, Antonio Martín Rodríguez y F. A. Vidal Seara, que pasaron largas horas revisando el texto (cualquier error, en los datos o la gramática, es culpa mía). Otro amigo, Rob Stokes, me prestó valiosos consejos y su apoyo.

Eusebio Rodríguez (Togado Militar) me ayudó desenterrar varias pistas entre los archivos militares en Almería y Granada y Pepe Narváez me ayudó en el Registro Civil de Torrox. Recibí la ayuda imprescindible de J.E.Taylor (encargado de los archivos de la OSS, National Archives, Washington), José T. Olea (secretario de la Asociación de Antiguos

La gente de la sierra

Militares de la República) y Vicki Ramos (Archivo Histórico del Partido Comunista de España).

En Frigiliana, los curas, Damián Ramírez Lozano y Juan Manuel Báez Zambrana, me permitieron consultar los archivos parroquiales y el Ayuntamiento me dio acceso a los archivos de la casa consistorial.

La preparación de este libro habría sido mucho más difícil si no fuera por los muchos años de investigación del tema por parte de tres historiadores de la Axarquía, que me han facilitado unas pistas muy útiles. Gracias a José María Azuaga Rico y Juan Fernández Olmo y especialmente a José Aurelio Romero Navas por su amable atención.

También ayudaron mi investigación (Comandante) José Murillo, Luis Domingo Ruiz (Foro por la Memoria, Granada), Juan Hidalgo (investigador en Almería), Txema Prada y Pedro Peinado (La Gavilla Verde).

A Ian Gibson, Paul Preston y Alan Roberts les agradezco su ayuda a llevar este libro al público.

Y, encima de todo, mis agradecimientos a mi mujer, Thea, por su ayuda y apoyo.

David Baird
Frigiliana

**Al pueblo de Frigiliana
y sus gentes
Y a los que nunca volvieron a casa**

ÍNDICE

Prólogo	10
Introducción	13
Cronología	16

Primera parte:

El Día de San Sebastián	25
1. Desde los fenicios hasta Franco	26
2. La República y la guerra	31
3. La paz franquista	34
4. La guerrilla en la Sierra Almijara	41
5. Camaradas — la OSS y los comunistas	44
6. Operation Banana	50
7. El hombre de Uruguay	57
8. Desembarco nocturno	60
9. Roberto toma el mando	62
10. Construyendo un ejército	66
11. Atentado en Calle Franco	70
12. La vida en la sierra	74

13. Los desaparecidos	82
14. Fiasco en Cerro Lucero	86
15. Cambios en la Guardia Civil	89
16. El crimen de La Loma de las Vacas	93
17. Los últimos culatazos	99
18. Roberto detenido	102
19. Muerte en Granada	104
Epílogo — La guerra imposible	108
El último guerrillero	118

Segunda parte:
Así fue — testimonio personal	121

Apéndices:	260
Los guerrilleros de Frigiliana	261
Documentos	275
Bibliografía	292
Índice completo	296

Prólogo de la primera edición

LOS TURISTAS que hoy visitan Frigiliana, el pintoresco y enhiesto pueblo de la Axarquía malagueña, favorecido de espectaculares vistas del mar, no suelen saber nada de lo que pasó en esta zona a partir de la sublevación militar de 1936. Tampoco acerca del proceso de recuperación de la "memoria histórica" que está teniendo lugar ahora en España después del largo silencio impuesto por la dictadura de Franco y del acuerdo tácito, mantenido durante la llamada Transición, de no "remover" el reciente y durísimo pasado de este país.

Para ellos, como para muchos españoles, el presente libro va a ser una revelación. Porque Frigiliana, atrapado "entre dos fuegos" — el de la Guardia Civil y el de los Maquis — fue escenario, desde casi el inicio de la guerra y hasta 1952, de una épica y sangrienta lucha que enfrentaba a los represores franquistas y la guerrilla. Lucha silenciada en la prensa del régimen, prácticamente desconocida fuera, y hoy nada fácil de investigar y contar en todos sus pormenores.

El británico David Baird, excelente escritor y avezado periodista, lleva años viviendo en Frigiliana y conoce bien a sus vecinos. Nadie mejor para reconstruir — y narrarla como si fuera una novela — la historia local de aquellos atormentados años. Historia local, sí, pero que arroja luz intensa sobre la historia grande de la época.

Este libro tal vez no lo aparente, pero es el resultado de muchos años de paciente indagación y de numerosas entrevistas, a veces muy difíciles de conseguir, con personas dispuestas a contar lo que sabían acerca de lo ocurrido hace ya décadas. Hay que agradecer al autor tanta dedicación.

Los "rojos" de Frigiliana no mataron a nadie cuando se produjo la sublevación fascista contra la legalidad republicana. Tampoco durante los meses siguientes. Al contrario, incluso protegieron a gente de derechas. De nada les sirvió. Cuando entraron los nacionales en el pueblo en febrero de 1937 se estableció el mismo régimen de terror impuesto en todas las localidades tomadas por los mismos, y empezaron inmediata-

La gente de la sierra

mente los fusilamientos, comenzando con el del alcalde del pueblo. Era inevitable que, en tales circunstancias, no pocos hijos de Frigiliana prefirieran huir, a partir de entonces, a las altas montañas a cuyos pies está asentado el pueblo. Había empezado, como en otros lugares de España, la resistencia guerrillera.

Cuando estalló la guerra europea en 1939, a los pocos meses de ganar Franco la suya, los perdedores de la contienda española creían que, si los aliados prevaleciesen, acabarían con el dictador. Lo creían sobre todo, y era lógico, los guerrilleros españoles que luchaban en Francia, con tanta valentía y tanto arrojo, contra Hitler y el gobierno colaboracionista de Vichy (hazaña admirablemente documentada por el recientemente fallecido Eduardo Pons Prades). ¿Cómo no iban a reconocer su esfuerzo, su solidaridad y sus aspiraciones para el restablecimiento de la democracia en su país unos aliados poderosos finalmente vencedores del fascismo? Tal convencimiento dio alas también a los guerrilleros que operaban en España, entre ellos a los que resistían en la Axarquía malagueña. Sería una grosería cínica decir ahora que fuera ingenuidad.

En 1942, además, después de la victoria aliada sobre Rommel en El Alamein (23 de octubre) y de la invasión del Marruecos francés y de Argelia (Operación Antorcha), agentes secretos estadounidenses de la OSS (Oficina de Servicios Estratégicos) empezaron a entrenar en las tácticas guerrilleras a grupos de exiliados y de presos españoles liberados de los campos de concentración de Vichy en el Norte de África: españoles dispuestos a volver a su país y a mantener allí la resistencia en espera de la intervención aliada. Aquí la narrativa de David Baird adquiere tintes del mejor Graham Greene. ¡Qué personaje aquel Carleton S. Coon, experto en subversión y trampas explosivas que, habiendo abandonado provisionalmente su prestigiosa cátedra de antropología, participa en la preparación de los guerrilleros españoles! ¡Y su compañero Donald C. Downes, que le sucede en el trabajo, que organiza la Operación Banana — envío a España de espías radiografistas — y tiene que vérselas luego con el SIS británico (Servicio de Inteligencia Secreta)! La gran preocupación de los aliados en esos momentos era la posibilidad de que un maquiavélico Franco abriera las puertas nacionales a los ejércitos alemanes, deseosos de llegar cuanto antes a Gibraltar, al Estrecho. Había que seguir trabajando en España, eso sí, pero de manera sumamente cautelosa. Y los servicios de inteligencia aliados no siempre estuvieron de acuerdo en sus procedimientos.

En tal contexto tiene lugar en el litoral de la Axarquía, en octubre de

La gente de la sierra

1943, el primer desembarco de guerrilleros entrenados en África. Como señala Baird, los hombres llevaban armas americanas y francesas, ametralladoras, pistolas y bombas, y una radio. Las autoridades franquistas se enteraron de la operación, hubo detenciones, y la Embajada de Estados Unidos en Madrid vio seriamente dificultada su relación con el régimen español, cuya "neutralidad" en la guerra tenía mucho interés en conservar.

Pero fue Santiago Carrillo quien cortó dicha "conexión americana" y aseguró que únicamente el Partido Comunista dirigiera la organización de la guerrilla española. Carrillo, hay que decirlo, no sale del todo bien parado del libro de Baird. Cuando un poco más adelante era ya evidente que la resistencia del Maquis no iba ya a servir para nada, toda vez que los aliados victoriosos habían abandonado cualquier pretensión de derribar a Franco — eran ya tiempos de la Guerra Fría — y hasta Stalin recomendaba otra táctica (la infiltración de los sindicatos verticales), los guerrilleros siguieron operando en la Axarquía sin que nadie les informara de la situación real.

Enrique Líster culpará después a Carrillo, tal vez injustamente, de haber traicionado a aquellos hombres, al no explicarles la situación real y facilitar su huida. Los capitaneaba el enigmático "Roberto" (José Muñoz Lozano), cuya valentía y disciplina hasta admiraban sus enemigos de la Guardia Civil, y que nos recuerda a "El Tempranillo" y otros bandoleros del siglo XIX, así como a los guerrilleros que se opusieron a las tropas de Napoleón. Fusilado en Granada en 1953, "Roberto" era ya una leyenda — pese a la férrea censura franquista — y su muerte significó el final de la aventura guerrillera, para gran satisfacción de un régimen que ya se podía ufanar de haber propiciado a una España verdaderamente en paz.

En Frigiliana, hay familias que siguen esperando la rehabilitación de la memoria de sus fallecidos y desaparecidos en la lucha antifranquista (muchos de los cuales yacen en fosas desconocidas de las Sierras de Tejeda y Almijara). Es de esperar que la llamada Ley de la Memoria Histórica contribuya a que se les haga justicia. En cuanto al apasionante libro de David Baird, estoy seguro de que, al difundir el conocimiento de aquellos hechos y las historias de aquellos hombres, ayudará grandemente causa tan justa.

Ian Gibson
Madrid, 14 de octubre de 2007

Introducción

DE VEZ EN CUANDO un excursionista desviado errando por los barrancos y cimas del Parque Natural de la Sierra Almijara y la Sierra Tejeda tropieza con unos fragmentos de huesos humanos blanqueados por el sol. Esas lápidas abandonadas y poco más son lo que queda de una guerra cruel y despiadada que pasó casi inadvertida para muchos españoles e ignorada por el mundo más allá de los Pirineos. Más de medio siglo ha pasado desde aquel conflicto que destrozó y desterró a familias enteras, la mayoria de los protagonistas ya se han ido a mejor vida y uno a uno los testigos van desapareciendo.

Por pura casualidad, su posición geográfica y los efectos de una represión especialmente dura, en los años 40 el pueblo de Frigiliana en la comarca malagueña de la Axarquía se encontró en la primera línea de una guerra sin cuartel. De un pueblo de poco más de 2.000 habitantes, 21 hombres huyeron a la sierra y se incorporaron a la Agrupación de Roberto, nombre de guerra del legendario jefe de la guerrilla antifranquista.

Pobre, aislado, atrapado entre dos fuegos, Frigiliana vivía un purgatorio. Algo bastante difícil de imaginar cuando se mira al pueblo hoy en día. Disfruta de un sitio privilegiado. Bajo el sol mediterráneo, los aguacates, las chirimoyas, los tomates, las fresas florecen en bancales bien regados. Pero pocos habitantes siguen viviendo de la tierra. Han descubierto que existen frutos más ricos que los del suelo, frutos listos para ser recogidos.

Una ola de fugitivos de los cielos grises del norte de Europa se ha asentado aquí, unos para empezar una vida nueva, otros para disfrutar de sus años de jubilados. Se venden por precios astronómicos casas al punto de caer y parcelas rocosas sin agua ni electricidad pero con vistas al mar. Los destartalados cortijos que salpicaban las colinas alrededor del pueblo han sido convertidos en lujosos chalets, cada uno con su barbacoa y su

La gente de la sierra

piscina, para dar cobijo a los nuevos residentes o para el jugoso negocio de alquiler.

En el pueblo los voluminosos todoterrenos se abren paso por las calles estrechas donde se agolpan los turistas y los residentes y donde cuesta trabajo distinguir el castellano entre tantos idiomas: inglés, alemán, francés, sueco, danés, ruso, japonés, chino... Diariamente los autocares entregan grupos de visitantes con ganas de sacar fotos del barrio morisco, probar el vino del terreno y comprar alguna chuchería de las múltiples tiendas de regalo. Donde hace poco no había más que mulos, burros y cabras ha sido construido un parking multi-planta. El pueblo se ha incorporado a la Costa del Sol y la construcción se desarrolla a un ritmo frenético. En verano, cuando las casas, los apartamentos y los hoteles están a tope, la población se multiplica por cuatro. Gracias al turismo, Frigiliana se ha convertido en unos de los pueblos más prósperos de la provincia.

Pocos de aquellos visitantes son conscientes de la turbulenta historia reciente de toda esta zona. En los años 1940 lo que soñaba en la calle principal del pueblo no eran las voces de los turistas sino los pasos sombríos de las tropas y los Guardias Civiles. Los coches, la calefacción, el wáter y el teléfono formaban parte de un mundo desconocido. Aquí mandaban la pobreza y el toque de queda. Existía un estado de guerra.

Aunque, oficialmente, la Guerra Civil se acabó el primero de abril de 1939, la resistencia armada contra Franco y su Régimen no había terminado. En los años 40, varios grupos de guerrilleros que salieron de sus escondites en las sierras hostigaban a la dictadura e intentaban crear un clima de sublevación en toda la península. Para las autoridades eran "bandoleros", "forajidos", "ladrones" y "huidos". No eran palabras escogidas de manera fortuita. El Régimen no quería dignificar a los rebeldes admitiendo que tenían alguna ideología o algunos propósitos políticos.

Para el Partido Comunista, que a partir de 1944 asumió la organización de la guerrilla antifranquista, eran "guerrilleros heróicos luchando contra el fascismo". También se llamaban aquellos rebeldes "el Maquis", un nombre importado de Francia por los ex-combatientes republicanos que participaron en la resistencia contra el Nazismo. En Frigiliana, donde muchas familias tenían alguna conexión con la guerrilla, hablan simplemente de "la gente de la sierra" o de "ellos".

Al principio los rebeldes tuvieron algunos éxitos y durante unos años mantuvieron en vilo a las fuerzas del Régimen. Pocas noticias se filtra-

La gente de la sierra

ban al público dentro o fuera de España de aquella guerra que en Málaga y Granada llegó a su apogeo en los años 1948-49 y donde los últimos guerrilleros siguieron en la sierra hasta el año 1952. Los rebeldes luchaban contra Franco y el fascismo, luchaban contra una represión feroz y por su propia supervivencia. Pero luchaban en una guerra que no podían ganar. Se sacrificaban por un sueño imposible, al fin traicionados por todos.

Como en todas las guerras, especialmente en una donde no hay frentes definidos y el enemigo puede ser el vecino, la lucha se volvió sucia. Había actos de coraje y de cobardía, de egoísmo y de abnegación, de tragedia y de traición. Y los que sufrieron por los pecados de otros eran, como siempre, los inocentes.

Todavía en este España del Siglo XXI existen resistencias a cualquier intento de examinar el pasado reciente y recuperar la memoria. El contraste con Alemania, donde se ha hecho un esfuerzo formidable en exponer los errores del pasado, es más que evidente. Poco a poco los símbolos del franquismo han desaparecido y los nombres de las calles han sido cambiados. Y una Ley de Memoria Histórica fue aprobada en 2007.

Pero todavía los historiadores encuentran una pista de obstáculos cuando intentan indagar en los archivos históricos. Todavía existe un muro del secreto oficial. Todavía hay miles de víctimas (114.000, según estimados fiables) de la guerra y la posguerra, enterradas en fosas comunes, que no han sido identificadas.

En este libro hablan los sobrevivientes de una guerra que pasó casí inadvertida porque existía un control muy rígido de las noticias. Hablan los que vivían aquellos años de plomo y recuerdan como era aquella época brutal. Hablan derechistas e izquierdistas, hablan amas de casa y campesinos y Guardias Civiles. Inevitablemente, como representan un amplio espectro de opiniones, las palabras de unos no siempre concuerdan con las de otros. Que el lector decida donde reside la verdad.

La mayoría de los que hablan son del pueblo, gente del campo, humilde, sin pretensiones, que no salen en la televisión, que no escriben libros o cartas a los periódicos, gente sin voz, gente... Aquí ellos mismos cuentan como una comunidad se encontró en medio de un torbellino de fuerzas sobre el cual no tenía ningún control.

Es la historia de lo que pasó en un pueblo entre muchos, un trocito de la historia de España. Es la historia de cómo Frigiliana se encontró entre la espada y la pared.

La gente de la sierra

CRONOLOGIA
Un siglo en la vida de un pueblo

1900: Población censada de Frigiliana: 2.519 habitantes.

1904: Primer alumbrado público instalado en el pueblo, con 30 lámparas en la Calle Real.

1905: Cientos de obreros y sus familias manifiestan por las calles pidiendo pan y trabajo.

1916: Empiezan las obras para la construcción de una carretera entre el pueblo y la costa.

1921: Inaugurada la casa-cuartel de la Guardia Civil, construida a expensas de la Duquesa de Fernán Núñez, dueña de la sierra de Frigiliana y la azucarera El Ingenio.

1929: El Duque de Fernán Núñez, también Conde de Frigiliana, vende todas sus propiedades en el municipio a la familia De la Torre Herrero a un precio de 138.000 pesetas.

1933: Alcalde y concejales tienen que abandonar el salón de actos por ventanas y tejados cuando los obreros de un sindicato socialista invaden el Ayuntamiento reclamando ayuda para los desempleados.

1936, 26 de febrero: Tras las elecciones generales miembros del Frente Popular se apoderan del Ayuntamiento.

1936, 18 de julio: Sesión urgente del Ayuntamiento para hablar de las noticias de la sublevación por "el Movimiento subversivo de carácter militar fascista".

1936, 25 de julio: Destruidos los retablos de la iglesia parroquial y quemadas las

La gente de la sierra

imágenes sagradas. Un comité del pueblo se asienta en la iglesia donde abre un mercado de abastos.

1937, 9 de febrero: Con la caída de Málaga las fuerzas nacionalistas entran en Nerja y Frigiliana mientras miles de personas huyen hacia Almería por la costa.

1937, 21 de mayo: Ocho vecinos de Frigiliana, incluso el alcalde republicano, fusilados por los militares junto al cementerio de Torrox.

1937-39: Guerrilleros conocidos como Los Niños de la Noche emplean sabotaje en la zona entre Nerja y Motril.

1939, primero de abril: La Guerra Civil oficialmente termina.

1943-44: Agentes del OSS (Office of Strategic Services), servicio secreto de los Estados Unidos, dan instrucción y armas a comunistas españoles en Argelia.

1943, octubre: Joaquín Centurión Centurión (Juanito) viene en barco desde Orán con guerrilleros y armas y desembarca cerca de El Río de la Miel, Nerja.

1944, febrero: Detenidos en Málaga, Madrid, Melilla y otros lugares grupos de comunistas en posesión de armas y radios norteamericanos.

1944, verano: Santiago Carrillo llega en Argelia y organiza la guerrilla.

1944, septiembre-octubre: 7.000 españoles bajo el mando del PCE invaden el país por los Pirineos pero el intento de fomentar una sublevación queda frustrado.

Cazadores en la Venta Panaderos (una foto del año 1919). Por la venta pasaba todo el mundo, incluso los arrieros, los guardias, los guerrilleros.

La gente de la sierra

Fuerte en el Puerto de los Alazores, entre las provincias de Granada y Málaga. No fue un obstáculo para los invasores italianos en 1936.

1944, octubre: Ramón Vías Fernández y nueve compañeros desembarcan cerca de Nerja para organizar la guerrilla de Málaga.

1945, julio: Cuarto Tabor de Regulares de Alhucemas destacado en Málaga para combatir a los "malhechores".

1946, 9 de abril: Intento frustrado de secuestrar a Justo López Navas de su casa en Calle Generalísimo Franco, Frigiliana. Nueve vecinos detenidos.

1946, primero de mayo: Ramón Vías y 25 presos más escapan de la cárcel de Málaga. El 25 de mayo, Vías cae abatido por la Guardia Civil.

1946, verano: José Muñoz Lozano (Roberto), elegido por el Partido Comunista de España, empieza a unificar y organizar la guerrilla de Málaga.

1946, 2 de septiembre: La guerrilla mata a Miguel Ángel Herrero, vice presidente del Tribunal Tutelar de Menores de Málaga, en el Cortijo Los Almendros, y al capataz Antonio Lomas Orihuela cuando Herrero intenta resistir su secuestro.

1946, 16 de noviembre: Informe confidencial de la policía malagueña declara que "Málaga es la cuna del comunismo español y vivero de delincuentes de delito común".

1947: Una docena de hombres de Frigiliana huyen a la sierra y se incorporan en la Agrupación de Roberto.

1947, primero de febrero: Cuatro personas atacan una fábrica de la luz de Nerja, después queda detenido Antonio Ruiz Cerezo (Yelo).

1947, 27 de febrero: Ángel Sánchez García secuestrado en el Cortijo Morea, puesto en libertad con el pago de 75.000 pesetas de rescate.

1947: Cuatro vecinos de Frigiliana desaparecen, supuestamente eliminados por la Guardia Civil: Sebastián Platero Navas, 37; Manuel García Herrero, 40, y su hijo mudo Manulillo García Platero, 15; y Manuel Santisteban Gutiérrez, de unos 20 años.

La gente de la sierra

1947, 22 de agosto: Paulino Fernández Ortega, de 50 años, secuestrado en su cortijo de Frigiliana por cinco hombres armados. Por su rescate exigen 150.000 pesetas. Encontrado muerto.

1947, noviembre: Nerja-Frigiliana-Torrox declarada zona de guerra.

1948, 21 de febrero: La guerrilla roba 950 kilos de harina de la fábrica en La Molineta, Frigiliana.

1948, 29 de marzo: Siete soldados de infantería abatidos, cinco heridos en una emboscada de la guerrilla en Sierra Cázules (Otívar, Granada).

1948, 30 de junio: Francisco Cecilia Cecilia (Porrete) muere en el Cortijo Los Caños, Frigiliana, en una emboscada de la Guardia Civil.

1948, 10 de julio: Joaquín Centurión Centurión (Juanito) muere en encuentro con la Guardia Civil en Los Peñoncillos, cerca de El Acebuchal.

1948, agosto: La Guardia Civil ordena a todos los habitantes de El Acebuchal a abandonar la aldea.

1948, 14 de septiembre: La guerrilla mata en Cortijo Los Caños a tres del pueblo, Miguel Orihuela Moreno, de 46 años, Rafael Orihuela García (El Zorro), 33, y José Lomas Orihuela (Narri), 36, acusados de ser traidores.

1948, septiembre: Encuentro en Moscú de Santiago Carrillo y Dolores Ibárruri con Stalin que sugiere un cambio de táctica, utilizando la guerrilla para proteger la dirección del partido en España.

1948, octubre: el Buró Político del PCE decide disolver la guerrilla.

1948, 6 de diciembre: Centenares de Guardias Civiles y soldados intentan aplastar la Agrupación de Roberto en Cerro Lucero pero resulta un fracaso.

1949, 16 de abril: Miguel Moreno González secuestrado en un cortijo de Frigiliana y "ajusticiado" como chivato.

1949, 27 de julio: Enfrentamiento en el término de Cómpeta, muertos un guerrillero y un Regular, heridos dos Regulares y dos Guardias.

1949, 9 de agosto: Cadáveres mutilados y ahorcados de Paco Bendita, Francisco Iranzo Herrero, y El Terrible, José López Jurado, encontrados en la Cruz de Napoleón, río Higuerón. Acusados de ser chivatos.

1949, 17 de septiembre: Feroz enfrentamiento en Cerro Verde. Mueren Miguel Ángel García Platero (Espartero) de Frigiliana y Rafael Jurado Martín (Nico) de Torrox. Dos Civiles abatidos, Cabo Antonio Toribio Tejada y Guardia Antonio García Reyes.

1949, 2 de noviembre: Francisco López Centurión (Lucas) "ajusticiado" por sus compañeros en la sierra.

1950, 20 de abril: Mohamed ben Abdela, soldado moro de los Regulares,

La gente de la sierra

agredido con un hacha en Frigiliana por Antonio Platero Martín, El Moreno (Silverio), que se fuga a la sierra con José Castillo Moreno (Mocha) y Antonio Sánchez Martín, Lomas (Manuel).

1950, 22 de abril: Tres jóvenes del pueblo detenidos —Antonio García Martín, 25 años, "fusilado por la Guardia Civil en el campo" según el registro parroquial, Antonio Triviño Cerezo, 26 años, "fusilado por la Guardia Civil", Manuel Martín Ruiz, 18 años, "no recibió los santos sacramentos por ser fusilado por la Guardia Civil".

1951, 17 de enero: Blas Martín Vozmediano de Frigiliana y Gerardo Molina Cardeñas (Claudio) de Salar abatidos y dos guerrilleros apresados en el Barranco Cordero, río Higuerón.

1951, 8 de febrero: Blas Martín Navas (Gonzalo) y José Sánchez Martín (Domingo), ambos de Frigiliana, liquidados por la Guardia Civil en la Contraviesa (Granada).

1951, 15 de marzo: Vicente Martín Vozmediano de los hermanos Artabús se presenta con El Jacinto y ayuda en la represión de la guerrilla.

1951, 16 de abril: Cae José Rojas Álvarez, Miserere (Arturo), de Frigiliana, en un encuentro con la contrapartida en Cerro del Cisne.

1951, 5 de julio: En un tiroteo con la Guardia Civil en el Barranco de Huit, Torrox, Antonio García Martín (Gaspar) de Frigiliana se suicida.

1951, 16 de agosto: Antonio Rojas Álvarez (Carlillos) de Frigiliana matado a tiros al lado del cementerio de Alhama de Granada.

1951, 26 de agosto: Bautista Acosta Urdiales (Tomarroque) de Frigiliana muere en un tiroteo con la Guardia Civil en el Cerro Gitano, Sierra de Cázulas (Granada).

1951, 26 de septiembre: Roberto detenido en Madrid con Francisco Sánchez Girón (Paquillo) y Ana Gutiérrez Rodríguez (La Tangerina).

1951, diciembre: José Martín Navas (Tomás) y Sebastián Martín Vozmediano de Frigiliana entre los guerrilleros detenidos en Málaga.

1952, 20 de enero: El último de los guerrilleros de Frigiliana, Antonio Sánchez Martín (Lomas), cae en las afueras del Cortijo de Ángel Rojas.

1953, 22 de enero: Roberto fusilado en Granada.

1953, 6 de mayo: Ejecutado en Granada Sebastián Martín Vozmediano (Artabús).

1954, 3 de abril: Ejecutados en Málaga Antonio Platero Martín (El Moreno) y Manuel Triviño Cerezo (Valeriano).

1958: Instaladas las primeras líneas telefónicas en el pueblo.

1960: Obras para crear una red de suministro de agua potable a todo el pueblo.

La gente de la sierra

1964: Asfaltan la carretera Frigiliana-Nerja. Llega la televisión. El primer extranjero se afinca en el pueblo.

1975, 20 de noviembre: Muere Franco y España inicia la transición hacia la democracia.

1979: UCD (Unión del Centro Democrático) gana las primeras elecciones municipales desde antes de la Guerra Civil.

1981: Ayuntamiento decide establecer una biblioteca pública en el pueblo.

1983: El Partido Socialista de Andalucía gana las elecciones municipales.

Trabajando en El Ingenio con caña de azúcar, antiguamente el cultivo principal de la zona

1986: Cambio de nombres de las calles y plazas – Calle Real por Calle Generalísimo Franco, Plaza de la Iglesia por Plaza de José Antonio.

1988: Frigiliana galardonado con el primer premio del Concurso de Mejora y Embellecimiento de los Pueblos de Andalucía.

Siglo XXI: El boom del turismo, especialmente el turismo residencial y rural, trae a Frigiliana una nueva era de prosperidad y frenética construcción.

2001, 16 de mayo: El Congreso en Madrid aprueba la eliminación de los calificativos de "malhechores" y "bandoleros" en los expedientes de los guerrilleros pero no acepta considerarlos como combatientes republicanos.

2007, 31 de octubre: El Congreso aprueba la Ley de Memoria Histórica, que "quiere contribuir a cerrar heridas todavía abiertas en los españoles y a dar satisfacción a los ciudadanos que sufrieron, directamente o en la persona de sus familiares, las consecuencias de la tragedia de la Guerra Civil o de la represión de la Dictadura".

2010, 27 de abril: se inaugura una placa en Frigiliana dedicada "a quienes sufrieron, y a los que nunca volvieron a casa. Homenaje y reconocimiento a todos los hombres y mujeres de Frigiliana que fueron víctimas de la Guerra Civil y del régimen franquista".

PRIMERA PARTE

GLOSARIO

AGL: Agrupación Guerrillera de Levante y Aragón. Guerrilleros activos en Valencia y Aragón.
Brigada Político-Social: Fuerza anti-subversión del régimen franquista.
Comisiones Obreras: Sindicato comunista.
CNT: Confederación Nacional del Trabajo. Sindicato anarquista.
Civiles: abreviación de Guardias Civiles.
FAI: Federación Anarquista Ibérica. Organización anarquista.
Falange: Movimiento fascista fundado por José Antonio Primo de Rivera.
Movimiento Nacional: el único partido permitido por el régimen de Franco, incorporando el Falange.
OSS: Office of Strategic Services. Agencia de inteligencia americana.
PCE: Partido Comunista de España.
PSOE: Partido Socialista Obrero Español.
Regulares: Fuerza de soldados reclutados en Marruecos.
SIS: Secret Intelligence Service. Agencia de inteligencia británica, también conocida como MI6.
SOE: Special Operations Executive. Unidad británica de sabotaje y subversión.
UGT: Unión General de Trabajadores. Sindicato socialista.

El Día de San Sebastián

EL PUEBLO estaba de fiestas. Era un frío domingo, el 20 de enero de 1952, el día de San Sebastián, cuando como siempre se sacaba al santo de la iglesia para ir en solemne procesión, cuando los campesinos se olvidaban del trabajo y sus mujeres se vestían con la ropa comprada con los ahorros de todo el año. Había un ambiente festivo por las calles estrechas, hombres bebiendo y charlando en el Bar Casino y los niños apiñándose en torno de los tenderetes de turrón. En la iglesia parroquial los fieles celebraban la misa, sentados en la primera fila el comandante de la Guardia Civil, el alcalde y el juez.

Entonces entró un Guardia, se acercó a su jefe y le habló en tono bajo. En seguida el comandante se levantó, se puso el tricornio y salió. Corrió la voz de que algo importante había ocurrido. Y así fue, algo que hizo callar a todos. Cuando la gente salió de la iglesia, presenció la llegada de una procesión no anunciada. Vino un pelotón de la Guardia Civil escoltando un mulo cargado de un hombre muerto, atravesado, boca abajo. Siguiendo la bestia había una mujer y sus hijas, llorando. El macabro cortejo avanzaba lenta y pausadamente entre el silencio estupefacto de los vecinos. Cruzó la Plaza de José Antonio y siguió por la estrecha y sinuosa calle principal, la Calle del Generalísimo Franco.

Se paró en la puerta del cuartel. Los Guardias entraban para hacer su informe y, al poco tiempo, empezaron a transmitir los mensajes triunfales a Málaga y a Madrid, mientras el mulo y su carga se quedaban allí al descubierto. Pasaban las horas y goteaba la sangre del cadáver, manchando el suelo ante los ojos del público. Todos sabían quien era y todos comprendían la trascendencia de aquella escena.

Era uno del pueblo. Era Lomas. Había muerto el último de la sierra. Se acabó. Lomas, apodo de Antonio Sánchez Martín, con 31 años el día de su muerte, era uno de los 21 hombres de Frigiliana que habían huido a la sierra y se habían incorporado en la guerrilla.

Ya habían caído todos sus camaradas, fusilados, detenidos, traicionados, incluso ajusticiados por sus propios compañeros. Ya en la Sierra Almijara que se levanta encima del pueblo no había nadie, a menos que se cuenten las cabras y los buitres. Y los huesos... Se había terminado uno de los capítulos más dramáticos y sangrientos en la historia de un pueblo, una historia bastante larga.

La Sierra de Almijara y el pueblo de Frigiliana hoy en día

1. Desde los fenicios hasta Franco

PEGADO A UNA ROCOSA CUESTA a 300 metros sobre el nivel del mar, Frigiliana es uno de los pueblos de la Axarquía, la comarca más oriental de la provincia de Málaga. Por todas partes brotan las fuentes de aguas cristalinas en aquellas faldas de la agreste Sierra de Almijara, explicando — se dice — el apodo de los vecinos del pueblo, "los aguanosos".

El hombre ha sacado lo suficiente para vivir aquí desde los tiempos de los primeros íberos y de los fenicios. Además del agua había otro aliciente, uno de suma importancia: gracias a su elevada posición se podía divisar cualquier intruso acercándose desde la costa, por donde han pasado una sucesión de invasores, de los romanos y los vikingos hasta los moros y los corsarios bereberes y turcos.

Hasta hace poco era un pueblo olvidado y desconocido, excepto por una batalla en el Siglo XVI que permitió el nombre de "Frexiliana" dejarse ver brevemente en los libros de historia. Ocurrió durante la Guerra de Granada cuando los moriscos de Las Alpujarras y la Axarquía, constantemente perseguidos por su religión, se levantaron en contra de Felipe II.

Ya estaba plagada la comarca por las fechorías de los *monfíes*, forajidos moriscos que, a veces, daban golpes en concierto con los corsarios que desembarcaban en la costa. Los moriscos nombraron caudillo en esta zona a Hernando el Darra, vástago de una familia que había gobernado Frigiliana en los tiempos cuando todo el sur de España estaba bajo el dominio de los musulmanes. Respetado por su inteligencia y buen juicio, en la Guerra de Granada él eligió como último reducto el Peñón de Frigiliana.

Allí, en el castillo de Frigiliana y en las laderas de la áspera montaña de El Fuerte, miles de familias moriscas se congregaron y se atrincheraron en

un desesperado acto de desafío. En 1569, con refuerzos traídos de Italia, una fuerza cristiana muy superior a aquella de los moriscos les aplastó, matando a unos 2.000. Según el historiador Mármol de Carvajal, algunas de las mujeres moriscas "cuando vieron el fuerte perdido, se despeñaron por las peñas más agrias, queriendo más morir hechas pedazos que venir en poder de los cristianos".

El Darra se fugó a la sierra de Frigiliana, una barrera formidable de cumbres dentadas y desnudas de piedra gris, erosionada por los elementos y hendida por simas abruptas. Desde sus escondites durante algún tiempo continuó luchando, una campaña contra grandes fuerzas represivas y condenada a fracasar. Siglos después, aquella primera guerrilla tendría su paralelo en esta misma zona de la Axarquía.

Y habría otro eco del pasado. El primero de los soldados cristianos que izó la bandera en la cima de El Fuerte fue premiado con terreno y se asentó en Frigiliana. Se llamaba Gonzalo Vozmediano. El mismo apellido llevaron tres de los guerrilleros, los hermanos Artabús, que lucharon en la sierra en los años 40.

Después de echar a los últimos moriscos de sus terrenos en las Sierras de Almijara y Tejeda, los cristianos repoblaron la comarca. A partir de entonces poco cambió en la vida durante siglos. Pasaron los años: años malos, años buenos, cosechas malas, cosechas buenas, la historia típica de una comunidad agrícola. De vez en cuando ocurrían los desastres naturales, epidemias que hacían estragos en la población, tormentas que arrasaban las cosechas y temblores de tierra. La ira de Dios. Los habitantes sacaban los santos en procesión y rezaban el rosario. Apartado del mundo, aislado por la pobre comunicación, Frigiliana no tenía ninguna importancia estratégica y la vida, dura pero sosegada, seguía

La gente de la sierra

sin mucho incidente. Los hombres labraron la tierra, los mujeres cumplieron con su deber, los Condes de Frigiliana dirigieron, los curas predicaron.

"Si Dios quiere" era el lema de los "aguanosos". El fatalismo los sostenía ante las privaciones de siempre. La comunidad de campesinos siempre vivía a merced de otros, de los corsarios rapaces, los políticos sin escrúpulos, los monarcas nunca vistos, los burócratas desatentos, los aristócratas ausentes, los administradores prepotentes, el clero inflexible. Se encontraban encadenados a sus pequeñas parcelas de tierra esculpidas en las fuertes pendientes, sus horizontes cruelmente limitados por la necesidad de ganarse el pan de cada día. Sólo el estoicismo y la paciencia les sostenían. Sólo un accidente fortuito o un caso de fuerza mayor era capaz de rescatarles de su ignorancia y la suerte predestinada.

La invasión de las fuerzas de Napoleón al principio del Siglo XIX sí hizo impacto. Hubo enfrentamientos con las bandas guerrilleras, tiroteos, fugitivos, ajusticiamientos. Cuando desaparecieron misteriosamente unos soldados franceses y se descubrieron sus cadáveres enterrados en los sótanos de viviendas y en corrales, los furiosos invasores castigaron el pueblo ahorcando a unos hombres en un lugar todavía conocido como La Horca. Los violentos incidentes eran un anticipo de otro conflicto de guerrilla que golpearía la zona 130 años más tarde. Pero el resto del Siglo XIX no era ningún lecho de rosas tampoco. Guerras, inestabilidad política y social y el desarrollo del anarquismo entre los campesinos andaluces sin tierra caracterizaron el siglo y tuvieron sus repercusiones en la comarca. La fiebre amarilla y la cólera llevaron a la tumba a miles de habitantes y en 1884 grandes terremotos que desolaron Málaga y Granada dejaron arruinadas muchas casas de Frigiliana. Para colmo, entonces llegó una crisis ecónomica ocasionada por la plaga de filoxera.

Las partidas de guerrillas que se formaron en la Axarquía durante la Guerra de Independencia se convirtieron después en bandoleros. La pobreza, las injusticias y el caciquismo contribuyeron a que el fenómeno siguiera creciendo

La familia que vivía en 1945 en el Cortijo del Imán, perdido en la sierra, grabado en la historia de la Axarquía. Por aquí pasaba la gente de la sierra.

La gente de la sierra

El Ingenio, el más grande de cuatro molinos de agua, era la propiedad de los Duques de Fernán Núñez (Foto: Padial de Nerja)

durante años. Los bandoleros aterrorizaban los campos y no cabe duda que algunos forjaban alianzas con los caciques. A cambio de la impunidad garantizada por el cacique, el bandolero ofrecía sus servicios en tiempos importantes, como las elecciones. Para contrarrestar el auge del bandolerismo se formó en 1844 la Guardia Civil, una fuerza paramilitar que en la década de los 1880 hacía frente a una de las partidas más notorias. Tres criminales sanguinarios de la Axarquía la capitaneaban: El Bizco de El Borge, El Melgares de Algarrobo y Frasco Antonio de Vélez-Málaga. Según el cuento popular, El Melgares cometió una de sus hazañas más famosas en Frigiliana. Se infiltró en el pueblo disfrazado de cura y entró en El Ingenio, el palacete de los Condes de Frigiliana, donde a punta de pistola robó 20.000 duros del administrador antes de descaradamente marcharse.

Aparte de la criminalidad, la pobreza y la corrupción, la Axarquía sufría un abandono extremo en cuestiones de salud y educación. A principio del Siglo XX la esperanza de vida era poco más de 30 años. Un anciano recordaba que de 41 jovenes de Frigiliana que se fueron a la Guerra de Cuba sólo tres sabían escribir sus nombres. Hasta 80 por ciento de los habitantes de Frigiliana eran analfabetos. Aquella cifra no iba a bajar de forma significativa hasta la segunda mitad del siglo. Aún así, con el nuevo siglo vinieron unos rasgos de la edad moderna. Se instaló la luz eléctrica en la calle principal y en el año 1916 se empezó

La gente de la sierra

la construcción de una carretera entre el pueblo y la costa. Pero fue en el año 1929 cuando ocurrió el cambio de más relevancia para el pueblo. Los Duques de Fernán Núñez, grandes de España, que incluían entre sus títulos el Condado de Frigiliana, vendieron todas sus posesiones en el pueblo a una familia local. La compra incluyó una importante extensión de la sierra poblada de miles de árboles, el Ingenio (un gran edificio del Siglo XVI que abrigó la Casa de los Condes y una azucarera), el cuartel de la Guardia Civil y centenares de hectáreas de secano y de regadío. El precio llegó a 138.000 pesetas.

De la nueva compañía, formada por la numerosa familia De la Torre, dependía la vida del pueblo. La sierra, una fuente de recursos para casi todos, era suya y El Ingenio, con sus innumerables salones, sótanos, caballerizas, puertas y balcones, simbolizaba el poder. La Compañía fabricaba miel de caña (hoy en día sigue y es la única en Europa) y azúcar, compraba la miel de abeja, el esparto y la leña recogidos y llevados de la sierra por los campesinos, y cobraba a los cabreros que echaban los rebaños al pasto de los montes.

Mientras la Compañía cumplía con sus obligaciones paternalistas heredadas, los campesinos trabajaban de sol a sol en los olivares, las viñas y los pequeños bancales sembrados con la caña de azúcar, las patatas y los tomates. La Iglesia estaba donde siempre estuvo. Tradición, costumbre, ritual. La vida continuó igual como siempre, inmutable.

En 1929 el pueblo, con 2.238 habitantes, presumía de tener cuatro molinos de aceite, tres molinos de harina, una fábrica de esencias, cuatro cosecheros de miel y cera, una fábrica de azúcar, una fábrica de electricidad, un veterinario, dos barberías, una zapatería y un médico.

Entonces, al comienzo de los años 30, surgió un ruido lejano que indicó que no siempre seguirían las cosas igual.

MALAGA REFUGEES REPORTED BOMBED

Rebels Attacked 150,000 as They Marched on Crowded Road, Physician Says

CHILDREN AMONG VICTIMS

Dr. Bethune Asserts German and Italian Planes Dropped Bombs on Sleeping Civilians

By The Associated Press
VALENCIA, Spain, Feb. 17.—Dr. Norman Bethune of Montreal tonight described the flight of 150,000 men, women and children from Malaga as "the most terrible evacuation of a city in modern times." [Malaga, southern Spanish seaport, was captured Feb. 8 by the Insurgents in the Spanish civil war.]

Dr. Bethune, head of the Spanish-American Blood Transfusion Institute, said he witnessed the evacuation during a trip from Barcelona with a truckload of refrigerated blood for transfusions.

"Imagine 150,000 men, women and children setting out for safety to a town situated more than 100 miles away with only one road to take on a journey requiring five days and five nights at least," he said.

"There was no food to be found in the villages and there were no trains or busses to transport them.

"They staggered and stumbled, with cut and bruised feet, along the white flint road while the Fascists (Insurgents) bombed them from the air and from the sea.

"We counted at least 5,000 children under ten years of age, at least a thousand of them barefoot and many clad only in single garments.

"The incessant stream of people became so dense we barely could force our cars through them.

"We met so many distressed women and children we decided to turn back and start transporting the worst cases to safety.

"How could we choose between a child dying of dysentery and a mother stolidly watching us with great sunken eyes, carrying against her open breast her child born on the road two days before?

"We first decided to take only children and mothers. Then the separation of fathers and children, husbands and wives became too cruel to bear. We finished by transporting to Almeria the families with the largest number of children and children without parents.

"On the evening of the twelfth, when the little seaport of Almeria was completely filled with refugees who thought they had reached a haven of safety, German and Italian airplanes dropped ten bombs in the very center of the town where refugees were sleeping huddled so closely together on the main street that an auto could pass only with great difficulty.

"After the planes passed I picked up three dead children from the pavement where they had been standing in line waiting for a cup of preserved milk and a handful of dry bread, the only food some of them had for days."

2. La República y la guerra

LLEGARON LOS AÑOS DE PLOMO. El Rey abdicó, vino la República, y en medio de los gritos de "¡Pan y trabajo!" los anarquistas, los socialistas, los comunistas y un sinfín de grupos se organizaron para aprovecharse de la nueva situación. Hasta en Frigiliana había indicios de la incipiente revolución. En 1933, cuando el alcalde y los concejales celebraban un pleno, los miembros de la Sociedad Obrera de la Vegetación, un sindicato socialista, irrumpieron en la sala reclamando ayuda para los sin trabajo. Tan caliente era el ambiente que los concejales huyeron del Ayuntamiento, escapando del salón de actos por ventanas y tejados.

El año 1936 empezó tranquilamente en el pueblo con los ritos usuales. En enero Frigiliana celebró una gran fiesta en honor de su santo. Salieron en procesión las imágenes religiosas como de costumbre. Aquel año la fiesta era mejor que nunca con centenares de forasteros presentes, informó *El Diario de Málaga*. "Los (atractivos) de este año han resultado insuperables: música buena; estupendísima vista de fuegos artificiales; bailes populares y de sociedad; hermosísima función religiosa; elección de Miss Frigiliana." El pueblo cotilleó, bailó, bebió, disfrutó y se acostó como siempre. Era la tregua antes de la tormenta.

El triunfo del Frente Popular en las elecciones generales en febrero provocó una mezcla de alegría, inquietud y tumulto en el país, con unas provincias declarando un estado de guerra y huelgas de obreros en Málaga. En medio de un fervor popular, los miembros del Frente Popular se apoderaron del Ayuntamiento de Frigiliana. Las dos Españas se enfrentaron, los desmanes aumentaron y el país cayó en el abismo. Vino la sublevación del 18 de julio y se silenciaron las voces de la razón.

En Frigiliana, como en muchos pueblos, hubo una reacción violenta. Afiliados de las Juventudes Libertarias y otros invadieron la iglesia parroquial y quemaron las imágenes sagradas y, en un acto de rebelión contra todos los valores tradicionales, los comunistas organizaron un mercado de abastos en el templo. Aunque inicialmente el comandante de la Guardia Civil se puso "incondicionalmente al lado del gobierno legal", el cuartel fue saqueado y el Ayuntamiento decidió habilitar dos de sus locales para escuelas. Algunos individuos se pasearon por el pueblo vestidos de Guardia Civiles con los tricornios puestos y los

La gente de la sierra

El médico canadiense
Norman Bethune

vecinos considerados "los ricos" se encontraron asediados en sus casas y hostigados por "los Rojos", hombres armados que les amenazaron y les exigieron dinero. Se confiscaron sus vacas que fueron llevadas a la iglesia donde fueron sacrificadas.

El cura Miguel Martín García ya se había fugado y pasó varios meses escondido hasta que llegaron las tropas nacionales. Aunque tenía fama de ser derechista, este sacerdote, que prestó servicio en Frigiliana, Nerja (el pueblo vecino) y Maro entre 1935 y1949, intercedió ante las autoridades varias veces en los tiempos de la guerrilla para ayudar a gente bajo sospecha.

En Frigiliana, según los vecinos, no ocurrieron los actos de barbarie conocidos en otros lugares y no hubo muertos. Cuando llegaron los extremistas de fuera intentando vengarse de los falangistas, los izquierdistas del pueblo les salvaron la vida. Desafortunadamente, las fuerzas nacionalistas no demostraron la misma compasión cuando entraron en Nerja y Frigiliana el 9 de febrero de 1937. Con la ayuda de las tropas y la aviación de Mussolini los rebeldes habían entrado en Málaga y en aquel momento se atascó la carretera por la costa con los que temían un futuro bajo el mando de los fascistas. Huyeron los milicianos republicanos y miles de familias, la gran mayoría a pie, bombardeados sin piedad por los aviones y los barcos de guerra. La carretera pasa a seis kilómetros de Frigiliana y unas familias del pueblo se reunieron con aquel diluvio de refugiados huyendo a Motril y Almería.

Norman Bethune, el heróico médico canadiense que organizó un servicio móvil de transfusión de sangre del ejército republicano, llegó a la costa para dar ayuda y encontró una escena espeluznante. "Un torrente silencioso y torturado de hombres y animales" vino tambaleándose a lo largo de la carretera, él escribió. "Los burros moribundos habían sido empujados a las playas, donde la gente agotada estaba tumbada, sus lenguas hinchadas en bocas deformadas. Más niños, más milicianos, más pueblos abandonados. Parados por un momento por alguna obstrucción en la carretera, nos encontramos sumergidos por los gritos suplicando ayuda, las manos extendidas hacia nosotros, la gente pidiendo agua, transporte a Almería." Aviones italianos y alemanes volaban por encima de la

La gente de la sierra

costa, "sus ametralladoras dibujando intricados diseños geométricos entre los refugiados". Se estima que entre 3.000 y 5.000 personas murieron en la carretera.

En el pueblo, entre gritos de "¡Arriba España!" y "¡Viva España!", un capitán de Carabineros declaró el nuevo orden: formación de una milicia de falangistas, entrega de todas las armas, refugiados a volver a sus hogares para investigar su conducta. El 19 de febrero se impusieron los nuevos nombres de las calles, Generalísimo Franco, Queipo de Llano, José Antonio, 8 de febrero... Los rebeldes acorralaron a todos los relacionados con la República. Para "los Rojos" no había clemencia. A muchas mujeres las pelaban y unos hombres fueron forzados a ingerir aceite de ricino hasta vomitar. Varios vecinos fueron llevados a la cárcel, otros al paredón.

Cuando los camiones llevaron a los detenidos a Torrox, un pueblo vecino, sus mujeres se tiraron delante de las ruedas. Fue inútil. En los consejos de guerra cayeron las sentencias sobre los "Rojos", socialistas, miembros de sindicatos, todos los tachados de ser "rebeldes". Reclusión perpetua era el destino de los afortunados. Manuel Martín Cortés, miembro de la Unión General de Trabajadores, se salvó de la muerte por haber escondido — afirmó — el cáliz cuando se quemaron las imágenes sagradas en la iglesia. Menos suerte tuvieron otros.

El Registro Civil de Torrox consta que 14 hombres fallecieron el 21 de mayo de 1937 junto al cementerio "a consecuencia de disparos de arma de fuego". Entre los fusilados se encontraron ocho vecinos de Frigiliana: el alcalde republicano Baldomero Cerezo Iranzo, con 37 años, el teniente alcalde Sebastián Conejero Espada, 27, oficial del Partido Comunista, y los concejales Eduardo García Platero, 43, y Antonio Gutiérrez García, 44, juntamente con Francisco García Martín, 26, José García Ramírez, 32, José Pérez Castillo, 27, y Francisco Rojas Ramírez, 30. El 12 de agosto del mismo año cayó otro vecino del pueblo, Antonio Cerezo Moreno (el Zocato), que intentó esconderse en la sierra pero fue abatido por una patrulla franquista.

El teniente alcalde republicano, Sebastián Conejero (aquí con su mujer) salvó las vidas de unos vecinos de derechas, según se dice. Aún así, se encontró entre los ocho hombres ejecutados en Torrox.

3. La paz franquista

EN LA GUERRA Civil, los hijos del pueblo lucharon en los dos lados, o por convencimiento o por pura casualidad. Cuando la guerra terminó en el año 1939 los que habían luchado en el ejército republicano o habían colaborado con "los Rojos" fueron juzgados por "rebelión militar" por los verdaderos rebeldes. Unos sufrieron penas de varios años de prisión y otros fueron enviados a los campos de trabajo forzado en proyectos como el Canal del Bajo Guadalquivir. Unos de Frigiliana (véase el testimonio de Paco Martin Triviño) estaban entre los miles que construyeron aquel canal de cuatro metros de profundidad y 158 kilómetros de longitud que transformó en regadío las marismas del bajo Guadalquivir. (El Valle de los Caídos es la obra más conocida que fue construida por los desafortunados presos pero había también pantanos, pueblos y líneas férreas.) No es sorprendente que un buen número de los hombres de la Axarquía, siempre tratados como ciudadanos de segunda clase, optaran por echarse al monte.

En los años 40 los ojos del mundo se fijaban en los acontecimientos de la Segunda Guerra Mundial. España se encontraba olvidada, hundida en la miseria después de los horrores de su propia guerra. De rodillas entre las ruinas de su país, el pueblo luchó por levantar cabeza, vigilado por un régimen implacable.

En comparación con los residentes de las ciudades, Frigiliana era una comunidad afortunada porque la mayoría de las familias tenía la suerte de labrar una pequeña parcela de tierra suya. Unas 2.120 parcelas eran compartidas por unos 800 propietarios, un minifundismo que permitía la subsistencia pero poco más. La tierra estaba agotada y no había dinero para invertir en fertilizantes ni en mejorar la canalización de las aguas o la calidad de las semillas. Pero por lo menos casi siempre había algo de comer, migas, "muniato" (boniatos), higos, papas, tomates, "frigüelos" (frijoles), un trocito de pan con aceite de oliva o miel de caña.

El pueblo vecino, Nerja, no tenía la misma suerte. En aquella pobre comunidad pesquera casi todo el terreno era del Marqués de Larios y sembrado de caña de azúcar para alimentar sus muchos molinos. Allí todas las mañanas los hombres se alineaban delante de un bar con la esperanza de ser premiados con un jornal de trabajo. De Nerja a Frigiliana vino mucha gente, pidiendo limosna de puerta en puerta.

Una red de senderos surcaba el campo y por esos se movían los agricultores y sus mulos y asnos. Sólo 300 hectáreas del municipio eran de regadío, con

La gente de la sierra

un sistema de acequias existentes desde tiempos de los Arabes. El cultivo más común era la caña de azúcar, también una herencia de "los moros". De secano había 1.200 hectáreas que producían uvas moscatel, aceitunas, higos y almendras. Cada familia elaboraba, orgullosa, su propio vino del terreno en su cortijo, empleando métodos parecidos a los de los romanos. Para obtener un vino más fuerte, pisaban las uvas mezcladas con las pasas secadas bajo el sol. El dulce líquido dorado, de unos 17 grados, no era un lujo. Era una necesidad, algo que les ayudaba a aguantar las privaciones de la vida.

Detrás del pueblo se elevaba la sierra, una fuente de recursos con una extensión de 2.300 hectáreas, todas propiedad de la Compañía. Mucha gente dependía de la sierra. Todos los días se levantaban a las tres o cuatro de la madrugada y subían a las montañas para cortar leña o recoger esparto y, de no poseer una bestia, llevaban el fruto de sus labores en las espaldas.

Hacia el fin de los años 40 los jornaleros ganaban unos 12 pesetas, trabajando del amanecer a la puesta del sol. Pero un pan valía 15 pesetas, un kilo de sardinas o pulpo cuatro o cinco pesetas, y una bombilla seis pesetas. Había ofertas de un litro de coñac de Jerez por nueve pesetas — pero ¿quién tenía el dinero para semejantes lujos? Para obtener los comestibles básicos (y cigarrillos), las cartillas de racionamiento eran necesarias, pero las cantidades suministradas de vez en cuando eran claramente insuficientes, como un cuarto litro de aceite y 200 gramos de arroz por persona.

En tales condiciones, el estraperlo florecía. El tráfico continuo de hombres y animales entre las provincias de Málaga y Granada no era nada nuevo. Los arrieros más veloces, la élite de los muleteros, llevaban pescado fresco. Por la tarde cargaban sus mulos en las playas y subían corriendo por un camino sinuoso, estrecho, rocoso y escarpado, pasando por el Puerto de Frigiliana, unos 1.200 metros sobre el nivel del mar, en la oscuridad para llegar la mañana siguiente a los pueblos de Granada. Sólo paraban unos segundos para tomar un trago en una de las ventas. También pasaban por el Puerto en dirección a Granada pasas, miel de caña, fruta, tabaco y a la costa traían harina, lentejas, garbanzos. Con regularidad unos vecinos hacían el agotador trayecto sólo para comprar en Granada pan que vendían por un puñado de reales en las calles de Frigiliana. En la posguerra la escasez de tantas comodidades añadió mucho valor al negocio de los arrieros. Era difícil controlar el estraperlo e inevitablemente la guerrilla intentó sacar provecho del tráfico por los senderos de la sierra.

En 1949 el presupuesto del Ayuntamiento sólo llegó a 123.600 pesetas. En 1952, cuando el presupuesto subió a 144.000 pesetas, el sueldo anual del secretario era 17.500 y del guardia municipal 5.500. El pueblo no tenía biblioteca, ni campo de fútbol, tampoco médico, ni dentista. Los vecinos, excepto los llamados "ricos" (una descripción relativa de un grupo bastante reducido), habitaban viviendas de una sencillez extrema. El estilo no había cambiado durante siglos:

La gente de la sierra

gruesas paredes de barro y piedras, blanqueadas adentro y afuera, techos de vigas de pino cubiertas con caña y tejas, ventanas sin cristales cerradas con contraventanas, suelos de baldosas de barro o argamasa comprimida, muebles de chopo y pino, sillas de anea. Las mujeres cocinaban con fuego de leña en el "chupahumo" (hogar) y traían el agua de las fuentes en cantimploras. Como en muchos casos la cuadra estaba al fondo de la casa, era necesario extender una estera de esparto en el suelo para que la bestia pudiera entrar y salir. En la cuadra también dormía la cabra que todos los días salía al monte con el rebaño público; cada dueño pagaba al ayuntamiento por aquel servicio. Como no había wáter, la cuadra servía también como cuarto de baño.

La fiebre de malta era endémica y los piojos verdes en los cabellos de sus niños formaban un desafío continuo para las madres. Los brotes de tifus, tuberculosis, diarrea, enteritis, viruela y difteria hicieron estragos en la población de todo el país, la tasa de mortalidad infantil llegando a 142 muertes por cada 1.000 nacimientos.

Diariamente pasaban por Frigiliana los panaderos, a pie o con una bestia, repartiendo el pan de casa en casa. En tiempos de paz, también lo hicieron de cortijo en cortijo. Del pueblo vecino de Nerja subían a pie los vendedores de pescado, pregonando sus mercancías por las calles y regateando los precios con las amas de casa, todo en voz alta. De vez en cuando pasaban por el pueblo los herreros, los afiladores, los restauradores de sillas rotas, los hojalateros, y los buhoneros y sus burros, cargados de queso de cabra, ropa usada o cántaros.

De noche, la diversión era bastante limitada: un aguardiente, un vino del terreno o un café de malta (preparado con cebada), un paseo, un cigarrillo Celta o Ideal de tabaco negro encendido con el mechero de yesca, jugar al dominó o a los naipes en el Bar Casino, charlar en uno de los estrechos bares instalados en las salas de estar de unos vecinos. Entonces afloraban los chistes picantes, los refranes populares, las anécdotas divertidísimas, las coplas compuestas por un versificador espontáneo. Aún en la época más difícil la gracia innata de los aguanosos se manifestaba. Pero por poco tiempo. A partir de las 10 de la noche existía un toque de queda. Era aconsejable volver a casa temprano, especialmente si se vivía en el Barrio Alto (considerado un nido de subversión), porque las patrullas de la Guardia Civil (siempre en el pueblo llamados "los Civiles") sospechaban de cualquier persona que andaba por la calle sin muy buena razón.

En invierno la familia se congregaba alrededor de la mesa camilla con la tímida iluminación de una bombilla de 10 vatios. Debajo de la mesa redonda un brasero lleno de ascuas, la única calefacción en la casa, tostaba a todos, pero sólo hasta la cintura. A ninguna chica buena se le permitía salir sola, de modo que era una de las pocas oportunidades en la que los novios podían hacer manitas. Había en el pueblo tres o cuatro radios en que se podía escuchar las emisiones de Radio Nacional, las novelas, los comentarios del popular Matías Prat sobre los

La gente de la sierra

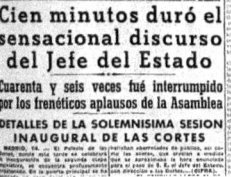

"Todos saben quién conspira contra la paz" proclama Franco, en una típica portada de *Patria* de Granada

partidos de fútbol, las coplas de moda, las canciones de Concha Piquer, Juanito Valderrama e Imperio Argentina, o la música de Glenn Miller. Sólo los más atrevidos, o imprudentes, intentaban sintonizar las emisiones antifranquistas de Radio España Independiente, conocida como *La Pirenaica*, el sonido débil y crepitante procedente de un mundo lejano.

Los domingos había cine para los que podían pagar la entrada de seis reales, aunque como los apagones eran frecuentes, no se estaba seguro de ver el fin de la película. Entre los mejores clientes estaban las fuerzas de orden, intentando relajarse al lado de los campesinos que vigilaban. Además del No-Do, las noticias según el Régimen, el público se divertía con las películas tales como *El Signo del Zorro*, con Tyrone Power y Linda Darnell o *Lady Hamilton*, con Vivien Leigh y Laurence Olivier. Por supuesto, las escenas escabrosas habían sido previamente extirpadas por la censura, implacable en una época cuando estaba prohibido besar en público y las escandolosas obras de Alberti, Balzac, Gide, Hemingway, Lorca, Moravia, Sartre y muchas más fueron prohibidas o por la Iglesia o por el Régimen, o por ambos.

La Iglesia, como uno de los pilares del Régimen, jugaba un papel bastante importante. La instrucción en las escuelas no dejaba ningún lugar de duda con

La gente de la sierra

respecto a la superioridad de la religión católica y de la rectitud moral de la gloriosa cruzada nacional. Todos los años el 20 de noviembre, el aniversario de la muerte de José Antonio Primo de Rivera, fundador de La Falange, se celebraba una ceremonia diseñada para despertar el entusiasmo de los habitantes y, al mismo tiempo, subrayar quienes habían ganado la guerra. Todo el pueblo se iba en procesión desde la iglesia hasta la gran cruz erigida delante del Ingenio. El cura y el alcalde, falangista nombrado a dedo, presidían el homenaje a los caídos, con la presencia del tercer pilar del Régimen, los militares, representados por la Guardia Civil.

Una calle de Frigiliana hacia 1950

Uno por uno el alcalde gritaba los nombres de los del pueblo que habían muerto en la Guerra Civil: Antonio Julio Jiménez Navas, Antonio Cañedo Sánchez, Antonio Rodríguez Sánchez, Plácido Ramos Platero, Manuel Agudo Martín, José Jaime Castillo y Bautista Cerezo Álvarez, seguidos por el nombre de José Antonio. Después de cada nombre los vecinos gritaban: "¡Presente!" Luego, brazo en alto, cantaban "Cara al sol". Los siete hombres homenajeados habían luchado en el ejército nacionalista. Nadie tenía la temeridad de preguntar por la suerte de los otros combatientes, los hombres que habían participado en el lado republicano y nunca habían vuelto a sus hogares. Sobre ellos, sólo había silencio.

Y sigue así. Un veterano republicano sí volvió al pueblo, Francisco Ruiz García. Muy enfermo, murió poco después. Pero todavía las familias de los otros no saben su destino final. Como en el caso de Sebastián González González. Su hijo, Sebastián, policía municipal jubilado, recuerda: "Sus compañeros nos dijeron que le habían visto a él herido de muerte en el frente de Teruel. Pero no nos hemos enterado nunca de donde está enterrado." Nunca volvieron tampoco los hermanos Miguel y Javier Retamero Peralta, Baldomero Ruiz Cerezo y Eduardo Platero López. Todavía no figuran sus nombres en ningún monumento conmemorativo. Y, aunque están unidos en la muerte, tampoco los del lado nacionalista.

La gente de la sierra

Sólo una placa descubierta en 2010 rinde homenaje "a todos aquellos que fueron víctimas de la Guerra Civil y del régimen franquista".

La Iglesia velaba por todos los fieles y, cuando una pareja quería casarse, la bendición de la Iglesia era imprescindible. Pero no había dinero para celebraciones fastuosas. Así que los novios tenían que pensar dos veces en los detalles. Por eso, unas parejas eligieron celebrar sus bodas a las cuatro de la madrugada. Sí, a esa hora todavía era de noche pero, como Don Domingo, uno de los curas más memorables, les explicaba, por el sistema de tarifas fijadas por la Iglesia a aquella hora la ceremonia salía más barata. Había otra ventaja: la costumbre era ofrecer comida y bebida a todo el mundo para celebrar las nupcias, algo que podía costar a las familias un dineral, pero pocos de los vecinos iban a levantarse antes del amanecer para asistir a una boda. Por eso, más de una ceremonia se celebró en la oscuridad. Y, como entonces las lunas de miel eran algo que sólo se veían en el cine los domingos, el novio podía, si le daba la gana, sacar provecho de levantarse de madrugada y ganar un jornal aquel día en el campo. En el pueblo mandaba la pobreza.

Las comunicaciones de Frigiliana con el resto del mundo eran bastante restringidas. No era posible comunicar ni por teléfono ni por telégrafos, pero sí existía en Nerja una oficina de telégrafos (el teléfono no llegó a Frigiliana hasta el año 1958, seis años después de Nerja). Una visita a "la capital", Málaga, no era algo que se emprendía sin una buena razón. Como no existía ningún transporte público, la gente del pueblo iba a pie hasta Nerja donde cogía uno de los tres autobuses diarios de la compañía Alsina Graells. Sólo en los años 50 Frigiliana tendría su primer autobús, un gran turismo Chevrolet verde, propiedad de Vicente Ruiz.

El viaje de 60 kilómetros por una sinuosa carretera llena de baches era largo y duro. Y Málaga era otro planeta. Allí estaban las oficinas de los recaudadores de impuestos y todos esos otros burócratas que no tenían más interés que dificultar la vida de los campesinos humildes. Allí también se encontraba el único hospital y todo el mundo sabía que se podía rezar el rosario y recitar mil padrenuestros pero cuando los enfermos volvían de la capital lo más probable era que llegaran en ataúdes. Por todas partes se notaban los yugos y las flechas y las fotos del Generalísimo y de José Antonio. De coches oficiales descendían hombres bien vestidos con las cabezas relucientes de brillantina. Allí tenían sus residencias los terratenientes y los empresarios que se movían como peces en las aguas del sistema franquista.

Por las calles pululaban los vendedores, los contrabandistas, los estraperlistas, los mutilados de guerra, los mendigos, los limpiabotas, los gitanos, los legionarios, los marineros, los buscavidas. En el cauce seco y polvoriento del río Guadalmedina, los niños descalzos y semi-desnudos jugaban entre los desperdicios y las ratas. Largas colas señalaban cuando fuera un día de distribución de los víveres

La gente de la sierra

racionados, como harina o aceite. Para los acomodados, claro, no había ninguna escasez. En la ciudad todo estaba en venta: mujeres, licor, café, contrabando de toda clase. Allí se podían comprar esos cigarrillos de tabaco rubio parecidos a los que fumaban en las películas, aunque éstos sabían a paja húmeda.

La alta sociedad podía asistir a un "Gran Té-Baile" en el Hotel Miramar o disfrutar del "mejor espectáculo de arte andaluz de España", una actuación de Lola Flores y Manolo Caracol en el Teatro Cervantes. En los salones de los pudientes, los camareros en camisa blanca servían a una clientela bien vestida en trajes oscuros que hojeaba el *Sur de Málaga* (órgano falangista) y *ABC* (tradicionalmente monárquico) o se reunía en interminables tertulias. Para confirmar que todo iba bien en el país se debía leer la prensa del Régimen que tardaba en despertarse de su aventura amorosa con el fascismo. Así que aún en enero de 1945 un titular del diario *Sur* informó al mundo: "Entusiasmo del pueblo alemán por el discurso de Hitler".

Además del jefe alemán, el deporte, los toros y la Iglesia recibían un tratamiento de favor en las páginas de *Sur*. Y también los ritos de los falangistas, como en este típico reportaje: "Llegada a Vélez-Málaga a una hora avanzada, la Centuria Cardenal Cisneros (Frente de Juventudes) se dirigió a la cruz de los caídos, donde se rezaron las oraciones de costumbre y se cantó el Cara al Sol, dando los gritos de ritual al jefe de la Centuria, camarada José Utrera." José Utrera Molina, un falangista acérrimo que llegó a ser Secretario del Movimiento, era una cara bien conocida en la Axarquía; consiguió en Nerja una lujosa residencia con vistas al mar.

En *Sur* las declaraciones del Caudillo eran sagradas. El 19 de enero de 1945 él advirtió al Consejo Nacional de Falange de las Jons: "No podemos descansar en nuestras obras, pues no se ha acabado todavía la batalla." Tan dura era la batalla que languidecían en las cárceles españolas unos 80.000 presos políticos y las ejecuciones siguieron sin pausa. Sólo en el mes de octubre de 1944 sufrieron la pena de muerte 1.647 prisioneros, según un informe confidencial del embajador de los Estados Unidos (no constó en la prensa oficial).

Sur sí reveló algo de lo que estaba pasando. Se podía leer el 27 de febrero de 1945: "Sentencia cumplida – Al almanecer del día de hoy se ha cumplido la sentencia dictada por los tribunales contra 16 comunistas terroristas, entre los que figuraban varios jefes de grupos de acción de los filtrados por la frontera pirenaica, que habían cometido crímenes y otros actos terroristas." También comunicó que 300,000 personas habían rendido "el último homenaje a los camaradas (falangistas) asesinados por los comunistas en Madrid".

Pero el mundo sabía poco o nada de la resistencia en las sierras. Sólo la gente de un pueblo como Frigiliana iba a comprender exactamente lo que significaba una lucha de ese tipo. Para "los aguanosos" no era necesario leer ningún periódico. Porque entre los años 1945 y 1952 experimentarían la guerra en sus propias carnes.

4. La guerrilla en la Sierra Almijara

EN LAS NOCHES sin luna en los años 1943 y 1944 pequeños barcos, navegando a hurtadillas, entraron en las calas más aisladas de la costa sur de España para depositar allí hombres armados y adiestrados en el arte de la guerrilla. Era el comienzo de un intento inspirado por los comunistas de lanzar un movimiento nacional que coincidiría con la victoria aliada en Europa del norte y conduciría a la expulsión del régimen franquista.

La base elegida en el sur de Andalucía era las Sierras Almijara y Tejeda, una cordillera de calizas dolomíticas tan espectacular como difícil de penetrar. Es un paisaje atormentado, de cañones estrechos, barrancos bravos, cuevas ocultas y riscos escabrosos, perfecto para la cabra montés y la guerrilla. Sólo unas sendas, pedregosas, sinuosas y superando fuertes pendientes, atravesaban las montañas, serpenteando debajo de las escarpas abruptas. Allí arriba se encuentran el Cortijo del Imán, el Cerro Verde, el Puerto Blanquillo, la Cueva del Daire, la Venta Panaderos, El Cisne, el Collado de los Civiles, lugares perdidos en la sierra pero con nombres grabados para siempre en la historia de la Axarquía y su gente. Las sendas enlazaban pequeños pueblos, por un lado Frigiliana, Torrox, Cómpeta y Canillas de Albaida en la provincia de Málaga y por el otro Arenas, Fornes, Játar

Guerrilleros armados desembarcaron en esta cala cerca de Nerja

La gente de la sierra

y Jayena en Granada. Animaba los caminos el constante ir y venir de los arrieros con las bestias cargadas, y también de contrabandistas, estraperlistas y vendedores itinerantes. De día y de noche pasaban y cada amanecer también llegaban los cabreros, los leñadores, los canteros, los carboneros, los esparteros y los resineros.

Hoy en día, gracias a los estragos del hombre y particularmente a una serie de incendios forestales devastadores, donde antes había pinos, encinas, acebuches, algarrobos, tejos y otros árboles sólo hay matorral. Entonces, cuando los bosques ofrecían más abrigo y ni siquiera un carril penetraba la Sierra Almijara, era más facil esconderse allí. Echarse al monte es una vieja tradición en Andalucía. Durante siglos los fugitivos de la represión y la justicia habían encontrado refugio en la sierra. Y así fue en los años siguientes a la Guerra Civil.

La primera guerrilla se organizó entre 1937 y 1939 cuando el frente entre republicanos y nacionales se situó al este de Motril. Los guerrilleros hicieron espionaje e intentos de sabotaje en la Axarquía y la costa granadina. Porque muchas veces actuaron de noche los llamaban los Niños de la Noche. En la primavera de 1938, los Niños participaron en un rescate sin precedentes. Sin disparar un tiro, libraron a 300 jefes, oficiales y comisarios republicanos asturianos atrapados en el Fuerte de Carchuna en la costa granadina y los condujeron hasta las líneas republicanas.

Terminada la guerra, una represión feroz asoló al país. La diáspora de los exiliados les dispersó a través del mundo, de la Unión Soviética hasta México, de Argelia hasta Inglaterra, de las filas de la Légion Étrangère hasta Mauthausen (de los 7.000 españoles que murieron en los campos de concentración alemanes, unos 1.100 eran andaluces y 148 de la provincia de Málaga). Entre los exiliados surgió el sueño de reconquistar España. Pero la oposición estaba exiliada, fragmentada y desordenada, incapaz de trabajar junta. En un intento de consolidar las fuerzas de la oposición, en 1942 el Partido Comunista de España fraguó la Unión Nacional Española, una alianza antifranquista. Pero muchos republicanos, teniendo presente la Guerra Civil, sospechaban de los propósitos comunistas. Los anarquistas, los socialistas y diversos republicanos más los nacionalistas vascos y catalanes formaron su propia organización, la Alianza Democrática Española.

Mientras los socialistas no apoyaron el proyecto de una lucha armada, cifrando sus esperanzas en que los poderes democráticos iban a expulsar a Franco, los comunistas se prepararon actuar. Miles de ex-combatientes de la Guerra Civil luchaban en la resistencia francesa y les llegó la convicción a los de la Unión Nacional de que aquel movimiento guerrillero conocido como "el Maquis" pudiera ser exportado a España. El objetivo: un levantamiento nacional a la espera de la llegada de los Aliados una vez que hubieran aplastado a los Nazis. Como los republicanos españoles habían combatido a los Nazis adentro y afuera de su país, creían que los Aliados iban a pagarles la deuda.

En el interior del país los simpatizantes de la República o los que se habían

La gente de la sierra

afiliado a un partido izquierdista o un sindicato, se veían — si no ejecutados o encarcelados — hostigados sin piedad. Muchos puestos de trabajo fueron cerrados a ellos y a sus familias. Aún después de pasar años en la cárcel, aquellos con antecedentes considerados peligrosos tuvieron que presentarse frecuentemente en los cuarteles. Muchos se echaron al monte, temiendo por sus vidas o hartos de ser maltratados. Unos tenían las manos manchadas de sangre, otros eran delincuentes comunes, pero otros sencillamente habían luchado en el lado del perdedor. Un error imperdonable en el imperio franquista. Ellos, los huidos, iban a formar el núcleo de la guerrilla pero serían los comunistas quienes se pondrían a suministrarles armas y organizarles en grupos disciplinados.

Después de que el desacertado intento de invadir España en masa por los Pirineos en octubre de 1944 resultara ser un fracaso, los comunistas invirtieron sus esfuerzos en crear la guerrilla. Combatientes experimentados empezaron a filtrarse en la península y ponerse en contacto con los huidos y los simpatizantes republicanos. Eventualmente se formaron seis agrupaciones guerrilleras, las de Galicia-León, Asturias-Santander, Centro, Extremadura, Levante y Andalucía.

Aunque la Agrupación Guerrillera de Levante y Aragón (AGLA), con el contacto más estrecho con los jefes en exilio, fue considerada la más fuerte y la más activa, por varias razones destacó la guerrilla formada en las provincias de Málaga y Granada. Según las mismas fuerzas del Régimen, ostentaba la mejor disciplina y organización de todas las agrupaciones. Tan lejos de la frontera francesa, por tierra no fue posible hacer llegar a las Sierras Almijara y Tejeda ni armas ni hombres. En cambio, por via de desembarcos clandestinos en calas retiradas, vinieron del Norte de África.

Al otro lado del Mediterráneo, a una distancia de sólo unos 200 kilómetros de la costa de Andalucía oriental, Argelia era en 1943 y 1944 un hervidero de intrigas, de militares, espías, refugiados, conspiradores y estraperlistas. Allí los exiliados españoles soñaban en volver a su país y los agentes de los Estados Unidos les ofrecieron ayuda en una de las operaciones clandestinas más extrañas de la Segunda Guerra Mundial: instructores norteamericanos adiestraron y suministraron armas a los comunistas españoles con el propósito de infiltrarles en la península. Una vez en España, además de crear un problema de seguridad al dictador y a su régimen pro-alemán, debían informar sobre el estado de las defensas en la costa. Fermentaban los planes de los Aliados para invadir Europa, incluso quizás — ¿quién sabía? — España.

Cuando un chivatazo puso al descubierto las infiltraciones norteamericanas, provocó una situación embarazosa para el gobierno de Washington en un momento especialmente crítico antes de la invasión de Normandía. Como quiso la suerte, el asunto enfureció tanto a los jefes del Partido Comunista como al embajador norteamericano en Madrid. Ni los unos ni el otro veía con buenos ojos aquella colaboración entre los Rojos y los capitalistas.

5. Camaradas — la OSS y los comunistas

AUNQUE ESPAÑA había evitado entrar en la Guerra Mundial, por su posición estratégica era un semillero de actividades clandestinas. Cada uno de los protagonistas más importantes empleaba una multitud de agentes para mirar por sus intereses en la península. Las operaciones de espionaje, engaño y desinformación se extendían de Madrid a Gibraltar, de Lisboa a Casablanca, de Argel a Tánger. El jefe del Abwehr (el servicio de inteligencia alemán), Wilhelm Leissner (seudónimo Gustav Lenz) coordinaba una red de 1.300 personas, de quienes más de 700 trabajaban a tiempo completo. Los representantes del Tercer Reich disfrutaban de unos privilegios especiales del régimen de Franco, que enviaba los materiales de guerra a Alemania y hacía la vista gorda con los submarinos alemanes que recibían los abastecimientos en Vigo y las Islas Canarias.

Mientras el experimentado servicio británico de inteligencia militar (MI6) organizaba sus agentes desde Madrid y Gibraltar, los Estados Unidos llegaron tarde. Sólo en 1942 Washington decidió establecer la OSS (Oficina de Servicios Estratégicos), la precursora de la CIA. La fundó y la dirigió un tipo formidable, el coronel William A. (Wild Bill) Donovan, héroe de la Primera Guerra Mundial, abogado eminente y amigo del Presidente Roosevelt. En España el OSS creó, como mínimo, dos redes, una de 14 agentes y 75 "sub-agentes" (a tiempo parcial). También controlaba una compañía naviera, con tres barcos de 500 toneladas en total, cuyo verdadero negocio era el transporte de refugiados, prisioneros fugados de guerra, armas y cualquier otra clase de carga clandestina.

En 1942 los servicios de inteligencia intensificaron su trabajo en España y África. Docenas de oficiales diplomáticos norteamericanos con habilidades poco comunes llegaron a los puertos del Norte de África. Formaban parte de la primera misión de importancia de la OSS. El director de las operaciones, el coronel William A. Eddy, se estableció en el puerto internacional de Tánger, trabajando en colaboración con el Cinquième Bureau, la inteligencia militar francesa, y con el SOE (Special Operations Executive). El SOE era una organización británica creada para armar y adiestrar ejércitos en los territorios ocupados por el Eje y se especializaba en sabotaje y subversión.

Tánger era un sitio estratégico, con acceso fácil al Marruecos español y al Marruecos francés y a poca distancia de Gibraltar. Los espías se tropezaban

La gente de la sierra

unos con otros en lugares como el prestigioso Hotel Reina Cristina en Algeciras, donde los agentes españoles se mezclaban con los del Abwehr y del MI6 mientras todos tomaban el té y los gin tonic y observaban los movimientos de sus rivales y de los barcos por el Estrecho. El Abwehr había colaborado con la marina española en la construcción de un sistema de detección sónica y 14 puestos de vigilancia infrarroja, nueve en la costa española y cinco en el lado africano.

Los alemanes sospechaban que tarde o temprano los Aliados iban a lanzar una campaña en algún lugar de Europa. Sólo una cosa no sabían: ¿dónde? Seguían las conjeturas cuando en el otoño de 1942 miles de tropas aliadas en los Estados Unidos y en Gran Bretaña se preparaban para entrar en combate y toneladas de material bélico llegaban a Gibraltar. El 23 de octubre el Afrika Korps del general Erwin Rommel, que había registrado unas victorias importantes en los desiertos de Libia y Túnez, sufrió un golpe contundente en la Batalla de El Alamein. Fuerzas británicas bajo el mando del general Montgomery echaron por tierra la esperanza alemana de controlar el Canal de Súez. Luego, el 8 de noviembre, llegó la Operation Torch (Operación Antorcha). Los alemanes quedaron aturdidos cuando las tropas anglo-americanas invadieron los territorios de Marruecos y Argelia, controlados por el régimen colaboracionista de Vichy de Francia.

En aquel momento los Aliados estaban muy preocupados por la posible reacción de España. Franco había incorporado la ciudad internacional de Tánger en el Marruecos español en el año 1940 y soñaba con ampliar su imperio con la adquisición del Marruecos francés. La Operation Torch, temían los Aliados, podía provocar a Franco a dejar la neutralidad, o a lanzar un ataque con sus propios soldados — estimados a unos 150.000 en el Marruecos español — o a dar vía libre al ejército alemán para pasar por la península, asaltar Gibraltar y cruzar el Estrecho. Para mantener a Franco en la situación deseada, Sir Samuel Hoare, embajador británico en Madrid, le aseguró un poco antes de la invasión de Torch que el Reino Unido no intervendría en los asuntos internos de España ni durante ni después de la guerra, y no invadiría la península ni otro territorio español. Y el presidente Roosevelt envió a Franco una declaración bastante explícita: "Espero que acepte mi plena garantía de que los movimientos (de Torch) no se dirigen de ningún modo contra el gobierno ni el pueblo de España ni contra el Marruecos español."

Seguramente aquellas garantías sonaban como música en los oídos del Generalísimo, que iba siguiendo un juego muy arriesgado. Su neutralidad simulada provocaba continuamente a los Aliados, quienes habían pensado en la posibilidad de quitarse la espina franquista. De hecho, en los archivos de la OSS se encuentra un escrito de un oficial llamado Edward Dodd, con fecha de abril de 1942, que indica la península ibérica como "el objetivo ideal para un ataque". Su memorándum confidencial propone una invasión lanzada directamente de

La gente de la sierra

los Estados Unidos, dirigida a todos los puertos españoles y portugueses, dando prioridad a Santander y Bilbao. Fuerzas especializadas asegurarían que los alemanes no podrían pasar por los Pirineos mientras se convertía España en una base gigante para la ofensiva futura contra Alemania.

Dodd afirmó: "Todavía un 70 por ciento de la población está en contra de Franco. También está a favor de los Estados Unidos porque los EEUU han estado dándole de comer todo este tiempo y porque la América Latina influye hasta cierto punto en la madre patria. Probablemente sería el país europeo que pudiera ser conquistado con menos dificultad porque su fuerza militar y sus recursos están agotados, y porque los alemanes no la han reforzado tanto como los países ocupados." Añadió (irónicamente si se recuerda la política de no intervención de los Aliados después de la guerra): "España es el único país neutral en Europa que podemos asaltar con la afirmación que estamos liberando el país de la opresión fascista." Un ayudante tachó el memorándum de "una gran idea" y el coronel Donovan, jefe de la OSS, lo recibió pero no consta que actuara con respecto a la propuesta.

Siguiendo el éxito de la Operation Torch, las fuerzas de Rommel en Libia se encontraron arrinconadas por los avances de los soldados estadounidenses que entraban en Túnez y del Ejército Octavo de Montgomery. Argel se convirtió en un puesto de mando y la base de operaciones de la inteligencia aliada. El coronel Eddy se estableció en la Villa Rose, muy cerca del Hotel St George, el cuartel general del comandante en jefe de las fuerzas aliadas, el general Eisenhower. Los agentes de la OSS, muy crecidos en número, trabajaban en una residencia magnífica llamada la Villa Magniol. Entre ellos estaba Carleton S. Coon, un catedrático y antropólogo eminente que hablaba árabe. Ingenioso, atrevido, con un rasgo despiadado, Coon habría servido como el modelo de Indiana Jones.

Entonces, se encontraban en Argelia miles de activistas anti-fascistas en potencia, muchos de ellos españoles que habían buscado refugio allí en 1939. En su autobiografía, Coon nota que un tal Crawford, un coronel del ejército británico, llevaba una escuela para los voluntarios anti-Vichy en Aîn-Taya, en el Cabo Matifou, a unos 50 kilómetros al oeste de Argel. Árabes, judíos, colonos franceses, y españoles estaban entre los reclutas.

"Eran jóvenes, entusiastas y preparados para aprender," recuerda Coon. "Yo estaba encargado de instruirles en todas las actividades paramilitares, incluso tirar granadas y atar a prisioneros."

Coon no era el tipo de hombre que vacilaba en emplear la violencia cuando la creía necesaria, como se advierte en un memorándum que dirigió más tarde a Donovan. Propuso la creación de un cuerpo de élite de asesinos y afirmó: "Se necesita un grupo de hombres con el cometido de echar las manzanas podridas en cuanto aparezcan los primeros indicios de corrupción." Sabiendo esos sentimientos, es lógico sospechar que Coon estuviese implicado en el asesinato en

La gente de la sierra

Carleton S. Coon

Argel del almirante François Darlan, un jefe de Vichy y colaborador de los Nazis, que los Aliados habían reconocido como el comandante de Argelia aunque con muchas reservas. El hombre que mató a Darlan, un joven fanático francés, era uno de los reclutas que recibía instrucción de Coon — y había otra coincidencia. El arma empleada era poco común, un .22 Colt Woodsman de cañón largo. No formaba parte del arsenal de los ejércitos de los norteamericanos o británicos pero semejante arma había sido traida de los Estados Unidos por el mismo Carleton S. Coon. También, por casualidad, en el momento del asesinato Coon se encontraba cerca del lugar. Las autoridades detuvieron a varios instructores que trabajaban con los americanos, pero a Coon no. Repentinamente el coronel Eddy destinó a Coon a una unidad del Special Operations Executive lejos de Argel.

Más tarde, como experto en la subversión y en poner trampas explosivas, Coon fue transferido a Oujda, cerca de la frontera con el Marruecos español, donde colaboró con el G-2, el servicio de inteligencia del ejército americano. Antes de la guerra había estudiado a las tribus de las montañas del Rif y las muchas amistades que había formado entonces con sus jefes le vinieron bien.

El general Mark Clark, comandante del US Fifth Army, era consciente del peligro si los alemanes llegaban a África vía la península. Una de las misiones de Coon consistía en averiguar cuál sería la mejor ruta para las fuerzas blindadas de Clark si tuvieran que pasar por las montañas del Rif y enfrentarse con las tropas alemanas. Otra tarea era la de servir de enlace con los rebeldes del Rif y cerrar el paso a los espías y los saboteadores que intentaban infiltrarse en Argelia a través de la zona controlada por España.

"Elaboramos unos planes muy detallados para capturar o matar a los alemanes y los presentamos al General Clark," informó Coon. "Nos dijo que no podíamos poner pie en, ni tirar sobre, territorio español; tendríamos que llevar a los alemanes al territorio francés antes de tocarles."

Además, se organizó un programa para reclutar y adiestrar a guerrillas antifascistas con el objetivo de infiltrarlos en España y otros lugares. Miles de prisioneros estaban encerrados en los campos de concentración en las zonas de África bajo el mando del gobierno de Vichy. Un agente de la OSS, Donald C. Downes, informó a Washington que, con el Major Godfrey Paulson del ejército británico, había visitado los campos en busca de hombres fuertes, capaces y dispuestos a servir con la OSS y el SOE. Entre los campamentos estaban Bou

La gente de la sierra

Arfa y Beni Oukil en Marruecos y Colomb Bechar, Kenadsa, Djelfa, Bogar, Boghari y Barroughia en Argelia. Según Downes, los franceses trataban mal a los encerrados y los presos políticos estaban resentidos por la lentitud en dejarles en libertad. Había cinco categorías de presos: veteranos de la Guerra Civil Española, incluidos combatientes del ejército republicano y las Brigadas Internacionales; voluntarios de muchas nacionalidades que se habían alistado en la Legión Extranjera Francesa en 1939-40 para luchar contra el fascismo y el Nazismo; extranjeros, la mayoría italianos, internados como enemigos; individuos dejados desamparados por la guerra; y residentes extranjeros que se oponían al régimen de Vichy.

"Para repetir en otros lugares hasta una pobre imitación del magnífico trabajo hecho en el Norte de África antes de la invasión, debemos reclutar a los resueltos anti-fascistas y anti-nazis de los varios países ocupados para preparar el terreno," insistió Downes.

Algunos de los primeros reclutas españoles se mostraron demasiado entusiastas. Armaron un escándalo cuando aparecieron en el cuartel general del ejército americano en Oujda y pidieron en voz alta pistolas, bicicletas y dinero. Coon se dio cuenta de que ellos eran unos de los reclutas de Downes cuando empezaron a hablar de "Ricardo", un agente secreto que operaba bajo la tapadera de cabo de paracaidistas. Para calmar a los españoles rebeldes, Ricardo fue corriendo desde Argel. Les pagó y despidió a los tres.

Varios de los comunistas infiltrados más tarde en España recordaron que habían sido reclutados por un tal "capitán Ricardo". De hecho, era Ricardo Sickler (verdadero nombre Sicre), el hijo de un médico catalán. Según las memorias del británico Desmond Bristow, que trabajó como agente de MI6 en Argelia y España, Sicre había luchado en el lado republicano en la Guerra Civil antes de desertar y huir a Inglaterra. Después de trabajar con la OSS en el Norte de África, fue lanzado tras las líneas alemanas en Francia.

Sicre logró sobrevivir aquella peligrosa aventura y volvió a España después de la Guerra Mundial, cuando llegó a ser un exitoso hombre de negocios. Se convirtió en uno de los principales anfitriones de la vida social madrileña, entablando amistades con los más poderosos y también los famosos, entre ellos Charlton Heston, Ava Gardner, Salvador Dalí, Robert Graves, Ernest Hemingway, Miguel Domínguín y el Príncipe de Mónaco.

Carleton Coon no sabía hablar español y admitió que no podía manejar a los españoles quienes "siempre me parecían ser de una distinta creación biológica. Son pequeños hombres, de aspecto severo, absortos en sus propios intereses y con ideales y preocupaciones que yo no puedo facilmente entender." Cuando Coon fue destinado a otro sitio, Downes, que tenía mejor conocimiento del carácter y de las costumbres de los españoles, asumió la clandestina conexión. Ya había trabajado con los españoles cuando organizó una serie de robos arries-

La gente de la sierra

gados en la Embajada de España en Washington. Buscó la ayuda de un experto judío de Nueva York para descubrir la combinación de la caja fuerte de la embajada. Un equipo encabezado por un republicano llamado José Aranda entró de noche en el edificio varias veces, forzó la caja y sacó los libros de códigos y la máquina empleada para enviar y descifrar mensajes en clave. Así los americanos podían leer los mensajes secretos entre Madrid y sus diplomáticos.

Corpulento y exuberante, un poco parecido a Winston Churchill, Downes fumaba puros en una boquilla larga y empleó como chófer un árabe estrábico y de apariencia siniestra. En un informe confidencial del OSS, recordó: "Empleando la organización española que yo había traído conmigo de los Estados Unidos, explotando el movimiento clandestino de los republicanos españoles en el Norte de África, y utilizando a los mejores de los españoles buscados en los campamentos de concentración, en febrero de 1943 establecimos un campo de instrucción en espionaje en Rasasfour, a 20 millas del pueblo más cercano, en la cima de un monte con vistas al desierto. Aquí habíamos encontrado un campo abandonado del Chantier de la Jeunesse y el G-2 del Ejército V nos suministró ampliamente con todo el equipo necesario para formar un campo modelo. Lassowski, Goff, Sickler y los otros instruyeron a los 35 estudiantes españoles elegidos."

Coon dió su opinion sobre unos de aquellos agentes. El sargento Goff era "un idealista, pequeño y fuerte. Antes había sido un bailarín de claqué y artista de vodevil. Luchó en la guerra española por sus ideas de libertad y llegó a ser uno de los guerrilleros más expertos y renombrados del mundo". El sargento Lassowski era de la misma madera, "un hombre de confianza completa".

Downes infiltró a los agentes en los campamentos militares del Marruecos Español y en el cuerpo de ingenieros en Melilla para informar sobre las defensas. Para llegar a Melilla, los hombres se disfrazaban de árabes, luego pasaban la frontera, formada por el río Molouya, y a través de la zona española con la ayuda de marroquíes amigos. Casi siempre los que tenían una escolta de este tipo llegaron a su destino, pero la mitad de los que intentaron hacer el viaje solos o fueron detenidos o murieron. Al mismo tiempo, dos agentes más de la OSS, el sargento Michael Jiménez y su hermano, estaban dando instrucción a 16 radiotelegrafistas en una escuela cerca de Argel. Fueron mandados a Melilla, Málaga, el sur de Francia e Italia.

En el mes de mayo de 1943, después de aplastar la resistencia del Eje en África, tomando 275.000 prisioneros, los Aliados planearon utilizar Argelia como trampolín para invadir algún punto de Europa bajo el control alemán. Al mismo tiempo planearon operaciones subversivas en la península ibérica. Entonces los servicios secretos lanzaron la Operation Banana.

6. Operation Banana

EN LA SEGUNDA SEMANA de julio de 1943 un barco sardinero portugués de aspecto inocuo, abollado y erosionado por los elementos, salió desapercibido de un puerto argelino y se dirigió hacia la costa de Málaga. De hecho, aquel barco estaba bajo el mando del SIS (Secret Intelligence Service), el espionaje británico, que le había dado el nombre de HMS Prodigal. Llevaba cuatro hombres con radios de la escuela de Rasasfour. La llegada a España transcurrió sin complicaciones y poco después se transmitía al US Fifth Army información de primera calidad sobre la preparación militar de los españoles y los alemanes.

Pero duró poco. Surgieron problemas técnicos y el SIS acordó montar Banana Número 2 para llevar a España a un hombre con repuestos de radio. Sin embargo, el día de la operación, a las dos de la tarde, los británicos telefonearon al coronel Eddy para informarle que habían cancelado Banana 2 siguiendo una orden de la Foreign Office (Oficina de Asuntos Exteriores) de Londres. Downes se puso furioso porque habían dejado plantado al grupo esperando en una playa de Málaga. "Han puesto en peligro si no han matado a una organización americana con radio en España. Ahora están sin dinero, sin suministro y con un receptor roto, de manera que no podemos hablar con ellos," dijo.

Era imposible cooperar con los británicos, según Downes, debido a "una serie larga de evasiones, traiciones, acuerdos rotos". Afirmó: "Una y otra vez los oficiales americanos me informan de que los servicios británicos están intentando perjudicar a la OSS...de hecho lo que estoy diciendo es que el SIS da más prioridad a la construcción del Imperio que a la Cooperación por la Victoria." Las roces no eran infrecuentes entre los dos servicios; los americanos con su temperamento "gung-ho" consideraban al SIS, organización de espionaje vinculada estrechamente con el Foreign Office, tieso y condescendiente mientras los británicos encontraban a los americanos ingenuos y torpes. No obstante, los hombres de la OSS normalmente mantenían buenas relaciones con otro servicio británico, el Special Operations Executive (SOE).

A pesar de los problemas, los Aliados seguían infiltrando a sus hombres en España, y no sólo a los radiotelegrafistas. Algunos reclutas dijeron más tarde que los americanos les habían ofrecido sueldos de hasta dos mil dolares al mes, pero que nunca recibieron el dinero. Continuaba la instrucción en los artes de

La gente de la sierra

Molino de papel cerca de El Río de la Miel utilizado por la Guardia Civil

la guerrilla y, con la cooperación de los comunistas españoles en Argelia, los voluntarios desembarcaron en las calas de La Caleta, Cantarriján y Cerro Gordo, entre Nerja y Almuñécar.

El primer desembarco importante de hombres armados en aquella zona ocurrió en octubre de 1943. El grupo llevaba armas americanas y francesas, ametralladoras, pistolas y bombas, y una radio. Casi con seguridad entre los miembros estaba Joaquín Centurión Centurión (Juanito). Por su conocimiento de la Axarquía, ese ex-combatiente de los Niños de la Noche jugaba un papel importante e hizo varios viajes clandestinos desde África para infiltrar hombres y armas en Málaga. De hecho, el apellido Centurión es inseparable de la lucha en la Axarquía. Descendientes de una familia de la nobleza, los Marqueses de Estepa, muchos de la familia sufrieron la represión en sus propios huesos. Varios fueron encarcelados o fusilados. Un tal Centurión fundó en el siglo XVIII un molino de papel en la costa, cerca de donde desemboca el Río de la Miel. Allí, 200 años más tarde, la Guardia Civil encerró e interrogó a los sospechosos de tener relaciones con la guerrilla.

Los guerrilleros encontraron su primer cobijo en los cortijos aislados de El Río de la Miel, al este de Nerja. Aquel valle escondido, tradicionalmente un refugio de los contrabandistas, llegó a ser un semillero de la resistencia a tal punto que fue llamado "la Rusia Chica". La gente del valle vivía en cortijos aislados, apartada del mundo. Una indicación de su aislamiento y la falta de servicios sanitarios, la falta de todos los servicios, es que aquí la incidencia de lepra figuraba entre la más alta de Europa (en los años 1990 todavía existían unos 100 casos en la zona). Una vez en tierra, los voluntarios empleaban como guías a los simpatizantes de la zona como el ex-carabinero

La gente de la sierra

Antonio Urbano Muñoz (El Duende). Se escondieron las armas en una torre de origen moro cerca de su casa. Inevitablemente, la vida de El Duende se complicó y más tarde se incorporó a la guerrilla.

Apenas había empezado la actividad de los guerrilleros cuando llegó el desastre. El 11 de febrero de 1944, la policía cogió en Madrid a un hombre que dijo que era mexicano. Llevaba encima 500 dólares americanos, algo bastante raro en aquellos tiempos. Sometido a un interrogatorio, el hombre descubrió el pastel. Antonio Rodríguez López, conocido como Antonio de Amo, terminó admitiendo que era español y que estaba distribuyendo propaganda comunista para un grupo en Málaga que recibía sus pertrechos de África por vía de un barco americano. La policía intentó atraer el barco a una cita en la costa malagueña el día 17 de febrero, utilizando a Rodríguez y un código obtenido de algunos radiotelegrafistas detenidos. Pero el barco no apareció.

Un grupo de la Brigada Político-Social* fue enviado a Málaga para investigar las ramificaciones de la conspiración roja. Según un informe de la policía, los yanquis se habían valido de un comunista huido de Nerja y llamado el "Maromo" (una referencia clara a Joaquín Centurión Centurión, Juanito). Él había organizado los enlaces e hizo varios viajes más para transportar a España los "parachutistas", nombre dado a los invasores. Esos individuos "se ponían integramente al servicio del Partido Comunista," decía el informe, "si bien facilitaban aquellos informes que se estimaban convenientes a los americanos."

La policía cogió a unos 90 hombres en la provincia de Málaga — uno llevaba detalles del despliegue del ejército español desde Málaga a Maro — e incautó una ametralladora, nueve fusiles ametralladoras, pistolas, y granadas, todos de fabricación americana. También se descubrieron dos radio-transmisores del ejército americano escondidos en maletas. Se montó una campaña de gran envergadura en otras provincias y hubo más detenciones, en Almería, Granada, Córdoba, Madrid, Santa Pola y Valencia. Cuando la policía llevó a cabo una redada en una casa en Melilla, se produjo un tiroteo, resultando muertos dos sospechosos y un inspector. Allí también se descubrieron armas y una radio.

Los diplomáticos americanos se enteraron de que los detenidos habían nombrado a un tal Señor Peláez como jefe de reclutamiento en África, especialmente para las escuelas de Oujda y Argel, con el objetivo de montar operaciones clandestinas en España. El jefe de la organización en Málaga era supuestamente un tal "Carmen", nombre en clave de Víctor Moreno Cristóbal.

Mientras circulaban los rumores cada vez más descabellados, Carleton J.H. Hayes, embajador de los Estados Unidos en Madrid, buscó información del cónsul general americano en Málaga, Harold B. Quarton. Aquel funcionario no

---

* *La Brigada, una fuerza anti-subversión, fue temida y con razón. Años más tarde Enrique Bretaño, un ex-miembro, admitió: "El que se atrevía a enfrentarse al régimen sabía que no podía no llegar ni al juzgado…"*

La gente de la sierra

EMBASSY OF THE
UNITED STATES OF AMERICA

No. 2211   Madrid, March 22, 1944

   Subject: Alleged communist activities in Spanish
            territory and possible implication of
            an American agency.

~~Strictly Confidential~~

The Honorable
— The Secretary of State,
      Washington.

Sir:

   I have the honor to submit the following report on developments in the uncovering of espionage activity and the distribution of subversive propaganda in Spanish territory by a ring which has allegedly been receiving assistance from American sources in North Africa. The highlights of these developments have already been reported in the Embassy's telegram No. 991 of March 22, 1 p.m. and several previous messages.

   As was indicated in the above mentioned telegram, the situation has now reached a point where it is receiving the attention of the head of the Spanish state, at a time when we are pressing for the elimination of clandestine German operations. Apparently the actual intervention of the Spanish authorities in this matter and their discovery of its ramifications resulted from the confession of one Antonio Rodriguez Lopez, also known as Antonio de Amo, who, according to information reaching the local OSS from a police source, was arrested in Madrid during the second week of February with "communistic" propaganda and $500 in American currency in his possession. This individual, who claimed that he was a Mexican but was later reported to be of Spanish nationality, is supposed to have told the police that he was distributing propaganda on behalf of a group in Malaga which was being supplied from North Africa by means of an American launch.

   On the basis of his confession, the police took Rodriguez to Malaga as a decoy to uncover the group with which he had been operating. The American launch was expected on February 17 but failed to appear; however, a few days later, apparently on February 23, the police rounded up a considerable number of persons in Malaga and discovered supplies of American firearms, allegedly ranging from a machine gun and several submachine guns to automatic pistols, all of American manufacture. Some types were of American government issue. About a dozen American hand grenades of the Mills type were also said to have been seized, as was likewise a portable radio transmitter of an American army type built into a suitcase.

                                                          At

DECLASSIFIED
E.O. 11652, Sec. 3(E) and 5(D) or (E)

El embajador Carlton Hayes informa Washington del escándalo involucrando a los agentes americanos en actividades antifranquistas

La gente de la sierra

estaba muy bien informado a juzgar por su respuesta, bastante imprecisa. Sugirió que las autoridades locales estaban "haciendo una montaña de un grano de arena". Se había enterado de un rumor de que submarinos británicos habían descargado armas y municiones americanas cerca de Torre del Mar, un pueblo de pescadores al este de Málaga, pero lo dudaba porque la poca profundidad del agua no permitiría a un submarino acercarse a la costa. Quarton confirmó que, siguiendo la incautación de un barco cargado de armas, se habían detenido a muchas personas, pero dijo que cabía dentro de lo posible que el llamado "complot comunista" fuese tan sólo una pequeña operación de contrabandistas.

El escándalo cobró más fuerza el 13 de marzo cuando un joven llamado Luis Pérez Tapia entró en la embajada de los Estados Unidos en Madrid. Buscaba ayuda para su hermano Jaime que había sido detenido y acusado de pasar de contrabando una emisora americana desde Argelia a España por vía de Nerja. La embajada negó saber nada de su hermano. De hecho, fue "Ricardo" mismo (el agente Sickler de la OSS) que había reclutado a Jaime, un oficial republicano, en un campo de concentración. Después de recibir instrucción en Oujda, Jaime fue enviado a España con dos más, "Moreno" y "Gonzalo", siguiendo las órdenes de un teniente coronel americano. Una vez en la península, contactó con otro alumno de Oujda, Ignacio López Domínguez, que también llevaba el apodo de "Ricardo".

El embajador Hayes comunicó a Washington que Lisardo Álvarez Pérez, jefe de la Brigada Político-Social, había informado al Ministerio del Interior de la supuesta conexión estadounidense y que el mismo general Franco estaba muy preocupado por las noticias. Hayes, catedrático de historia durante 32 años y sin experiencia diplomática antes de su destino en Madrid en 1942, se sentía indignado porque creía que las actividades descoordinadas de la OSS saboteaban su cuidadosa diplomacia. Ya se había quejado de que la organización era incompetente y que suministraba información de poco valor.

La OSS, denunció Hayes, era "de todas nuestras múltiples actividades en España la más débil y la peor llevada". Alegó que un agente principal mostraba índices de inestabilidad mental, era peligrosamente indiscreto y "distribuía dinero como un marino borracho". La hostilidad del embajador fue devuelta por la OSS con creces. Se quejaba de que no les permitía emplear su radio en la embajada, de que se negaba a transmitir sus mensajes por los canales del Departamento de Estado y de que los telegramas de Hayes revelaban los nombres verdaderos de los agentes.

Según Frank Ryan en informe interno: "El embajador Hayes daba a los agentes locales la impresión de que no caía en la cuenta de que los Aliados estaban involucrados en una guerra total y que era necesario utilizar cualquier medida posible para recoger toda la información disponible sobre nuestros enemigos." Para Hayes, el erudito académico, ya horrorizado por las indiscreciones de los desenfrenados de la OSS, aquel último escándalo era el colmo. Ya había lle-

La gente de la sierra

Con el fin de la guerra mundial los antifranquistas esperan la entrada de los Aliados en España y se preparan para actuar

gado el momento, recomendó al Secretario del Estado, Cordell Hull, para insistir en que las agencias americanas fuera de España no se metieran en actividades dirigidas contra el país o que supusieran penetración clandestina.

"La posibilidad de que tales esfuerzos inexpertos y torpes vayan a resultar en algún progreso en nuestra lucha bélica tiene mucho menos peso que el riesgo de que obstaculicen los propósitos buscados por la Embajada," afirmó.

Resuelto a mantener la neutralidad española, Hayes se dedicaba a negociar sobre varios asuntos delicados con el gobierno de Franco. Mientras aseguraba al Régimen que los Estados Unidos no iban a mezclarse en asuntos internos, exigía la eliminación de las operaciones clandestinas de los alemanes. Con la cooperación de España, centenares de aviadores aliados derribados habían escapado de los alemanes por Gibraltar y los Aliados presionaban a Madrid para que diera vía libre a la evacuación de miles de patriotas franceses (al fin muchos se fueron al Norte de África donde se alistaron en las fuerzas aliadas).

Además, las negociaciones sobre la exportación española de wolframio habían llegado a un punto crítico. España era una de las pocas fuentes en el mundo de este mineral con el cual se fabrica tungsteno, imprescindible para templar acero empleado en carros de combate y en proyectiles capaces de penetrar el blindaje. Los Aliados habían ejercido presión fuerte para parar o reducir las exportaciones de todos los materiales estratégicos que podían ayudar el esfuerzo bélico de los Nazis. Aún así, todavía Alemania lograba obtener de España los suministros indispensables de wolframio para hacer la guerra.

Hacia el fin de 1943, Washington decidió apretar las clavijas. Como Madrid no hacía caso a su petición de un embargo total de las exportaciones de wolframio, bloqueó el suministro de petróleo a España. Hasta aquel momento los Estados Unidos habían permitido la entrada de petróleo pero sólo con la condición de que una Comisión del Petróleo vigilara su uso y asegurara que nada terminara en manos alemanas. Para hacer cumplir este propósito (teóricamente, por

La gente de la sierra

lo menos), se había colocado un equipo de inspectores en puntos estratégicos de la península (de hecho, en cierto momento de los 15 inspectores 14 eran agentes del servicio secreto americano). El bloqueo provocó una crisis nacional. La falta de carburante detuvo los taxis, camiones, y barcos de pesca en todo el país.

La revelación de que los Estados Unidos ayudaban a la subversión comunista en España acarreó al embajador Hayes unas complicaciones no deseadas en sus relaciones con el Régimen en el peor momento posible. Lanzó mensajes urgentes a Washington y Argel, insistiendo en que se parara en seco cualquier otro transporte de armas para los comunistas. La OSS contestó al Secretario de Estado que tal incidente no volvería a ocurrir y que trasladaba a los agentes todavía en España. El jefe del estado mayor de las fuerzas americanas en Argelia dijo que ninguna organización bajo el mando del cuartel general había infiltrado agentes desde el 15 de octubre de 1943 y que no enviaría más agentes sin el visto bueno del embajador en Madrid. No se había hecho ningún transporte no autorizado de armas a España ni tenía conocimiento el cuartel general de embarques de armas y municiones por parte de los británicos o de los franceses.

Sin duda, esas promesas apaciguaron a Hayes, pero no significó que la OSS terminara de verdad su adiestramiento y programa de infiltración. Está claro que la instrucción de españoles por sus agentes continuó en el desierto de Argelia. La organización no veía ninguna necesidad de pedir permiso a los militares estadounidenses cuando pensaba montar una operación, ni de informar al cuartel general de lo que estaba haciendo. Bill Donovan y sus hombres seguían su propio camino, como se quejaban con frecuencia sus rivales en el mundo de la inteligencia en Washington. No sólo Hayes creía que la OSS constituyó una bomba de relojería.

Todavía hoy algunos comunistas echan la culpa de las múltiples detenciones por las autoridades a un chivatazo del consulado americano en Málaga. No se encuentran indicios de semejante traición en los archivos secretos de los Estados Unidos ahora abiertos al escrutinio público y es difícil entender qué habría ganado el consulado con una acción que pondría a su propio embajador y servicio secreto en una situación embarazosa. Sin embargo, fue un momento especialmente crítico y existe la posibilidad de que alguien en el tortuoso submundo del realpolitik y la intriga lo hubiese considerado oportuno, en un giro maquiavélico, de arrojar a los comunistas a los lobos, tranquilizando así a Franco con respecto a las intenciones americanas.

En la primavera, por fin, la crisis del wolframio remitió. Madrid acordó hacer ciertas concesiones y a cambio los Aliados permitieron unas exportaciones muy limitadas del mineral. Pronto llegó la invasión de Normandía y hasta Franco podía ver que Hitler tenía los días contados. Los exiliados comunistas, desde Moscú hasta Buenos Aires, se prepararon para actuar.

7. El hombre de Uruguay

"Los comunistas españoles están estableciendo un cuartel general en Argel y están organizando un cuerpo expedicionario o un grupo secreto de acción que tiene el objetivo de apropiarse del control del gobierno en España, sembrando la discordia y los disturbios con medidas que incluyen el sabotaje. Se informa que, si el conflicto actual termina de repente, los comunistas españoles esperan aprovechar de un período de posguerra de indecisión y crisis en España para alcanzar su objetivo." — **J. Edgar Hoover, director del FBI, informe al Departamento del Estado de los Estados Unidos, julio de 1944.**

HOOVER CONOCÍA al menos una parte de la historia. En junio de 1944, un hombre bajo de estatura, que llevaba gafas y bigote, vestido en el estilo de un ejecutivo de negocios, salió de Buenos Aires, pasó por Montevideo y llegó a Lisboa. Hipólito López de Asís llevaba un pasaporte uruguayo y dijo que estudiaba la organización de la industria conservera de pescados. Pero dentro de poco voló a Casablanca donde cogió otro vuelo, esta vez en un avión militar de los Estados Unidos, que le entregó en el puerto de Orán en Argelia francés.

De hecho, aquel Hipólito era Santiago Carrillo, uno de los hombres más buscados por el Régimen de Franco. Astuto e implacable, al principio de la Guerra Civil había sido el jefe de las Juventudes Socialistas Unificadas y en noviembre de 1936 fue designado Consejero de Orden Público de la Junta de Defensa de Madrid. Era una época

Santiago Carrillo, en Madrid, 1978

57

La gente de la sierra

violenta cuando centenares de personas sufrieron la justicia sumaria en circunstancias bastante oscuras.

Carrillo había escapado de España por los pelos y desde la guerra llevaba una vida clandestina, haciendo uso de una variedad de disfraces e identidades falsas mientras saltaba de un país a otro.

Una vez en Argelia se quedó estupefacto cuando descubrió que 30, por lo menos, miembros del Partido Comunista recibían instrucción en la guerrilla en un campamento secreto de los yanquis.

Los líderes locales del Partido habían ignorado las órdenes promulgadas por los jefes en México de no tener nada que ver con los americanos. Entre ellos estaba Argüelles (seudónimo de Ricardo Beneyto Sapena) que más tarde llegó a ser el guerrillero supremo de toda Andalucía.

Dolores Ibárruri

Según su propia cuenta, Carrillo cortó en seco la colaboración con los capitalistas. Señaló que ya había caído un grupo que había desembarcado en España, citando las detenciones del febrero pasado, y asumió la responsabilidad de sustituir de inmediato a la dirección en Argelia. Nombró un nuevo comité dirigente, que incluía a Argüelles y Ramón Vías Fernández, y aprovechó la oportunidad para degradar a los camaradas asociados con su poderoso rival, Jesús Monzón, el jefe clandestino de los comunistas adentro de España. Se rompieron todos los contactos con los yanquis.

O casi todos. Los comunistas necesitaban los suministros norteamericanos que inundaban el Orán ocupado. En el mercado negro se vendía todo en aquella ciudad caótica, desde cigarrillos y licor hasta bombas y ametralladoras. "Desaparecían los cargamentos completos sin que nadie sabía cómo o dónde se habían ido...la anarquía y la desorganización reinaban en aquella ciudad donde debió hacerse rico más de un militar estadounidense," recordó Carrillo en sus memorias.

Miembros del partido que trabajaban como conductores y estibadores desviaban los camiones militares a los almacenes comunistas. Se acumularon toneladas de comestibles, medicamentos y armas, como preparación para el levantamiento contra Franco. También se obtuvieron varias lanchas motoras para cruzar el Mediterráneo. Unos 60 ex-combatientes de la Guerra Civil fueron

La gente de la sierra

elegidos para el desembarco en la costa malagueña. Recibieron instrucción en la política y la guerrilla, incluyendo el manejo de explosivos y el empleo de camuflaje. Marchas forzadas con poca o nada de agua ni comida formaban parte de la dura preparación para las privaciones de las sierras españolas. Carrillo consultó a los camaradas que conocían el terreno y estudió detenidamente los mapas del sur de la península.

Todo estaba listo para la expedición que iba a "liberar España". Carrillo iba a desembarcar en Málaga con un compañero de confianza, Ramón Ormazábal, y 20 de sus hombres mejores. Envió un mensaje que explicó el plan a la secretaria general del Partido exiliada en Moscú, Dolores Ibárruri (La Pasionaria, cuyo grito de desafío "¡No pasarán!" en la Guerra Civil le había convertido en una figura legendaria). Su respuesta fue inmediata: "De acuerdo con el plan, pero tú debes ir a Francia."

Carrillo recordó: "Me había hecho muchas ilusiones sobre lo que podíamos montar desde Andalucía. Con amargura, tuve que renunciar a ser parte del grupo de la guerrilla." La Pasionaria quería que viajara enseguida a Francia para intentar evitar una masacre: en un desacertado ataque, 7.000 veteranos españoles de la Resistencia Francesa habían cruzado la frontera para entrar en el valle de Arán en los Pirineos. Casi con seguridad habrían sufrido una derrota aplastante a manos de las fuerzas franquistas, muy superior a ellos en número, si la decisión de retirarse no hubiera sido tomada antes de un enfrentamiento de importancia. En la lucha sin cuartel por el poder dentro del PCE el papel de Monzón, que inspiró la invasión, condujo a su liquidación política.

Si Carrillo hubiera encabezado la guerrilla, es casi seguro que no habría sobrevivido. Más de 30 años pasaron antes de su regreso a España. Después de la muerte de Franco, aquel frustrado jefe de la guerrilla y convencido marxista se sentó en el parlamento, encabezando el (ya legalizado) Partido Comunista de España, respaldó la monarquía constitucional y estrechó la mano al Rey Juan Carlos.

El hombre a quién tocó sustituirle tuvo menos suerte. Poco después de la marcha de Carrillo (viajó a Toulon escondido bajo una litera en un barco francés de guerra), los comandos liderados por los comunistas empezaron a infiltrarse en Andalucía. A Ramón Vías Fernández, el hombre elegido por el Partido Comunista para organizar la resistencia, le quedaban pocos meses de vida cuando él y su pequeño grupo lanzaron la cruzada quijotesca para salvar a España del fascismo.

La Segunda Guerra Mundial se acercaba a su fin, pero la Guerra Fría estaba a punto de estallar y, con esa, cualquier posibilidad de colaboración de los americanos con los comunistas españoles se convirtió en un sueño imposible.

8. Desembarco nocturno

LA LLEGADA de 10 hombres armados a la costa andaluza en octubre de 1944 señaló uno nuevo fase en la lucha antifranquista, el inicio de ocho años brutales en las sierras de Málaga y Granada. Desembarcaron de madrugada en una cala cerca de La Herradura, un pobre pueblecito de pescadores en la provincia de Granada. Según los archivos policiales, el barco era francés y pilotado por dos españoles. El cabecilla era Ramón Vías y con él viajaron Joaquín Centurión, Antonio Pascual, Enrique Lozano, Luis Aguayo, Arturo Moreira, Eugenio Navarro, Manuel Joya Gallego, Alfonso Armenta y un tal Perico. Llevaron cuatro fusiles ametralladoras, seis pistolas y un revólver Colt (todos norteamericanos), más cinco bombas de mano y un aparato radio-transmisor en manos de Moreira.

Vías, de oficio cuchillero, era militante del UGT en Madrid y había luchado en el frente madrileño. Al fin de la guerra se exilió en Argelia donde trabajó en la construcción de un ferrocarril trans-sahariano. Se fugó de un campo de refugiados y en Francia se unió a la resistencia contra los Nazis. Fue sentenciado a pena de muerte por el gobierno de Vichy. Volvió a Argelia y, como muchos de los exiliados en aquella zona, se afilió a la Unión Nacional.

Una vez en tierra Vías y su grupo marcharon a El Río de la Miel y luego se adentraron en la Sierra Almijara. Hicieron un campamento en la Cueva de la Montés, cerca del Cerro Verde y no lejos de la Venta Panaderos, legendaria en la Axarquía como lugar de descanso para arrieros, patrullas de la Guardia Civil y guerrilleros. Detrás de la venta se levanta el Cerro Lucero, con 1.779 metros la cima más alta en la sierra de Frigiliana. Desde su escondite, Vías lanzó su campaña, poniéndose en contacto con los huidos, los disidentes y los campesinos en la provincia, organizando conferencias y comisiones y redactando la publicación clandestina *Por la República*. Intentó extender las actividades por toda la provincia, desde Coín y Alhaurín el Grande hasta Yunquera, Álora y Colmenar.

Reclamando una gran simpatía por parte de los campesinos, informó: "Se nos llama guerrilleros y no bandoleros como antes. Hemos contribuido a obligar al enemigo a declarar esta zona de guerra." Vías mantuvo que él se opuso al bandolerismo. Insistió a la policía que bajo su mando la partida no tomó parte en ningún atraco ni delito de sangre y condenó a los de otra partida que saquearon un cortijo. Él sólo estaba esperando el cambio del régimen, dijo. Vías cayó el 15

La gente de la sierra

de noviembre de 1945, delatado por Eugenio Navarro, uno de los que vinieron en el mismo barco de Argelia.

Combatiente en el frente de Teruel, Navarro había pasado tres años en los campos de concentración en Orán, trabajando después para los norteamericanos en la Cruz Roja. Detenido e interrogado, él reveló a la policía que tuvo una cita con Vías en la Plaza de la Merced de Málaga a las 19 horas. El primer jefe de la guerrilla fue detenido, no sin ofrecer una feroz resistencia.

En la carcel, Vías se negó a hablar y sufrió semanas de tortura, golpeado en todo el cuerpo. Intentó suicidarse cortandose las venas. Con su propia sangre escribió en la pared de su celda:

Ramón Vías, en la carcel

"Hago esto no por miedo al terror sino porque no quiero servir de juguete de escarnio para mis verdugos. ¡Viva la República!" Una carta suya detallando sus sufrimientos y su desafío llegó a la prensa extranjera y el nombre de Ramón Vías se convirtió en mito.

El mes de mayo de 1946 fue desastroso para la incipiente guerrilla. La leyenda de Vías aumentó cuando el primero de mayo se fugó de la Prisión Provincial con otros 25 presos. Salieron por un túnel cavado desde los cuartos de baño de la enfermería hasta el exterior. Durante tres semanas las autoridades montaron una persecución en gran escala, sin éxito. Mientras tanto el hombre que había sustituido a Vías, Alfredo Cabello Gómez-Acebo, buscó alguna manera de sacarle de la ciudad. Pero el 21 de mayo Cabello, natural de Zamora, de buena familia, titulado en derecho y periodismo, fue detenido por la policía en la Calle Larios de Málaga (sería ejecutado dos años más tarde) y con él cayeron 69 más. Vías se quedó atrapado en Málaga y el 25 de mayo las autoridades le localizaron. A él y tres compañeros los mataron a tiros en la calle. Unos se preguntaron si las autoridades permitieron la fuga para eliminar a un hombre que ya era un héroe por su valor bajo la tortura y representaba un estorbo para el Régimen. Los más cínicos sospecharon que a unos del Partido, por motivos que sólo sabían ellos, tal vez no les interesaba demasiado rescatar a Vías.

En aquel momento de crisis el Partido eligió a un veterano de la guerra y la resistencia en Francia como el nuevo jefe de la guerrilla, un hombre que llegó a ser una leyenda y controlar a unos 150 guerrilleros. Era el más esquivo de los cabecillas de la guerrilla y uno de los más duros, el más enigmático y el más carismático. Su nombre era Roberto.

9. Roberto toma el mando

¿ERA ROBERTO UN HÉROE? ¿O un sanguinario delincuente? ¿Un símbolo de la valiente resistencia a la dictadura? ¿O un infiltrado y delator vergonzoso? Para algunos que luchaban en las sierras de Málaga y Granada él era un icono de la lucha antifranquista, para otros un despreciable traidor.

Si se tiene en cuenta lo que pasó después, el hecho que el hombre que se convertiría en uno de los jefes más polémicos de la guerrilla nació en la tierra de Don Quijote puede ser considerado bastante irónico. Roberto era un enigma. Ni sus compañeros en la sierra ni las autoridades conocían su verdadero nombre, José Muñoz Lozano. Durante cinco años la Guardia Civil creía que se llamaba Juan José Romero Pérez.

Elegido por el PCE para unificar los grupos de huidos y rebeldes de las Sierras Tejeda y Almijara, Roberto demostró su naturaleza dura e hizo cumplir una disciplina feroz. Entre secuestros, matanzas a supuestos chivatos, y encuentros con las fuerzas del régimen, creó un problema bastante gordo para el Régimen. Hasta el desenlace — discutible y casi inexplicable.

Era un hombre de buena presencia y con buenos modales. Se vestía con cierta elegancia en un traje bien planchado. Fumador empedernido, adicto al café, era hábil en la conversación y de risa contagiosa. Entre los rasgos que le permitieron seducir a más de una mujer fueron sus ojos negros y cargados y su sentido del humor. Siempre estaba preparado para emitir algún chiste. Según una anécdota, le gustaba dar paseos por Málaga disfrazado de oficial del ejército, silbando los tonos de una melodía popular como "En un mercado persa". Aunque sus conocimientos de música eran limitados, le gustaban las zarzuelas y la música clásica. Este aspecto sofisticado fue un disfraz perfecto para la guerrilla urbana y por lo visto a Roberto le gustaba la vida en la ciudad.

Natural de Ciudad Real, Roberto nació el tres de septiembre de 1914. Sus padres, Ramón y Engracia, se mudaron a Madrid donde el joven José empezó a trabajar como botones en un gran hotel, encontrando más tarde un puesto como dependiente en una perfumería. Se dice que, cuando estalló la guerra, salvó la vida del dueño de la tienda que estaba a punto de ser matado por los anarquistas. Ya le interesaba la política e ingresó en la Juventud Socialista Unificada. En agosto de 1936, un mes después de la sublevación de Franco, se incorporó al Partido

La gente de la sierra

Comunista. El cinco de agosto se enroló en el Batallón de Acero del ejército republicano. Un hermano suyo murió en el frente. Según unos compañeros de la guerrilla, Roberto llegó a ser un comandante de la 46 División, pero por lo visto no existen pruebas. Sí consta en un boletín oficial del Ministerio de Defensa (número 239, página 1058) que el 10 de mayo de 1938 el cabo José Muñoz Lozano fue ascendido a sargento de infantería a instancias del jefe de la 53 Brigada Mixta pero no consta ningún ascenso más.

Como si engrosar el enigma de Roberto, no figura su nombre en la documentación del ejército republicano en el Archivo General Militar de Ávila. Muchos archivos

José Muñoz Lozano (Roberto)

fueron destruidos o se perdieron en la guerra, pero para unos esta laguna sólo confirma sus sospechas: que Roberto era un farsante.

Con la derrota de los republicanos en 1939, su unidad huyó al exilio en Francia. Estuvo en los campos de Saint Cyprien, Barcarés, y Argelès-sur-Mer. Argelès, situado en una playa, era una pesadilla. Al principio, en invierno, los refugiados dormían en la arena. Hasta 80.000 republicanos intentaron sobrevivir en condiciones infrahumanas, con mucho hambre, enfermedades, y falta de agua y letrinas. La actuación de Roberto en Argelès fue criticada, según su expediente en los archivos del Partido: "Muñoz integraba uno de los grupos en donde solo había comunistas y su actuación fue correcta hasta que pasó a ser teniente en su compañía, cosa que le llevó a despegarse de los demás camaradas, a hacer una vida más común con el jefe español de la compañía, que por cierto era un 'cabrón', y a crearse un ambiente poco simpático entre los camaradas."

Al parecer para evitar las condiciones malísimas, Roberto se incorporó a los Groupes de Travailleurs Étrangers, obreros organizados por el gobierno colaboracionista de Pétain (otras opciónes eran volver a España o enrolarse en la Legión Extranjera), y fue llevado al norte por los alemanes para trabajar en una fábrica. Afirma su expediente comunista: "Su actitud fue débil, ya que debió negarse a escapar siguiendo las consignas del Partido que en aquella época se planteaban con mucha fuerza." Según las declaraciones de Roberto a la policía después de su detención en 1951, él trabajó en una base alemana de submarinos

La gente de la sierra

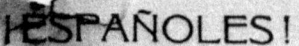

Panfleto de la guerrilla proclamando la resistencia

hasta mayo de 1944. Entonces, entró en la resistencia anti-Nazi y jugó un papel importante, principalmente en la región del Indre et Loire. Los ex-combatientes republicanos, huidos del fascismo en su propio país, llegaron a ser la columna vertebral de la Resistencia en su heróica lucha contra los alemanes.

Más de 4.000 españoles participaron en la sublevación del Maquis en París en agosto de 1944 y los combatientes españoles fueron entre los primeros del ejército de liberación en entrar en la ciudad. El día 24 la veintena de blindados "half-tracks" (vehículos semi-oruga) de la Novena Compañía de la División Leclerc que llegó al Hotel de Ville de París llevaban los nombres de los campos de batalla de la Guerra Civil, Ebro, Guadalajara, Madrid, Teruel...

A sus compañeros en la guerrilla de Andalucía, Roberto les afirmaría que había luchado en "la Nueve" y quería recordarla dando el nombre de Novena Brigada a la Agrupación de Málaga. Él mismo no pudo estar entre los españoles en la liberación de París, debido a que el 20 de agosto resultó herido en un combate con los alemanes y pasó tres semanas en el hospital. Entonces fue encargado de formar una división de 1.700 guerrilleros. Más tarde llegó al mando de una brigada de las Forces Françaises de l'Intérieur.

Según Roberto, tuvo una reunión con Santiago Carrillo quien le convenció de volver a España para luchar contra el Régimen. Dejando su esposa en Francia y viajando con una falsa identidad, atravesó la frontera y entró en el País Vasco. Años más tarde la esposa, Consolación Rodríguez Herades, una malagueña, volvió a España y vivía en una céntrica calle de Madrid con una hija, Pepita, hasta un poco antes de su muerte en los años 90 en un hogar de ancianos.

En Bilbao Roberto hizo contacto con otros militantes del Partido por medio

La gente de la sierra

del activista Ramiro Fuentes Ochoa, quien tuvo que marcharse a Madrid para escapar las atenciones de la policía cuando se produjo una caída de sus colegas en el verano de 1945. Por lo visto Roberto participó en varios atracos en el norte de España, entre ellos el robo de 60.000 pesetas de un banco en Baracaldo, dinero destinado a los fondos del Partido. Para esconder una pistola llevaba el brazo en cabestrillo. Viajó por Galicia y Madrid para ponerse en contacto con la guerrilla y los jefes del Partido. Entonces fue enviado a Andalucía, donde encontró otra vez a Fuentes Ochoa que estaba organizando el movimiento clandestino de los comunistas.

Al principio Roberto vivía en Málaga capital, buscando información y coordinando la lucha. En mayo de 1946 los acontecimientos le precipitaron a la cima del movimiento guerrillero en Málaga. El primer jefe, Ramón Vías, cayó bajo los balazos de la policía y su sustituto, Alfredo Cabello Gómez-Acebo, fue detenido. Entonces vino la orden del Partido: "Camarada Roberto, al monte." Puede ser visto como un castigo porque Vías había pasado 24 días escondido, esperando ayuda que no llegó. ¿Se sentían los jefes comunistas insatisfechos con la conducta de Muñoz Lozano? En cualquier caso, el veterano de dos guerras ahora tendría que aplicar su habilidad en el Maquis, versión española.

A un hombre como José Muñoz Lozano no le gustó nada dejar la ciudad para la sierra, especialmente por sus dificultades físicas — estaba cojo gracias a una herida de guerra en la rodilla izquierda. Pero, fiel a sus convicciones ideológicas, empezó la última aventura de una vida llena de altibajos, organizando la lucha de la guerrilla en las sierras de las provincias de Málaga y Granada. Muy pronto el nombre de Roberto empezó a asumir la categoría de leyenda entre los campesinos, formando un preocupante desafío a las autoridades.

Zona de la guerrilla: Sierra Almijara entre Málaga y Granada

10. Construyendo un ejército

EN UN PRINCIPIO no era fácil organizar a la gente merodeando por las sierras de Málaga y Granada, una mezcla de comunistas, socialistas, sindicalistas, anarquistas, huidos de la represión franquista sin ninguna creencia política y, sin duda, algunos ladrones sin escrúpulos. Reunieron un grupo de jefecillos en una choza en la sierra para hablar del asunto. La discusión fue a veces violenta. Necesitaba Roberto toda su habilidad lingüística y fuerza de convicción porque no todos querían entrar en su grupo. Unos tenían más interés en la delincuencia común que en sus propósitos, otros no querían ser dominados por el Partido Comunista y muchos no se fiaban de ese forastero con acento madrileño.

El apoyo decisivo vino de tres hermanos de Torrox (apodados "Los Frailes"), hombres resueltos y tenaces. Con su ayuda, alrededor del mes de septiembre de 1946, se formó la Agrupación de Roberto. Haciendo uso de su experiencia en la guerra, Roberto introdujo una disciplina militar. Sus métodos resultaron eficaces, por lo menos al principio. De hecho, Antonio Díaz Carmona, un oficial que pasó varios de sus 37 años en la Guardia Civil luchando contra el Maquis, comentó: "Creemos que la más perfecta y disciplinada organización, desde 1945 hasta su extinción, fue la de Roberto en Andalucía." En la opinión de Francisco Aguado Sánchez en su *Historia de la Guardia Civil*, "Roberto fue, con gran diferencia, el más temible de todos los elementos terroristas de cuantos 'diplomó' el PCE para alterar el orden público".

Un grupo de nueve hombres, entre ellos tres de Frigiliana, formó la guardia personal de Roberto. El "aguanoso" Antonio García Martín (Gaspar), carbonero y comunista convencido que se incorporó en octubre de 1947, sirvió de "enlace" en el Estado Mayor. El jefe de propaganda y redactor de la publicación *Por la República* era Francisco Sánchez Girón (Paquillo). Nacido en Argentina, llegó de Argelia en un desembarco clandestino, fue detenido y condenado a muerte pero en julio de 1946 escapó de la prisión de Almería.

La agrupación consistía en dos "batallones", divididos en grupos de hasta 12 hombres. Uno de Los Frailes, Manuel Jurado Martín (Clemente), era el brazo derecho de Roberto y otro, Antonio (Felipe), mandó el Sexto Batallón, con Sebastián Martín Vozmediano, de Frigiliana, como su ayudante. El Sexto Batallón estableció sus campamentos en la sierra en los términos de Frigiliana y Cóm-

La gente de la sierra

Los Frailes, Felipe, Paquillo y Clemente

peta. Actuó en la Axarquía, merodeando por las Sierras Tejeda y Almijara, pero también en la provincia de Granada, incluyendo la zona de Alhama de Granada y la Sierra de Loja y hasta el sur de Córdoba.

El Séptimo Batallón centró sus actividades en la sierra detrás de Almuñecar y Motril, en la Alpujarra y hasta Almería. La agrupación incluía hombres de Torrox y Almuñécar, nerjeños como el ex-alcalde, Manuel Martín Rico, una docena de El Río de la Miel entre ellos los hermanos Francisco y José López Centurión, y unos 20 jóvenes del pueblo granadino de Agrón donde todos los miembros de una quinta optaron una noche por la sierra en vez de la mili. Según la policía, los guerrilleros llevaban ametralladoras Thompson, mosquetones, subfusiles, abundantes pistolas y escopetas.

Para apoyar la guerrilla y obtener reclutas, Roberto organizó una red de enlaces entre la población y se embarcó en una campaña para ganar la simpatía y apoyo de los campesinos. "Se podía suponer que estaban a su lado unos cuatro o cinco mil hombres, pasivos de momento pero convenidos para lanzarse a la sierra a la menor orden del Roberto," informó a Madrid el Gobernador Civil, Manuel García del Olmo.

El objetivo quedó claro en *Mundo Obrero*, órgano del Partido Comunista (17 de febrero 1949): "Los guerrilleros se van convirtiendo en los organizadores y dirigentes políticos de los campesinos . . . La voz guerrillera es la voz del pueblo. Los jefes guerrilleros no son gentes llegadas de lejos que hablan de cosas generales. No. Hablan de lo que ocurre en el pueblo, de la explotación que sufren los campesinos, explican lo que deben hacer en cada caso concreto, qué formas de organización deben adoptarse." De hecho, los sueños del politburo comunista y las palabras optimistas del *Mundo Obrero*, redactadas en Toulouse o París, quedaban muy lejos de la gente de Frigiliana y sus familiares aislados en el monte. De vez en cuando hasta 50 guerrilleros entraron en los pueblos y

La gente de la sierra

aldeas de Granada y Málaga, izaron la bandera republicana e hicieron discursos políticos. Se apropiaron de las armas disponibles y propiciaron palizas o castigos más fuertes a los falangistas que encontraron. Así en octubre de 1947 dos compañías tomaron Rescate, una aldea aislada en el término de Almuñécar lindante con El Río de la Miel. La ocupación duró ocho horas.

En marzo de 1948 la guerrilla demostró su osadía invadiendo y organizando una fiesta en un cortijo en la misma comarca granadina. El cortijo pertenecía a la Marquesa de Cázulas "dama de alta alcurnia, con la que más de una vez los guerrilleros han tenido que ajustar cuentas", declaró *Mundo Obrero* que hizo gran propaganda del incidente. Después de sacrificar unos borregos de la Marquesa, guerrilleros y campesinos disfrutaron de un banquete. "Era un día republicano en la Almijara, en el feudo de la Marquesa de Cázulas, que aquel día tuvo que pagar los gastos de la gran fiesta del pueblo y de sus guerrilleros, que habían ido a orientar y educar políticamente a los campesinos." Eran golpes de efecto. Pero muchos de los pueblerinos se quedaron asustados por tales actuaciones, temiendo primero las palizas de la guerrilla y después la reacción de la Guardia Civil cuando se enteraron.

Muchas veces los guerrilleros tuvieron que caminar largas distancias por la noche, evitando senderos frecuentados y franqueando un terreno muy áspero, atravesado por barrancos con fuertes pendientes. Una circunstancia difícil para un cojo como Roberto. Sin embargo, tuvo la ayuda de un resuelto y bien fornido guardaespaldas, José Martín Navas (Tomás). Uno de tres hermanos (los Panzones) de Frigiliana que huyeron a la sierra, Tomás acompañó al jefe en todos sus viajes. Adquirió el título de "El Caballo de Roberto" porque en los ascensos abruptos llevó al jefe sobre sus espaldas. Armado con un rifle y una pistola, no sólo cuidó de la seguridad de Roberto, pero estaba siempre de servicio para llevarle el café y, como Roberto no se fiaba de nadie, él solo tuvo la responsabilidad de preparar su comida.

Roberto nunca fue a ningún sitio sin arma. Como tenía una pierna unos dos centímetros más corta que la otra, llevaba botas especiales con una plataforma en la suela izquierda. En un hueco en el tacón tenía escondida una pequeña pistola. A pesar de su barniz de madrileño de gustos y modales finos, Roberto fue un comandante que impuso respeto y miedo. José López Centurión (Rodolfo), ex-

José López Centurión con 20 años

La gente de la sierra

José Martín Navas, el llamado "Caballo de Roberto"

Ana "La Tangerina", amante de Roberto

guerrillero de El Río de la Miel, cuenta como un día, por haber dejado su escopeta colgada en un pino unos segundos, Roberto sacó una pistola y amenazó con matarle.

Lo que sabía muy bien Roberto era como ganar la confianza de la gente, cuidando de sus necesidades. Hizo tratos con los estraperlistas, comprándoles chorizo, bacalao y, por lo menos en una ocasión, coñac para calentarles en el frío del invierno. Y demostró algunas veces una inesperada compasión, que incluso ocasionó unas discusiones muy fuertes con Felipe (uno de los hermanos Frailes), entre los más sanguinarios de la sierra. En otra ocasión cuando Vicente, de los hermanos Artabús de Frigiliana, amenazó con la horca a un joven del pueblo si no traía comida a la guerrilla, Roberto intervino para quitar hierro al asunto.

Con bastante frecuencia Roberto se fue de la sierra para ponerse en contacto con los enlaces o los camaradas del Partido. Iba disfrazado, llevando documentación falsa, presumiendo de ser un negociante, un vendedor ambulante, un agente de seguros o cualquier oficio que le ayudara a pasar desapercibido.

¿Quién podía adivinar que aquel hombre insignificante, acompañado por una mujer con su bolsa de compras, que cogía el coche de línea en una parada sin importancia, era el propio Roberto, buscado en todas partes, "el tristemente famoso bandolero" en las palabras de la Guardia Civil? La "esposa" era una parte del disfraz. Varias veces hizo ese papel Dolores, hija de los dueños de la Venta Panaderos, parada de guardias y Maquis en el camino hacia el Puerto de Frigiliana. En otras ocasiones era su amante, Ana Gutiérrez Rodríguez, conocida como La Tangerina porque nació en Tanger.

11. Atentado en Calle Franco

FUE EN EL AÑO 1946 cuando la guerrilla antifranquista verdaderamente empezó a chocar con la vida de Frigiliana. El día 9 de abril ocurrió un atentado en el mismo centro del pueblo. Un vecino, Justo López Navas, recibió una carta exigiendo la cantidad de 150.000 pesetas. Parece que se negó a pagar porque varios individuos armados se infiltraron en la calle principal en busca de él. Entraron en la casa donde la familia López estaba cenando y hubo un forcejeo. Clemente (El Fraile), afirma el informe oficial, abrió fuego y unas balas impactaron en una puerta de la casa. Cuando López salió a su terraza y dio la alarma, los intrusos se pusieron a huir, disparando para asustar a la gente mientras corrían por la calle principal.

Entonces, la Guardia Civil detuvo a nueve hombres ya bajo sospecha de ser comunistas. Parece que el comité del pueblo estaba acostumbrado a reunirse en una carpintería muy cerca de la casa de López Navas. Entre los detenidos estaban los hermanos Artabús, Sebastián y Vicente Martín Vozmediano, y Manuel Triviño Cerezo (Matutero), que más tarde se fueron a la sierra, y también Sebastián Platero Navas, que desparecería en circunstancias bastante oscuras.

En septiembre ocurrió en el término de Frigiliana algo que impresionó a toda la provincia. La guerrilla intentó secuestrar en el Cortijo Los Almendros al dueño, Miguel Ángel Herrero, una figura destacada, vice presidente del Tribunal Tutelar de Menores de Málaga y tesorero de la Junta de Protección a la Infancia. Cuando Herrero intentó ofrecer resistencia, a él y a su capataz Antonio Lomas Orihuela los mataron.

Cada día las autoridades estaban más preocupadas por la situación. Un informe de la policía de noviembre de 1946 se quejó de la falta de energía de muchos jefes que se estaban acercando a la jubilación. Aconsejó "una labor mucho más dinámica", afirmando que "Málaga es la cuna del comunismo español y vivero de delincuentes de delito común". Frecuentes eran las advertencias de movimientos sospechosos de barcos en Argelia y Marruecos, cargados de armas y "transportando elementos del Partido Comunista y exiliados rojos con el fin de realizar embarcos clandestinos en la península". El gobierno reforzó los servicios de vigilancia en las costas del Norte de África y de Andalucía y trajeron más Regulares, los soldados moros tan queridos por Franco, de Marruecos a Málaga.

La gente de la sierra

Los comunistas tenían noticia de los movimientos policiales porque el Buró Político en Francia dispuso de un servicio de radio escucha para interceptar los partes codificados de la Guardia Civil.

De creer a unos historiadores, el problema de la guerrilla ya había sido liquidado por el Régimen de Franco en el año 1947. En otras regiones sí la batalla ya había sido perdida. Pero en Málaga y Granada nada más lejos de la realidad. Estaban llegando los años más calientes. Existía un estado de guerra en la zona montañosa entre Almuñécar, Nerja, Frigiliana, Torrox y Cómpeta. "Golpes económicos" (es decir atracos y secuestros) y "ajusticiamientos" por parte de la guerrilla, palizas, batidas y fusilamientos por parte de las fuerzas del régimen crearon un ambiente de terror, aunque nada de esto salía en la prensa o la radio oficial.

Para combatir la guerrilla el gobierno tomó medidas cada vez más vigorosas. Se unificaron los mandos de la Guardia Civil en Granada y Málaga y fueron destacados a la zona un Tabor (batallón) de Regulares y cuatro compañías del ejército. También dos compañías de la Policía Armada fueron destinadas a dar apoyo.

Ya en agosto de 1941 el entonces Director General de la Guardia Civil, el general Álvarez-Arenas, había expuesto la política oficial con respecto "a los huidos dedicados al bandolerismo": "No hemos de reparar en los medios a emplear...por enérgicas y duras que sean. A los enemigos en el campo hay que hacerles guerra sin cuartel hasta lograr su total exterminio, y como la actuación de ellos es muy facilitada por sus cómplices, encubridores y confidentes, con ellos hay que seguir idéntico sistema con las modificaciones que las circunstancias impongan ..."

El hombre que sucedió a Álvarez-Arenas como jefe de la Benemérita tampoco se destacó por su ternura. El general Camilo Alonso Vega, amigo de Franco con quien había estudiado en la academia militar de Toledo, ganó el apodo de "Don Camulo" por su terquedad. Para asegurarse de que los enemigos del estado no encontraban ninguna escapatoria, se había introducido una serie de leyes: para la

Frigiliana en los años 40 cuando la caña de azúcar (a la derecha) era el cultivo más importante. Se ve dos Guardias Civiles sentados abajo a la izquierda.

La gente de la sierra

Represión de la Masonería y el Comunismo, de Seguridad del Estado, de Rebelión Militar y (en 1947) sobre Delitos de Bandidaje y Terrorismo. En una reunión de los mandos de la Guardia Civil en enero de 1947 acordaron "disparar sin previo aviso contra los que huyan", que dio vía libre a la guerra sucia. La llamada "Ley de Fugas" permitió a las fuerzas de orden sancionar con la muerte cualquier acción sospechosa.

Cada día la vida en los pueblos de la Axarquía resultaba más difícil, especialmente en Frigiliana de donde huyeron a la sierra 21 hombres en una población de unos 2.000 habitantes. Con tantos hombres en la sierra muchos de los vecinos estaban bajo sospecha de ser simpatizantes si no formar parte del enlace del llano. La población vivía bajo la ley marcial y existía un toque de queda. El pueblo fue tomado por las fuerzas del orden. Además de varios destacamentos de la Guardia Civil, una tropa de Regulares traída de Marruecos fue apostada en el pueblo. Soldados y Civiles se situaron en los puntos estratégicos, en La Molineta (controlando la carretera a Nerja), en El Ingenio (el antiguo palacio de los Condes de Frigiliana), en Santo Cristo (la salida al campo) y en el Molino del Lízar (en el linde de la sierra encima del pueblo). Sólo con mencionar el nombre del Cortijo de las Moras, en el término de Nerja, la gente se asustaba por su reputación de ser un centro de tortura.

En aquella época, cuando se pasaba por el cuartel y la bandera, era aconsejable quitarse el sombrero. Para salir del pueblo al campo era obligatorio obtener un salvoconducto del cuartel. Había multa de 25 pesetas por no llevar el salvoconducto, pero más probable era una paliza si el guardia en el control era uno de los "malos". Si alguién quería ir a trabajar en la sierra, también era necesario sacar un papelito del Ingenio precisando a donde iba y el motivo. Hasta la caña de azúcar estaba controlada. Para evitar que cualquier forajido pudiera esconderse entre la caña, la Guardia Civil ordenó que los campesinos ataran las cañas en grupos para formar "calles". Varios de los cortijeros tenían que dejar las llaves en el cuartel cada noche. No estaba permitido llevar comida al campo para más de una persona y era obligatorio volver antes de la puesta del sol. La Guardia Civil castigaba a los que llegaban tarde al pueblo pasar la noche en el cementerio, hasta que el cura protestó enérgicamente. Se seguía una vieja costumbre: cuando la campana de la iglesia daba el Toque de Ánimas a la puesta del sol, todo el mundo entraba en sus casas para comer.

La mano dura sólo empujó más huidos a la sierra. A principios de 1947 la Agrupación de Roberto consistía de 16 hombres de Granada, siete de Málaga y cinco de Almería. Pero poco después los reclutas vendrían en tropel hasta que, a finales del año, había 124 guerrilleros y Roberto llegó a capitanear un miniejército de hasta 150 hombres. Especialmente significativo en Frigiliana era la táctica de intimidación por parte de unos guardias. Uno tenía el apodo de "La Bomba Atómica". Pero el más notorio era "Cabo Largo". Grande y arrogante, Antonio González Bueno llegó a ser el más temido por su gusto por las palizas.

La gente de la sierra

Sebastián, uno de los tres hermanos Artabús.
Huyeron a la sierra, dejando este aviso

Nadie sabe cuantos huyeron del pueblo perseguidos por sus amenazas: "Si no os vais mañana a la sierra o a Barcelona, os mato." Su empeño en aumentar las filas de la guerrilla inspiró las sospechas de que estaba jugando doble para ponerse las botas con el tráfico de suministros.

Algunos de los de Frigiliana que se echaron al monte fueron comunistas e idealistas, otros jóvenes crédulos en busca de una vida mejor. En los primeros meses de 1947 se fueron un veterano luchador republicano, José Pérez Moles (apodado Ranica), residente en la aldea de El Acebuchal, y tres jóvenes del pueblo, Miguel Cerezo García (Jaimito), Antonio Platero Ayllón (Ricardo) y José Sánchez Martín (Domingo). En octubre se fue Arturo. También huyó un veterano de la lucha antifranquista, José Martín Navas, un carbonero de 45 años que ya había pasado años en la cárcel por sus opiniones políticas y sus actividades durante la Guerra Civil. En la sierra asumió el nombre de guerra "Tomás" y muy pronto el papel de guardaespaldas de Roberto.

El primero de junio, los tres hermanos Artabús, Blas, Sebastián y Vicente Martín Vozmediano, estaban haciendo carbón en el Cortijo El Daire cuando se enteraron de que la Guardia Civil iba a detenerles. Abandonaron su trabajo y se fueron a la sierra. En su informe a Málaga, Cabo Largo tachó a los tres de ser "de pésima conducta, tanto moral, pública como privada", poniendo énfasis en su afiliación comunista. Como todos los "sospechosos" del pueblo, los antecedentes de los Artabuses estaban documentados por la Guardia Civil, aunque las fichas en el cuartel abundaron en errores, mezclando hechos, chismes y difamaciones. La ficha de Miguel Cerezo, que pasó menos de un año en la sierra, era típica, indicando que "se dedicaba a la vagancia y simpatizante a las izquierdas". Tomás fue tachado de "ser de ideas izquierdistas peligrosas".

12. La vida en la sierra

CONFUNDIDA POR LA LEYENDA y el mito, la lucha de una banda de guerrilleros valientes contra una dictadura implacable tiene un tinte romántico. La realidad era bien distinta. Al principio los guerrilleros tuvieron algunos éxitos y en el apogeo de su lucha disfrutaron de unos momentos eufóricos. Como, por ejemplo, la entrada de un grupo en un caserío o una aldea aislada ante los ojos asombrados de los campesinos, con la bandera republicana ondeando y todos cantando el Himno Guerrillero:

"Por llanuras y montañas
guerrilleros libres van,
los mejores luchadores
del campo y la ciudad...
Vencedores del fascismo,
a la batalla final, españoles!
¡Muera Franco! Muera!
¡Viva nuestra libertad!"

La guerrilla obtuvo bastante dinero gracias a los rescates pagados por la mucha gente secuestrada con que, utilizando el sistema de enlaces, podían comprar comestibles y otras necesidades. Pero al fin, acosados por todas partes, era una vida de perros allí en la sierra.

Roberto intentó imponer una disciplina militar. Su mini-ejército llevaba puesto cazadoras, pantalones de pana y camisas de color caqui o marrón. Boinas azules y abarcas completaban el uniforme, y brazaletes con los colores de la bandera republicana y las siglas E.N.G. (Ejército Nacional Guerrillero).

Cada hombre llevaba un macuto con la comida, las municiones y sus pocas posesiones. Él recibió un nombre de guerra, una manera de inculcarles una nueva y disciplinada mentalidad y al mismo tiempo confundir al enemigo. Como ellos ya tenían sus apodos del pueblo, prohibidos su uso por Roberto, la tarea de identificación se volvió aún más difícil para las autoridades. Así Espartero y Tomarroque de Frigiliana eran Julián y Máximo en la sierra.

Unas veces los nombres elegidos hacían un homenaje a un camarada caído,

La gente de la sierra

Frecuentado por los guerrilleros, el Cortijo de El Imán entre Frigiliana y El Río de la Miel

pero otros eran sencillamente pintorescos, como Espantanubes, Mierdafrita y Caraquemada.

Roberto explicaba a su agrupación que "el guerrillero comunista debía dar ejemplo". Les animaba a aprender a leer y escribir y estudiar el Manual del Guerrillero, una guía política-militar de la estrategia de la guerrilla. Según el teniente coronel Eulogio Limia Pérez, jefe de la 136 Comandancia en Granada, la "represión y exterminio" de los bandoleros no era fácil, por una parte por la colaboración de la población rural y por otra por el "perfecto entrenamiento físico, sobriedad, resistencia a la fatiga y valor personal de la casi totalidad de sus componentes y de sus mandos". Tenía sus propios motivos para ensalzar la dureza de los rebeldes: era una manera de inflar el éxito de las fuerzas bajo su mando al aniquilar la amenaza roja.

Según el guerrillero Enrique Urbano (Fermín), de El Río de la Miel, Roberto solía declarar: "Un buen guerrillero ha de comer fuerte, cagar duro y enseñar las pelotas hasta la muerte." No estaba exagerando. Para sobrevivir en la sierra un guerrillero necesitaba tener pies y piernas de acero, un estómago blindado, los pulmones de un león, los instintos de un tigre y una resolución indómita. No había lugar a dudas ni errores.

Por lo general la guerrilla no buscaba enfrentamientos con las fuerzas de orden, especialmente cuando sufrían una falta de armamento y municiones. Prefe-

La gente de la sierra

rían sabotajes y secuestros, mientras iban diseminando la propaganda . Cuando ocurría un encuentro, intentaban infligir un castigo a los atacantes y ponerse a salvo lo más pronto posible. A través de unas marchas inadvertidas de hasta 30 kilómetros por la sierra en una noche, la guerrilla producía la impresión que era mucho más numerosa de lo que era en realidad.

Los guerrilleros se movían en la oscuridad con la ayuda de los prácticos, gente de la Axarquía que conocía cada centímetro de las sierras. Al pasar por barro o polvo, el último de la fila se ataba a la cintura una rama para borrar las huellas. Generalmente evitaban las cuevas, una trampa mortal si eran descubiertos adentro; en varias ocasiones, los Civiles aniquilaron a sus enemigos cuando tiraron bombas o dinamita en las cuevas donde se habían refugiado.

Los guerrilleros se señalaban entre ellos imitando el grito de un búho. Otras veces el chasquido de dos piedras servía como una señal. Dormían lo mejor que podian en el suelo, escondidos entre los pinos y la maleza y abrigados por una chaqueta o una manta. Cuando en el invierno caía una lluvia torrencial durante varias semanas seguidas, algo no infrecuente en la Axarquía, intentaban protegerse con trozos de lona. A pesar de estar tan cerca del Mediterráneo y África, allí arriba en la Sierra Almijara hay heladas y la lluvia se convierte en nieve, así que los hombres de Roberto eran presas fáciles de las enfermedades de los pulmones y la garganta.

Cuando un grupo se separaba de otro, convenían entre ellos que dejaban una nota de sus movimientos en un tubo metido en el tronco de un árbol o debajo de una piedra, o colocaban una piedra en una posición previamente acordada. Los cómplices en los cortijos tenían su propio sistema de señales: para avisar de los movimientos del enemigo tendían una sabana por fuera o un trapo negro en la rama de un árbol, o dejaban una ventana entreabierta o la leña en un lugar particular.

Proveer de armas a los numerosos reclutas de la guerrilla no era fácil. Los militantes de a pie llevaban escopetas. Los jefes de los grupos tenían subfusiles (como el Sten, una marca británica), pistolas (un Astra 9mm o un Colt .45), y bombas de mano. Un arma preciada, y rara en la Sierra Almijara, era el subfusil Thompson .45mm, la ametralladora favorecida por los gángsteres de Chicago y los Marines norteamericanos. La falta de municiones era un problema serio aunque los guerrilleros fabricaban sus propias balas. Aparte de los suministros traídos de África en los primeros años, la guerrilla dependía de las armas robadas, compradas o recogidas en encuentros con las fuerzas de orden. La Guardia Civil, no siempre bien pertrechada tampoco, utilizaba el subfusil Schmeisser, llamado "el naranjero" porque se liquidó la primera entrega de la fábrica alemana con un cargamento de naranjas.

Las comunicaciones eran bastante limitadas. Podían escuchar las emisiones de *La Pirenaica*, la radio dirigida por La Pasionaria en Moscú. Cuando era posi-

La gente de la sierra

Según *Por la República*, propaganda distribuida por la guerrilla, 25 guardias cayeron en el choque cerca del Cerro Lucero

La gente de la sierra

ble, la agrupación mantenía contacto con el Partido por radio. También, explicó Santiago Carrillo, "Poseíamos un centro de escucha de radio, servido por camaradas radistas y expertos en descodificar que habían trabajado en la flota de guerra republicana. Estos mantenían nuestra relación por radio con agrupaciones guerrilleras y organizaciones del Partido, además captaban los mensajes de la Guardia Civil y de la policía."

De vez en cuando los guerrilleros compraban de un pastor, o robaban, una cabra o un cerdo y los cocinaban. O había migas o un puchero de garbanzos con tocino. Más habitual era el rancho frío, un régimen de arenques o atún enlatado con un trocito de pan. Muchas veces estaban de marcha o había una patrulla cerca y era demasiado peligroso encender fuego. Entonces tenían que aguantar días sin consumir ni comida ni bebida caliente. En los tiempos más difíciles pasaban días sin comer nada.

Ahí en la sierra incluso el transporte del agua de una fuente al campamento era una faena bastante laboriosa, relegada a los soldados rasos. Cuando podían, los hombres pagaban a las mujeres en los cortijos por lavar la ropa, pero era difícil mantener la higiene personal; no es sorprendente que olieran mal y las chinches les planteaban un problema. Roberto prohibía los bigotes y pelos largos e insistía en que sus hombres se afeitaban antes de ir de patrulla. El coronel Antonio Díaz Carmona, escribió en su libro *Bandolerismo Contemporáneo*: "El Roberto era hombre fanático de sus ideas extremistas, de buena instrucción, de mucho carácter y de muy acusada personalidad. Sus bandoleros le tenían verdadero terror, teniéndoles sometidos a una disciplina férrea, sin permitirles la menor debilidad en sus crímenes...no toleraba que ninguno llevase bigote ni barba...que era prueba de poca personalidad, que eran recursos de infelices etc."

Díaz Carmona, destacado en Alhama de Granada durante los años de la guerrilla, recordó el alcance del control que ejercía Roberto. Uno de los guerrilleros, el Rubén, que se presentó, fue preguntado por qué no había huido antes. Él contestó que una vez, cuando estaba pensando en escapar, Roberto le dió una palmada en la espalda y le dijo: "Ay Rubén, que se te viene la sierra encima!" Rubén "afirmaba que este cabecilla, Roberto, adivinaba el pensamiento a todos, por lo tanto que no se atrevían 'a pensar nada malo'."

A los de la sierra, la Venta Panaderos debía haber aparecido como un espejismo, aquel solitario edificio perdido entre las escarpas donde el viajero podía disfrutar de los lujos de sus sueños, comida, calor, bebidas, camas. La venta ha entrado en la mitología de la sierra. Ahora está abandonada y en ruinas, pero entonces su sitio debajo del Puerto de Frigiliana lo hacía un punto de encuentro de todos los que viajaban entre Málaga y Granada. Allí podían tomar un trago o un plato de garbanzos los arrieros para darles fuerza antes de subir al Puerto. Y allí entraban un día los Civiles y otro los Maquis. La venta servía a los dos lados. Nada más fácil que dejar escapar allí información verdadera o falsa, sabiendo

La gente de la sierra

La Venta Panaderos, punto de encuentro de arrieros, Guardias y guerrilleros

que sería transmitida al enemigo. Muchas son las anécdotas de cómo los Civiles entraban de repente y disfrutaban de las comidas pedidas por los Maquis.

Para advertir a los guerrilleros de cualquier peligro, los dueños, Paco Manuela (Francisco Rodríguez Ramírez) y su esposa, Ana Herrero, tendían una sábana en un tejado. Como funámbulos, el matrimonio de la venta no tenía competencia. Era un juego rentable pero arriesgado. Cuando en 1947 una patrulla cogió a Paco en el camino con un abultado cargo, quizás fuese capaz de explicar por qué llevaba tantas mercancías como tabaco, linternas, aceite, morcilla, tocino, azúcar y alubias, pero lo de los 12 pares de calcetines le resultó difícil. Finalmente confesó que unos hombres armados con metralletas les habían obligados a hacer la compra.

Había dos hijos y cuatro hijas, una de las cuales, la guapa Dolores, servía de compañera a Roberto en sus viajes para apoyar su disfraz de hombre casado y respetable. Que si también era su amante o no, cada uno tiene una opinión. El hecho de que al mismo tiempo un campesino de Frigiliana, que era muy amigo de un Guardia Civil, estuviera cortejando otra de las hijas creó una situación tensa. Hasta tal punto que, gracias a las amenazas de los hombres de Roberto, convencidos de que era un chivato (lo que siempre negó), él optó por no salir del pueblo. Al final, los dueños de la Venta Panaderos, Paco y Ana, y varios de la familia sufrieron interrogatorios y la cárcel.

Los guerrilleros recibían sueldos de 500 pesetas al mes, pagados unos meses sí, otros no. Del dinero ganado de los secuestros (centenares de miles de pesetas en unos casos) un 50 por ciento fue enviado (teóricamente por lo menos)

La gente de la sierra

Antonio El Duende

al comité comunista en Madrid, 20 por ciento era para los guerrilleros y el 30 por ciento para sus familias. Las cuentas las llevaban los jefes que al principio pagaban escrupulosamente a la gente del llano que suministraba comida.

Según un ex-guerrillero comunista de Almuñécar, Roberto le dijo: "Tendrás mucho dinero, pero no es tuyo. Si no quieres la disciplina, te daremos dinero y puedes irte donde quieras." Los acontecimientos desmentirían aquella promesa. Si alguien estaba en desacuerdo con los mandos o pensaba en volver a su pueblo, era mejor cerrar la boca. Roberto no podía permitir que sus seguidores volvieran a sus casas ni que se presentaran a la Guardia Civil por el miedo a que les informaran sobre los enlaces y los escondites de la guerrilla.

A pesar de todo, guerrilleros como Miguel Salado Cecilia, miembro del estado mayor, mantenían un gran respeto por su jefe, como explicó al investigador Francisco Ruiz Esteban (véase su libro *Vivir entre tinieblas*): "Se puede decir todo lo bueno y todo lo malo que se quiera de Roberto, pero...su carisma, cualidades humanas y capacidad de liderazgo eran indiscutibles."

Sin embargo, varios de los huidos se sentían engañados una vez en la sierra. Sufrían un gran desencanto con las condiciones. Las promesas de una vida mejor, de dinero y comida, resultaron estar lejos de la realidad. Allí había menos libertad que en el pueblo. No aguantaban la disciplina impuesta por Roberto en su intento de crear una fuerza eficaz. Unos guerrilleros se resistían a llevar el uniforme porque dificultaba moverse cerca de los pueblos sin ser identificados. Tampoco estaban contentos con la prohibición de visitar a sus familias. Y la falta de mujeres debía haber provocado bastante frustración entre aquellos machos jóvenes y fuertes. Por razones de disciplina estaban vetadas las relaciones sexuales y también el consumo de alcohol. "Estábamos como monjes," recuerda un guerrillero.

Hubo algún intento de educar a los humildes campesinos. Los comunistas daban charlas culturales y explicaban nociones generales de marxismo. Unos aprovecharon la oportunidad a aprender, leer y escribir, pero es dudoso que la

La gente de la sierra

dialéctica marxista provocara mucho interés en hombres analfabetos, sin ninguna educación política y más interesados en la próxima comida. Lo que sí parece cierto, según dos guerrilleros que hablan en este libro, es que existía una división bien marcada entre las bases y los comunistas apasionados, especialmente los que formaban el alto mando. Ésta llegó al punto donde nadie se podía fiar ni de sus propios camaradas porque en cada grupo, en el más puro estilo estalinista, había delatores soplando al estado mayor. Quedarse dormido durante la guardia, demostrar una falta de moral o perder su arma eran delitos graves. No había clemencia para los infractores.

De hecho, cuando vieron sus vidas en peligro, varios guerrilleros eligieron ponerse en manos de las autoridades. Miguel Cerezo, asustado, volvió a Frigiliana pero no pudo quedarse en el pueblo y tuvo que irse a la Legión. José López Centurión, de El Río de la Miel, se fugó de la sierra bajo sentencia de muerte y se presentó ante las autoridades. Otro de El Río de la Miel que se presentó era El Duende, un personaje pintoresco que, después de ayudar a escapar a un preso del Maquis, huyó a la sierra. Primero, se coló en el horno, todavía caliente, de un cortijo. Luego se escondió en una gruta debajo de una pocilga, a pocos metros de un puesto de la Guardia Civil y un destacamento de militares.

Según el libro *El maquis en España* de Francisco Aguado Sánchez, oficial de la Guardia Civil, Roberto "concedió especial importancia al comportamiento psicológico de sus hombres, reservando a los mejores para el Grupo de Enlace (especie de guardia personal), asignando a los más fanáticos el mando de los grupos y a los más taimados el papel de espías y soplones dentro de la Agrupación. Para retener a los recién incorporados, aplicó el procedimiento de la 'responsabilidad política'. Consistía primero en distribuirlos entre los veteranos y designarlos para los asesinatos, lo que de grado o por fuerza habían de cumplir. Estas técnicas de terror, unidas a la persecución implacable de los desertores, hasta localizarlos y asesinarlos — lo que consiguieron en algunos casos — produjeron un indudable fortalecimiento interior en la Agrupación."

Como un teniente coronel, Aguado Sánchez podía consultar todos los archivos de la Benemérita y escribió la versión "oficial" del conflicto, no escatimando sus alabanzas de aquella fuerza mientras despreciaba a los "bandoleros". Su texto está salpicado de las palabras "eliminados", "liquidados" y "exterminados".

La verdad es que, entre la represión oficial y las andanzas del Maquis, un clima de miedo se apoderó de los pueblos y cortijos de la Axarquía pero también de muchos de los de la sierra. Para los campesinos acusados de chivarse no había ni consejo de guerra ni otra oportunidad de demostrar su inocencia. La guerrilla impartió "la justicia inapelable del pueblo" en las palabras de *Mundo Obrero*, ejecutando a varias personas. Como siempre ocurre en casos parecidos, en ocasiones los denunciantes de aquellos supuestos chivatos sólo estaban buscando venganza o un ajuste de cuentas.

13. Los desaparecidos

DESDE EL AÑO 1946 asesinatos, tiroteos e interrogatorios en el cuartel eran el pan de cada día en el pueblo. Y secuestros. En febrero de 1947, dos jóvenes, Ángel Sánchez García y Sebastián Navas Iranzo, estaban cargando un mulo de hierba en el Cortijo La Morea cuando llegó un grupo de hombres llevando escopetas y metralletas. Echaron a Navas para el pueblo con dos cartas (una para la Guardia Civil para confundirla y otra para la familia) pidiendo un rescate de 75.000 pesetas y llevaron a Sánchez a un escondite en la sierra. La familia Sánchez García logró reunir el dinero exigido y Ángel fue liberado.

Menos suerte tuvo Antonio Ortiz Torres, secuestrado el tres de junio de 1947 en El Acebuchal. El Maquis, entre ellos los tres hermanos Artabús de Frigiliana, pidió un rescate de 30.000 pesetas. En los archivos de la Guardia Civil consta un breve informe por radio: "Jefe Cda Málaga a Dir Gen primera zona Sevilla – Tarde ayer presentáronse caserío Acebuchal demarcación Cómpeta partida bandoleros secuestrando un paisano que apareció muerto después ignorándose más datos. Movilizó fuerzas sector interprov. y salgo dirigir servicios." Era en vano. Los de la sierra mataron a Ortiz en el Barranco de las Majaillas.

La situación de los habitantes de El Acebuchal era cada día más insoportable porque en un momento u otro por allí pasaba o el Maquis o la Guardia. El mismo alcalde, Baldomero Torres López, creía que había llegado su último momento cuando unos hombres armados le agarraron y pidieron 40.000 pesetas. Iban a llevarle a la sierra pero al fin le dejaron ir libre.

En agosto de 1947 ocurrió otro secuestro en un cortijo de Frigiliana cerca del Río Seco en la persona de Paulino Fernández Ortega, de 50 años, natural de Cómpeta. Cinco hombres armados le cogieron. Parece que creyeron, equivocadamente, que tenía una cantidad de dinero escondida y pidieron a su mujer 150.000 pesetas. El rescate no fue pagado y Paulino fue eliminado a tiros. Se descubrió el cadaver descompuesto tres semanas después. Supuestamente tres de Frigiliana estuvieron entre los implicados en este asesinato, Vicente Martín Vozmediano, Antonio Platero Ayllón y Antonio Rojas Álvarez.

Entonces, quizás impulsado por la falta de éxito en controlar la guerrilla, un escuadrón de la muerte entró en acción: cuatro vecinos "desaparecieron".

Tres miembros de la misma familia habían ido al campo para hacer cal

La gente de la sierra

Tres de los desaparecidos, de izq. a der.: Manuel Santisteban Gutiérrez, Manuel García Herrero y Sebastián Platero Navas

cuando, al anochecer, de repente salieron de la oscuridad tres hombres armados. Manuel Rodríguez Santisteban, entonces un joven de unos 15 años, recuerda: "Estuvimos preparando una calera cerca de El Acebuchal en el otoño de, puede ser, 46. Como era de noche yo y mi padre estábamos descansando. Mi tío, Manuel Santisteban Gutiérrez, siguió trabajando, echando leña al fuego. Era un soltero, de unos 20 años. De golpe llegaron tres hombres vestidos de paisano y llevando fusiles. Dijeron que eran del Maquis. Parece que estaban buscando a mi tío porque preguntaron por nuestros nombres. Entonces dijeron a mi tío que debe acompañarles y le llevaron por el barranco río abajo.

"Nunca se le volvió a ver. Todo ocurrió en pocos minutos. Se dice que mi tío fue llevado a la provincia de Granada y probablemente torturado y asesinado. No sabemos con certeza quien eran esos tres hombres, del Maquis o de la Guardia Civil. Sólo sé que mi padre y yo estábamos muy asustados. La mañana siguiente abandonamos la calera y volvimos al pueblo."

Todo parece indicar que Santisteban fue llevado con las manos atadas hasta el Puerto de Frigiliana, donde se le aplicó la llamada Ley de Fugas. Manuel Rodríguez tuvo otra desagradable experiencia. En enero de 1952 fue obligado a ayudar en el entierro de un tío político, Lomas, el último guerrillero de Frigiliana. No quiso seguir en el pueblo y desde el año 1958 vive en Madrid.

El 14 de agosto de 1947 Sebastián Platero Navas, un campesino de 37 años con mujer y cuatro hijos, que había sido detenido anteriormente bajo sospecha de ser simpatizante del Maquis, fue a la sierra para trabajar y no volvió. La familia cree que, acusado de ayudar a los bandoleros con leña y comida, fue fusilado en el Barranco de la Rambla cerca del Puerto de Frigiliana y el cuerpo fue llevado a Fornes. Pero en el Registro Civil de Fornes no consta un muerto

La gente de la sierra

en tal fecha. Sí está inscrito el 7 de Noviembre de 1947 la defunción de "un desconocido" que "falleció en la sierra a consecuencia de disparos el día cinco de Noviembre a consecuencia de un encuentro con la fuerza pública".

También desaparecieron aquel 14 de agosto, Manuel García Herrero (apodado Leva), 43 años, ya bajo sospecha de ser un enlace, y uno de sus tres hijos, el mudo Manulillo, 15 años, mientras estaban recogiendo esparto en la sierra. Filtraciones de la Guardia Civil indicaron que fueron fusilados y sus cuerpos depositados en el cementerio de Vélez-Málaga, tachados de ser "bandoleros muertos en una refriega".

No obstante, sus nombres no constan ni en el Registro Civil ni en los archivos de la parroquia San Juan de Vélez. Otra versión, imposible de confirmar, insinúa que la Guardia Civil no tenía nada que ver, que por razones desconocidas un cuñado en el Maquis dió muerte al padre y, cuando el hijo no cesó de llorar y gritar, le quitó la vida también.

En aquellos tiempos era peligroso preguntar por el destino de un familiar desaparecido, especialmente si existía la sospecha que la Guardia Civil era responsable. Cualquier contacto con las autoridades sólo podía traer problemas. Entonces, cuando un hermano, un padre o un marido no volvía a casa, lo más seguro era guardar silencio.

El único indicio de la suerte de los desaparecidos se encuentra en los archivos de la Guardia Civil que informaron que abatieron a 12 "desconocidos" en los alrededores de Frigiliana, Torrox y Cómpeta entre septiembre y diciembre de 1947. Los informes constan que el 28 de septiembre dos "bandoleros" que no pudieron ser identificados fueron abatidos en un encuentro en el Puerto Blanquillo y el 5 de noviembre dos "forajidos" cayeron en La Rambla, Puerto de Frigiliana. Y el 19 de diciembre tres "bandoleros no identificados" fueron fusilados en el término de Canillas de Albaida. Lo que sí es cierto es que siguen en las simas y los barrancos de la sierra los huesos de muchas víctimas de aquella guerra sin cuartel.

La guerrilla asesinó a mucha gente, y unas veces por razones bastante turbias. Pero, a diferencia de grupos como los separatistas vascos, no colocaron bombas para matar indiscriminadamente y no mataron a policías atacándoles por las espaldas ni atentaron contra sus familias. Hasta Manuel Prieto López, general jubilado de la Guardia Civil, que fue muy activo en la lucha contra Roberto y sus hombres, dice: "Ha habido muchos muertos por parte de los bandoleros, pero todos han sido en enfrentamientos. Nunca ha sido como el sistema terrorista de ETA de asesinar a traición o por la espalda. Ante esto, les tengo un cierto respeto y un cierto recuerdo de agradecimiento a los Maquis."

Con todo, el año 1948 fue uno de los años más sangrientos en la comarca. El 21 de febrero la guerrilla dio un espectacular golpe económico bajo las mismas narices de la Guardia Civil cuando robaron 950 kilos de harina de la fábrica de

La gente de la sierra

la Compañía de la Torre en La Molineta, un grupo de casitas y molinos en una curva del carril hacia Nerja. Según *Mundo Obrero*, el botín consistió no de 950 kilos sino de 1.800 y la guerrilla destribuyó pan gratis al pueblo, un gesto popular que, desafortunadamente, ningún vecino recuerda.

Normalmente, los hombres de Roberto evitaron los enfrentamientos directos con las fuerzas del Régimen, especialmente con los soldados de reemplazo. No obstante, en marzo ocurrió una emboscada en la Sierra de Cázulas, unos kilómetros al este de Frigiliana en la provincia de Granada, donde unos soldados estaban protegiendo a los trabajadores que cortaban pinos. Los guerrilleros mataron a siete de infantería, hiriendo cinco más, y recogieron una cantidad de armas y municiones. Era un golpe que iba a enfurecer a los militares y endurecer la represión, pero para Clemente (El Fraile) era un triunfo. En un comunicado dijo: "Todo el heróico 7º regresó a sus posiciones cantando el himno guerrillero y con la bandera de la República desplegada."

En el apogeo de la guerrilla, los secuestros proporcionaron bastante dinero y, según cuentan los vecinos de Frigiliana, unas familias se enriquecieron de la venta de comida a Roberto y sus hombres. Sin embargo, era un juego peligroso. Siempre existía la posibilidad de engaños y traiciones. Uno de los puntos donde la gente de la sierra estaba acustombrada a recoger comida era en el Cortijo de Los Caños. El vecino del pueblo que llevaba la comida allí lo hizo bajo amenaza de muerte. El Maquis no le perdonó haber asesinado a un republicano (según parece a sangre fría) al final de la Guerra Civil. Él eligió salvar la vida trabajando para la guerrilla.

La Guardia Civil se enteró de las actividades en Los Caños y el primer día de julio de 1948 preparó una emboscada que acabó con la vida de Francisco Cecilia Cecilia (Porrete), de Almuñécar. En el tiroteo y la confusión, se separó de sus compañeros uno de los guerrilleros más experimentados, Joaquín Centurión, el Niño de la Noche. Unos días después la Guardia Civil mató a Centurión en Los Peñoncillos, cerca de El Acebuchal.

Dos meses más tarde la guerrilla, aparentemente convencida de que había habido un chivatazo, asesinó a tres de la familia Orihuela de Frigiliana cuando estaban trabajando en Los Caños (véase el testimonio de Antonio Orihuela Herrero). Los tres hombres sufrieron una muerte horrorosa. Según la familia, los guerrilleros cortaron las lenguas, las orejas y las partes de las víctimas.

Pero Clemente, implacable y con una frialdad escalofriante, afirmó en un boletín que él y sus colegas habían impuesto la justicia. "Lo mismo que estos pagarán todos los que causen daño a nuestras unidades y a nuestros patriotas. Así lo exige nuestro pueblo y así lo realizamos."

14. Fiasco en Cerro Lucero

EMPEÑADAS en llegar a una solución final, las autoridades ordenaron en el verano de 1948 el abandono de la aldea de El Acebuchal, situada a cinco kilómetros de Frigiliana en la ruta tradicional de los arrieros entre Málaga y Granada y de fácil acceso por parte de la guerrilla. Sospecharon que los vecinos daban ayuda a los forajidos. Unos 200 habitantes tuvieron que dejar sus casas y buscar abrigo en Frigiliana, Cómpeta y Torrox.

En diciembre las autoridades, informadas de que todos los hombres de Roberto se estaban reuniendo en un campamento debajo del Cerro Lucero, montaron una gran operación. Varios centenares de Civiles y soldados intentaron liquidar al grupo en un ataque sorpresa a gran escala al amanecer. No obstante, los guerrilleros, atrincherados en la altura, mantuvieron a raya a los asaltantes durante todo un día. Por la noche escaparon, sufriendo sólo unos heridos. En su propaganda, los comunistas sostuvieron que dieron muerte a 25 Civiles y Regulares, una cifra obviamente exagerada, pero es cierto que la operación represiva fue un fracaso rotundo.

Precipitándose por las cuestas afiladas, durmiendo en el suelo, jugándose la vida en cada momento, los hombres de Roberto no sabían nada de los acontecimientos lejanos. No podían imaginar, cuando luchaban por sus vidas en las laderas del Lucero, que en aquel momento el Buró Político del PCE estaba debatiendo poner fin a la guerrilla. No sabían nada de una reunión en el Kremlin en septiembre de 1948 en que Stalin aconsejó a los comunistas españoles que pusieran más énfasis en infiltrarse en los sindicatos verticales. Ya era obvio que la lucha armada no llegaba a ningún sitio, pero los jefes del Partido demostraron una extraña inercia ante los hechos. La noticia de un cambio de táctica iba tardar años en llegar a la Sierra Almijara (véase el Appendix C).

El *Mundo Obrero* seguía con sus prognósticos de la victoria inminente, y con sus denuncias. El 10 de febrero de 1949 declaró: "Los crímenes franquistas tienen en Andalucía uno de sus teatros más frecuentes. Es el asesinato continuo de campesinos. Es la 'ley de fugas' como única ley del crimen civilero. Frigiliana, pequeño pueblecito de la provincia de Málaga, ha visto sus calles humildes regadas de sangre. El terror de la Guardia Civil ha caído como negra sombra sobre sus casas." Se refería a la muerte de José Cerezo Rodríguez, un vecino que

La gente de la sierra

Puesto de la Guardia Civil en la cima del Cerro Lucero

fue sorprendido con otros llevando comida a la sierra. Los Civiles les atacaron, lanzando bombas, y Cerezo cayó herido de muerte.

Pero, si los campesinos no podían esperar mucha misericordia por parte de la Guardia Civil, tampoco podían confiar en la bondad de la gente de la sierra. La guerrilla no perdonó nunca a los que delataron a sus camaradas, como demostraron más de una vez. Miguel Moreno González, un falangista de Nerja, ayudó a la Guardia Civil a identificar a los comprometidos con los Niños de la Noche, dirigido por Julio Ramos Corral. Ocurrió en 1937. En su declaración, dijo: "Le ruego se hagan estas descubiertas con toda precaución, para que nadie pueda sospechar en que yo he sido el denunciante porque encontrándome en el campo me podrían asesinar a mí y a mi familia." Su temor era justificado. Doce años más tarde, el 16 de abril de 1949, el grupo capitaneado por Vicente Martín Vozmediano cogió a Moreno y pidió un rescate de 75.000 pesetas. La Guardia Civil informó: "Siendo ya de noche se resguardaron de la lluvia en las tapias de un cortijo de Frigiliana y parece que el secuestrado trató de liberarse haciendo uso de una navaja propia que el bandolero le arrebató y con ella le dió un profundo corte en la garganta seccionándole la yugular."

Otro ajuste de cuentas ocurrió en agosto de 1949, un crimen que horrorizó a todo el pueblo de Frigiliana. Un vecino se presentó en el cuartel denunciando que había visto un grupo de 10 a 12 "bandoleros" llevando a Francisco Iranzo Guerrero por la sierra. El Maquis había amenazado al testigo con colgarle de un pino si delataba su presencia allí. Entre los raptores, armados con metralletas, fusiles, escopetas y granadas de mano, había tres de Frigiliana, Vicente Martín

La gente de la sierra

Francisco Iranzo Herrero

Vozmediano, Antonio Rojas Álvarez y Antonio García Martín.

El día 16 de agosto apareció pegado en la puerta de la escuela en la calle principal del pueblo un escrito mal hecho que decía: "El Bendita y el Terrible están en la Cruz de Napoleon, de seguro que están allí." Parece que alguien del pueblo había encontrado los cuerpos, pero prefería no acudir al cuartel. Las autoridades empezaron a registrar el río Higuerón. A unos metros cuesta arriba de la Cruz de Napoleón (un lugar donde en el Siglo XIX unos ladrones habían matado a un joven apodado Napoleón), encontraron a Paco Bendita, Francisco Iranzo Herrero, un soltero de 25 años y a El Terrible, José López Jurado, un cabrero de 35 años, casado con dos hijos. Los dos habían sido colgados de los pinos con cuerdas de esparto (causa de la muerte según el Registro Civil: "a consecuencia de suspensión"). Parece que habían sido torturados porque los cuerpos estaban vilmente mutilados. La gente de la sierra les acusó de ser traidores.

Los encuentros y enfrentamientos siguieron. Y las muertes. Pero no fueron reflejados en las crónicas del día. Los pocos de Frigiliana que vieron algún periódico aprendieron que, a diferencia del resto del mundo, España era un océano de tranquilidad. Explicaría Franco más tarde, no convenía publicar detalles de los enfrentamientos "por razones políticas y de seguridad". La guerrilla no existía, excepto en las noticias extranjeras como cuando *Sur de Málaga* informó que los italianos recurrían a la "táctica de guerrillas contra el bandido Giuliano en Sicilia".

Un titular frecuente en la prensa falangista fue "Apoteósico recibimiento del Caudillo". De creer los discursos del Generalísimo, España vivía una época de paz y prosperidad sin precedentes a pesar de las intrigas e infiltraciones de los bolcheviques. Así informó a Las Cortes en mayo de 1949 que se habían "reintegrado a la vida nacional casi la totalidad de los que delinquieron" en "la revolución roja". La cifra de presos por delitos de todo orden era sólo de 38.000 porque "la redención de penas por el trabajo y régimen interno de las prisiones es hoy la más humana y adelantada entre las de todas las naciones civilizadas".

15. Cambios en la Guardia Civil

UN INDICIO, rarísimo, de la prolongada lucha violenta fue publicado en la prensa de la provincia el 20 de septiembre de 1949. El Gobernador Civil y el Gobernador Militar habían asistido al entierro en Málaga de Antonio Toribio Tejada, cabo primero, y Antonio García Reyes, guardia, "muertos en las inmediaciones de Cómpeta en el cumplimiento de su deber". De hecho, tres días antes la Benemérita había salido mal parada en un feroz encuentro en Cerro Verde, una pendiente accidentada cerca de El Acebuchal.

Informados de la presencia de los guerrilleros, al menos 100 Guardias y soldados les sitiaron. Durante todo un día el ruido de metralletas, mosquetones, escopetas y bombas a mano resonaba por las ásperas laderas de la montaña. Cayeron dos de la guerrilla, Rafael Jurado Martín (Nico) de Torrox, uno de Los Frailes, y Miguel Ángel García Platero (Espartero) de Frigiliana. Según el informe oficial, Espartero fue encontrado muerto después de la batalla. Otros dicen que Espartero se entregó pero a un teniente no le gustaron sus respuestas a unas preguntas. Entonces, el oficial le mató. La Ley de Fugas. Además de perder dos hombres, la Guardia Civil también sufrió varios heridos.

Para los Guardias la vida no era precisamente un caminito de rosas. La mayoría tenía poca educación y se enlistaba para escapar de la falta de trabajo y la pobreza de sus pueblos. Mal pagados (unos 12 pesetas al día), habitaban cuarteles destartalados lejos de sus hogares en sitios donde muchos de los habitantes preferirían evitar tener contacto con ellos por miedo u otros motivos. En busca de la guerrilla salían de patrulla pasando varios días en la sierra, durmiendo donde podían, sabiendo que muchas veces estaban bajo la vigilancia de sus enemigos. En varias ocasiones los guerrilleros tenían la oportunidad de matar a los Guardias Civiles pero resistieron la tentación, prefiriendo quedarse escondidos.

Muerto en Cerro Verde: Antonio García Reyes, Guardia Civil

La gente de la sierra

Cuando los Civiles montaban las emboscadas, era frecuente andar de noche, empleando un práctico de la zona para recorrer caminos que desconocían. La Guardia Civil construyó un puesto de observación en la cima del Cerro Lucero, dominando las alturas y barrancos de la Sierra Almijara. Desde allí un pelotón de cinco o seis hombres, que era relevado cada dos semanas, vigilaba la sierra, con prismáticos cuando había, y enviaban señales por vía de espejos. Aquel punto estratégico era muy desabrigado y los observadores, nerviosos y aburridos al mismo tiempo, sabían que ellos mismos estaban bajo vigilancia.

La disciplina en la fuerza era dura y los errores no se perdonaban. Mesas de Ibor, un pequeño pueblo en el norte de la provincia de Cáceres, fue testigo de la dureza de unos mandos. Informado en abril de 1945 que una partida del Maquis había atacado al cuartel y se había llevado armamento y uniformes, delante de todos los vecinos un teniente coronel fusiló al cabo y a los tres guardias.

Las consecuencias normalmente no llegaban tan lejos, pero era bastante fuerte la presión para obtener resultados. Para quedar bien ante los ojos de sus superiores, los comandantes de los puestos tuvieron que exagerar sus éxitos y ocultar sus pecados. En varias ocasiones los muertos tildados de "bandoleros" y depositados en los cementerios eran sencillamente campesinos. La explicación ofrecida para tantos muertos y tan pocos presos en los enfrentamientos era que los "bandoleros" habían ofrecido resistencia y cayeron en los tiroteos. Asunto cerrado. No había nadie con la temeridad de preguntar por qué había tantos muertos y tan pocos heridos.

Los Civiles también cayeron. Prieto López recuerda: "Los bandoleros mataron a muchos Guardias Civiles. Hay una lápida en la Comandancia de Granada que recoge el nombre de tres compañeros míos — tres tenientes — muertos, varios suboficiales y Guardias, hasta un total de 60."

Para alentar a las fuerzas del orden, el Régimen les concedió condecoraciones, avances en el escalafón y premios en metálico. La Cruz del Mérito Militar fue la medalla otorgada con más frecuencia y muchos Civiles recibieron recompensas por acciones destacadas. Un guardia que llegó a detener o matar a un jefe de agrupación fue recompensado con 3.000 pesetas, de modo que los jefes como Roberto tenían de verdad un precio por sus cabezas. Expulsiones y sanciones por falta de celo eran comunes. El fracaso en Cerro Verde en septiembre de 1949 y la falta de progreso en la lucha contra la guerrilla de Roberto provocaron

Guardias ayudan a un camarada herido en un choque con la gente de la sierra

La gente de la sierra

varias destituciones y el nombramiento de nuevos jefes. El capitán Ismael Quilis Alfonso, que había dirigido destacamentos en Frigiliana, Nerja y Cómpeta, fue condenado a dos años en una prisión militar "por falta de iniciativa y actividad". Acusados de negligencia y desobediencia, un sargento recibió una pena de cuatro años y tres cabos penas de seis meses.

En octubre el teniente coronel Ángel Fernández Montes de Oca, ya un nombre temido por sus actuaciones en Córdoba, asumió el mando de la 137 Comandancia de la Guardia Civil en Málaga y el teniente coronel Limia Pérez llegó a la 136 Comandancia en Granada. Con Montes de Oca vinieron dos "duros" más, el capitán Joaquín Fernández Muñoz y el teniente Francisco Giménez Reyna, destinados a Nerja y Frigiliana.

Eulogio Limia Pérez

Con los nuevos jefes vino un cambio importante de táctica. Limia Pérez notó que en Granada "el estado general de la provincia era de verdadero pánico entre las personas de orden, propietarios, autoridades y funcionarios". Dotado de poderes especiales, este oficial, ya experimentado en la represión de la guerrilla en Toledo y Ciudad Real, se dedicó a socavar a los rebeldes, apuntando a sus enlaces y a sus familias. Una noche unos 300 Guardias rodearon los pueblos de Salar y Loja (Granada). En el primero hubo 93 detenciones y en el segundo 61.

La actuación de las fuerzas represivas fue igualmente vigorosa en Málaga. La Guardia Civil vació los cortijos del Barranco de Huit, cerca de Torrox, y detuvo a los campesinos de El Río de la Miel. Se procedió a detener a todos los "ex-bandoleros" que se encontraban en libertad en sus pueblos. En algunos lugares las familias sospechosas de dar cobijo a los guerrilleros fueron echadas de sus viviendas y las casas incendiadas. Las cárceles se llenaron de familias acusadas de haber ayudado a la gente de la sierra.

Desde el puesto de la Guardia Civil de Torrox, el capitán Prieto López repartió centenares de octavillas por toda la Axarquía ofreciendo un pasaporte para el extranjero a cualquiera que entregara la cabeza de su jefe. "Se garantiza la vida al que mate al Roberto sea quien sea," prometió. Prieto ya tenía experiencia con los confidentes en Granada donde había ocurrido un caso extraordinario de traición. Como explica Prieto en este libro, Tarbes (José Luis Merediz Víctores), infiltrado de la resistencia francesa y primer jefe del estado mayor de la

La gente de la sierra

Agrupación de Granada, se convirtió en confidente valioso de la policía. Descubierto por sus camaradas, fue ejecutado y su cadáver tirado a una calera de Órgiva en las Alpujarras.

Importante en la zona de Frigiliana era la actuación de los "contrapartidas", una táctica tan taimada como eficaz. Estos grupos de Civiles actuaban como *agents provocateurs*. Disfrazados a Maquis, llegaban de golpe a un cortijo y pedían ayuda a los campesinos. Era una manera de descubrir a los enlaces pero también los contrapartidas amenazaban a la gente y cometían ultrajes para desprestigiar a los guerrilleros. Al poco tiempo los campesinos hostigados no sabían en quien confiar.

Especialmente difícil era la vida de los pastores que llevaban sus cabras y ovejas por la sierra; por un lado el Maquis contaba con su apoyo, por el otro las fuerzas del gobierno insistían en su deber de dar parte de los "bandoleros". En varios casos su destino era la muerte. Mientras la represión crecía en dureza y caían los guerrilleros, más frecuente en el registro de defunciones de la Parroquia de Frigiliana fueron los apuntes que hicieron constar "En la sierra entregó su alma al Señor" y "No recibió los santos sacramentos".

Manuel Prieto López

SE GARANTIZA la VIDA al que MATE al "ROBERTO" SEA QUIEN SEA

Todos los que se PRESENTAN nos dicen que si no se vienen MAS es porque el "ROBERTO" os dice que os matamos, pero que si SUPIERAIS la VERDAD del trato que damos, dejaríais sólo al "Roberto" y al Estado Mayor, y os presentaríais. No dudarlo y VENIRSE que no os arrepentiréis.

ROBERTO: ¿Por que tienes tanto MIEDO que siempre estás en el toldo RODEADO de los enlaces.? ¿es que no te FIAS de los demas? Acuérdate que el "FELIPILLO" y el "LORENZO" eran de tu confianza.....

ROBERTO: ¿Te acuerdas de "TARVES", tu compañero de la escuela francesa de de Pou.? Se que dices que le ODIAS cordialmente. Por él, que como sabes, TRABAJÓ conmigo, detuve a tu Jefe "RAMIRO" y a "MARIANO" y tú te escapaste de milagro. ¿TE ACUERDAS?

Espero conseguir que alguno de tus compañeros de hoy, me ayuden a acabar contigo.

¿Tú que opinas de eso?

Incluso al "Clemente" o al "Felipe" o a otro cualquiera que traiga tu cabeza, LE FACILITARIA un pasaporte para el extranjero. Si alguno se atreve por MUCHOS crímenes que tenga, que se pongan en contacto conmigo bien por carta, o por alguna persona de confianza y discreta, y que ponga incluso las condiciones que quiera de garantía.

"¿Que te parece Roberto?"

Torrox Febrero-Marzo 1951
El Capitán de la Guardia Civil

'Tráigame la cabeza de Roberto': folleto emitido por Prieto López

16. El crimen de La Loma de las Vacas

EN EL AÑO 1950 ocurrió uno de los incidentes más oscuros y terribles en la historia reciente de Frigiliana. Dos días después de la detención de tres jóvenes sus cadáveres, espantosamente mutilados, fueron vertidos en el cementerio municipal. La versión oficial del incidente, nunca publicada, dista radicalmente del testimonio de los vecinos del pueblo.

Se relacionaba directamente con la muerte de los tres jóvenes con un ataque contra un soldado moro que ocurrió la mañana del 20 de abril de 1950. Mohamed Ben Abdela, uno del destacamento de los Regulares apostados en Frigiliana, decidió ir a una acequia en las afueras del pueblo para lavarse. Se había desnudado cuando de repente sufrió tres golpes de hacha en la cabeza y la clavícula y cayó al suelo chorreando sangre. El autor, según la Guardia Civil, fue Antonio Platero Martín, un campesino soltero de 20 años, conocido como El Moreno. En seguida él y dos más del pueblo, José Castillo Moreno (Pepe Mocha) y Antonio Sánchez Martín (Lomas), huyeron a la sierra.

La Guardia Civil ya sabía que El Moreno estaba ayudando a la gente de la sierra y un mes y medio antes del incidente le había confrontado con los hechos y le había instado a colaborar con las autoridades para localizar a los "forajidos". El Moreno se encontró en un apuro tremendo. Quería fugarse a la sierra pero los hermanos Frailes, los guerrilleros más comprometidos, no se fiaban de él. Insistieron que hiciera algo fuerte para demostrar su voluntad (y para minimizar la posibilidad de que más tarde cambiara de opinión y les delatara a ellos). Así, encontrándose entre la espada y la pared, El Moreno optó por ponerse definitivamente al otro lado de la ley.

Aunque con el tiempo Ben Abdela se recuperó de sus heridas, sus compañeros en los Regulares estaban furiosos y descargaron su rabia destruyendo la casa y todos los bártulos de El Moreno. Un gran número de Civiles y Regulares batieron el terreno alrededor del pueblo pero no llegaron a detener a los huidos. Sin duda, los Civiles se sentían frustrados por su falta de éxito y querían vengarse. Según los vecinos, el comandante de la zona, el capitán Joaquín Fernández Muñoz, notorio por su dureza, había declarado que, por cada uno de la Benemérita que cayera, caerían tres o más de la guerrilla. Verdad o no, la Guardia Civil buscó a "los sospechosos habituales", los que tenían familia en la sierra y, por eso, podían

La gente de la sierra

ser enlaces. Fernández Muñoz, un hombre de baja estatura, ya había establecido una gran reputación en la provincia de Córdoba, donde había dejado aterrorizados un buen número de pueblos, desde Pozoblanco hasta Lucena.

El día 21 la Guardia Civil detuvo a tres campesinos jóvenes que sí tenían parientes entre los guerrilleros, pero — siguen insistiendo familiares y vecinos — no habían cometido ningún delito. Una pareja cogió a Manuel Martín Ruiz, de 18 años, cuando volvía del campo donde había estado preparando un horno de carbón. Su padre, Sebastián, estaba en la sierra. Otro joven, Antonio García Martín, con 22 años, acababa de volver a casa de su trabajo cuando su mujer le informó que debía presentarse en el cuartel. Su hermano, Ángel, estaba en la sierra. También fue llamado al cuartel Antonio Triviño Cerezo, de 26 años, cuya mujer estaba a punto de dar a luz. Su hermano, Manuel, estaba en la sierra.

Ninguno de los tres volvieron a casa. Manuel Martín y los dos Antonios pasaron la noche en el cuartel. A la mañana siguiente varios testigos vieron como los Civiles hicieron subir a los tres en un vehículo que salió del pueblo. Durante unas 36 horas sus familiares, sin noticias y desesperados, temiéndose lo peor, les buscaron por todas partes. Habían sido llevados a una fábrica de aceite llamada La Maquinilla en La Molineta, a un kilómetro del pueblo. Allí, durante el día, una mujer les vió asomados a una ventana. Le pidieron agua que ella les suministró.

Aquella noche los tres fueron entregados a las manos de los Regulares, por lo menos al decir de unos vecinos. Lo que sí parece cierto es que, sacados de La Maquinilla, durante unas horas fueron golpeados y arrastrados por el suelo en la zona llamada La Loma de las Vacas antes de ser rematados por armas de fuego. La mañana del 23 de abril sus cadáveres destrozados fueron cargados sobre un borrico y vertidos en el cementerio. La entrada en el Registro Civil no entra en detalles. Solamente indica que los tres murieron el 23 de abril "a la una y 30 minutos a consecuencia de heridas por arma de fuego. Inscripción por orden escrito del Teniente de la Guardia Civil".

El pueblo se quedó conmocionado e indignado. En aquel momento el cura, Don Domingo, un hombre grande en estatura y valor, decidió celebrar la misa por todo lo alto. Mandó el toque de campana, se puso sus vestiduras más impresionantes y con los monaguillos se dirigió resueltamente al cementerio, pasando por delante del cuartel.

Animados por su ejemplo, en medio de una tensión palpable los vecinos recorrieron el pueblo entre un silencio escalofriante y acudieron al entierro bajo la mirada hosca de una multitud de Guardias Civiles. Era un acto de solidaridad y desafío sin precedentes. En un ambiente altamente crispado, el capitán Fernández Muñoz, enfurecido, llamó al cuartel a las personas más influyentes que habían asistido al entierro, incluso el alcalde, el médico y los maestros. Allí les recriminó, acusándoles de ser hipócritas, y los Civiles les abofetaron. Según

La gente de la sierra

Fueron vertidos en el cementerio de Frigiliana los tres cadáveres de (izq-der) Antonio Cerezo, Antonio García Martín y Manuel Martín Ruiz,

varios vecinos e incluso unos de la Benemérita, los franquistas del pueblo, preocupados por la amenaza de la guerrilla, habían previamente animado a la Guardia Civil a emplear la mano dura y, por eso, los Civiles se sentían traicionados.

Don Domingo Campillo Gascón, el cura entre 1949 y 1959, también fue llamado al cuartel pero se negó a acudir. En cambio, el capitán no tuvo más remedio que acudir al despacho del cura donde ocurrió un feroz enfrentamiento. La Guardia Civil abrió una investigación en la cual el teniente Francisco Giménez Reyna llegó a acusar al cura de montar una manifestación "antipatriótica". La acusación llegó a los oídos del obispo, quien llamó a Domingo a Málaga donde le aconsejó adoptar una posición más diplomática.

El mismo día que los restos de los jóvenes fueron depositados en el cementerio, la Guardia Civil llamó a declarar a tres mujeres emparentadas con los hombres que habían huido. No es difícil imaginar las presiones físicas y mentales empleadas para sacarles confesiones, especialmente cuando quien mandaba el interrogatorio era el capitán Fernández Muñoz.

Al fin, la madre de El Moreno, Florencia Martín Navas, una viuda de 51 años, admitió que recientemente había comprado en Málaga 12 pastillas de tabaco y 35 cartuchos de escopeta con dinero dado a su hijo por los bandoleros. Para ser reconocida por el vendedor ella llevaba un cesto con dos gallinas, medio tapado con un trapo rojo. Más tarde en una talega ella llevó los encargos a la sierra bajo el pretexto de que iba a ver a su hijo que estaba haciendo carbón por la parte de Alcóncar, río arriba de Frigiliana. Hacía unos dos meses había llevado a la misma zona siete pares de alpargatas, siete panes y dos kilos de chorizo. Allí encontró a unos guerrilleros de Frigiliana, los Panzones, el Zumbo y el Matutero. En total su hijo había recibido 5.000 pesetas de los bandoleros para hacer varias compras y ella había sido pagada con unas mil pesetas.

Josefa Moreno Moreno, 51 años, viuda, madre de Pepe Mocha, confesó que

La gente de la sierra

Don Domingo, párroco de Frigiliana, chocó con la Guardia Civil después de la muerte de tres jóvenes, el teniente Francisco Giménez Reyna (derecha) acusándole de montar una manifestación "antipatriótica"

desde hacía unos dos años compraba comida y ropa en Nerja y Vélez-Málaga que su hijo suministraba a la gente de la sierra. En total había recibido unas 1,500 pesetas. Ana Santisteban Gutiérrez, de 26 años, dijo que en tres ocasiones, más que "por temor y por necesidad" que otra cosa, su marido, El Lomas, había llevado unos embutidos a la sierra. Había recibido unas 700 pesetas. Cuando huyó a la sierra, Lomas se llevó una pequeña pistola que había encontrado cerca del río y que ella tenía escondida debajo de un colchón.

En la documentación amarillenta de los archivos militares, las huellas dactilares de las mujeres a pie de sus declaraciones hacen contraste con la firma firme y segura del capitán Fernández Muñoz. Informó el capitán: "Las tres detenidas tienen mala fama y reputación, son de ideas izquierdistas." Enviadas a la Prisión Provincial de Mujeres en Málaga, recibieron penas de dos años en la cárcel.

Mientras, el Gobernador Civil informó a las autoridades en Madrid de la muerte de tres "paisanos enlaces de los bandoleros". Según su version: "Sobre las 1,30 horas del día 23, un grupo que cubría el sitio conocido por Loma de Vacas, del término de Frigiliana, advirtío la presencia de tres desconocidos que avanzaban adoptando precauciones y cuando los tuvo suficientemente próximos, les dieron la voz de 'alto a la Guardia Civil', emprendiendo entonces veloz carrera los citados desconocidos con ánimo de escapar, cuya maniobra fue impedida por la fuerza, ya que ésta al apreciar eran desobedecidas sus intimaciones, hizo fuego dando muerte a los expresados sujetos."

Como era necesario mantener las formas, la Guardia Civil rápidamente

La gente de la sierra

había montado una investigación — aunque sólo para consumo interno. El capitán Fernández Muñoz nombró al teniente Juan Domínguez Rojo juez instructor para la tramitación de una "diligencia de carácter urgente".

El teniente llamó a dos testigos. Primero declaró su superior, el capitán. Fernández Muñoz tenía 42 años, natural de Bailén (Jaén), entonces era jefe del subsector de la Guardia Civil para la persecución del bandolerismo, destacado en Torrox. Bajo juramento, él afirmó que, con motivo del ataque al soldado de los Regulares, montó servicios de apostadero en distintos puntos del término municipal. Él se colocó en La Loma de las Vacas, acompañado por un sargento, un cabo y un guardia.

El informe de las diligencias previas apunta: "…a la una treinta horas del día de hoy se dieron cuenta de la presencia de varios desconocidos, los que al dejarles se aproximaron a la fuerza pudieron advertir que eran tres sujetos, a los que el Oficial que declara y a la distancia conveniente les dió la voz de 'Alto a la Guardia Civil' y lejos de obedecer emprendieron la huida, repitiendo varias veces la voz de alto, sin que se consiguiera detenerlos, ordenando entonces el declarante que se hicieran fuego al aire, dando también resultado infructuoso por que, lejos de pararse redoblaron la veloz carrera, por lo que se vieron obligados los componentes del Grupo a hacerle fuego con eficacia, resultando a los pocos momentos todos tendidos en el suelo, al parecer cadáveres."

El segundo testigo era el sargento Manuel Sevilla Ortega cuyo testimonio reflejó casi palabra por palabra lo dicho por su capitán. No había más testigos,

El Capitán General de Granada archivó el caso, declarando que "la Benemérita obró cumpliendo sus consignas"

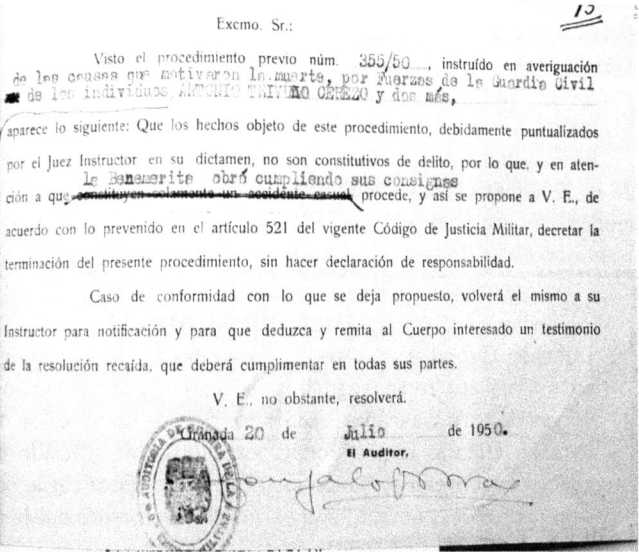

La gente de la sierra

aparte de los médicos de Torrox y Frigiliana. Su informe indicó que los tres murieron "a consecuencias de heridas por arma de fuego". No mencionaron si habían encontrado otras heridas en los cadáveres.

El juez instructor no tardó en llegar a su veredicto. El día 24 de abril firmó su informe que decía: "…el hecho se ha llevado a cabo sin responsabilidad para la fuerza que ha intervenido, la cual ha sabido cumplir e interpretar bien y fielmente sus Reglamentos, dejando bien alto el Honor del Cuerpo, al dar muerte a tres individuos indiscutiblemente enlace de los bandoleros y que de no haberlo conseguido hubieran sido varios más en esta comarca de los que tienen sembrada la alarma e intranquilidad en las personas pacificadas y honradas."

Entregado a las autoridades militares en Málaga, el informe llegó en julio a las manos de la Auditoría de Granada. El Auditor emitió su conclusión: que los hechos "no son constitutivos de delito" y que "la Benemérita obró cumpliendo sus consignas". El 24 de julio el Capitán General de Granada declaró el asunto terminado y "sin responsabilidad". El asunto fue archivado.

A lo largo de los años cuantos intentos se han hecho por parte de los parientes de los tres muertos para averiguar los hechos han resultado infructuosos. Sólo han encontrado un muro de silencio. En el año 1996, actuando en calidad de representante legal de Antonia Triviño Martín, Virtudes y Antonio Martín Ruiz, Antonio García Triviño y Ana Agudo Navas, un abogado de Nerja se dirigió al Servicio de Estudios Históricos de la Dirección General de la Guardia Civil en Madrid y a la Capitanía General de Sevilla. Solicitó acceso a cualquier documentación que pudiera echar luz sobre el asunto. Sin éxito.

Pero un golpe de suerte ha permitido al autor desenterrar algunos detalles más del crimen y su encubrimiento. Encontró el informe de las diligencias previas llevadas por parte de la Guardia Civil en los archivos de la Capitanía General de Granada (Causa 355/50, ahora archivado en Legajo 779-37 del Togado Militar de Almería).

En Frigiliana las familias siguen esperando la rehabilitación de la memoria de los fallecidos de La Loma de las Vacas y pidiendo las oportunas indemnizaciones.

Justicia sumaria

Llamado 'Cabo Largo', Antonio González Bueno, comandante de puesto en Frigiliana, tenía (según los vecinos) dos látigos hechos con sendas vergas de toro disecadas, bautizados con los nombres de dos afamados toreros. El cabo le preguntaba a cualquier desgraciado conducido al cuartel cual prefería, Manolete o Belmonte. Entonces le propinaba una paliza con el vergajo que llevara el nombre del torero que hubiese elegido.

17. Los últimos culatazos

A PESAR DE SER cada vez más acosada, la guerrilla todavía mantenía la capacidad de molestar a las fuerzas del orden y revolver el ajo, moviéndose con suma rapidez por la noche de un lugar a otro, desde la zona de Alhama de Granada hasta Las Alpujarras. El 17 de mayo de 1950 mataron a tres Guardias en un tiroteo en el Barranco del Lobo, Sierra de Loja, pero también cayeron seis guerrilleros. Y murieron seis más, incluso Mocha de Frigiliana, en julio en una emboscada cerca de Alhama. El 28 de octubre ocurrió un tiroteo de varias horas en La Loma del Cuerno, también en la Sierra de Loja. Unos 16 Guardias se enfrentaron, según su cálculo, a unos 80 guerrilleros, entre ellos cuatro o cinco de Frigiliana. Murieron un cabo y un Guardia y la guerrilla escapó por la noche.

Pero fueron los últimos culatazos. El acoso a los puntos de apoyo, las delaciones y las deserciones estaban destruyendo las redes de información y el suministro, aislando a la guerrilla y contribuyendo a su desmoralización. Cuando la Guardia Civil apretó las tuercas, la guerrilla llegó a una situación límite, reducida a cocer los huesos de animales para hacer un caldo y comer hojas, bayas y patatas crudas. Cada día era un purgatorio. Las fugas, las traiciones y las delaciones aumentaron, y se impuso la paranoia. No se permitía ninguna desviación de la línea de partido ni discusiones de táctica ni quejas de la rígida disciplina. En su intento de mantener el control, Roberto se volvió más despiadado. Para detener las deserciones, los consejos de guerra en la sierra y las condenas a muerte eran cada vez más frecuente. Al menos 16 de la guerrilla acusados de falta de ánimo revolucionario o de traición fueron "ajusticiados". La frase "hay que mandarlo por harina" era un eufemismo por la sentencia de muerte. Igualmente, cuando se enteraban de que un compañero había sido "enviado a la Sierra Nevada", todo el mundo conjeturaba sobre su destino.

Uno de los guerrilleros de Frigiliana, Sebastián Martín Navas, fue tirado por un tajo cuando se trastornó al enterarse de la muerte de su hijo Manuel, uno de los tres asesinados en La Loma de las Vacas. Otro, Antonio Platero Ayllón, que cayó en desgracia por sus indiscreciones, fue arrojado a un pozo.

En el caso de Platero posiblemente lo mataron antes por vía de una técnica empleada con bastante frecuencia. La llamaban "ponerle la corbata" y tres o cuatro guerrilleros compartieron la responsabilidad. Le colocaban un cordón

La gente de la sierra

engrasado y corredizo al cuello de la víctima, se le sacaban del campamento y, en el momento menos esperado, dos tiraban los cabos mientras otro le empujaba en la espalda con su rodilla. Normalmente la muerte llegaba con rapidez y el sistema tenía la ventaja de no malgastar balas. Arrojaban los restos en un barranco o un hoyo.

De manera parecida murieron dos de la familia Centurión de Nerja. El delito de Francisco Centurión Centurión (Florentino en el Maquis), hermano del destacado guerrillero Joaquín Centurión (Juanito), era haberse quedado dormido cuando estaba de guardia y querer marcharse. Fue "ajusticiado" en la Sierra de Loja. En el caso de Francisco López Centurión (Lucas) la sospecha, aparentemente equivocada, de que iba a presentarse fue suficiente para condenarle a la horca. Ocurrió en la Sierra de Cázulas y todo indica que sus restos fueron enterrados en el cementerio de Otívar (Granada).

Medio siglo después, su hermano José, nombre de guerra Rodolfo, un tipo indomable que huyó antes de sufrir la misma suerte, todavía luchaba para obtener la confirmación oficial de su último paradero (véase su testimonio).

El Sexto Batallón, arrinconado en la sierra entre Frigiliana y el Boquete de Zafarraya, perdió contacto con el Séptimo Batallón en las Alpujarras y la Sierra Nevada. Aguantando una represión cada día más fuerte, Roberto debía haber comprendido que él y su banda habían sido abandonados a su suerte. El Partido no iba a ofrecer ayuda. No había ni armas ni comida y, tan lejos de Francia, había pocas posibilidades de escapar por la frontera norte.

Al fin del año 1950 o al principio del 1951 parece que había una discusión feroz entre los del estado mayor. Se plantearon la posibilidad de disolver la guerrilla y rehacerla con un grupúsculo de los de más confianza. Roberto ya pensaba en abandonar la sierra, pero Los Frailes, Paquillo y otros se resistían aceptar que los años de lucha resultaron ser en vano. Sin embargo la situación estaba llegando al límite.

El 20 de enero de 1951 el Ayuntamiento de Frigiliana reunido en sesión extraordinaria felicitó a la Guardia Civil bajo el mando del teniente Rafael Domínguez por "la captura y exterminio de varios bandoleros en la sierra de este término". Unos días más tarde, en febrero, Limia Pérez dió un ultimátum a "los bandoleros engañados". Hojas repartidas por la sierra avisaron: "Vuestros días están contados. Os aplastaremos definitivamente dentro de pocos meses y os ofrezco esta única ocasión de salvar la vida. No es posible que seáis tan necios para creer que un jefecillo ridículo e ignorante como el tirano que os manda, pueda influir para nada en favor del comunismo en España, cuya causa está definitivamente perdida desde la terminación de la guerra."

Iban cayendo los guerrilleros bajo las balas de la Guardia Civil, entre ellos los hombres de Frigiliana. En enero de 1951 murió Blas Martín Vozmediano, en febrero Blas Martín Navas (Gonzalo) y José Sánchez Martín (Domingo), y

La gente de la sierra

Fuerzas de la 137 Comandancia (Málaga), consiguen dar muerte a dos peligrosos bandoleros

Un comunicado de la Guardia Civil proclama la muerte de dos "bandoleros"

en abril José Rojas Álvarez (Arturo). En julio otro "aguanoso", Antonio García Martín (Gaspar), encontrándose atrapado por los Civiles, se suicidó antes que rendirse. En agosto cayeron Antonio Rojas Álvarez (Carlillos) y Bautista Acosta Urdiales (Tomarroque). Directamente comprometido en unas de estas muertes y varias más fue Vicente el Artabús, que en marzo se presentó en Frigiliana y, vestido de Guardia Civil, condujo los Civiles a los escondites de la guerrilla.

La táctica de Limia Pérez funcionaba. Entre octubre de 1949 y septiembre de 1951 murieron 90 hombres en encuentros. Otro 13 fueron capturados, 21 se presentaron, seis huyeron y 16 fueron "ajusticiados" por sus propios compañeros. Tanto que en aquel periodo el número estimado de hombres en la agrupación cayó desde 109 a 28, según la matemática poco fiable de Limia Pérez.

En junio de 1951, con muchos de los enlaces detenidos, con su agrupación hostigada y cada vez más desesperada, Roberto se marchó de la sierra para preparar la evacuación de los pocos que quedaban. Dijo que iba a obtener la documentación necesaria para que pudieran salir de España y se fue con una cantidad de dinero más que suficiente, 500.000 pesetas según un guerrillero.

Fue primero a Málaga, parando una semana en una casa en Churriana. Adquirió un carnet de identidad con el nombre de Jaime Costa Arévalo y se marchó a Madrid, donde se alojó en una casa en la Calle Hilarión Eslava. Con él estaban su amiga La Tangerina, Ana Gutiérrez Rodríguez, presentada como su esposa, y Paquillo, Francisco Sánchez Girón.

18. Roberto detenido

EXACTAMENTE COMO las autoridades se enteraron del paradero de Roberto nunca ha sido explicado, aunque una cortijera de Torrox llamada La Cascaja, María Martín Godoy, era entre los principales sospechosos. El hombre más buscado de España y sus compañeros se relajaban en un bar en la Plaza de España en Madrid cuando de golpe un grupo de Guardias Civiles bajo el sargento Alonso Ansó se enfrentó con ellos. (Ansó fue recompensado por su "celo, sangre fría y resolución" con un avance en el escalafón y un premio de 3.000 pesetas).

El hombre que identificó a Roberto, según parece, no era otro que Vicente de Frigiliana, ex-guerrillero vuelto delator, llevado a Madrid precisamente para este labor. Para evitar que fuera reconocido por sus ex-camaradas, cuando entró en el bar Vicente ocultaba su identidad con un bigote y un sombrero.

Para la Guardia Civil era un momento de triunfo y alegría. Después de tantos años tuvieron en sus manos al jefe más notorio de la guerrilla. Un informe de la 137a Comandancia de la Guardia Civil de Málaga dio la versión oficial de la detención de Roberto: "El 26 de septiembre 1951, fuerzas especiales de la Comandancia de Málaga con la colaboración de las de la Dirección General, al mando directo del teniente coronel Don Ángel Fernández Montes de Oca, primer jefe de esta Comandancia, detuvieron en Madrid al Jefe principal de la denominada Agrupación de Guerrilleros de Andalucía que tantos crímenes, atracos y hechos vandálicos había cometido en esta provincia, especialmente en el sector interlímite Málaga-Granada, su principal campo de operaciones. Llamado José Lozano Muñoz (sic) 'El Roberto', elemento que se destacó en la zona roja durante la Guerra de Liberación con el empleo de Comandante y que, instruido en la Academia de Terrorismo de Tolosus (sic) (Francia), fue enviado a España por el partido comunista para organizarlos en nuestra Nación y cometer actos de terrorismo."

Los tres detenidos fueron transportados a Málaga. Se llevó a cabo un extenso interrogatorio de Roberto. O en un cuartel en la Malagueta. O en un chalet de El Limonar. O en una casa de Huétor-Vega cerca de Granada. O quizás en todos esos sitios...los informes son contradictorios porque todo el interrogatorio fue llevado en el mayor secreto para no prevenir a la guerrilla todavía en libertad.

La gente de la sierra

Lo que sí es cierto es que Roberto empezó a hablar — bajo qué tipo de presiones físicas o mentales, Dios sabe — y no paró. Delató a todos sus fieles camaradas y ayudó a la Guardia Civil a montar una ingeniosa trampa para detenerles.

Antes de irse de la sierra, Roberto había cortado en dos un billete de cinco duros. Él se quedó con medio billete, el otro para sus colegas, y dijo que vendría un hombre de confianza con aquel trozo de billete que arreglaría la documentación. Efectivamente, un hombre con el medio billete se puso en contacto con los guerrilleros. Las comunicaciones supuestamente enviadas por Roberto — todavía en Madrid, creían ellos — les informaron del plan para salir de España: Roberto y Paquillo lo habían organizado todo para su huida a África y debían trasladarse por parejas a la ciudad.

La Guardia Civil había planificado el montaje hasta el último detalle y los sobrevivientes en la sierra cayeron en la trampa. Siguiendo instrucciones, los guerrilleros pasaron unos días escondidos en un cortijo cerca del pueblo de Cajiz, en el término municipal de Vélez-Málaga, donde fueron fotografiados para la preparación de identificación falsa. Allí enterraron sus armas y se marcharon a la costa. En Málaga un camión entoldado les estaba esperando. Subieron y adentro encontraron a unos "albañiles", por lo visto dedicados a cargar y descargar el vehículo. Pero los albañiles eran Civiles disfrazados y, una vez en marcha el camión, se abalanzaron sobre los confiados y desarmados guerrilleros.

En vez de ir a Algeciras donde un barco les debía estar esperando, el camión fue directamente al cuartel. Así cayeron todos los del estado mayor y del grupo de enlaces de la Agrupación de Roberto.

AMNISTIA

Se garantiza la vida a todos los que se presenten, menos a los siguientes criminales: "Roberto" "Clemente" "Felipe" "Mario" "Andrés" "Gaspar" "Jorge" y "Galindo".
De estos **TAMBIEN** se les **GARANTIZA** la vida, al que mate al "Roberto." o entregue algún Grupo completo.
Cuando salgais de "patrulla" a suministrar, el "responsable" diciendo que vá a ver al "patriota" de la "base", puede **AVISARNOS** y si **CAE** la patrulla completa, le **GARANTIZAMOS** la vida al "responsable".
Como el "responsable" sabe donde está la "posición" o por lo menos el "punto nota", tenemos mucho **INTERES**, en que se **PRESENTEN** ‹responsables›, por que nos harán buenos **SERVICIOS** Tener mucho cuidado al leer la propaganda, porque Roberto os amenazará.=Si «Roberto» pregunta, por quién quiere irse no decirlo, que es para matarlo como ha hecho otras veces.
VENIRSE QUE NOS HACEIS FALTA

Torrox Febrero-Marzo, 1951
El Capitán de la Guardia Civil,

Octavilla de la Guardia Civil ofreciendo amnistia a los guerrilleros

19. Muerte en Granada

AQUEL JUEVES amaneció uno de esos días espléndidos de invierno que los granadinos dan por sentado, frio, despejado y con una claridad de luz deslumbrante. La temperatura rozaba cero grados y los primeros rayos del sol empezaban a dorar las cimas glaciales de Sierra Nevada cuando a las siete horas llevaron al preso ante el pelotón en las afueras del cementerio municipal de la ciudad.
La ceremonia fue breve y brutal. Resonaron los tiros y el hombre, con los ojos vendados, erguido pero seguramente derrotado por los meses de interrogatorio, cayó acribillado. De los últimos momentos de aquel condenado no sabemos nada, ni siquiera si pronunció algunas palabras, de arrepentimiento o de desafío.
Los habitantes de Granada no eran conscientes de la muerte de una leyenda en su ciudad. Sólo unos pocos podían entrever, quizás, algo irónico en las reflexiones sobre "Un día sin historia" del columnista en la primera página del diario Ideal aquel 22 de enero de 1953: "Los días sin historia tienen también sus encantos. Tienen, entre otros, el inefable encanto de la paz..."
En efecto, había descendido la paz, la paz de la muerte. Los años de lucha habían terminado. El fusilamiento de José Muñoz Lozano, el más carismático de los jefes de la guerrilla antifranquista, quitó por fin una de las espinas más molestas en el costado del Régimen Franquista.

CADA UNO TIENE su propia opinión sobre lo que pasó después de la detención de Roberto en Madrid. Todavía hay gente de la Axarquía que niega que Roberto pudiera haber traicionado a todos. Otros creen que era un infiltrado del Régimen desde el primer momento y que todos los detalles de su ejecución eran nada más que un montaje, que murió otro ante aquel pelotón en Granada y él escapó a America del Sur. Pero los hechos parecen incontrovertibles. ¿Por qué entonces se convirtió Roberto en un delator?

La tortura era una práctica común en las cárceles de Franco así que no hay duda que Roberto fue sometido a un interrogatorio brutal, que se prolongó durante varios meses. Sí existe entre los documentos oficiales una carta de la Dirección General de la Guardia Civil al juez militar en Granada afirmando que

La gente de la sierra

Roberto "se ofreció libre y espontaneamente a colaborar con las fuerzas de este Cuerpo". Y el ex-guerrillero López Centurión opina: "Se entregó a la Policía Nacional. Le dijo que, si le daban un pasaporte para Sudamérica, él entregaba a toda la gente de la sierra." Pero Tomás, su fiel guardaespaldas y "caballo", insistió que lo hizo para salvar a La Tangerina (véase el testimonio de Antonia Triviño Martín). "Empezaron a martirizarla y a pegarla y a través de ella consiguieron que él hablara," dijo. Otro ex-guerrillero, Victoriano Sánchez Ramos (Isidro), afirmó al historiador Romero Navas que Roberto creyó que fue cogido por culpa de sus colegas que se habían presentado y por eso les delató.

Lo que sí es cierto es que, en su intento de desplazar su propia responsabilidad y eludir el paredón, Roberto declaró que el jefe de toda la guerrilla de Andalucía era Ricardo Beneyto Sapena (nombre de guerra, entre otros, Argüelles). Beneyto, que previamente había colaborado en África con los agentes norteamericanos preparando a españoles para la guerrilla, ya había sido condenado a 30 años de prisión por rebelión militar. No obstante, el testimonio de Roberto fue suficiente para que fuera procesado otra vez y ejecutado en 1956.

Después de los exhaustivos interrogatorios, los careos, las investigaciones de todos los sospechosos de haber ayudado a la guerrilla, y los consejos de guerra, cayeron las condenas. La Tangerina fue condenada a dos años de prisión, pero para Roberto y sus fieles tenientes, Paquillo y los dos hermanos Frailes, no existía la posibilidad de clemencia. Los cuatro fueron fusilados en Granada. La misma suerte sufrieron tres de los 21 hombres de Frigiliana que estaban en la sierra. El 6 de mayo de 1953 Sebastián Martín Vozmediano se enfrentó con el pelotón en Granada y el 3 de abril de 1954 Antonio Platero Martín (Silverio) y Manuel Triviño Cerezo (Valeriano) fueron fusilados en Málaga.

Condenados a hasta 30 años de prisión, Ángel García Martín (Marcelo), José Martín Navas (Tomás) y Vicente Martín Vozmediano salieron antes de cumplir las sentencias completas gracias a varios indultos. Antonio Ruíz Cerezo (Yelo) ya había pasado por la cárcel. Miguel Cerezo González (Jaimito) evitó un consejo de guerra, alistándose en la Legión, y pasó el resto de sus días en Barcelona. Los demás de Frigiliana ya habían encontrado la muerte en la sierra, en tiroteos, por suicidio, o ajusticiados por sus compañeros.

Para las fuerzas del Régimen hubo elogios, medallas, recompensas en metálico y ascensos. El diario *Sur* informó el 31 de enero de 1952 de un "Brillante acto de homenaje a la Guardia Civil en Alfarnate por la labor de limpieza del bandolerismo". En presencia de dos de los oficiales más temidos en la Axarquía, el teniente coronel Ángel Fernández Montes de Oca y su comandante ayudante, Joaquín Fernández Muñoz, el Gobernador Civil, García del Olmo, condecoró con la Cruz del Mérito Militar al capitán Francisco Jiménez Sánchez, declarando: "Era preciso en nuestra Patria lograr la paz y ese orden y esa tranquilidad de los campos se ha conseguido con el heroísmo, con la inteligencia y la conquista

La gente de la sierra

moral..." En un informe al ministerio en Madrid, el Gobernador solicitó para Montes de Oca la Encomienda del Mérito Civil y no escatimó las alabanzas por su "paciente, delicada y extraordinaria labor". La provincia quedó "sin un solo bandolero, completamente normal y resuelto este gravísimo problema que tanto pesaba sobre la población que estaba atemorizada con los campos casi abandonados y cuando pensar un viaje por carretera era para ella un terror".

Después de la victoria, Limia Pérez, el oficial responsable por la represión de Roberto y sus hombres en Granada, se permitió de mostrarse magnánimo con los perdedores. En un informe de septiembre, 1951, declaró: "Este individuo con los poderes que le otorgó el Partido y sus condiciones de carácter, inteligencia y dotes de mando, que viene demostrando desde su incorporación a la sierra, consiguió rápidamente hacerse respetar por todos . . ." Calificó a Roberto de "persona de cierta ilustración, de temperamento frío y reflexivo, de gran energía". En su *Reseña general del problema del bandolerismo* de 1957, Lima Pérez dijo: "Ha sido la agrupación más disciplinada, ejerciendo el Roberto un mando total y enérgico, tanto en el orden militar como en el político, siendo ejecutados por orden suya en la sierra 23 bandoleros culpados de quebrantar las consignas u ofrecer dudas de lealtad."

En su consejo de guerra, Roberto se enfrentó a una larga lista de delitos, incluso su responsabilidad en la muerte de 31 soldados, el asesinato de 59 otras personas y el asesinato de 20 de su propia banda. Difícilmente podía escapar las consecuencias, aunque hasta el último momento buscaba su salvación, según su ex-compañero Sánchez Ramos. Por orden del Gobernador Militar debía permanecer al menos 12 horas en la capilla de la prisión "a fin de que la asistencia del Sacerdote al condenado resulte lo más eficaz posible y con ello se obtenga el fruto espiritual deseado al reo en último extremo".

Aquella última mañana Roberto pidió una prórroga de su fusilamiento porque tenía más de decir. Esa oportunidad le negó el juez y así el 22 de enero de 1953 terminó cara a cara con el pelotón de ejecución. El día siguiente, entre reportajes sobre "globos misteriosos en Japón" y "una superfortaleza norteamericana derribada en Manchuria", el diario granadino *Patria* dedicó precisamente seis líneas para informar a sus lectores del fin de unos de los hombres más buscados del país.

Ideal dio a la noticia más importancia, ocho líneas: "Ayer Fue Ejecutado 'El Roberto'. En la mañana de ayer fue cumplida la sentencia dictada por un Consejo de Guerra — que le impuso dos penas de muerte — contra José Muñoz Lozano (a) 'Roberto', jefe que fue de las partidas de bandoleros, como responsable de numerosísimos actos de bandidaje y terrorismo."

Más espacio dedicaron los periódicos para revelar que Antonio Ordóñez había cortado dos orejas en México y que Juanito Valderrama con su Gran Compañía Lírica iba a venir al Gran Teatro Isabel la Católica. Un artículo de

La gente de la sierra

> **AYER FUE EJECUTADO «EL ROBERTO»**
>
> En la mañana de ayer fué cumplida la sentencia dictada por un Consejo de guerra —que le impuso dos penas de muerte— contra José Muñoz Lozano (a) «El Roberto», jefe que fué de las partidas de bandoleros, como responsable de numerosísimos actos de bandidaje y terrorismo.

La ejecución de Roberto notada por la prensa de Granada

primera página en *Patria* tuvo noticias del nuevo presidente de los Estados Unidos, inaugurado aquella misma semana: "Eisenhower no llegará jamás a un compromiso con el comunismo". Un acuerdo económico-militar entre Madrid y Washington era "inminente". Y ante el Cine Aliator los granadinos formaron cola para ver a William Holden y Barbara Swanson en *El Crepúsculo de los Dioses (The Twilight of the Gods)*.

Entre los pocos de la Agrupación de Roberto que sobrevivieron estaban seis del Séptimo Batallón: Manuel Pérez Rubiño (Pablo el de Motril), jefe del batallón; Enrique Urbano Sánchez (Fermín), de El Río de la Miel, un sobrino de El Duende; Miguel Salado Cecilia, que años más tarde volvió a vivir en Almuñecar, donde murió en el año 2014; Ricardo Martín Castillo (Viñas); Francisco Martín Alonso (Villena); y José Navas Navas (Talento).

En 1952 los seis hicieron un azaroso viaje clandestino a pie desde Motril hasta los Pirineos con la policía pisándoles los talones. Caminando siempre de noche, evitaron cruzar puentes o tomar cualquier vehículo. Se apropiaron de un barco para salvar el obstáculo más difícil, el río Ebro. Por último, con la ayuda de un pastor, caminando por las montañas nevadas, atravesaron la frontera y llegaron en Francia (véase http://www.geocities.ws/eustaquio5/ruta_100dias.html).

Después de una marcha de 100 días guiados sólo por la estrella polar y un mapa escolar, estaban en libertad, refugiados políticos. Detrás quedaban los compañeros, las familias, los pueblos, las sierras de Andalucía, los años de lucha en la guerrilla . . .

Epílogo: La guerra imposible

TODOS LOS AÑOS, el primer domingo de octubre, los autocares hacen el fatigoso viaje por los montes de Cuenca para llegar al aislado pueblo de Santa Cruz de Moya. Vienen del norte y del sur, de todo el país, y unos de Francia. Aquel día las calles de Santa Cruz, un pueblo humilde y semiabandonado, están abarrotadas de gente. Varios centenares de familias suben a un cerro coronado por un monumento a la guerrilla antifranquista. Ondean las banderas de la República, hay discursos impasionados, afloran las emociones. La muchedumbre abre paso a unos peregrinos especiales, viejos y frágiles, que se mueven con cuidado sobre el terreno pedregoso. Son los últimos guerrilleros, los pocos que quedan. Al fin de una pequeña ceremonia, los guerrilleros colocan coronas en homenaje a los compañeros y los familiares que cayeron. Entonces la gente, los puños en alto, restringiendo con dificultad las lágrimas, cantan los himnos de la República y de la resistencia, canciones que desafían los años y la destrucción de sus sueños.

SE ELIGIÓ Santa Cruz para el homenaje porque allí el 7 de noviembre de 1949 la Agrupación Guerrillera de Levante y Aragón (AGLA) sufrió un golpe desastroso. En el cercano Cerro Moreno la Guardia Civil asaltó un campamento y dio muerte a 12 guerrilleros destacados, asestando un golpe aplastante a uno de los grupos más fuertes. El monumento de Santa Cruz es, parece, el único en toda España que recuerda a la guerrilla. No se encontrará ningún monumento parecido en los pueblos de la Sierra Almijara, ni en otros lugares de Andalucía.

En Frigiliana unos 30 hijos del pueblo perdieron sus vidas a manos de un lado o del otro y muchos hombres y mujeres pasaron años en la cárcel. Pero el recuerdo de los años de la guerrilla sólo existe en las memorias de los pensionistas.

Desde cualquier punto de vista — y es fácil hablar en retrospectiva — todo indica que era una guerra condenada al fracaso de antemano. En toda España se estima (las cifras son discutibles) que 100.000 hombres y mujeres colaboraron con la guerrilla y de unos 10.000 guerrilleros más de 5.000 murieron o fueron encarcelados. ¿Sirvieron por algo los sacrificios y los años de lucha contra una dictadura firmemente afianzada?

Con aún más fundamento se puede preguntar: ¿cómo es posible que el Partido Comunista persistiera en la lucha armada cuando ya por el año 1947 a todas

La gente de la sierra

luces era una causa perdida? ¿Y, aún más difícil de entender, por qué siguieron en la sierra los hombres de Roberto hasta 1952 cuando ya la guerrilla había desaparecido en casi todo el resto de España?

Es comprensible el sueño de los antifranquistas que el fin de la Segunda Guerra Mundial señalaría la caída del Régimen. Pero parece que los líderes comunistas demostraron una miopía asombrosa en vista de las declaraciones públicas de los Aliados. En el mismo momento en que hombres y armas estaban llegando a las playas de Málaga y Granada y cuando ya los antifranquistas habían empezado a pensar en una invasión por los Aliados, resonaba por el parlamento británico un aviso de la traición por venir, una repetición de la traición en tiempos de la Guerra Civil. Expresando su gratitud a España por no haber entrado en guerra, el 24 de mayo de 1944 el Primer Ministro Winston Churchill dijo: "Espero que ella represente una fuerte influencia para la paz del Mediterráneo después de la guerra. En cuanto a los problemas políticos internos de España, eso es cosa de los propios españoles. A nosotros, como gobierno, no nos compite intervenir en estos asuntos."

El hecho que un gobierno izquierdista asumió el poder en Gran Bretaña no cambió su política, como Ernest Bevin, el nuevo ministro de Asuntos Exteriores, demostró el 20 de agosto de 1945 cuando afirmó: "La cuestión del régimen en España es algo que el pueblo español debe decidir." Efectivamente, en vez de expulsar al Generalísimo, los soldados aliados se pararon ante los Pirineos.

Después de la Guerra Mundial, por su amistad con Hitler y Mussolini, el Régimen Franquista se encontró tratado como un paria por la comunidad internacional y excluido de la ONU. Pero ya Franco se movía con su acostumbrada agilidad para convertirse en un aliado imprescindible contra la amenaza de la Unión Soviética. Para demostrar que era partidario de los valores democráticos, fabricó el Fuero de los Españoles, teoricamente garantizando las libertades Civiles, y suprimió el saludo fascista en las ceremonias oficiales.

De hecho, en el fondo no había cambiado nada. Franco (calificado memorablemente por Pedro Sáinz Rodríguez, monárquico y ex-miembro del gobierno franquista, como "una esfinge sin secreto") habló de "llevar un traje democrático como una póliza de seguros" pero, cuando un ministro sugirió una amnistía para los presos políticos, le contestó: "Nosotros no borramos."

Los propósitos de los Aliados quedaron claros el 4 de marzo de 1946, unos días después de la ejecución en España de 10 antifranquistas, entre ellos Cristino García, un héroe de la resistencia francesa. Francia, Gran Bretaña y los Estados Unidos hicieron una declaración tripartita: "No hay intención de intervenir en los asuntos internos de España. El pueblo español debe resolver a lo largo su propio destino."

Si algo era necesario para subrayar el cambio en el clima internacional, eso vino al día siguiente cuando Churchill hizo su célebre discurso sobre el Telón

La gente de la sierra

de Acero. La Guerra Fría había empezado de verdad. En aquellas circunstancias ¿quien iba a ayudar a un movimiento organizado por los comunistas? Sin el apoyo de afuera, era evidente que la lucha guerrillera tenía muy pocas posibilidades de éxito. No obstante, a esos detalles parece que los estrategas comunistas hicieron la vista gorda. Y a otros.

Desde el principio la táctica de la guerrilla parecía mal planteada. Los comunistas lanzaron la invasión del Valle de Arán en octubre de 1944 en un momento bastante inoportuno. Algunos generales y los monárquicos cuestionaban la continuidad de Franco como jefe y conspiraron con el exiliado Don Juan de Borbón para establecer una monarquía constitucional y democrática. Cuando los guerrilleros, en conjunto unos 7.000, cruzaron la frontera desde Francia, los militares apretaron las filas. Una vez más Franco pudo apelar al patriotismo para defender el país contra "la amenaza roja". Esperando a los invasores había un ejército de 40.000 hombres y sólo una llamada urgente a los guerrilleros de retirarse evitó una masacre.

Sir Samuel Hoare, embajador británico en Madrid, informó a Londres: "El movimiento de unos centenares de desaprensivos españoles temerarios en la frontera le ha dado (a Franco) la oportunidad de asumir el papel de defensor de España contra una invasión roja. También le ha brindado el pretexto para detener y ejecutar a un número formidable de sus enemigos políticos."

Tampoco los exiliados tuvieron en cuenta la verdadera situación en el país. Era fácil hablar en la propaganda comunista de la educación política y la defensa de los campesinos, pero la teoría y la realidad no siempre coinciden. Después de la violencia de la Guerra Civil, España había sido aplastado por años de hambre y dura represión. No se puede culpar a los habitantes de un pequeño pueblo como Frigiliana — presionados y atemorizados por un lado por las fuerzas del Régimen y por el otro por la gente de la sierra — si sólo pensaban en buscar la vida en paz. La guerrilla de Roberto y las otras agrupaciones se encontraron en una situación parecida a la de Che Guevara cuando intentó organizar una revolución de los campesinos indiferentes de Bolivia.

Secundino Serrano en su libro *Maquis*, apunta que, mientras los dirigentes republicanos en el exilio se dedicaban a estériles querellas personales, "En el interior del país, las organizaciones de masas apenas existían, y los militantes de partidos y sindicatos republicanos estaban muertos, en la cárcel o en el exilio. Para la mayoría silenciosa afín a las ideas republicanas y democráticas, el objetivo primordial consistía en sobrevivir."

El historiador José Aurelio Romero Navas, que ha profundizado en lo que pasó en la Axarquía, afirma en su libro *La Guerrilla en 1945*: "Una de las cosas que resultaron ser un tremendo error por parte de los organizadores del evento guerrillero fue la de creer que aquí todos estaban esperando su venida para el levantamiento del pueblo contra el dictador. No entendemos cómo no compro-

La gente de la sierra

Homenaje a los guerrilleros:
la bandera republicana ondea sobre Santa Cruz de Moya

baron con anterioridad la situación en la que se encontraba el campesinado y si tenían conciencia de apoyar este movimiento, o por el contrario, debido al régimen de dureza al que estaban sometidos, no tenían intención de brindarles su apoyo."

Sin duda el Buró Político creía que la lucha armada serviría para que no pudiera ser ignorada en cualquier acuerdo sobre el futuro del país. ¿Pero a qué precio? El Partido o no conocía o no quería reconocer la realidad a juzgar por las declaraciones grandilocuentes en su revista mensual *Nuestra Bandera*. En enero de 1948, ignorando las pérdidas ya sufridas, habló de "la vanguardia aguerrida y ofensiva del pueblo, agrandando con sus luchas la herida mortal del franquismo y labrando el mañana de la libertad…en toda la superficie de nuestra patria los guerrilleros crecen en número y sus acciones se extienden y se multiplican… el pueblo los apoya y los protege." Lo que los estrategas en exilio tardaron en entender era que la guerrilla estaba perdiendo sus puntos de apoyo, porque huían a las sierras por la represión cada día más fuerte.

Es verdad que en unas regiones durante una época el Maquis creaba un problema serio para las autoridades. Las fuerzas de seguridad tenían que reclutar más hombres, montar escuelas especiales anti-guerrilla, y destacar a miles de hombres, incluso Regulares, legionarios, la Policía Armada y la Brigada Político-Social (BPS), en las zonas más conflictivas. Allí era peligroso transitar por las carreteras y los campos de noche, y en algunos lugares de día también. Sólo en

La gente de la sierra

Granada la Agrupación de Roberto recogió 8.2 millones de pesetas en 193 secuestros y 429 atracos, según el teniente coronel Eulogio Limia Pérez, la mano dura en aquella provincia; las cifras de Málaga eran mas bajas pero no mucho. Durante los años calientes el Régimen intentó minimizar la seriedad del problema porque la existencia del Maquis hacía daño a su imagen internacional. En España imperaba la necesidad de aparentar tranquilidad y de que había un gobierno apoyado por el pueblo. Ese era el mensaje y el Maquis, la única oposición de importancia a la dictadura, era una espina para las autoridades.

Sin embargo, la guerrilla hizo poco impacto en las ciudades donde, gracias a la censura, la mayoría de los habitantes ignoraba lo que estaba pasando en sitios como Galicia, Asturias, Cuenca, la Sierra Morena y la Sierra Almijara. El fracaso en trasplantar la lucha a las ciudades anunciaba la derrota de antemano, teoriza Serrano, señalando: "Salvo excepciones puntuales, sólo el medio rural asistió al combate de los guerrilleros, y era un entorno conservador, generalmente favorable a quien mandaba, ya fueran los franquistas o el Maquis, pero poco permeable a una aventura revolucionaria."

Mucha gente no quería ayudar a una guerrilla controlada por el PCE. El PSOE y la CNT sospechaban de las intenciones comunistas y apostaron por la transición pacífica. De hecho, los libertarios terminaron por considerar contraproducente la lucha guerrillera porque provocó un endurecimiento de la represión, haciendo aún más difícil cualquier actividad clandestina. Los socialistas abrigaban la esperanza de crear una alianza con los monárquicos, pero el Caudillo, tan astuto como siempre, dio un golpe preventivo para consolidar su régimen. Mientras sus enemigos, los políticos en exilio, se peleaban entre sí, Franco se entrevistó en agosto de 1948 con Don Juan de Borbón, pactando la reinstauración de la monarquía y que su hijo Juan Carlos estudiara el bachillerato en España.

Un cambio de táctica era necesario por parte del PCE, pero cuando llegó, el estímulo vino no del Comité Central en Madrid ni del Buró Político en Francia sino — como confirmando todas las acusaciones franquistas con respecto a la fuente de las conspiraciones rojas — del Kremlin. En febrero de 1948 Enrique Lister y el jefe de la guerrilla, Santiago Carrillo (acertadamente apodado "el zorro rojo" por el historiador Paul Preston en su biografía demoledora), se trasladaron a Belgrado para pedir consejos técnicos sobre la lucha además de medidas para lanzar paracaidistas para reforzar la Agrupación del Levante. La única ayuda que obtuvieron fue una cantidad de dinero. Los españoles no sabían que las relaciones de Tito con Moscú estaban al borde de la ruptura. Preocupado sin duda por aquella visita a la rebelde Yugoslavia, el Kremlin invitó a los comunistas españoles a una reunión, un honor bastante raro para ellos.

En septiembre tres oficiales del PCE, Carrillo, Dolores Ibárruri y Francisco Antón (durante unos años el amante de La Pasionaria), entraron en una gran sala

La gente de la sierra

del Kremlin donde les recibieron Stalin, Molotov, Voroshilov y Suslov. "Los saludos fueron muy cordiales," relató La Pasionaria en sus memorias, donde menciona que un guerrillero jefe español le había regalado un perro lobo llamado "Maquis". Los soviéticos les invitaron a té, pastas y bombones. Stalin, en guerrera y botas, sin ninguna condecoración, fumaba una pipa e hizo dibujos en un bloc durante la conversación. Una escena acogedora. En sus memorias, Carrillo deja bien claro su asombro al encontrarse en presencia del Gran Hermano. "Regresamos a nuestra dacha en un elevado estado de euforia tras nuestra entrevista con el que considerábamos jefe del movimiento revolucionario mundial."

Es difícil entender su respeto por uno de los monstruos del Siglo XX cuando ya se sabía que había liquidado a miles de personas, incluso muchos de los rusos que habían luchado en España al lado de los republicanos. A pesar de su historial sangriento, Stalin seguía, según la edición de septiembre-octubre de 1948 de *Nuestra Bandera*, como el "guía luminoso para los comunistas españoles". Claro, a Carrillo tampoco temblaba la mano cuando era necesario eliminar a alguien visto como un peligro. Él dejó las cosas claras en una conferencia pronunciada en Toulouse en 1945 cuando dijo: "Pasemos resueltamente a la liquidación de los agentes de la provocación. Cada delator debe pagar con la vida su traición." Era un consejo que más tarde Roberto puso en práctica en la Sierra Almijara.

Existían durante el franquismo lo que Carrillo llamaba "las leyes de la clandestinidad". Confesó (en una entrevista en *El País Semanal*, 9 de enero de 2005): "…algunas veces, para proteger el Partido, tienes incluso que cometer injusticias, como dejar de lado o separar a las gentes que no sabes si están o no colaborando con la policía. Yo eso lo he asumido, con todas las consecuencias. Incluso, en algún caso, yo he tenido que eliminar a alguna persona, eso es cierto…"

En la conversación en el Kremlin, Stalin aconsejó a los españoles que debían trabajar en las organizaciones de masas, principalmente en los sindicatos verticales, y que debían utilizar la guerrilla para proteger la dirección del Partido en el interior del país más que para atacar con las armas. También regaló medio millón de dólares al PCE, "el único oro de Moscú que recibimos", según Carrillo. Al volver a Francia, los jefes convocaron una reunión en un *chateau* en las afueras de París del Buró Político, del Comité Ejecutivo del Partido Socialista Unificado de Cataluña y de varios delegados. Había unos que se opusieron al cambio de táctica pero ¿quién podía resistir a Stalin? Se decidió disolver la guerrilla. Desafortunadamente parece que nadie pensó en notificar la decisión a los guerrilleros en las sierras de Málaga y Granada. Los jóvenes de los pueblos andaluces siguieron huyendo para incorporarse a la Agrupación de Roberto y la lucha continuaba.

Enrique Líster, el viejo combatiente y rival acérrimo de Carrillo, hizo la acusación en su libro *Así destruyó Carrillo el PCE* que "las guerrillas no eran para él otra cosa que un medio en sus manejos hacia la jefatura del Partido".

La gente de la sierra

Los exiliados vuelven: La Pasionaria y Santiago Carrillo otra vez en España después de la muerte de Franco

Afirmó que no se dedicaron a la lucha guerrillera los medios necesarios y al fin "en vez de darle un contenido político a la disolución, se prefirió disolverlas a escondidas, introduciendo en los destacamentos la intriga, las rivalidades y la provocación para encontrar la justificación de la liquidación. Tomada la decisión de poner fin a la lucha guerrillera, se debía haber hecho una declaración pública explicando por qué se hacía, y haber tomado las medidas pertinentes para salvar de la represión a los guerrilleros y personas que podían ser perseguidas por colaborar con ellos."

Carrillo creía que la guerrilla atraería apoyo de las comunidades andaluces, con sus "tradiciones de izquierda...muy fuertes, con un proletariado agrícola muy radical, junto con un equipo de camaradas políticamente muy seguros y de probada combatividad". Pero más tarde admitió que había subestimado el daño moral y material sufrido por el pueblo debido a la guerra y la represión. Confesó al Partido (o al menos a La Pasionaria) los errores con respecto a la guerrilla en la autocrítica que hizo en junio de 1952, un sorprendente documento de autoflagelación citado por Gregorio Morán en su libro demoledor *La grandeza y la miseria del PCE*. No es de extraño que se guardaba en secreto su confesión; el contenido de las 75 páginas habría dejado estupefactos a más de uno de los hombres que habían seguido las instrucciones de los jefes guerrilleros en la sierra.

La gente de la sierra

"Es verdad que no conseguimos nunca que la lucha guerrillera fuese una lucha de masas, en la que los campesinos tomasen una participación activa, labrando la tierra de día y empuñando las armas de noche y tampoco conseguimos que las guerrillas creasen en torno a sí verdaderas organizaciones de partido..." admitió Carrillo. En 1947, mientras que en las ciudades, al acentuarse la represión, el Partido decrecía, en el campo se incorporaban a las guerrillas campesinos que habían sido puntos de apoyo. "No acertamos a ver que el crecimiento numérico no era un síntoma de su fortaleza sino de su debilitamiento... las Agrupaciones comenzaban un peligroso proceso de aislamiento de las masas que forzosamente había de acelerar el desarrollo de los elementos de descomposición en su seno."

Enumerando los errores del Partido y de él mismo, Carrillo afirmó que los militantes enviados de Francia revelaron "una débil formación política e ideológica y falta de sensibilidad para captar los problemas vitales de la clase obrera". El Partido no había apreciado a tiempo el cambio en el campo imperialista y su sostén a la dictadura franquista. Además, admitió Carrillo: "Sobreestimamos la importancia de la lucha guerrillera...y no acertamos a retirar a tiempo, por lo menos, parte de nuestras fuerzas..." Dijo que podía haber evitado unos de sus errores si había tomada nota de las obras de Stalin, "nuestro gran maestro y jefe". "Es claro que con una mayor preparación ideológica, un mayor conocimiento del trabajo de los bolcheviques, estudiando de una manera más completa y seria al camarada Stalin, hubiera trabajado mejor."

La demora en poner fin a la guerrilla y organizar la retirada es difícil de explicar. ¿Inercia? ¿Ceguera política? Gregorio Morán ofrece una explicación de por qué Carrillo esperó hasta la primavera de 1951 para ordenar la retirada: solo la secretaria general, La Pasionaria, podía aprobar la orden y ella estaba en Moscú con una grave enfermedad (pasó seis meses en la cama, atendida por varios médicos y ayudada por el suministro de un antibiótico que sólo se podía obtener de los Estados Unidos por vía de sus enchufes de alto nivel).

Por el año 1950 muchas de las agrupaciones de guerrillas habían sido aniquiladas. Los guerrilleros socialistas tuvieron suerte porque se beneficiaron de la ayuda de su líder Indalecio Prieto. Él se encargó personalmente de organizar la recogida el 23 de octubre de 1948 del último grupo de 31 hombres en la costa de Asturias, que fueron transportados a San Juan de Luz. En el caso de la AGLA, que llegó a tener 210 miembros en Cuenca, Teruel, Castellón y Valencia, el Partido se esforzó en organizar la retirada. Después de la matanza cerca de Santa Cruz de Moya, la AGLA tenía los días contados y Carrillo envió sus representantes a la sierra, jactándose de haber organizado marchas de los guerrilleros por los Pirineos con la ayuda de "decenas de guías".

Pero se hizo poco para sacar a los demás sobrevivientes que huían de las balas de las fuerzas del Caudillo. Había alguna justificación por la falta de energía

La gente de la sierra

por el Partido: en septiembre de 1950 el PCE fue declarado ilegal en Francia y los militantes se encontraron detenidos o desterrados, dificultando todas sus actividades. Lejos, muy lejos, quedaban Roberto y sus hombres de estos acontecimientos. Ni armas, ni comida, ni ningún tipo de ayuda llegó a los escondites de la Sierra Almijara. Los voluntarios de Frigiliana, de Nerja, de Almuñécar, de Agrón, de Salar, de Alhama, de los pueblos del sur fueron abandonados a su suerte. Carrillo ha intentado explicar la falta de apoyo, señalando que, a pesar de sus esfuerzos, el PCE en exilio perdió el contacto con los militantes andaluces durante años.

Sea como sea, parece que el Buró Político en Francia se había olvidado de su propia existencia a juzgar por la afirmación asombrosa de Carrillo (en sus conversaciones con Regis Debray y Max Gallo) que en 1950 ya no existían guerrilleros organizados en España. De hecho, todavía la Agrupacion de Roberto siguió en la brecha, aunque cada día más aislado y hostigado. Actuó, con secuestros, ajusticiamentos, y tiroteos, en una extensa zona desde las sierras de Loja hasta las de Motril, de las sierras de Almijara y Tejeda hasta las provincias de Jaén y Almería.

¿Cuándo se enteró Roberto del cambio de táctica? ¿Qué pasó por su cabeza, un hombre inteligente y bastante mejor informado por sus contactos con el Comité Central en Madrid que los hombres bajo su mando? En 1950 Roberto y sus lugartenientes debían haber comprendido que la lucha estaba perdida, pero se resistieron a aceptar la realidad. ¿Tantos años en la sierra para nada? ¿Y como retirar? No había barcos para llegar a África, ni manera de viajar hasta Francia. También era muy posible que la policía francesa, en el ambiente entonces de hostilidad hacia los comunistas, devolviera los fugitivos a las autoridades franquistas. No había posibilidad de socorro por ninguna parte. Roberto y sus hombres habían caído en una trampa sin salida.

El coste de aquella guerra imposible es difícil de calcular. Los historiadores no se ponen de acuerdo con respecto a las cifras de la lucha. La gran ironía es que, ganada la batalla, el Régimen quería inflar las cifras para ensalzar su triunfo mientras el Partido Comunista prefirió olvidar su fracaso.

No obstante, parece que en todo el país hasta 100.000 personas colaboraron con la guerrilla, de quienes más de 19.000 fueron detenidos como enlaces. De quizás 10.000 guerrilleros, más de la mitad fueron liquidados o encarcelados; cayeron muerte 2.173 en encuentros, 467 fueron capturados, 546 se entregaron y 2.374 fueron detenidos. La Guardia Civil perdió 257 hombres y 370 recibieron heridas. Veinte y tres policías y 27 soldados perdieron la vida.

Ocurrieron unos 1,800 encuentros en toda España y hubo 953 asesinatos, 538 sabotajes, 5.963 atracos y 845 secuestros por la guerrilla. Son las cifras citadas por Francisco Aguado Sánchez, oficial de la Guardia Civil, que tuvo acceso privilegiado a los archivos de la fuerza. Analizando estas cifras oficiales para

La gente de la sierra

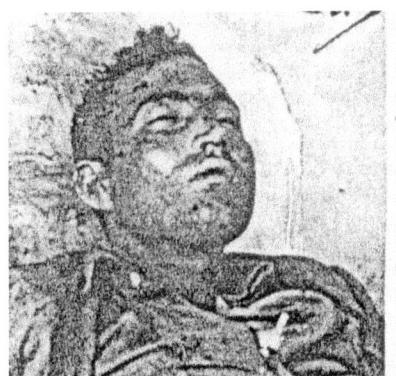 

Dos guerrilleros abatidos con José Pérez Moles
en un encuentro en la provincia de Granada

los años 1943-1952, Valentina Fernández Vargas, en *La resistencia interior en la España de Franco*, llegó a este cálculo: En Málaga el Maquis sufrió 186 muertos, 23 heridos y apresados, 87 presentados y 150 detenidos. Cometieron 82 ejecuciones, 141 secuestros, 28 sabotajes y 352 atracos. Encuentros con las fuerzas de orden sumaron 149. Enlaces detenidos: 2.103. La Guardia Civil sufrió 22 muertos y 14 heridos y el ejército 8 muertos y 9 heridos. Murió un policía.

En Granada, los guerrilleros sufrieron 155 muertos, 34 apresados, 72 presentados y 140 detenidos. Cometieron 73 ejecuciones, 188 secuestros, 34 sabotajes y 426 atracos. Ocurrieron 151 encuentros. Enlaces detenidos: 1.883. La Guardia Civil perdió 31 hombres y 47 fueron heridos. El ejército sufrió 7 muertos y 10 heridos. De la policía murieron cinco.

Limia Pérez, que conocía los hechos de primera mano, estimó que pasaron por la Agrupación de Roberto 340 hombres. Calculó que la cifra global de guerrilleros en España era 2.824, de quienes cayeron muertos o capturados 2.235. Atribuyó la variación en cifras a errores de cálculo y de información. En la etapa entre 1939 y 1945 había muchos huidos que no se incorporaron a la guerrilla y más tarde miles de enlaces fueron considerados "bandoleros" cuando no lo eran. El historiador Hartmut Heine llegó a conclusiones parecidas con respecto a las cifras (aunque calculó que hasta mil Guardias perdieron la vida).

A ciencia cierta muchos de los que cayeron acribillados no eran guerrilleros. El caso de los tres jóvenes de Frigiliana asesinados en La Loma de las Vacas es un ejemplo claro.

Lo que las cifras no pueden demostrar es el efecto humano de los años de guerra. No incluyen las personas desterradas, las familias rotas, las vidas destruídas. No se puede medir el dolor ni el miedo, ni el coraje de los que no abandonaron sus principios ni sus valores ante las presiones arrolladoras que invadieron su pueblo y amoldaron la vida de toda una generación.

El último guerrillero

EL 20 DE NOVIEMBRE DE 1975 murió el hombre que había gobernado España durante casí 40 años, El Caudillo, el Generalísimo Francisco Franco Bahamonde. Implacable hasta el último momento, uno de sus actos finales fue firmar la sentencia de muerte de cinco disidentes. Así que no es ninguna sorpresa que sus adversarios no querían salir de sus escondites, en el exilio o en algun lugar de la península, hasta que sabían por cierto que el viejo dictador había dejado este mundo para siempre.

Este fue el caso de Pablo Pérez Hidalgo (a la izquierda, en su juventud), natural de Bobadilla (Málaga), un jefe guerrillero que conocía a Roberto y su agrupación pero actuó principalmente en la Serranía de Ronda y las sierras de Cádiz. Pablo, apodo «Manolo el Rubio», era uno de los topos, enemigos del régimen que se habían escondido durante años porque sabían que o la carcel o la horca les esperaba si fueron detenidos. En 1969 Franco dictó una amnistía para los presuntos delitos cometidos por los republicanos, pero Manolo mantenía sus dudas aún después de la muerte del dictador. Seguía en su escondite en las sierras de Ronda. Hasta que una mañana, el 9 de diciembre de 1976, al despertarse se encontró rodeado por unos 20 Guardias Civiles.

Por fin el último guerrillero habia sido detenido – después de pasar 26 años escondido. Todo el mundo, todos menos una mujer, creía que había encontrado la muerte el 20 de diciembre de 1950 cuando los Civiles rodearon un cortijo en los montes de Benarrabá, cerca de Cortes de la Frontera, y acribillaron a todos los que dormían adentro, los seis últimos miembros de la Agrupación Fermín Galán.

Como los cuerpos quedaron disfigurados, llamaron a familiares para identificarlos. Llegó el padre de Pérez Hidalgo y fingió reconocer a su hijo. Así las fuerzas de orden cesaron en sus esfuerzos de localizar uno de los guerrilleros más buscados.

Pero aquella noche Manolo estaba durmiendo en otro sitio. Sabiendo que la consigna del gobierno era: «Ni heridos, ni prisioneros», que ya era imposible de seguir con la lucha armada y que no había manera de escapar a Marruecos, decidió esconderse en la sierra.

Así que llegó al cortijo El Cerro, cerca del pueblo de Genalguacil. Conocía a la dueña, Ana Trujillo Herrera, y sabía que no le denunciaría. Y allí se quedó, durmiendo en una choza, hasta el año 1976. No habría sobrevivido sin la ayuda de Ana «La Oveja», una mujer fuerte e indomable, que le cuidaba y traía la comida. Nadie más sabía de su existencia. Si la gente del pueblo sospechaba algo, nunca le delató. Entrevistado después de salir de su escondite, Manolo

La gente de la sierra

explicó como vivía tantos años sin contacto con nadie salvo Ana. Dijo que pasó muchos días sentado en una pila de corcho. No podía leer mucho porque le faltaban libros y periódicos. Escuchaba la radio de onda corta, las subversivas emisiones antifranquistas de Radio España Independiente, conocida como *La Pirenaica*. Una vez al año disfrutaba de un lujo: con sus prismáticos podía mirar la procesión de la Virgen pasando por las calles de Genalguacil.

"Sólo por la noche podía salir para estrechar las piernas," explicó Manolo. "Mi único lujo eran los cigarrillos. Pero tuve que esconder las colillas y tener mucho cuidado con el olor porque muchas veces una patrulla de los Civiles pasaba por aquí. Algunas veces se sentaron en la sombra muy cerca y yo en mi chabola a pocos metros casí sin respirar. Cuando mis perros ladraban, me ponía a temblar, ya que siempre pensaba que la Guardia Civil venía a detenerme."

El Rubio temía que, si alguien le viera, podría dar el chivatazo. Pero, cómo resultó, finalmente alguién en el pueblo se fijó en la cantidad de tabaco negro comprado por La Oveja y llamó la atención de la Guardia Civil. Y pronto llegaron para detener "el peligroso bandolero", uno de los últimos de los topos.

Pero ya había muerto El Caudillo y Manolo el Rubio pasó poco tiempo detenido. Benefició de un indulto y, finalmente, podía volver al pueblo y reunirse con todos los que creían que había muerto hace años, incluso un hijo que nunca había visto. Y, por fin, podía casarse con Ana.

Siempre negó que su grupo había matado a mucha gente. Era "una propaganda mala del Régimen Franquista. Era una campaña en contra nuestra con la que querían justificarse, para que cuando alguno de nosotros cayera prisionero que no tuviese salvación." Insistió: "Teníamos que luchar por nuestra supervivencia en aquellos momentos tan difíciles para nosotros. De entregarnos nada, puesto que entonces nos hubieran fusilado o nuestros huesos se hubieran podrido en la cárcel."

El viejo guerrillero murió el 4 de diciembre de 1992 y Ana un mes después. Hasta sus últimos momentos Manolo el Rubio insistió que, dadas las mismas circunstancias de su juventud, todavía estaría preparado para echarse al monte.

Manolo muestra su escondite

SEGUNDA PARTE

Así fue

Testimonios personales

'Había momentos cuando creía que había llegado mi momento. Yo estaba deseandito que me sacaran, porque ya los mandaban a José Antonio.'

Francisco Martín Triviño (Paco el Gordo), espartero, nacido en Frigiliana el 26 de octubre de 1906, el vecino más viejo del pueblo cuando murió el primero de abril de 2005.

Cuando entró Azaña en el mando, a todos los que había en la cárcel los echaron. Y fue cuando echó los Cristos a la calle. A la calle los echó a todos. Se llevaron los santos que había a quemarlos y los quemaron, la izquierda. Gente de otro sitio vinieron y querían pegarle fuego a la iglesia. Se dispuso de que la iglesia no se quemaba. Que si les estorbaban los santos que se los llevaran. Allí en la punta del pueblo, en la era del Bicho, los quemaron. Azaña estaba en el gobierno. Franco fue cuando se echó a la calle, se trajo media morería. Los moros era la cosa que tenía Franco, emplazados aquí en Cuatro Vientos. Eran los favoritos de Franco. Ahí no había nada más que moros.

A mí me recogieron durante el Movimiento en el 37 o por ahí, como era del partido de izquierdas, de los comunistas. Yo era concejal del Ayuntamiento. Había mucha gente que había huido cuando vinieron las tropas de Franco.

Yo era un miembro del Comité de Abastos. Y como el Comité de Abastos no hacía daño a nadie, nada más que buscar para comer, me recogieron. Me tuvieron aquí tres meses. Después hicieron una excursión y nos trajeron a Torrox y a Vélez. Luego despúes me pasaron a Málaga, y de Málaga a Sevilla.

En Torrox mataron a ocho de Frigiliana porque vinieron del Comité de Guerra. A esos los quitaron de en medio y a otros porque echaron los santos abajo, nada más. Miedo eso es cuando entró Franco, cuando se vio que no se podía hablar.

La gente de la sierra

Nada más que la ley. Impuso esa ley, que todo el que hubiera pertenecido a un sitio u otro, le recogían.
Había unos cuatro mil y pico en la cárcel en Málaga. Y todas las noches, a la hora de coger la mijilla que daban, a nombrar: 'Que se han llevado a 60 o 70 en el coche.' A otro día, lo mismo. Hasta quitarlos de en medio — para matarlos. Todas las noches. Se sabía, porque alguno, cuando pasaba la esa, alguno le pilló la bala nada más que en la mano y se vino otra vez a la cárcel. Y ya le hicieron el tiro de gracia. Cuando tú estás allí, ves: pon, pon, pon. Y ya por eso sabíamos que los que se llevaban estaban allí cerca. El cementerio estaba cerca. Que íbamos contando uno, dos, tres, cuatro...*
  Había momentos cuando creía que había llegado mi momento. Yo estaba deseandito que me sacaran, porque ya los mandaban a José Antonio. Los mandaban a este lado los que tenían poquilla condena. Porque ya se había vaciado todo. Fulano de tal, fulano de tal, fulano de tal...hasta 50. Ya decíamos nosotros: 'Ya nos ha tocado.' Y decía: 'No tened susto, traerse los petates, que vamos a trabajar.' Ya vimos otro alivio. Nos metieron a la salida de la cárcel y luego nos metieron en el tren. Hala, para Sevilla.
  En Sevilla yo estaba trabajando en un canal** por contratista allí. De Málaga nos llevaron 100. Primeramente un grupo de 50 y otro fue después. Tuve un sueldo, por cada hijo una peseta y dos por la mujer. Ya tenía familia aquí: mi mujer y tres niños. Cinco pesetas al día trabajando en un canal, cavando. Y otra cosa no había: nada más que pico y pala, pico y pala.
  La mano dura fue de Franco. Paco aquí en el pueblo no tenía españoles. No tenía nada más que moros. Él no se fiaba de los españoles, de ninguno. Cuando estaba trabajando en el caladero en Sevilla, a Franco lo llevaron allí un teniente

* *En la Prisión Provincial de Málaga, según la investigadora Encarnación Barranquero, "Los momentos más angustiosos para todos tenían lugar cuando llamaban a los que iban a ejecutar. Hubo personas que se suicidaron o lo intentaron al no poder soportar, un día tras otro, la duda de ser llamados." Antonio Nadal cita la cifra de 1.884 presos ejecutados (fusilados y a garrote) en Málaga entre febrero y diciembre de 1937. Otros hablan de más de 2.400. Más de 4.000 personas ejecutados en la Guerra Civil fueron enterrados en el cementerio de San Rafael. Existen docenas de fosas comunes en los pueblos de Andalucía y varias organizaciones siguen pidiendo la exhumación y la identificación de los muertos.*
****El Canal del Bajo Guadalquivir fue llamado 'El canal de los presos'. Miles de reclusos trabajaron durante años en la construcción de un canal de 158 kilómetros de longitud que transformó en regadío 80.000 hectáreas de secano del bajo Guadalquivir. Ellos formaban parte de las muchas colonias penitenciarias militarizadas empleadas en obras públicas después de la Guerra Civil.*

La gente de la sierra

coronel y allí ascendió a general. Lo llevó a donde yo estaba. Que estábamos todos metidos en el canal. Lo vi en una cuestecilla. Y nosotros allí metidos en el canal, en lo hondo. Allí fue la primera vez que yo vi a Franco. Tenía las patillas muy cortas. Lo que se formó allí por este lado del canal y por el otro lado del canal como para que pase. Pero allí no estuvo nada más que segundos. Ya seguimos nosotros.

Allí lo que pasaba, como eran todos presos, unos hacián más y otros hacían menos. Pero se hacía. En un campamento allí estábamos. Había una barbaridad, 100 de Málaga, pero allí se juntaron mil y pico. Ya de todos lados, de la parte del norte, de este lado, del otro. Allí fueron los que no tenían condena ninguna. Que eran de seis años para abajo. Cuando vino aquella ley, les daban la salida.

Pasaron 52 meses así. Yo estuve del 37 hasta el 41. En el 41 me echaron. Cuando me recogieron a mí, tenía yo una chiquilla que tenía ocho días. Y cuando vine tenía cuatro años. Al año de estar yo aquí de vuelta se murió mi mujer. Yo ya no tenía ganas de venir aquí. Porque yo estaba allí muy a gustito. Se comía. Y cuando llegabamos (de la cárcel) aquello era una gloria. Estábamos allí apañando un desagüe, que pasaba por debajo del canal, terminándolo. Me daban de comer. Me nombraron a mí y a otro los encargados del coche con la comida.

Yo ya no tenía ganas de venirme, créelo. Porque yo decía: '¿Y yo a dónde voy? ¿A ver los enemigos míos? ¿Para que me maten los enemigos?' Y siguieron los enemigos. Ya ves tú que no podían hacer nada, pero... Después de yo venir, cobré dos meses del contratista aquel. Cuando volví al pueblo, vivía del trabajo de campo y la sierra. Yo, me gustaba la sierra más. En vez de estar en el campo, que tenía que estar desde por la mañana a la noche, yo iba a la sierra, y para las 10 o las 11 yo estaba ya aquí en mi casa. Porque yo he estado aquí trabajando el esparto mucho tiempo, para hacer serones, para hacer espuertas como había muchas bestias.

Aquí había dos coches que los tenía la Compañía. Ahora en cada casa hay un coche o dos, pues entonces había bestias lo mismo, de borricos y mulos. Todos los días salir a la sierra. Siempre por la mañana, a las cuatro, las cinco o a las seis, según el trabajo que iba a hacer. Unos iban por esparto. El otro iba a por troncones. El otro iba a por leña. Cada uno tiraba... Entonces es cuando yo trabajaba aquí, por leña, para venderla por la calle. A peseta a peseta. Luego ya, después, la acotaron y ya no se podía ir a la sierra. Se acabó.

La época más dura (vino) con Franco cuando ya puso todo racionado. El "traspelo" (estraperlo), puso el "traspelo". Ya no faltaba el pan, porque yo iba todos los días a por un saco de pan. Habiendo pan, pues había comida. Llegaba de Játar (en la provincia de Granada) y traía un saco de pan. Hoy subo, mañana bajo. Hoy subo, mañana bajo. Y así estuve dos años.

En aquellos años, años 40, todavía había los arrieros, que llevaron pescado a Granada desde aquí. Ellos iban a por pescado hoy, por la mañana, cuando

La gente de la sierra

sacaban el pescado, seguían para arriba, para Granada. Luego ya también se quitó eso. Porque ya había cochecillos, y el cochecillo llevaba más cantidad y ya se quitaron las bestias también. Un tiempo muy malo, muy mísero.

Hace poco que los quitaron a la gente de la sierra. Entonces fue cuando yo me quité de subir y bajar. Porque yo estaba fichado, y digo: 'Los Civiles me van a recoger por aquí, por estos ríos, y me van a dejar aquí.' Y ya me quité. Entonces ya estaba la gente de la sierra y estaban los Civiles. Había muchos, un rodar de Civiles más grande que Dios. Esto estaba en guerra siempre. Esto estuvo Frigiliana. Por ahí le preguntaba: '¿Tú de dónde eres?' 'Yo, de Frigiliana.' '¡Uh! ¡De Frigiliana! ¡Ese es el sitio más malo de todos!'

Como esto estaba siempre en guerra, no había más que moros y Civiles. Pues, como la sierra estaba aquí muy cerquita, todo el que temía de que podía morir se quedaba en la sierra. Cuando se acabó la guerra, ya temía de que le iban a recoger y se quedaba en la sierra.

Había una finca donde paraba la gente de la sierra. El dueño era de los que estaba llevando la comida a la gente de la sierra. Como tenía bestias y tenía campo, en un cerón lo llenaba de comida y luego le echaba una mijilla de estiércol encima, a ver quién se iba a meter con él. Allí dijeron que se habían llevado al hijo, para hacerle daño. Se lo llevaron pero luego hicieron el papel de que se lo habían secuestrado. Lo subieron por ahí para arriba. Le pidieron la cantidad de dinero al padre y él decía que no lo tenía, y uno le daba esto, otro le daba lo otro, hasta reunir el dinero de él para llevárselo a la gente de la sierra. Cuando lo llevaron, lo recogieron y fue cuando lo echaron. Y así lo pusieron. Dispusieron eso. Cogieron al secuestrado, y luego, a los dos o tres días de venir el hijo, compró un cortijo. ¿De dónde vino el dinero? De la gente de la sierra, de dónde iba a ser? Un tiempo que fue atravesado.

Yo no temía a los de la sierra. Yo temía a los Civiles. Yo iba a la sierra, hasta salía yo en busca de ellos. Pero no se presentaban. Estaban escondidos y al que no querían no se presentaban. A mi segunda mujer, Rosario la Caída, le quitaron (los Civiles) el marido, se lo llevaron y en lo alto del Puerto lo mataron. Se quedó ella con cuatro niños, y el mayor tenía 14 o 15 años o quizás menos. A un hermano de Rosario (Antonio García Martín), ahí en La Loma de las Vacas lo mataron porque tenía gente en la sierra. Los mataron a tres chiquillos porque los padres estaban en la sierra.

Rosario, que vino a mi casa en el 55, también tenía un hermano, Zumbo, en la sierra y se salvó. Lo echaron por Barcelona. Digo, se presentó aquí, lo llevaron para Barcelona y allí ha muerto también. En Barcelona hay una pila de aquí del pueblo. Yo nunca he querido ir a Barcelona. Yo estuve allí pero me fui por la familia. Allí tengo yo entre nietos y todos, una pila.

Ahí en los Peñones, había dos o tres familias, y todos se tenían que venir al pueblo cada noche. Pero con sol, que no era que venían de noche ni nada.

La gente de la sierra

Estando aquí en el pueblo ya era otra cosa. Con todo, no querían que a las 12 de la noche nunca hubiera ninguno en la calle. Ya tenían que estar todos acostados. ¡Qué mala leche tenían! Yo de mi parte no los quiero a ninguno de los Civiles.

Aquí había uno, que le decían el Puebla, que me pegó una paliza, sin saber lo que yo era. 'Venga declarar. Y declarar, y declarar.' Ya tuve que decirle: 'Dime lo que quieres y ya te diré sí o no. Tú me dices a mí qué quieres que te diga.' Yo no sé lo llegué a decir, pero ya el hijo puta dejó de pegarme. Me dijo: '¿Tú sabes quién yo soy? ¿Tú te has enterado quién yo soy? ¿Por qué a ti te han dicho que yo soy malo, no? ¿Ah, por qué soy malo? Entérate primero en el pueblo. Sois todos muy buenos, sois todos muy buenos.'

¿Tú sabes qué remate tuvo ese? Meterse un tiro aquí y desmontarse los sesos. Porque como no hacía ninguna cosa buena, aquí también se tiraba en busca de las mujeres. Lo llevó a Málaga, llegó a cobrar la paga de los Civiles y se la gastó con ella. En Nerja se mató él. Porque se gastó la paga de los Civiles con la mujer que quería. Y luego no pilló nada. Digo, muy bien matado que está. Un bicho malo. Aquel no se dedicaba nada más que a pegar.

Vicente, que se presentó, estaba con la gente de la sierra y llevaba la organización, porque era un jefe, jefe de las izquierdas, jefe de las derechas. Estaba con ellos y luego venía e iba a por los Civiles. Cuando iba con los Civiles iba vestido de Civil. Que sabía nadie qué era. Luego llegó a matar hasta a dos hermanos que estaban también ahí en la sierra. Los mató la Guardia Civil, pero acusados de él. De modo que iba con aquel partido y con éste y ése fue el que acabó la gente de la sierra. Si se paraban en cualquier sitio, iban los Civiles en busca de ellos, porque él los llevaba.

En El Chorruelo vivía la mujer de Vicente y se comunicaban. Él se metía ahí por la huerta, venía a la casa de enfrente. Llegaba y ya se declaró él. Fue la mujer y estuvo hablando con los Civiles, que si se entrega que no le pasa nada. Ya fue cuando formó eso. A la mujer le dieron el sí. La mujer es la que iba y venía. Le dieron paso, vamos, que aquello era para quitarlo de en medio de momento. Pero como le dieron paso, Vicente fue el que estaba con la gente de la sierra y luego se venía con los Civiles.

La gente de la sierra lo dejaban en cualquier sitio y luego va con los Civiles en busca de ellos. En lo alto, donde está el Pedregal, ahí mismo cogieron a unos pocos. Un negocio que hacía bueno. Ese fue el que hizo más daño de todos. A una mujer le mató un hijo Vicente. Se lo colgó. Le hicieron polvo. Una cosa mala fue aquello. Que si lo coje ahí, se lo traga. Tragado. Pero estaba en el cuartel. En el cuartel no podían hacerle nada.

Después de la muerte de Franco me pagaron una indemnización. Me dieron un millón de pesetas. Ajustaron las cuentas del tiempo que estuve preso. Ganando un duro de jornal, era casi el jornal.

'La democracia tiene que tener autoridad y respeto para las personas honradas. La doctrina de los derechos humanos la están gozando y disfrutando los malhechores y la estamos sufriendo las personas honradas.'

Federico de la Torre Núñez, nacido el día 10 de julio de 1935. Ex-alcalde, maestro jubilado, director de la Compañía de la Torre.

El primero de la familia de la Torre que aparece asentado en los libros de la iglesia es mi once antepasado, 11 generaciones para atrás. En el 1640 y tantos aparece en la iglesia la defunción de Pedro de la Torre. En el año 1640, cuando el municipio de Frigiliana se funda, Pedro de la Torre aparece como primer alcalde de Frigiliana. Así es que posiblemente hay otras dos generaciones más por delante. O sea, que yo ya debo ser la trece generación aquí.

Por lo tanto, los primeros de la Torre aquí vienen cuando se repuebla esto después de la expulsión de los moriscos. El señor de Frigiliana le dan el título de "conde", por haber contribuido con medios económicos a la derrota y expulsión de los moriscos. Trae colonos de fuera y ahí vino el primer de la Torre entre los primeros fundadores, que me parece son 44.

El Conde de Frigiliana de apellido era Manrique de Lara y ahora vive todavía un conde en Morón de la Frontera. Por herencia entre las casas nobles los terrenos de Frigiliana pasan a los Duques de Fernán Núñez. Luego, en el año 1929, la familia de la Torre compró la sierra y el Ingenio de los Duques de Fernán Núñez.

La que creó el título de Conde de Frigiliana es Doña Juana la Loca. Pero fue Felipe II, nieto de Doña Juana la Loca, que en el año 1580, cuando la expulsión de los moriscos, le da al señor de Frigiliana el título. Y es cuando se empieza a edificar este edificio, El Ingenio, como palacio de los condes. Antes los condes

La gente de la sierra

tenían aquí una casa solariega que todavía le llamamos "la revuelta del palacio". En el año 1929 la familia de la Torre compró por 138.000 pesetas la sierra, el Ingenio, el cuartel de la Guardia Civil y desde el cementerio para abajo. El cuartel es nuestro. Se formó la compañía de la Torre, que se dedica a la miel de caña más que nada y algunas construcciones. Ahora soy el que lleva todo esto.

Mi bisabuelo empezó a fabricar la miel de caña hacia el 1840. Antes había habido más fabriquillas por aquí. La misma gente del Conde, desde 100 años antes la hacía, pero parece ser que los moros también la fabricaban aquí.

Eso de "los ricos" y "los pobres" es un concepto relativo. Aquí, el que no tenía nada o tenía muy poco se consideraba pobre. Y el que tenía algo le decía la gente "los ricos". Pero un rico de Frigiliana en Vélez-Málaga no era nada. O sea, que esos son conceptos relativos y además muy localistas.

Es verdad que, en comparación con los demás, teníamos mucho. Una finca muy grande de 2.500 hectáreas y este edificio muy grande. Teníamos serrerías de madera, teníamos camiones, teníamos la fábrica de miel. Pero también es verdad que éramos muchos. Lo que pasa es que estábamos juntos. Un padre se moría o se ponía viejo y lo que tenía lo repartía. Pero nosotros estábamos siempre juntos aquí. Ahora somos los 37 socios de la Compañía, casi todos en Málaga.

La sierra era propiedad de la Torre y entonces aquí se compraba el esparto, las tomillas. Con las tomillas venían aquí unas gentes y ponían ahí una caldera y hacían aceite de tomilla, que eso, por lo visto es para fines medicinales y también para hacer potingues esos que utilizan las señoras para la cosmética.

Y luego la madera. La sierra producía muchísima madera, y entonces aquí se hacían todos los años alrededor de 300.000 cajas para las pasas. Aquí se aserraban, y después cuando llegaba el verano se vendían aquí mismo, en Torrox, en Cómpeta, en Sayalonga, en todos esos sitios se vendían muchos miles de cajas. Y también a la sierra iban gentes a por leña para sus casas. Porque entonces ni teníamos butano ni nada de eso. Se guisaba con leña.

La luz eléctrica está en Frigiliana desde finales del siglo 19. Se hacía con saltos de agua. Que todavía tenemos seis fabriquillas, tres en el río Torrox y tres en el Río Chíllar, ya abandonadas.

El principal cultivo de aquí era la caña. Nosotros no podíamos consumir toda la caña que se producía en Frigiliana porque no vendíamos miel nada más que una parte. Y entonces se molía para hacer el cupo que se necesitaba para el año. El resto de la caña, sobre todo de La Molineta para abajo, esa se llevaba a Nerja a la fábrica de la casa de Larios. Larios admitía todas. Nosotros ya llevamos unos 20 años que no molemos. Elaboramos la miel con el jugo importado.

En aquellos años, los productos como por ejemplo la patata, el boniato se consumía mucho. Eran los principales frutos que se ponían. Sobre todo el boniato, más que para el consumo local, era para llevarlo a Madrid y a Barcelona y

La gente de la sierra

a Valencia y a los grandes centros. Ya en los años 50, se empezó a despegar un poco económicamente. Hasta que no se firma el tratado con los americanos y España es admitida en la ONU, con nosotros eran muy pocos los países que negociaban. Y aunque ya no teníamos tantos problemas como antes, todavía había mucha carestía. Es la única época que dicen los más ancianos que se ha conocido que el campo haya tenido un poco de esplendor. Había mucha demanda de productos de boca.

Mis primeros recuerdos están en el año 41 o en el año 42. Entonces en Frigiliana no había nada más que tres o cuatro aparatos de radio. Había uno en el Casino, otro en casa de mi tío Federico, y otro de Don Víctor. Y en el Casino sobre todo, a la hora de los partes acudían muchísima gente porque era plena guerra mundial.

Yo empecé a ir a la escuela en el año 1941 y entonces había muchísima falta de todo. Los niños iban a la escuela con ropa muy recosida, con muchas piezas, y había piojos en las escuelas. Yo cuando venía de la escuela llegaba a mi casa y mi madre me "expulgaba" que se llamaba. Me miraba la cabeza y la ropa y todo eso a ver si traía piojos.

Había muchísima gente que pedía limosna. Aquí estaba la propiedad mucho más repartida que en Nerja y en Nerja había mucha gente que nada más que vivían del mar y, como había tan poco dinero, pues la gente el pescado casi no lo compraban o lo compraban a un precio muy barato. Se buscaban más los alimentos básicos. Sobre todo la harina, para hacer migas, y el pan. Y aquí en Frigiliana como esto estaba muy repartido, casi todo el mundo tenía un poquillo de campo, pues se sembraban cosas para guardarlas para comer todo el año.

En Frigiliana no había tanto personas que pedían como subían de Nerja, pero también había en Frigiliana algunas personas que pedían. Y sobre todo, de una forma quizás más discreta. Las familias más humildes, pues iban a casa de los que tenían algo de noche. La gente no pedía dinero. La gente pedía más bien algo en materia, como sintiendo vergüenza de aquello que tenían que hacer, prometiendo, claro, que luego pagaban. Eran gentes que tenían las familias grandes, y les faltaba aceite, les faltaban harina, papas. Era gente que no estaba acostumbrada a hacer esas cosas.

Y luego, para complicarse más la cosa, en el año 47 los franceses empiezan a meter por la frontera a cierta gente del ejército republicano que forman aquí lo que se llama la Guerrilla Antifranquista o los Maquis, a imitación de la Resistencia francesa. Porque esa palabra, Maquis, es una palabra francesa de la Resistencia en Francia. Pero en realidad aquellos guerrilleros que había aquí en la sierra nuestra, su comportamiento era más de bandido que de guerrillero, por la forma de actuar y aquellas venganzas.

Había aquí familias que amenazaban a la gente: 'Como no hagas esto o no hagas lo otro, se lo voy a decir a mi fulano que está allí de guerrillero en la

La gente de la sierra

sierra.' O sea, que aquello fue un sistema de venganzas y de pasar facturas por hechos anteriores. La Guardia Civil, la verdad es que en varias ocasiones tampoco tuvo un comportamiento muy brillante. Porque hubo casos muy feos como aquellos tres muchachos que mataron en La Loma de las Vacas. Como un cabo de la Guardia Civil que hubo aquí que mató a un padre y a un hijo, que el hijo era mudo, teniendo 14 o 15 años. O sea, que en la Guardia Civil también había gente que no era digna de estar en la Guardia Civil. Y se aprovecharon.

Toda la gente indigna aprovecha esos momentos para tener unos comportamientos anti-civilizados y anti-humanos y anti todo. A todo el que no es digno se le ve el plumero cuando llega una ocasión de río revuelto. En un sistema que él cree de impunidad, manifestar su animalidad.

¿Por qué tantos hombres de aquí se fueron a la sierra? Yo creo que aunque aquello fue un fenómeno general en casi toda España, en estos sistemas de sierra dura pues era donde mejor se defendían. Y como es natural, era donde tenían más clientes, donde tenían más actuaciones.

Algunos sí se fueron por miedo de la Guardia Civil, algunos sí. Pero otros se fueron porque les gustaba aquello. La gente más joven ante los actos de barbarie que cometían aquellas gentes, que ellos los tomaban como hazañas, pues sentían cierta admiración e iban. La gente joven va a esos sitios equivocadamente a buscar la gloria. En la época del imperio español la gente buscaba la gloria en América y en esa época la buscaba en la sierra.

Yo creo que la mayoría no estaban muy seguras de adónde iba. Hombre, luego allí los adoctrinaban. Porque yo sé que en varias ocasiones, en los campamentos que ellos tenían, la Guardia Civil cogió enciclopedias y libros y se veía que alguien había allí que los adoctrinaba. Yo sé que por aquí había un francés que era especialista en guerras de guerrillas, que posiblemente procedería de la Resistencia francesa, que fue el que les organizó los campamentos. Ese hombre funcionaba como segundo de Roberto, pero estaba más preparado que Roberto.

El pueblo vivía muy mal, muy mal. Cuando aquello empezó, tenía yo 11 años. Y cuando terminó tenía 18. Y con esa edad percibe uno ya las cosas con claridad. La gente tenía mucho miedo, más que en la guerra. Porque en la guerra había dos zonas. En una estaban los Republicanos y en otra estaban los Nacionales y los combates se celebraban donde se celebraban, pues la zona se extendía o se achicaba, y la gente huía para un lado o para otro.

Pero aquí, la gente vivía entre dos fuegos. La gente que tenía que salir todos los días al campo, le salían los guerrilleros y les decían: 'Tráeme comida. O tráeme alpargatas. O tráeme lo que sea.' Si no se lo llevaban, lo mataban. Y si la Guardia Civil se enteraba que se lo había llevado, hacía lo mismo, apaleado o cuando eran dos o tres veces seguidas los quitaban de en medio sin apalear.

Aquello era horroroso. Uno de los incidentes peores fue cuando la gente de la sierra mató a dos cabreros en la Cruz de Napoleón en el Río Higuerón. La

La gente de la sierra

gente decía por chivato, posiblemente porque aquella gente le comunicaba algo a la Guardia Civil. Eso no lo tengo yo muy claro. Pero cuando hay que matar a una persona, pues se mata. Pero no hay por qué ensañarse con un muerto, ¿verdad? Pues con aquellos se ensañaron. Hasta les cortaron los testículos y los colgaron en una rama, por lo menos así lo he oído yo. Yo no lo vi. Pero aquello fue brutal.

Lo mismo que cuando mataron a aquellos tres muchachillos ahí en La Loma de las Vacas la Guardia Civil, también fue brutal. Ahora, hubo una diferencia: que no se ensañaron con ellos. Le dieron a cada uno un tiro en la cabeza y ahí acabó la historia. No deja de ser una brutalidad, pero encima ensañarse con un cadáver, eso ya se pasa de castaño a oscuro.

La aldea de El Acebuchal está en medio de la sierra, un sitio muy bajo y difícil de vigilar. La gente no tenían protección contra la gente de la sierra y tenían a la fuerza que convertirse en sus amigos. Ahí la gente de la sierra iba y venía como le daba la gana. La Guardia Civil les obligó salir a los vecinos. Fue un acto un poco salido de tiesto porque a unas 60 familias se les dice: 'Venga, en dos meses aquí no puede haber nadie.' Hay quien tiene dinero y compra una casa en Frigiliana, en Torrox, en Cómpeta. Pero hay quien no tiene nada. Y tuvieron que irse y algunos pobres no tenían ni dónde meterse a vivir. La mitad de aquella gente, para adaptarse a la nueva vida, pues la verdad es que sufrieron un trauma muy grande.

La Guardia Civil tenía cierta razón porque sabía que allí la gente de la sierra tenía un centro de abastecimiento. Pero que la Guardia Civil o los jefes tenían que haberse dado cuenta del sitio en que aquella gente vivía. Estaban entre los dos fuegos. Como el titiritero que va andando por el alambre, tenían que estar haciendo equilibrios.

Se dio el caso de que muchísimas personas, hombres que habían estado en la guerra en el lado de Franco, en aquel tiempo les llevaron comida a la gente de la sierra. Se fue mucha gente a América, a Argentina y a Brasil en los años 50, cuando la guerrilla estaba ya casi vencida y empezaron a entregarse. Los bandidos aquellos empezaron a hablar y a decir: 'Pues fulano nos llevaba esto y fulano lo otro.' Con algunos la Guardia Civil tuvo cierta consideración y les permitió que se fueran. Otros los encarcelaron y otros... pasó de todo, ¿no?

Emigró mucha gente, incluso por miedo a la gente de la sierra porque se vieron comprometidos y luego se enteró la Guardia Civil. Ellos ya dijeron lo que sabían y entonces la gente de la sierra los perseguía y se fueron. Que yo recuerde, 25 o 30 familias se fueron de Frigiliana a América.

Entre Barcelona y Madrid y Bilbao salieron de aquí un par de cientos de familias pero ya no le podemos echar la culpa al sistema de la gente de la sierra. Porque fue cuando ya España empieza a despegar económicamente y empieza por las zonas esas que tenían un poco de infraestructura industrial. Y entonces

La gente de la sierra

la gente se va allí a buscar una vida mejor que la de aquí, a irse del campo para irse a la industria donde se gana algo más. El fenómeno de emigración a América en aquellos años yo creo que se debió a la gente de la sierra. La emigración a Barcelona y Madrid y a Bilbao, aunque hubiera alguno que se quitara de en medio por no tener problemas con la Guardia Civil o con la justicia, la mayoría fue buscando mejor vida.

Aquí empezó a cambiar la vida a partir del 54 o del 55. Hasta el 62 o el 63 ya fue una mejora acelerada. Era cuando ya los países europeos y los Estados Unidos deciden ayudarle a España. Yo estuve de alcalde de la Transición, desde el 69 hasta el 78. Los alcaldes entonces los nombraba el Ministro de la Gobernación, pero a propuesta del Gobernador Civil de la provincia. Normalmente al Gobernador Civil le proponían dos o tres personas como alcalde de un pueblo. Y luego el Gobernador Civil pedía informes, principalmente a la Guardia Civil y hasta al cura.

Los curas entonces tenían mucha importancia en España. Luego fue cambiando la cosa. La mayoría se pusieron en contra del franquismo, lo que se llamaron los "curas progres". Pero eso ya fue a partir del 73 o por ahí cuando empezaron los curas a manifestarse públicamente y a predicar y a hacer cosas de esas. Pero hasta entonces, hasta el 73 fueron los principales aliados de Franco.

Entonces yo era buen católico, pero a partir de que los curas empezaron a tirar pares de coces, pues yo ya dejé de ser católico. Yo creo en Dios. Yo soy un profundo creyente. Pero no creo en las cartas sacerdotales de ninguna religión. De ninguna. Tan dañinos y tan nocivos son los clérigos católicos como los musulmanes, como los budistas. Son unos señores acomodaticios, hipócritas, y amantes del poder y de todo...

La democracia tiene que tener autoridad y respeto para las personas honradas. La doctrina de los derechos humanos la están gozando y disfrutando los malhechores y la estamos sufriendo las personas honradas.

Los últimos años de Franco, que ya ni la Guardia Civil pegaba, ni la policía se metía con la gente honrada ni nada, para mí fueron mejores que éstos. Los años primeros había mucha violencia. Las cosas hay que reconocerlas como fueron. Y el que diga mentiras, pues no se está haciendo un favor ni a sí mismo ni a nadie. Y la Guardia Civil le pegaba a quien le daba la gana. Y llegaba un cabillo de tres pesetas y se hacía el amo del pueblo a torta limpia. Donde había un cabo que era una persona decente, el pueblo era distinto. Pero donde había un cabillo chulillo y mala persona, aquello se convertía en una porquería.

Pero los últimos años de Franco, a partir del 65 para adelante o por ahí, la Guardia Civil no se metía nada más que con los delincuentes y con quien tenía que meterse.

'La universidad éramos nosotros. El bachiller superior, que era muy duro, eran seis años de bachiller, lo hacían aquí todos ellos. Entonces había muy poca gente que podía pagar para ir a la escuela en Málaga.'

Amparo Guerrero Rivas, maestra veterana de escuela en Frigiliana, nacida en 1906 en Algarrobo (Málaga). Murió el 21 de julio de 2003 en Frigiliana. Una plaza del pueblo lleva su nombre.

En Málaga estudié la carrera en un colegio de religiosas y luego ya me nombraron maestra de Arenas en Granada en interina. No tenía edad de tener escuela todavía porque acabé joven. Y luego ya me dieron otro pueblo, que fue en Fuensanta de Martos (Jaén), que estuve otro curso. Ya tenía una puntuación muy alta y me mandaron a la provincia de Málaga y ya fue éste el pueblo. Mi marido, Enrique Ginés Matas, pidió aquí por derecho de consorte. En el mismo año, 1931, estamos los dos aquí, casados, y mi hija Carmen con tres meses. Pasé 45 años seguidos enseñando en Frigiliana.

Entonces era un pueblo muy apartado del mundanal ruido, porque la comunicación era muy mala. Tan mala que hacían la comunicación a Nerja o andando o en caballería si la persona estaba mala. Iban las mujeres a Nerja, compraban para vender aquí luego. No había tiendas en Frigiliana entonces. No había autobús.

Las tierras producían nada más que caña de azúcar. Vivían de la caña de azúcar y de la leña de la sierra, y el tomillo. Sacaban mucho aceite de tomillo. Con agua del río, donde tenían las calderas, quemaban el tomillo y luego sacaban el aceite. Esa era una vida muy sencilla, muy tradicional, muy de familia, muy incomunicada. En la carretera, un carril, se podía subir de Nerja hasta el Ingenio donde compraba el tomillo, compraba la caña y compraba todo. Y luego, esos mismos labradores recibían el dinero en miel, y la miel la llevaban por los

La gente de la sierra

pueblos a repartirla. No había coches, nada más que la camioneta de la fábrica, que tenían sus empleados para comunicarles con Málaga. Los que querían ir a Málaga tenían que ir a Nerja, y salía un coche por la mañana de Nerja. En los años 30, desde Nerja a Málaga eran coches de caballerías. Se tardarían cinco o seis horas en llegar.

Si alguien caía enfermo, traían al médico de Nerja. Y si alguno había que llevárselo, pues los llevarían en bestias hasta Nerja. En Málaga había el hospital. Aquí en la Axarquía no había nada, ni ambulatorio en Nerja. Un particular tenía un Ford, un cochecillo. Era uno de los dueños de la fábrica de miel. Era muy caritativo. Vamos a llamarle, y lo ponía a disposición del enfermo que necesitaba ir a Málaga. Más tarde había otra camioneta y la del Ingenio.

Empezó Mariano con su coche en el año 37. Si quería ir a Málaga, se tenía que avisar con tiempo para reunir personal para aprovechar el viaje. De tal forma que si cabían diez, íbamos 20, encorvados, sentados unos encima de otros, y en los guardabarros también iban por fuera cogidos. Los que podían engancharse, ya en esta carretera, porque por la general no podían, pero por la carretera esta ya se enganchaban. Y se veía salir el humo. Quemaba la leña. La carretera era de piedra hasta Nerja. Por la costa era asfalto ya. E íbamos sentados unos encima de otros.

Había nada más que dos escuelas, una de cada sexo. La población aquí era de unos dos mil y pico habitantes y tenía yo en mi registro de la escuela 130 niñas, para una maestra sola. Yo los ponía en grupos. El salón muy hermoso, porque eso fue hecho por los Condes de Fernán Núñez, que eran los propietarios de todas estas sierras y del Ingenio y de todo eso. Cuando se cayeron las escuelas en los terremotos en el 1884, los condes construyeron las dos, una que era la que yo tenía y otra la de mi marido.

A los chicos a veces me ayudaban las grandes a darles de leer, la lectura y escritura simultánea. Una escribe en la pizarra grande y así se hacía la lectura y la escritura, sentada. De Málaga mandaba el Estado los libros, pero muy pocos. El 36, se crearon dos escuelas más y se repartió la matrícula en dos. Los menores, los que menos sabían para un maestro y los que más sabían para el otro. Hasta llegar a los 14 años.

Había muchos matriculados, pero asistencia poca. Las niñas sí venían más. Niños, un poquito más baja la matrícula porque los utilizaban los padres para que les ayudaran a llevar la cabrilla, a guardar el cerdo, y a buscar hierbas para las vacas, estiércol de los caminos, todo. Y el maestro tenía que batallar para que no le faltaran. Pero los padres no hacían caso.

Si a alguno le quedaba alguna asignatura, tenía que ir de madrugada a Nerja andando, en septiembre. Porque coger un coche para ellos no era asequible ni se ponía a personas solas. El viaje había que pedirlo como con un médico, con anticipación. Mi marido iba andando también con los alumnos hasta Nerja por no

La gente de la sierra

dejar a los niños solos, para abrigarlos, para darles protección, para reanimarlos. Iba con ellos y aquí hacían su carrera por libre. Con mi marido, muchísimas carreras que pasó porque los padres no podían sostenerlos en la capital en ningún centro de colegio ni nada. Y él tenía preparación suficiente para prepararlos.

La universidad éramos nosotros. El bachillerato superior, que era muy duro, eran seis años de bachiller, lo hacían aquí todos ellos. Entonces había muy poca gente que podía pagar para ir a la escuela en Málaga. No sabes cuántas niñas he tenido yo que sabían mucho y se les facilitaba todo, hasta les sacábamos las matrículas, y las pagábamos nosotros. Como maestros empezamos con un sueldo de mil pesetas al año. Luego ya nos subieron un poquito, a 4.000 pesetas al año.

Antes de la Guerra Civil y antes de empezar el Movimiento, ya se puso la situación más tirante. Ya había bombas en los centros religiosos. A los sacerdotes que si iban por la calle les insultaban, todavía sin estallar la guerra. Aquí teníamos sacerdote muy bueno. No le cogió el Movimiento aquí. Le cogió en el seminario haciendo unos cursos. Al empezar la escuela obligaron a quitar los crucifijos de las escuelas y quemaron los santos de la iglesia. La iglesia la convirtieron en una tienda y en un mercado. Mataban a los animales y allí tendían la carne.

Mucho después vinieron los grupos de los Maquis. La vida era difícil. Ya estaban gobernando las fuerzas. Claro, los Maquis necesitaban comida y dinero y muchos de aquí eran conocidos. Fueron a la sierra porque habían sido más activistas durante los años de guerra.

En la escuela continuó igual. Conmigo no tomaron represalias de ninguna clase a pesar de mi carácter. Se había manifestado de antes de que una no sentía ni de comunismo ni de nada de eso. Era más bien religiosa. Pasados los 40, ya empezaron a venir coches y a vivir muy bien. Se igualó mucho las clases. En la época de Franco se vivió muy bien.

En reconocimiento de su labor durante más de 35 años, a mi marido Enrique el Ayuntamiento le nombró hijo adoptivo de Frigiliana y designado con su nombre una de las calles. Yo estaba enseñando en la escuela hasta el año 76 y me jubilé a los 70 años. Entonces, me concedieron la cruz de Alfonso X El Sabio. La cruz la tengo al fondo del ropero, la grande, porque me concedieron la cruz con un lazo de Alfonso X El Sabio, pero ya las alumnas y todos me compraron la insignia, que le pusieron el historial.

'Yo iba con ellos camino a la sierra. Cuando ya íbamos para el cortijo de Pepe Herrero, entonces me tiré al suelo porque yo dije: 'Matarme aquí mismo porque mi padre no tiene dinero'.'

Ángel Sánchez García (Ángel de Bernardo), campesino, nacido en Frigiliana el tres de marzo de 1928, secuestrado por el Maquis. Murió en abril de 2008.

En un tiempo un vecino mío en el campo me dijo: 'Ángel, mira, tú eres muy nuevo. Tú lo tienes que ver. Yo me voy a morir. Tiene que venir una guerra muy grande, para matarse unos a otros, una guerra civil. Y luego después de la guerra civil tiene que venir una guerrilla. Que se tiene que matar un hermano a otro. Que eso ya tú lo verás.' Y eso es verdad. Por la guerrilla he pasado yo. Me lo dijo y así ha pasado. Era un hombre muy viejo. Yo era un chiquillo de 10 u 11 añillos cuando eso. Y lo sabía sí. Leía mucho, no sé, y me lo dijo. Siempre me he acordado yo de eso.

En el 47, el día 27 de febrero, estuvimos Sebastián Navas y yo en el Cortijo de La Morea en La Loma de las Vacas, cerca del pueblo. Yo tenía 18 años. Estábamos cargando un mulo de hierba en la puerta, cuando entraron la gente de la sierra sobre las cuatro y media o las cinco de la tarde y dijeron: 'Venga, al cortijo.' Nos metieron en el cortijo y me dijeron: 'Veremos que le vamos a echar a tu padre una multa.'

Reconocí a Vicente el Artabú, por apodo le dicen a los hermanos "el Artabú", y uno que le llaman el Lomas, que era de El Acebuchal. Los otros eran forasteros. Uno de Torrox llevaba una metralleta rusa, de estas que son de hierro, y los demás, pistolas.

Y ya estuvimos allí hablando, y yo empecé a decirles que nosotros no teníamos dinero, que nosotros éramos pobres. Ellos ya estuvieron allí hablando de lo suyo y serían las siete o las ocho de la tarde cuando ya salimos del cortijo. Ya no se veía. Abrimos camino para el Río Chíllar, yo en medio de ellos. Que ya

La gente de la sierra

iban más, iban por lo menos ocho o nueve. Antes de salir del cortijo, a Navas lo echaron con el papel escrito para que se lo diera a mi padre. Dos, uno para que se lo diera a la Guardia Civil y otro para que se lo diera a mi padre pidiéndole 75.000 pesetas, que antes era mucho, mucho.

Le di yo una navaja a uno de ellos y le cortó las cinchas al mulo y ya se vino Navas con el mulo a pelo para el pueblo, sin aparejos y sin carga. Y ya fue cuando se lo entregó él a mi padre.

Yo iba con ellos camino a la sierra. Yo tiré por los Tablazos, al Río Chíllar, al cortijo de Doña Aurora, un cortijo que le dicen de las Pepurras, que era de Pepe Herrero.

Cuando ya íbamos para el cortijo de Pepe Herrero, entonces me tiré al suelo porque yo dije: 'Matarme aquí mismo porque mi padre no tiene dinero.' Yo sentía que me iban a matar, porque mi padre no tenía dinero para eso. Miedo sí llevaba, porque habían matado a dos o tres hombres. Habían matado a Paulino y habían matado a Miguel Moreno. Y habían matado a dos o tres.

Entonces yo dije: 'Para matarme más allá, matarme aquí mismo.' Me cogió la metralleta ese de Torrox y me pegó aquí en el lado, y dijo: 'Venga, venga para adelante.' Y ya tiramos para adelante por toda la sierra por encima del salto de la fábrica de la luz. Para arriba, toda la sierra arriba hasta llegar hasta el Barranco de las Higueras, más arriba de la Mina de Luz.

Cuando íbamos para allá, había un tajo muy grande, muy pendiente, y no me podía bajar. Ellos sí bajaban bien, pero yo no así que me bajaron abajo. Allí nos tuvieron en una cueva en la última mina en lo alto del barranco. Estuve allí dos días y tres noches.

De día me hacían Guardia y allí estamos hablando, y ellos a mí me decían que allí había gente buena. Un muchacho, un hombre que hacía Guardia conmigo, me dijo que allí había gente buena y gente mala. Me decía otro que cuando ellos ganaran, iban a ganar, ellos me devolverían el dinero y que yo sería un Don. Y luego de noche, a mí me metían en la cueva, durmiendo en la tierra, con esparto.

A otro día, llegó Antonio Platero, el de la Quiñona (uno del pueblo que se llamó Chispa), a llevar la comida. Y luego después llegaron Los Frailes, que son de Torrox. Uno era comandante. Llegó también Sebastián, el hermano de Vicente, que era teniente. Estuvimos allí hablando y me dijeron ellos que no me iban a hacer nada, que si mandaban el dinero pronto me iría para mi casa. Por la tarde nos íbamos a una cueva que hay más arriba y por la mañana a más abajo. Se iban de Guardia a lo alto del tajo de Lomas Llanas. Yo siempre estaba abajo, en el barranco.

Ellos querían explicar por qué estaban en la sierra. Ellos dijeron que iban a echar a Franco e iban a ser los amos. Y reponer la República. Un muchacho que se entregó luego en Nerja, que era de El Río de la Miel, dijo que se fue a la sierra

La gente de la sierra

porque estaba llevándole comida a la gente de la sierra. Llegaron los Civiles en busca de él y se tiró por la ventana de la casa y se fue a la sierra.

Por la mañana, cuando llevaron la harina de la fábrica, comíamos tortilla de harina. Ellos le decían "tangarines". Y al medio día, pues traían carne frita. Pero yo comí poco. No tenía mucho hambre. Era bastante duro. Y la gente de la sierra eran muy puerca. Agarraban el pan con las manos. Estaban muy sucios. Una cabeza de lana muy grandísima. Había también limpios como Los Frailes, los hermanos de Torrox, pero una parte muy sucios. Eran los hombres viejecillos más bien muy sucios.

Uno de Los Frailes era comandante y llevaba la estrella en el bastón. Él tenía un fusil, éste de El Acebuchal tenía una escopeta, y otro una pistola. Vicente Vozmediano era capitán y su hermano Sebastián tenía la estrella de teniente en un garrote.

Entonces, en ese entremés, mientras yo estaba allí, mi hermano Antonio fue a llevar el dinero al Barranco del Puerto. Está en lo hondo del Río Seco. Iba de aquí del pueblo con un trapo blanco en el hombro, y cantando 'Viva Graná que es mi tierra'. Lo que ellos querían. Allí en el Barranco del Puerto le salieron cinco o seis y ya allí les entregó el dinero, 75.000 pesetas. A mi padre se lo prestaron, gente del pueblo, porque mi padre estaba entonces con Don Justo López. Estaba también a medias con él y le dio un poco. Y luego, la Compañía de la Torre de la fábrica de miel, pues le dio otro poco. Porque si nosotros teníamos poco dinero. Habíamos comprado un cortijo hacía poco y teníamos poco.

Estuvimos allí tres noches y dos días. Luego cuando ya llegó las tres noches, nos dijeron que nos íbamos a venir. Nos vinimos para acá estando allí en la sierra, para venirnos para el pueblo. Me iban a traer hasta el Río Chíllar, pero en la Fuente del Esparto había Civiles y se volvieron y me dejaron solo en lo alto de la Fuente. Entonces me dijeron ellos: 'Para que se vuelva, para que se muera el retratista, que se muera el retrato.' Querían decir que si a ellos los mataron los Civiles, que yo también iba a morir.

De allí tuve que venir yo solo hasta Frigiliana. Eran las ocho de la tarde y no llegué al pueblo hasta las siete de la mañana, toda la noche andando, toda la santa noche cruzando la sierra hasta llegar aquí. Como no veía nada, entré en un hoyo sin salida y tuve que volver. Lo pasé negro. Estaba pensando unas veces malamente y otras veces bien.

Yo, cuando salí de ellos, me liaba un cigarro y me fumaba otro. Por si había Civiles, que vieran que venía fumando. Y vine fumando desde allí hasta que llegué aquí a la casa, por si había Civiles que no me tiraran tiros. Estaban avisados ya los Civiles, pero por si acaso no sabían nada y para que ellos no tiraran antes de saber quién era. Cuando llegué al camino de Frigiliana ya venía yo de otra forma, más contento.

La gente de la sierra me dijeron que echara por el Portón, por el bancal re-

La gente de la sierra

dondo que era ahí, y que subiera por debajo de mi casa, que me estaba esperando mi madre. Yo entré por el bancal redondo y llegué aquí debajo de la casa. Al pegar la voz ya vinieron y salieron ahí toda la gente esperando en la casa. Estaba todo el pueblo en la casa metido, muchísima gente.

Después la gente de la sierra no me volvieron a ver a mí. Mi padre sí les vio en el campo, en la viña, pero yo no volví a verlos más. Tuve que ir a dar parte a la Guardia Civil. Yo le conté lo que sabía, nada más. Allí estaba uno de los Civiles que le decían "La Bomba Atómica", que era muy malo. Pero la Guardia Civil no se metió conmigo para nada. Yo venía del campo a la noche y no me llamaba la atención ni nada. Conmigo no se metieron para nada.

La vida era regular. Una vida trabajando mucho. Gracias a Dios, de comer sí teníamos. Mi padre compró una finca muy buena en el campo y tenía una pila de olivos muy buenos. Mi padre era marchante de bestias, compraba las bestias y luego las vendía. Don Justo López ponía el dinero y mi padre ponía el trabajo y la ganancia era para los dos. Compramos muchas fincas, una finca en La Morea, muy buena, y luego compramos en los olivos otra finca muy buena. Mucho trabajar, en el campo, en la sierra, y sin parar. Nosotros éramos cinco hermanos. Una vez estamos en el campo, otras veces en el pueblo, y pasábamos la vida siempre trabajando en el campo.

Cuando tenía los 17 o 18 años, se iba uno al bar del Casino, luego se iba a ver a la novia. Todo el rato viendo a la novia y cuando no, yo muchas veces me iba para Nerja. En el pueblo sí había un cine y películas los domingos. Pero la madre no la dejaba salir a la novia tampoco mucho. Salía con una tía que tenía cuando íbamos al cine. La tenía muy sujeta también. Podía ir al cine con mi novia sola muy pocas veces. Íbamos andando a Nerja. No había otra manera. Se iba uno a Nerja y a las dos de la mañana se venía uno para arriba, al cortijo. Algunas veces llegaba uno de día.

Era una vida durilla, entonces. El Barrio Alto es donde estaba toda la gente de la sierra. Todos eran gente que trabajaban en la sierra. Iban por leña a la sierra y como estaba la gente en la sierra, les obligaba a llevarles comida. Muchos se iban. Ya le temían a los Civiles y se iban a la sierra. En Nerja un muchacho me estuvo contando que una vez fue a la sierra a por matas, por leña, y le salieron la gente de la sierra y le tuvo que llevar unas pocas de alpargatas. También le llevó cajones de pasas. Y no se lo pagaron. Luego ya dejó él de ir a la sierra.

A otro vecino, José Cerezo, la Guardia Civil lo mató en el molino de Lizar cuando estaba llevándole comida a la gente de la sierra. Tiraron un montón de bombas ahí y ya se lo trajeron para el Santo Cristo y del Santo Cristo y se lo llevaron para Málaga, muy malamente. Y murió en Málaga.

'Llegaron la gente de la sierra, por lo menos 40 o 50. Llevaron todos escopetas y metralletas. A mí, me trataron muy bien. Me daban cachocillos de tabaco.'

Sebastián Navas Iranzo (Vinagre), soltero, campesino, nacido en Frigiliana el día 21 de diciembre de 1931, murió el 16 de febrero de 2007.

Tendría yo 15 o 16 años en 1947 cuando estaba trabajando con Ángel Bernardo, un hijo del amo, en el Cortijo de La Morea. Llegaron allí la gente de la sierra, por lo menos 40 o 50. A alguno de ellos sí conocí. Entraron sobre las seis de la tarde. Llevaron todos escopetas y metralletas. A mí, la gente de la sierra me trataron muy bien. A mí no me amenazaron ni aquí ni allí. Me daban cachocillos de tabaco. 'Toma, fuma.' Dije yo: 'No fumo, yo no fumo, mire usted.'

Me tuvieron allí en La Morea hasta las 11 de la noche. Entonces se llevaron a Ángel Bernardo y lo tuvieron por la sierra dos o tres días. A mí me echaron para el pueblo y yo me vine con un mulo que lo traía yo cargado de hierba para vacas. No sé si tenía miedo…regular. Hay que reunir valor porque a mí me echaron para el pueblo. Pidieron 75.000 pesetas de aquel tiempo, que eran 15.000 duros.

Yo tuve dos cartas para los padres, que me las dieron ellos, dos cartas escritas a máquina. Que ellos tenían máquina y todas esas cosas. Ahí había gente que sabía más que el fuego. Las cartas decían a dónde tenían que llevar el dinero. La gente de la sierra sabía que los otros iban a dar dinero para salvar la vida de Ángel. Y si no lo dan, lo matan, como mataron a muchos que no dieron.

En el pueblo lo buscaron. Luego se lo pagaría poco a poco. Ellos pagaron, los ricos, los señoritos. Tenía mucha amistad, porque el padre era marchante de bestias y tenía también muchas tierras. Era labrador y marchante también pero que rico no. Y él se las pagaría como pudo las 75.000 pesetas.

Un hijo que está en Nerja que se llama Antonio tuvo que llevar el dinero.

La gente de la sierra

Fue para abajo, para la costa. Un poquillo antes de llegar a Nerja, a Río Seco. Salieron la gente de la sierra al encuentro. Y allí le entregó el dinero. A Ángel lo soltaron y él se vino andando al pueblo. Entró por la trasera de la casa, que cae al campo.

La Guardia Civil se enteró, pero ellos no salieron a ningún lado hasta que lo vieron. Si no, lo matan. Yo mismo estuve en el cuartel una pila de veces para declarar, y a hacerme preguntas. Entonces había un cabo, el cabo González, que era muy malo. Le decían el Cabo Largo. Conmigo lo hizo aquel hombre muy bien. Hasta iba yo a su casa a que me llamaba o que le decía la mujer: '¿Has comido?' y digo: 'No he comido todavía.' Y le decía la mujer: 'Pues sácale de comer.' Y yo decía: 'Yo no.' Dice: 'Bueno, pues ves a tu casa y come y luego vengo yo para...' Para hacerme preguntas y él las escribía a máquina.

Los señoritos fueron los que se metían en las cosas. Ya hoy no pueden. Aquí no había ni señoritos ni nada, pero les decíamos "señoritos", que tenían más tierrecillas. No eran tan ricos aquí, ricos de riqueza no. Eran franquistas. No hay más raros que esa gente. Los que estaban muriendo eran todos comunistas. Y ahora todos se han puesto ricos y los hijos de los ricos se han vuelto comunistas.

Dinero sí tenía yo siempre porque trabajaba yo desde chiquitillo, y ganaba yo siempre dinerillo. No es como ahora. Ahora va la gente al campo a trabajar, y para las dos de la tarde están en el pueblo o para la una. Antes era todo el día, de por la mañana hasta la misma noche. Entonces no había ni domingos ni sábados ni nada. No había fin de semana. De vacaciones, nada.

Conocí a El Duende (Antonio Urbano Muñoz). Era contrabandista en el Río de la Miel. También ha estado en la sierra El Duende. Era muy buena persona. Hombre, mejorando lo presente. Estuvo en la cárcel también una pila de tiempo. Tuvo un bar en La Molineta. Yo llegaba allí mucho. Conmigo El Duende se llevaba muy bien. Yo tenía bestias y pasaba por ahí cargado de estiércol, o con otras cosas, frutos, tomates, y me paraba a beberme un vaso de vino, o dos, o tres o cuatro.

Eso de que le cortaron las orejas de sus víctimas en la sierra, eso es cuento. También dicen que fue allí arriba al arroyo de la Miel y se fue a un vecino de por allí y lo llamó 'Fulano, vente, que te vamos a matar.' A todos se los fueron llevando. Le dijo: 'Quítate los calzones.' Y fue y le metieron los calzones por debajo de las partes. Y dice: 'Ya te les puedes ir quitando que ya te hemos capado. Te hemos cortado las partes.'

Ya eso se fue a su casa y dijo a la mujer: 'Fulana, mira lo que me han hecho, que dicen que me han cortado las partes.' Dice ella: '¡Qué va! Que te has cagado' Se cagó de susto. Y eso son cuentos que los cuenta la gente.

'Era una vida muy miserable. Pero yo te digo, había más amistades. Ahora la gente está más despegada unos de otros. En la misma familia, ponen la tele y es que ni se hablan.'

Antonio Acosta Martín, campesino y albañil, nacido en Frigiliana el cinco de febrero del 1940. Murió en julio de 2016.

Yo me acuerdo cuando un pan valía 15 pesetas y la persona trabajando ganaba otras 15 pesetas al día. Y un litro de aceite, 24 o 25 pesetas, un aceite turbio, muy malo, porque siempre el aceite bueno eso iba para fuera. Lo que debían de la guerra lo tenían que pagar para el extranjero. En Frigiliana todo el mundo tiene olivos porque todo el mundo tiene un poco de terreno. Entonces, cuando ibas a sacar el aceite, lo tenías que sacar de noche para que no te vieran porque era como contrabando. Era muy controlado todo pero el dueño del molino, si tú llevabas aceitunas, tendría que darte aceite. Pero siempre se acababa en un santiamén.

Había cartillas (de racionamiento), pero harina, trigo, lentejas, garbanzos vinieron de Granada. Todo eso era estraperlo. Y el que no trabajaba en eso, pues lo pasaba muy mal. Nerja estaba peor que Frigiliana. Casi todo el terreno era de Larios y, como tenía fábrica de caña, era todo puesto de caña y ahí se terminaba el trabajo. Dependían del mar, pescar. Pero antes pescaban con barcas, con remos. Cuando el mar estaba un poco revuelto, no había pesca, no había nada.

Vinieron de Nerja muchas personas al pueblo pidiendo limosna de puerta en puerta. Les daban a lo mejor un boniato o dos o tres papas o un racimo de uvas, o un vaso de vino, porque aquí en las casas, en todas las casas como tenías tierrecillas, siempre había. Los higos se secaban y se metían en una cera, una cesta grande que cabían 70 u 80 kilos. Le echaban piedras para prensarlos, porque si no los gusanos se los comían. Entonces, aplastaban bien la cera. Y después, todo el invierno, comiendo higos.

La manera de cuidar el campo no había cambiado en siglos. El vino pisando cada uno en los cortijos. La prensa era un palo grande metido en un boquete en

La gente de la sierra

la pared. Metías debajo las capachas del vino y el palo descansado encima y la punta que quedaba aquí le cargabas todas las piedras que podías cargarle. De peso para que aplastara. Después, cuando se hacía de pisa, en la masa que estaba en lo alto aplastada, le echabas agua y hacías otro vino, ya casi agua. Le decían "aguapiés". Tenía que pasar un viernes para beber aguapiés y hasta el viernes que viene no bebías. Era una vida muy miserable. Pero yo te digo, (había) más amistades. Ahora la gente está más despegada unos de otros. En la misma familia, ponen la tele y es que ni se hablan. Si vas tú a hablar algo: 'Calla, cállate.' En mi casa, mi madre, de las pocas que sabían leer, ella sí sabía leer bien. Leía novelas y ahí se ponía de noche todo el barrio entero, ella leyendo la novela y la gente escuchando. Hoy no se ve nada de eso. Hoy hay menos contacto entre las familias. ¿Dónde va a parar?

Había mucha solidaridad entre la gente en el pueblo. Lo que pasa es que en el pueblo, abajo, el que tenía dinerillo no tenía amistades con el que no tenía. Arriba, en el Barrio Alto, era toda la gente en el fresco, hablando, contando. Una relación muy diferente a la de hoy. Hoy vive la gente más solo. A lo mejor viven mejor, pero...

Mi hermana Pura aborreció los frigüelos. Porque en Lízar cogíamos una cantidad grande de frigüelos y entonces, todas las noches, un potaje de frigüelos. Otra cosa no había. El que tenía un poco de tierra se defendía un poco. Yo me acuerdo un hombre que decía: 'Por mi casa pasó la hambre. Pero no entró. Pasó por la puerta.'

Antes, en el tiempo de la aceituna, el pueblo se quedaba vacío. Se quedaban las personas viejas y los chiquillos que no podían ir. Todos al campo. Porque antes, la aceituna era un fruto de los fuertes de Frigiliana, y la uva.

Venía gente andando con sus bestias, con todo cargado. Igual que los lateros que era para echarle los remiendos a los cacillos para hacer café. Venía gente de Nerja andando con un capacho con pescados. Cuando llegaba el tiempo que se iba la gente al campo, los pescadores daban la vuelta por todo el campo. También los panaderos de casa en casa, de cortijo en cortijo y cada uno con su clientela. Cada uno llevaba su bestia y repartía en el campo. El que tenía un borriquillo, iba en el borriquillo. Y el que no, pues con un capacho a cuestas.

Antes había por lo menos 200 mulos. No solamente era necesario en el campo. Era para subir a la sierra. Porque la sierra de aquí es de la gente de la Compañía. Y entonces había mucho trabajo. Entonces, tú tenías una bestia, ibas a la sierra y llegabas sobre la una, las dos, las tres, depende lo que tardaras en buscar la leña que tenías que traer. Y ya habías ganado el jornal. Todos los días sacabas el jornal en la sierra y después por la tarde en el campo sacabas también algo.

Echabas una echada de naranjas en un cajón grande y le echabas serrín encima. Lo llenabas. A lo mejor metías ahí 500 naranjas. Después, con el tiempo, las ibas sacando. Era esa la nevera, más o menos. Se conservaba. Uvas, yo he

La gente de la sierra

tenido en la casa racimos de uvas en el mes de la Pascua. Se cortaban y se colgaban en el techo y duraban hasta el mes de la Pascua. Y granadas... Lo que tú criabas es lo que ibas comiendo. Que no había otra cosa. Entonces, a lo mejor comprabas un kilo de azúcar, y ese kilo de azúcar estaba guardado para por si alguien se ponía malo. A lo mejor hacías café y le echabas una cucharada de miel. Porque como tú tenías caña, ibas al Ingenio y te traías una garrafilla de miel. Y comías pan y miel.

Aquí se podía poner la caña, la que tú quisieras. Siempre podías porque era un fruto que valía dinero. Entonces, a lo mejor te hacía falta dinero y tú ibas a la Compañía, al Ingenio, y le pedías mil pesetas y te las daban. A cuenta después. Vaya, que ha socorrido a todas las personas cuando les ha hecho falta. Siempre, ya tenías tú caña para llevársela a él. El pueblo vivía más o menos de sus propios recursos, quizás poco, pero suficiente.

Cuando traías aceite del molino, lo echaban en una orzilla grande. Pero como te echaban aceite del peor que había, en lo hondo de la orza quedaba turbio, que no valía. También freías pescado y ya ese aceite se ponía muy malo. En vez de tirarlo, lo guardabas en una vasija y, cuando tenías una cantidad, hacías jabón que servía para lavar los trapos. Le echaban caústica, lo hervían y lo echaban en un cajón de madera, para que no saliera muy gordo el jabón. Lo cortaba y lo echaba dentro el caldo y después lo iba cortando con un cuchillo.

Es que no había ni latas, no había de nada. Entonces, si cogía alguna lata, mi madre la arreglaba, la apañaba, le ponía su asa, y en la terraza, ella, antes de que fuera de día, de la fuente traía agua para tirar. Yo me acuerdo que ponía en la terraza un cubo, al sol. Y cuando yo venía a la tarde me iba a la cuadra, le ponía la goma, con una latilla de estas de leche, con un clavo, le hacía muchos boquetes. Y la goma, en lo alto. Nos duchábamos en la cuadra. Era el cuarto de baño y el servicio. Se tuvo que traer agua de la fuente. Pero había luz.

Yo me acuerdo en mi casa, cuando había solamente una bombilla de 20 o 30 vatios y un cable largo. Cuando estábamos arriba en la cámara, estaba el cable allí. Si venía alguna visita, el cable a lo hondo.

En mi casa todos fuimos a la escuela y aprendimos a leer gracias a mis padres. Porque antes el que no quería ir no iba. Muchos amigos míos te pillaban una cartilla, un libro y se lo metían así en la correa y no iba a la escuela. Mis padres sí nos hacían enseñár lo que habíamos hecho en la escuela y muchas veces iban al maestro y le preguntaban al maestro.

Como niño, una cosa que se me quedó preso fue cuando mataron a Don Ángel en el Cortijo del Almendro. Ahí mataron al dueño de la finca que era magistrado de Málaga. Me acuerdo los seis o siete coches que vinieron a Frigiliana. Se veía el coche de Vicente y el de Mariano y un coche de la Compañía, que eran los coches que había, nada más, pero aquel día vinieron seis o siete coches de la gente de Málaga. Se lo llevaron a Málaga. Cuando vinieron los coches

La gente de la sierra

todos los chiquillos fuimos a la puerta del cuartel a verlos. Hay muchos que le llevaban de comer a la gente de la sierra. Había uno que le dio la comida a esa gente a cambio de que no lo matasen. Era por lo que había hecho antes, matando a un republicano en el Puerto de Frigiliana. Había otro señor de Frigiliana que se llamaba del mismo apellido y tenía una bestia torda, exactamente igual que este hombre. Un día venía él de traer pan, y lo cogen la gente de la sierra. Entonces, estando allí para matarlo, se presenta un hombre que le conocía y dice: 'Pepe, ¿tú qué haces aquí?' 'Y yo qué sé. Que me han cogido para matarme y yo no he hecho nada.' Entonces, ahí se desligó. Si no se presenta ese hombre, lo matan.

Entonces ya fue cuando la dueña de la Venta Panaderos, Ana Herrero, se puso en contacto para que el que mató al republicano les llevara de comer al Cortijo los Caños. Ella tenía contactos con la sierra y con los Civiles y apañó para que no lo mataran. Dicen que tres trabajadores en Los Caños hablaron con los Civiles y los Civiles se lo cuentan a la sierra. Y en la sierra cogen y los matan a los tres. A todos esos los pasaron por el pueblo en bestias.

La gente se fue a la sierra en parte por la presión de la Guardia Civil. Un tío mío, Bautista Acosta, o Máximo, se fue y lo mataron en la sierra en un tiroteo. La mayoría de la gente de la sierra vino del Barrio Alto, el barrio más pobre, siempre el peor. Por la noche si los vecinos veían a los Civiles, se metían dentro y se acostaban. Si se quedaban sentados en la puerta al fresco y llegaban los Civiles, los echaban a dormir.

Yo tomé confianza con unos Civiles pero uno, el yerno de una vecina, ha pegado mucho en Frigiliana. Por gusto. Aquel hombre estaba en la sierra, él y otro, y encontraron a dos del pueblo cada uno con un borrico. Le quitaron el aparejo y se lo quemaron. Le pegaron a los dos una paliza y los echaron para el pueblo, sin motivo ninguno. Es que era muy malo. No se lleva bien con nadie. Si viene al pueblo, nadie le va a hacer nada. Pero, con mirarlo como lo miran, es suficiente. Hará cuestión de ocho o diez días estaba yo en Nerja y pasó. Él sabe quien soy yo pero pasa con la cabeza agachada. No quiere amistades con nadie. Porque nadie quiere amistades con él.

Nosotros éramos cinco hermanos y hermanas. Mi hermano estuvo tres años sirviendo en la mili y se fue a Argentina en el 51 con tres más. En aquel tiempo no se fue todo Frigiliana porque para irse a Argentina tenían que llamarte de allí un patrón de que tenía trabajo. Y valía un pasaje a Argentina mucho dinero. Mi hermana se fue a Argentina después. Había muchos que fueron y casi todos a San Juan de Mendoza, por una parte de presión y otra parte porque no había trabajo. Entonces Argentina estaba viviendo bien.

En unos 30 años nadie de la familia aquí vió a la familia en América. No había dinero para viajar. Pero en el año 80, o por ahí, mi madre, con 80 años, se fue sola a Argentina para visitar a la familia. En Málaga fuimos a llevarla y en Madrid hacía transbordo y después ya allí en América.

'Me fui a la sierra porque no ganaba nada. Decían que te pagaban más, te dieron dinero para liarte. Ya no te podías venir porque decían que ya sabías demasiado.'

Miguel Cerezo González (El Canijo), obrero, guerrillero en la Agrupación de Roberto, nacido en Frigiliana el dos de junio de 1927. Residente en Barcelona hasta su muerte, el último superviviente de la gente de la sierra.

De la guerra me acuerdo que milicianos y refugiados, porque ya tomaron a Málaga, venían para aquí, para la parte de Almería. Pasaban por allí. Era un crío. No podía ir a la escuela. Allí había escuela de noche. Había que pagarla y la familia no podía pagar. Estabas todo el día trabajando en el campo para un duro. Mi padre no vivía ya. Tenía que trabajar, al campo, a donde fuera, a por leña, a por esparto, a por cosas que había. Desde chiquitillo ya estaban liados. Los pueblos entonces eran muy ignorantes. Ahora saben algo más, pero eran muy ignorantes. Muchos analfabetos. Los padres no sabían leer la mitad.

En el campo en aquellos tiempos era muy mal. El pueblo vivía de la sierra. Hicimos carbón. Primero tienes que recoger la leña. Se van poniendo los palos así y luego, cuando has gastado toda la leña y has hecho el horno, arriba siempre quedan huecos. Entonces, se le ponen unas matas encima y encima se le echa tierra. Luego se le mete fuego y va ardiendo. Va requemando una noche enterica, hasta otro día por la mañana o por la tarde. Abajo se le ponía, en lo hondo, aquí se le ponía unas piedras como unos cañicos. Salía el humo por ahí. Y cuando ya salían llamas, salía la lumbre, entonces se quitaba aquello y lo enterrabas.

Cuando salía la lumbre por los cuatro caños que le ponían, entonces ya estaba aquello ya hecho. Le echas un poco de agua para apagar, si hay, para que no se quemen y luego llenas un saco de aquellos, te lo ponías a la cabeza, y ala. Kilómetros y kilómetros andando de Alcóncar ahí abajo con una cara de mierda,

La gente de la sierra

tiznado. Aquello no era vida. Y luego llegaba el tiempo del esparto. Lo tenías que llevar a Nerja. Te lo pesaban con una romana. Que a lo mejor llevabas tres o cuatro arrobas, pues fíjate tú lo que pesaba eso a la cabeza, y descalzo.

La cal también se hizo. Mi sobrino, Antoñillo, ha hecho muchas veces. El padre lo hacía. Él ha hecho la cal cuando arreglaron la iglesia, con una pila de piedras y todas las maderas esas. Ahora digo: '¿Y cómo vas a hacer?' Dice: 'Yo he hablado con el cura, que me dé toda la leña y me la ponga ahí y yo le doy la cal para pintar y para la obra.' Así hicieron el trato. Tenían que hacer los tratos así.

Luego aquello que me pasó fue porque íbamos dos o tres a trabajar en la sierra. Entonces nos salieron y nos liaron. Me fui a la sierra porque no ganaba nada. Decían que te pagaban más, te dieron dinero para liarte. Y luego ese dinero, cuando ya estabas en el ajo metido, entonces te lo cogían otra vez. Ya no te podías venir porque decían que ya sabías demasiado y eso. La Guardia Civil pegaban para que te fueras. Allí había Civiles que me parece que estaban en complot con ellos. Yo qué sé. Las palizas que te pegaban por nada... Uno que se llamó Cabo Largo un día me metió en la sala de armas. Menos mal que vino el teniente. Un crío, a ese le daba lo mismo, por cualquier cosa pillaba y mataba a cualquiera.

Para salir del pueblo entonces, para trabajar en el campo, tenía que ir primero a la Guardia Civil para pedir un papel (un salvoconducto). El Cabo Largo se lo hacía al que quería él, al que le daba la gana le daba el papel. A los demás no se lo hacía. No podías ni salir a la sierra, ni a trabajar ni nada. Allí a morirte de hambre. Luego decían: '¿Tú por qué vienes aquí a pedir papeles?' Le pegaban una buena paliza y a muchos les decían: 'Márchate a la sierra.'

El Cabo Largo pegaba muchas palizas a mucha gente que ni se las merecían siquiera, no habían hecho nada, para que se fueran a la sierra. Un hombre viejo que había allí me decía: 'Yo lo veía muchas veces que el Cabo Largo salía por de noche por el río. Pillaba río arriba él solo, sin Guardia Civil.' Iría a juntarse con ellos y a hablar con ellos. Algo había con ellos, con los jefes mayores él tenía mando o algo.

Ahí fuimos, yo y otro que le decían Antoñillo el de la Quiñona, o la Chispa. Era un engaño porque te liaban. Eras crío, no sabías de eso y te liaron de una manera... Que engañaban. Que engreían a los chavales. Los cogían esta gente, por la ignorancia que había entonces. El hermano mayor de Antoñillo, que estaba casado y tenía dos críos pequeños, le dice: 'Yo os doy palabra de que mañana vendré. Si mi hermano y el Miguel se quedan, pues yo vendré mañana. Y en este mismo sitio me esperáis.' Aquel hombre había estado en la cárcel, había estado en la guerra. Estuvimos esperándolo, pero nos enteramos que se había ido para Barcelona. Vendió una casilla que tenía y se vino aquí a Barcelona y vivía ahí en Santa Coloma. Y mira. Sabe Dios el camino.

En la sierra pagaban cada mes. ¿Pero a quién se lo iban a dar el dinero ese que llevaban? De vez en cuando se reunían todos. Tenían que dar para comprar

La gente de la sierra

comida y muchos se hicieron de dinero. Cuando me dieron el dinero aquel, pues yo vi el cielo abierto. No sé si eran cinco o mil pesetas o no sé qué es lo que me dieron. Eso no lo ganaba yo ni en tres o cuatro meses. Sí, pero no las pude mandar. ¿Con quién las mandaba? Si a los dos días ya nos quitaron de allí.

Casi todos los que se fueron se fueron engreídos. Muchos que decían de venirse, pues los quitaban de en medio. Si te metían en la cárcel, las tenías peor con ellos. Ya te tenías que ir del pueblo. Si no, bajaban a buscarte, para matarte. Y así era.

Yo no sabía ni lo que era el comunismo, ni nada de política. ¿Ahí en un pueblo y analfabeto, qué vas a saber? Ahora las cosas, con la edad que tiene uno, o antes, ya se las piensa uno las cosas. Ahí la mitad fueron engañados los chavales de Nerja y otros pueblos. Yo no sabía nada de política, nada más el dinero que es el que enseñaban. Enseñaban mucho el dinero.

Salían grupos por ahí a buscar dinero. Pero nosotros no. Nosotros nada más a buscar agua, que a lo mejor te tirabas cuatro o cinco horas para ir a por agua con unas garrafas grandes. Allí en la sierra no había alcohol de ninguna clase. Agua nada más. Me mandaban: 'Hay que traer agua, hay que traer esto.' Y descalzo, todo el día ahí, en mitad de las matas. Te quedabas con dos o tres, los que llevaban el armamento aquello se iban. A ti te daban una escopeta de un cañón y dos o tres cartuchos. Yo no sabía ni tirar con aquello. Comíamos migas, patatas hervidas. Se pasaban los del "traspelo" que venían de Granada con pan y eso. Salían ahí y les compraban pan. Y si no tenían dinero, se lo tenían que dar. Primero eran ellos, los jefes. En la sierra, tenía ropa vieja, lo mismo que en el pueblo. De uniforme nada. Como no fuera después que hicieran uniforme.

Para dormir tenía un trozo de manta. Los jefes sí dormían con sus mantas y eso. Tú allí con la chaqueta, así, en la cara, sobre el suelo en mitad de los pinos. Ponías cuatro ramas y agachado allí y ya está. En cuevas no te podías meter porque eran peligrosas. Han pillado a muchos en las cuevas.

Ahí los que disfrutaron eran los jefes. Porque había muchos de esos que hicieron mucho dinero. Y había jefes mayores que llegaban a cualquier sitio, les daban documentación, se cambiaban de nombre y se iban. Tenían macutos, tenían ropa y se cambiaban y decían que tenían que hacer negocios y cosas.

Muchas veces he ido a la Venta Panaderos por comida. Ahí había unos follones pero, claro, como la gente aquella tenían prismáticos, siempre estaban mirando. Veían que no había Guardias Civiles y entonces bajábamos. Pero los gordos, los que mandaban, no bajaban. Mandaban a los infelices. Digo: 'Allí tenéis tantos sacos, tenéis que traérselos. Nosotros estaremos vigilando.'

Dos veces lo he visto a Roberto. Ese estaba cojo, herido de la pierna, de la guerra. Era muy severo. Es el que mandaba. Decía esto y lo otro y uno de Torrox se iba con él siempre, El Fraile. Había los hermanos Clemente y Felipe. Clem-

La gente de la sierra

```
CEREZO                MIGUEL                            15
GARCIA

(a) Teoro.- Natural y vecino de Frigiliana, Provincia de Málaga, de 20 años en
1.947, hijo de José y Rosario, de estado soltero y profesión carbonero, con domi-
cilio en C/ Avila s/n.

SEÑAS PERSONALES.- Estatura 1.700, ojos melados, pelo negro, cejas al pelo, nariz
recta barba clara, moreno y bien parecido.

ANTECEDENTES.- No se le reconoce haya cometido hechos delictivos algunos, ni
haber pertenecido a partidos políticos debido a su corta edad, pero mayor se
dedicaba a la vagancia y simpatizante a las izquierdas.- El día 19 de Marzo
de 1.947, salió de su domicilio al objeto de confeccionar carbón a la sierra
ignorándose su paradero y según rumor publico se encuentra con los bandoleros

HECHOS DELICTIVOS EN LOS QUE SE SUPONE HAYA TOMADO PARTE.-
```

Presentado en sepbre.
Está en La Legión

Ficha de la Guardia Civil sobre Miguel Cerezo, con un apellido incorrecto

ente era un político de esos de la guerra. Pero esas gentes no hablaban con uno. Esos siempre estaban a parte. Esos sí tenían sus toldos, unas tiendas de esas y se ponían con vigilantes a los lados. Tenían sus guardaespaldas. Nosotros éramos los soldados de a pie, los esclavos, los esclavos.

Roberto lo llevaban pero él no se metía en fregados. No ves que no podía correr ni nada. José el Panzón siempre lo llevaba a cuestas a Roberto. Ese tío era muy recio. Metieron en la cárcel, estuvo poco tiempo, como se vinieron las hijas y la mujer a vivir aquí (en Barcelona), aquí se vino él también. Y aquí ha muerto de un cáncer.

Los Frailes eran de miedo. Felipe, el pequeño, que tendría un par de años más que yo, pues mandaba. Ellos amenazaron con matarte. Tienes que ir a un sitio y a lo mejor no has llegado a tiempo y luego ya estás mal visto. Te vigilan mucho, no se fían de ti, por cualquier tontería. Y así había muchos que se perdieron por ahí. Decían que los habían cambiado de grupo, pero ya no se les veía más. Ahí, si mataban a uno, decían: 'Venga. Vamos, que tenemos que ir a tal sitio y tenemos que llegar pronto.' Se lo llevaban y ya no lo veía más. Y muchos decían eso: 'Los han quitado de en medio. A liquidarlo van.'

Allí había muchos críos. Cómo es el refrán ese: 'El que con niños se acuesta, meado amanece.' Pero a ellos les daba igual. Ellos lo que querían era hacer bulto de gente para que vieran que había muchos. No intentaron enseñar cosas de comunismo o política. No hablaban. Allí nos tenían para eso: para burros, para

La gente de la sierra

trabajar. Intentaron lavar el cerebro, sí. ¿Pero, claro, qué político iba a ser? 'Si cuando se terminara la guerra, todos seríamos oficiales, todos seríamos jefes.' ¡Jefes analfabetos! Ya ves tú eso lo que es. Para liarte. Y había chavales, pero mira, no quedó ninguno.

Que Roberto delató a todos sus compañeros eso me dijeron en Frigiliana cuando me vine, que estaban todos en un complot de irse todos los jefes. Los engancharon a todos, a Roberto, a Los Frailes, a todos. Todos los jefes cayeron. No sé lo que les harían. Pero los meterían en la cárcel o los matarían. Yo qué sé.

Roberto no era ni político ni nada. Porque todos los que se escaparon, cuando se acabó la guerra, todos esos se fueron refugiados a Francia. Y luego pasaron por la frontera y fueron formando grupos. Venían con algunas armas y fueron formando gente para liberar España. 'Franco lo echaremos o se quitará de en medio, nosotros mandaremos.' Siempre estaban con lo mismo.

Yo no sabía ni quién era Franco. Yo sentía que hablaban de Franco y decía: '¿Ese quién es?' Porque entonces nadie podía leer. No había periódicos. Todos los chavales que había allí, todos eran analfabetos. Ellos se llevaban sus libros, todos los que sabían, tomaban nota de esto, lo otro, cuánto habían recaudado. Siempre estaban con lo mismo. Llevaban unas carteras con unos fajos de billetes. Pero luego mirabas y decían: '¡Eh! ¿Qué miras? ¡Fuera de aquí!' Mandados debajo de un pino.

Me acordaba mucho de la familia. Que no me gustaba a mí aquello, ni a ninguno de los que había alli. Había chivatillos entre nosotros y los jefes decían: 'Hay que vigilarlos o cambiarlos de grupo.' Te pasaban a un grupo de siete u ocho, pero con gente mayores, y decían: 'Llevaros a este para allá.' Ya le daban un papelillo para ellos y tú sin saber nada. 'Tú estarás bien, vamos a ir a otro sitio nuevo, ya verás cómo estarás bien.'

Yo nunca he estado en un tiroteo con la Guardia Civil. Hubo tiroteos muchas veces, pero donde estaba yo, no. Ya lo esperaban ellos. Cuando decían: 'Hay que ir a la caza', yo no sabía lo que era aquello. Decía: 'Será a matar conejos.' Y se iban todos. Todos tenían Stens y Thompsons, que le llamaban. Y allí te quedabas con los cocineros.

Casi un año me tiré en la sierra, en Granada y en Málaga también. La sierra de Málaga la había pateado. Estaba por otro lado, cerca de Loja o por ahí. Te llevaban de un lado a otro. Yo se lo dije a uno, digo: '¿Por qué me llevan a otro lado?' y él me dice: 'Porque como has intentado irte. Así te llevan para un sitio que no conozcas.'

Tuve problemas yo con los jefes por la pérdida de una escopeta. Fue cuando ya me dije: 'Me tengo que ir.' Yo intenté dos veces de venirme y entonces me cambiaron de grupo. Me metieron en las sierras de Granada, que no las conocía siquiera. Luego fue cuando uno de Almuñécar, Olaya se llamaba, me dice: 'Te veo mal.' Era ya un hombre mayor. Había estado en la cárcel y todo. Dice: 'Ma-

La gente de la sierra

ñana me voy para abajo. Me voy a entregar.' Porque él tenía un mando y se lo quitaron, se lo pusieron a otra gente más joven. Porque con el mando cobraban más. Allí los cabecillas eran los que manejaban el dinero.

Salía hasta Almuñécar con aquel hombre. Luego me vine andando, andando, andando hasta llegar a Nerja. En Nerja pillé todo el río arriba y salí a Frigiliana. Y en Frigiliana, llegué a mi casa y mi madre me entregó.

Entonces había una compañía de Regulares. Y el teniente era del pueblo. Dice a mi madre: '¿A dónde está Miguel?' Ella le dice: 'Lo tiene el Cabo Largo ahí en el cuartel.' Llegó al Cabo Largo y dice: 'Me lo llevo.' No tuve que ir a la cárcel. Los ricos del pueblo no se metieron conmigo porque era un crío. Como no tenía la edad para ir al Tercio (de la Legión), lo arregló el teniente de Regulares. Mi madre le dice 'Es que no tiene la edad' y él dice: 'Bueno, yo iré a la Iglesia y arreglaré los papeles.' Y tenía los papeles cambiados, porque pusieron que nací en marzo en vez de junio.

Estuve tres años en el Tercio. Allí me mandó el teniente ese para que no estuviera en el pueblo, por si bajaban, te cogían. Ahora si te cogen, ya te quitan de en medio. Estábamos entre más allá de Ceuta y Tetuán. Allí había tres banderas del Tercio. No había nada más que legionarios. Entonces estaba Millán Astray, que es el que fundó la Legión. Franco venía muchas veces a que desfilara la Legión allí. Entonces, como había tantos analfabetos, hicieron un colegio y ahí aprendí a leer y a escribir. Iba todos los días a la escuela.

Me licencié en el año 50, el ocho de noviembre me parece. No volví al pueblo. Allí había chavales catalanes y mis amigos se licenciaron también cuando yo y entonces me vine con ellos aquí a Badalona. Dicen: 'Allí en Barcelona hay mucho trabajo. ¿Vas a ir allí, vas a estar otra vez en la sierra, vas a trabajar?'

Me enteré que ya no había gente de esa. Ya habían cogido a casi todos. Se entregaban muchos. Y muchos que no los cogieron que se iban a embarcar. Aquello estaba perdido.

Ya me vine y aquí me quedé. Ya me eché novia y me casé con una catalana. Los padres eran de Almería. Tuve mucho trabajo. Estuve en las fábricas, estuve en la obra, había mucha obra aquí. Pero en la fábrica me metí y mira, de la fábrica me jubilé. Nunca he pensado en volver al pueblo para vivir porque ya te casas, tienes los hijos aquí. He tenido tres hijos. Se me murió uno. Y tengo cuatro nietos. He ido al pueblo muchas veces de vacaciones pero ya no estaban ni los Guardias Civiles esos. Tenía el sobrino que era Guardia Civil, el José. Está en Nerja. Ya se ha jubilado también.

Casi todos de la sierra murieron. Antoñillo (Chispa), que era de mi edad, él también quería irse al pueblo, pero a ese lo mataron. A la novia la dejó embarazada. Ya está el chiquillo hecho un hombre también. Había los tres hermanos Artabús, Vicente, Blas y 'Bastián. Estaban haciendo carbón y dejaron los hornos y se liaron. Los dos pequeños murieron. Vicente estaba en otro grupo,

La gente de la sierra

pero lo veía muchas veces que pasaba. Es que Vicente ha sido muy malo para el pueblo y para todo. Cogió a mi hermano mayor que tenía un horno de carbón. Ya ves que se tiran meses y meses para hacer eso hasta que lo sacas algo y lo vendes. Y le llegó Vicente y le dice: '¿Dónde está tu hermano, Miguel?' Dice: 'Mi hermano está en la Legión. Se lo llevaron.' 'No. No está. Tu hermano lo mató la Guardia Civil.' Dice: 'No. Que está en la Legión.' Y le dice: 'Pues ahora verás lo que te voy a hacer. No te quiero ver por la sierra.' Le rompió el horno, se lo quemó todo y fue cuando se fue de Frigiliana mi hermano. Dice: 'Me ha dejado en la ruina.' Y eso que eran amigos. Vivíamos allí juntos, vecinos.

Le dijo la verdad. Estuve en la Legión. Vicente le dijo a mi hermano: 'Vamos a ir a la Legión y nos lo vamos a cargar allí.' Vicente vivía después en Barcelona. Ahí habría ido yo un día a verlo, pero para qué? Porque me iba a pelear con él. Un primo mío me dijo: 'Anda, déjalo que se vaya a la mierda.' Para decirle más de cuatro cosas que le habría dicho. Era un tío sin escrúpulos.

El Yelo (Antonio Ruiz Cerezo), hermano de mi prima Dolores, era político de antes de irse a la sierra. Había estado en la Juventud Libertaria. Se escapó de una cárcel, luego se fue a la sierra. Allí una noche le dejaron de guarda de centinela. Entonces, cuando se quedaron dormidos, él pilló la cartera del jefe con todo el dinero y se fue. No se entregó a la Guardia Civil. Se juntó con una en Nerja, se casó y él no salía a la calle. Con todo el dinero ese del jefe, compró la casa aquella.

A los dos años, cuando todo el mundo lo dejaba por muerto, un hermano que tiene ella lo habló y lo cogieron. Luego lo metieron en la cárcel y se lo llevaron por el norte. Un señor que había en la cárcel con él tenía una hija que iba a verla y con esa se casó. Él estaba casado en Nerja. Tiene chiquillos en Nerja. Pero se casó con esa y con esta también tiene tres o cuatro. Se vino a Barcelona y se metió en la fábrica de la luz a trabajar. Ahí lo vi yo. Yo le dije: 'Te estaban buscando.' Dice: 'Me van a buscar una mierda.'

Otro de la sierra, el Zumbo (Ángel García Martín), se vino a Barcelona y murió. Se casó con una payesa, trabajaba aquí en el campo, ahí por la mina. Le gustaba mucho beber y bebía e iba en el carro con el caballo y cayó y entonces le pasó la rueda por encima y lo reventó. Con dos chiquillos que dejó. Ese es el Zumbo.

¿Que si hay justicia en este mundo? Yo creo que no. Siempre paga el que menos culpa tiene. ¿Qué está pasando con lo que hay hoy? Ya, lo de siempre. Siempre estamos en lo mismo. Se vive mejor que en aquellos tiempos, claro. Pero que uno ya tiene el macuto preparado para irse al otro mundo. Y ya está. Está uno hecho un cacharro ya. Ya me han operado tres veces, he estado jodido. Que ya los años no pasan en balde. Unas veces recuerdas algo, otras veces se te olvida. Ya no tiene uno la cabeza como antes...

'La batalla del Ebro duró tres meses y cuatro días y yo estuve allí dos meses y 20 días. Se luchaba por un pedazo de terreno y de noche se lo llevaba el otro. Y ya al otro día, otra vez a la misma.'

Antonio Ruiz García (Malavista), campesino, nacido en Frigiliana el primero de julio de 1910. En la Guerra Civil sirvió en el ejército franquista y un hermano en el lado republicano. Murió el 28 de septiembre de 2004.

Yo nací en el Barribarto (Barrio Alto) y me crié en la Calle Alta. Me vine del Barribarto con 32 años, ahí abajo. Aquí en esta calle ha habido también pobres pero la mayoría de los pobres estábamos allí. En el Barribarto también había gente con dinero, pero siempre los ricos estaban en esta calle. Y siempre he dicho 'Yo no soy rico, pero vivo en la calle de los ricos'.

Yo me quedé sin padre cuando casi no tenía 11 años. Mi madre tuvo que ponerse una tienda en la Calle Alta para darles de comer a cuatro hijos y ella. De modo que pasamos el tiempo angustioso, pero no pasamos mucha falta porque había campo nuestro y el campo siempre rinde algo, poco o mucho.

Otros lo pasaron peor. Yo estuve en la escuela hasta que tuve 12 años. Me quitaron para irme al campo para trabajar. Porque había gente de la calle trabajando a sueldo y se ganaban, cuando yo tenía 12 años, tres pesetas. Luego lo pusieron a tres cincuenta. Y mira por donde va ya. Mira cómo ha ido esto para adelante. No sabemos si esto seguirá así o no seguirá. El mundo de mañana no lo ha visto nadie.

Aquí estoy, siempre trabajando en el campo. Algunas temporadas iba a trabajar cuatro o cinco días con familias que dicen: '¿Por qué no vienes?' Porque yo tenía trabajo para mí para que me sobrara, todos los días. Madrugando y salir del pueblo con las claras del día. Y lo que es luego corriendo para el pueblo. Yo me quedé trabajando y luego mi mujer lo mismo. Trabajar, trabajar. El hambre

La gente de la sierra

no llegó a mi casa nunca. Porque tenía tierras y el que tiene tierras, siembra patatas.

Siempre unos han vivido bien y otros han vivido malamente. La vida del pueblo era la sierra y el campo. Lo que sí, había sierra, la sociedad de la Torre, el Ingenio. Las sierras eran suyas también. Eso las compraron ellos en el año 29. Había quien iba a por esparto y tenía que andar por lo menos cuatro kilómetros para ir donde estaba, porque el de más cerca ya se lo habían llevado. Luego tenía que salir, para venir para abajo, por el pueblo por caminos que había y lo tenía que llevar a Nerja para venderlo, a cuestas. Había quien tenía una bestia e iba y cargaba igual que la bestia. Pero el que no tenía bestia tenía que ir andando. Tenía yo cuando construyeron la carretera a Nerja unos nueve años o así. Me acuerdo cuando la construyeron, como un carril de cabras.

Entonces había los arrieros que cogían y cargaban el pescado en Nerja y lo llevaban a Granada. Salían de noche para amanecer en Granada por la mañana, al mismo Granada. Y luego también hubo un tiempo que también se traía el comestible, trigo, de Fornes, de Jayena, de los pueblos más cerca y los traían aquí para venderlos en el pueblo. También iban los hombres por pan para venderlo aquí en el pueblo con un saco a la cabeza. Como Pepe el de los Churros y muchos como Pepe, porque entonces la vida estaba más malamente. Un pan en aquel tiempo valía dos o tres pesetas. Pero no ganaba el trabajador para comprar un pan. Comían poco la gente.

Yo me acuerdo que donde está un salto grande en el Río Chíllar hicieron una fábrica de luz, y ganaban los trabajadores tres pesetas. Había gente de Cómpeta trabajando en la fábrica esa. Tenían que venirse de Cómpeta el lunes por la mañana y a las ocho tenían que estar en el trabajo. De Cómpeta a aquí hay tres horas de camino. Luego estaban ahí la semana. Dormían en el suelo. Si llovía, había una choza de algo. El sábado por la tarde se iban para arriba y ya no volvían hasta el lunes.

Todo esto se lo cuentas a la gente de ahora y no lo creen. Yo tengo tres nietos aquí. Esta gente han nacido, como yo digo muchas veces 'A vosotros os han dado el puchero puesto y la cuchara en la mano, y a comer vamos.' Sí, el antiguo ha visto de todo.

Cuando la Guerra Civil, como entonces había número (sorteo por el servicio militar), yo salí libre por el número. Pero luego me tocó también la guerra. Me llamaron en los primeros días de mayo. Ya llevaba un poco tiempo la guerra andando. Un hermano lo tenía yo ya enrolado en la guerra. Tuve un hermano republicano y otro con la derecha.

Mal negocio. Esa es la guerra civil. Todo lo que hay en la guerra es malo. Porque por un rato que tengas bueno, desde por la mañana hasta la noche puedes tener un par de horas buenas, si viene bien. Y si no viene bien, pues... Pero todos los que hay en la guerra tampoco mueren. Siempre queda alguno para contarla,

La gente de la sierra

¿sabe? Muchos tuvieron mala suerte y se fueron. Del pueblo fuimos cinco a la guerra y uno murió, nada más. Los demás vinieron otra vez aquí. Lo mataron en un pueblo que se llama Celadas, de Teruel. Allí es donde hace más frío del país. Yo pertenecía a las fuerzas de África y estuve en las Fuerzas de Choque al frente. Ahí había gente de izquierdas, gente de derecha. Estaban los Regulares, había banderas del Tercio y había tropas de todas clases. En la guerra se comía, daban de comer. Porque la guerra había que ganarla. Con un soldado con hambre no se llega a ninguna parte.

En el frente estuve yo 18 meses y pico. Estuve en la batalla del Ebro.* La batalla duró tres meses y cuatro días y yo estuve allí dos meses y 20 días. Allí todo era malo. Las tropas que había en España, en lado y lado, más de la mayoría murieron en la batalla esa. Se luchaba por un pedazo de terreno y de noche se lo llevaba el otro. Y ya al otro día, otra vez a la misma.

Aquí los rojos entraron en la iglesia. Los santos los echaron a la calle, los cargaron en un camión y los quemaron ahí en la Loma de la Ermita. Quemaron todos y todos los papeles que había allí en la Iglesia. Pero siempre algunos conservaron papeles. Porque con los mismos que iban recogiendo aquello, iba gente de todas clases. Le tiraban aquello, y lo que a ellos les gustó lo guardaron en su casa. Luego lo presentaron cuando ya pasó todo. La iglesia se quedó vacía y pusieron ahí un comité y allí los obreros hacían mítines. Allí vendían carbón, jabón, muchas cosas, un mercado.

Yo me fui para la guerra en el 37 y llegué en el 39 cuando se terminó la guerra. Luego mi hermano Francisco (del ejército republicano) se fue para Francia. Estuvo en Francia todo el tiempo de la guerra. No podía escribir ni nada. Hasta que ya se terminó todo, ya llegó una orden que podía venir. Pero ellos no vinieron hasta que ya se pudieron venir. Vino, estuvo aquí un mes, pero le habían hecho una operación en la garganta y tenía cáncer y se fue otra vez para allá. Estuvo en el hospital de Lourdes. Un hijo mío y mi hermana fueron por él y lo trajeron. Duró siete u ocho días, nada más. Fue un día allí al campo, al cortijo, y en siete u ocho días ya se murió.

Huyeron muchos temiéndole a la guerra, buscando para salirse para irse para la parte de Almería, que entonces estaba libre. Pasando también mala vida. El que tenía una bestia, pues la cargaba de lo que pillaba allí en la casa. Que luego la casa se quedaba allí. A unos se la quemaban y a otros no se la quemaban. El que había sido muy malo en el pueblo, los que quedaban allí le quemaban la casa y lo que tenía. Cuando volvió, si volvió, se encontró nada más que las paredes. Todo eso era triste. Muchos de los que se fueron robaron aquí mucho a los ricos y tuvieron que ir volando para allá. Los ricos para allá no se fueron ninguno

En la batalla del Ebro en 1938 miles de soldados, incluso muchos de las Brigadas Internacionales, murieron en lo que llegó a ser una cruel batalla de desgaste.

La gente de la sierra

porque, como el gobierno suyo era el que entró, encantados. El rico siempre ha estado bien y el pobre siempre ha estado más malamente.

En el pasado en el pueblo algo más de 200 bestias habría. Yo he tenido unas cuantas bestias mucho tiempo. Ahora no hay nada más que cuatro o cinco y están en el campo, en el cortijo, que tiene un caballo, que tiene un mulo. En el pueblo no queda nada más que una bestia.

Yo me acuerdo cuando unos pocos que se fueron a la sierra. No podían estar en el pueblo. Robaban aquí y tenían que ir corriendo a la sierra. Luego la Guardia Civil los buscaba, y a última hora pues dieron con todos. En aquel tiempo no se sabía a quién se le temía más: a la gente de la sierra o a la Guardia Civil. Porque, si vas al campo a trabajar en el campo, el día que ibas ya creían la Guardia Civil que ibas a llevarles de comer a ellos. Y luego no se podía llevarles nada, nada más lo justo para vivir el día aquel de trabajo. Y si encontrabas a los de la sierra, porque estabas hablando con los Civiles, ya era malo también.

Por la noche ya estaban los Civiles siempre en la calle. Sabían que venían algunos de la sierra por comida. Había quien no podía salir porque era familia de los que estaban en la sierra. Pero el que no tenía familia en la sierra, salía y no se metían con él para nada. El que ha caminado bien, siempre ha caminado bien. Pero el que no ha caminado bien... Dice el refrán que el que mal anda, mal acaba.

Entonces para ir al campo tenías que tener un salvoconducto firmado por la Guardia Civil. Me acuerdo que una mañana íbamos para allá, y ese hombre iba delante de mí al Santo Cristo. Ahí estaba una pareja de Guardia Civil, y le dicen al hombre: 'Oiga, el salvoconducto.' Por supuesto es una garantía enorme. Él dice: 'Aquí llevo un papelucho.' Dice el civil: '¿Con que llevas un papelucho?' Le pegó el civil un palo en el hombro con un garrote que tenía. '¿Un papelucho? ¿Una garantía es un papelucho?' Bueno, el Guardia Civil tuvo que ir a sacar el mío también. No lo sacó por el mero hecho de que ya le habían pegado el palo al otro. Y seguí para adelante.

Un poquillo más para allá me lo encuentro (al otro hombre). Ahí estaba contra un baluarte, quejándose. Digo: 'Bastián, mala mañana.' 'Calla, hombre.' Digo: 'Coño, a quién se le ocurre decir "un papelucho"? Un salvoconducto es una garantía de una persona, hombre. Es una garantía que te la han hecho.' 'Eso es un papelucho,' dijo y seguía diciendo: 'Eso es un papelucho.' Un hombre ignorante. Si él llega y le da el papelucho y no dice nada, pues mira: 'Vaya usted con Dios'. Pero la palabra era lo que le ofendió.

Hoy todo está aquí, en la calle principal. El pueblo de arriba está casi todo vacío. Allí viven muchos extranjeros que han comprado las casas. Han dado mucho dinero por ellas, casas endebles. Han vendido muchos las casas porque se han ilusionado en los millones que les han dado. Pero muchos están arrepentidos de haberlas vendido.

'En la sierra no había mucha piedad. Ahí no había nada más que la muerte y el mando. Ahí no juzgaban juicios ninguno.'

Miguel Rodríguez Liranzo, guarda forestal, nacido en Frigiliana el nueve de septiembre de 1922, muerto el seis de mayo de 2003.

Mi padre era forestal. Y estaba por el Duque. El Duque estaba en Madrid, un señor que tenía mucho dinero, y todas esas fábricas que hay allí enfrente eran suyas. Todo esto era suyo. Los de la Torre vinieron después.

Mi padre ha sido forestal, pero no llevaba ropa de forestal, solo ropa sencilla. Ropa de forestal se la daba a uno el Estado. Yo a la escuela no he ido nunca porque iba a la sierra guardando ganado con 10 años. Y entonces todo esto que ha habido aquí en España cuando la guerra, todo eso me ha cogido a mí aquí. Al principio de la guerra, estaba aquí. De aquí me recogieron a mí y a la quinta mía entera, y nos llevaron a los llanos amarillos en África en el ejército de Franco. En África estuve tres o cuatro años, o cinco. He pasado toda la vida en esas Áfricas. En El Aiún estuve después. Mataron a un teniente que era de Málaga, chillando los moros, los moros chillando. Allí el que no le daban un tiro, se moría herido de otro sitio.

Empecé a trabajar como guarda forestal al poco tiempo de venir yo del ejército por los años 40. Andando por la sierra, ví muchas cosas, quizás demasiado. Y las que se me han ido de la cabeza. La gente de la sierra eran guerrilleros. Los otros son los que los mantenían. Y como ellos venían de noche allí, ellos cuando a los bandoleros les parecía, pues les daban un brazado de billetes. He visto hasta 50 de ellos en un grupo, como un pequeño ejército, con armas, con comida y todo.

Ví a Roberto, el jefe, en Venta Panaderos. Era un puesto de la Guardia Civil, pero de moros. Luego lo cambiaron los Civiles por los moros, porque los ban-

La gente de la sierra

doleros se iban a comer a los moros, que los iban a matar. Los más duros eran la Guardia Civil. No quería amistad con los paisanos. La Guardia Civil quería estar sola. Y ahora igual, le gusta estar sola.

En un sitio que le llaman la Fuente del Esparto, ahí han hecho de todo. Mataron a cuatro o cinco bandoleros ahí, y los metieron en el Poyo del Embudo, es una sima para abajo. Para que no supieran que era la Guardia Civil, los echaron allí y a los pocos de días los sacaron podridos. Uno lo cogieron de la sima y se arrancó la pierna ahí por la ingle, y no había quien parara allí de la peste que echaba. Los llevaron metidos en sacos en bestias para Nerja. Y en Nerja están, y su gente no sabe dónde están. Tiraron tres, muertos y hechos pedazos. Uno de ellos era cuñado mío. Y está enterrado en Nerja. Pero que eso no lo saben nada aquí, tanto en Frigiliana ni en Nerja saben que están enterrados en Nerja, enterrados por la Guardia Civil.

Cuando uno del pueblo, el Moreno, atacó a un soldado moro aquí, lo vi. Yo venía con un poquito de leña para la casa. Ahí, en un canal que pasa por ahí, en el río, había dos moros o tres. Se estaban lavando. El moro estaba metido en la acequia en cueros. El Moreno le dio un hachazo en la cabeza y lo dejaron listo. Después él se fue corriendo. Venían dos más del pueblo con él. A Pepe Mocha, uno de los que se fueron a la sierra con el Moreno, lo mataron en Zafarraya. Estaban ellos buscando comida y estaban apostados la Guardia Civil. Los esperaron y mataron a seis o siete. Es que Pepe Mocha no era malo. Pero como no era malo, no era listo. Sólo tenía dos dientes, porque se le había caído de chiquillo. Nunca había comido carne, solo caña de azúcar, por eso cayeron los dientes.

Hay un sitio que se llama el Collaíllo de los Civiles. Ahí es que paraban los bandoleros y los Civiles pillaron a uno y le dieron una paliza y que lo dejaron por muerto. Lo llevaron al collado con una bestia para hacerle la autopsia en el cementerio de Cómpeta y al otro día resucitó. Que resucitó ahí. Y lo pusieron en libertad.

El Roberto ajustició a varios de su grupo. Una docena quizás que mató. Ahí no había mucha piedad. Ahí no había nada más que la muerte y el mando. Ahí no juzgaban juicios ninguno. Recuerdo que una vez la gente de la sierra tiraron un pastor con las manos amarradas en un sahur de marranos y se lo comieron los marranos. Se lo comieron entero. Quedaron ahí nada más que las albarcas, que son de goma. Los marranos se comen todo lo que pillan, de una persona viva. El pastor era de los suyos. Había chivateado y por eso lo mataron. Eso fue en Jayena o por ahí.

Estuve en peligro de vez cada instante. Y luego andar de noche, que de noche le daban un tiro a uno. Andando por aquí, yo encontré cuerpos de vez en cuando enterrados, pero no lo decía, porque me metían en la cárcel. Todavía hay muchos enterrados en la sierra. Pero yo no me he atrevido a decirlo. Ahí llevan ya una pila de años. Y otros se los han llevado, o los han dicho a los familiares.

'Una vez estuvimos unos 20 en lo alto del tejado de la Venta Panaderos cuando estuvieron encerrados el Cabo Largo y siete u ocho Guardias. Había quien dijo de echarles bombas por la chimenea.'

José López Centurión (Rodolfo), obrero, guerrillero en la Agrupación de Roberto, nacido en Nerja el 10 de septiembre de 1929. Ha muerto.

Después de las elecciones del 36, me acuerdo cómo mi padre (Jerónimo López Muñoz) venía a casa cuando se quemaron la iglesia en Nerja y todo aquel movimiento que hubo. Él era de la UGT y trabajaba en la fábrica Larios. Venía a casa diciendo que aquello era un desorden, que era un desastre, y mi madre (Adelina Centurión Medina) lloraba y decía que no se metiera en nada, no fueran a matarlo. Estalló la guerra el 18 de julio, y en febrero del 37, cuando las tropas Nacionales ya tomaban Málaga, fuimos a la finca de mi abuelo en El Río de la Miel y mi padre huyó a la zona republicana.

Nos deja con mi madre, una mujer muy trabajadora y fuerte. En el primer periodo de la guerra se dedicó a comprar huevos a un campesino y venía a Nerja a vender y llevaba encargos, de azúcar o cosas, mandadillos que le pedían, otras veces a recoger aceituna, según. Aquí en toda esta sierra quedaron todas entre los costados, entre los que se quedaron cortados. Hay una cantidad de personas que huían de aquí al monte y empezaron a venir de aquella zona guerrilleros o los Niños de la Noche.

Ahí empieza la tragedia. El comandante de las partidas que vinieron de los Niños de la Noche era un tal Julio Ramos Corral, comunista, el que llevaba el mando cuando volaron el puente de Cantarriján. Llevaba la lista de todos los que le estaban ayudando a la gente que se escapaban del régimen de Franco. En esa lista metió a mi madre que le había buscado casa. Cuando Ramos Corral vino a ver a la familia en Torre del Mar, llevaba todos esos informes encima. Lo cogieron y toda esa documentación. Ahí empieza el éxodo.

Al primero que cogen de esa lista es a Miguel Moreno González, de El Río de la Miel. Le pegan una paliza y le llevan a un careo colectivo en Vélez. Luego la Guardia Civil y los falangistas le obligan a ese señor a que vaya señalando las casas donde viven aquellos que tenía Ramos Corral en la lista. No era que él las denunciaba. Era que le obligaban como conocedor del terreno. Como en la lista

La gente de la sierra

iba mi madre, también la detienen y nosotros nos quedamos abandonados. Mi padre en la zona republicana y mi madre en la cárcel. Se rumorea que el que ha denunciado a mi madre era ese Miguel Moreno y ahí empieza una tragedia de mentiras, porque eso era mentira.

Nos repartieron. Los pequeños, los mellizos, tenían dos años y medio y yo ocho. Yo no tenía escuela, no tenía nada, pero me crié en el campo, solo. Yo fui el que más malamente lo pasé. A los ocho años, fui con un tío mío. Era muy borracho. Estaba separado de la mujer. Una noche, a las tres de la mañana llegó borracho, me dio una paliza tremenda, y me echó de su casa en El Río de la Miel. Por esa muy temprana edad tomaba yo mis decisiones. Tuve que andar dos kilómetros de monte para llegar a la casa de mi abuela. Llegué destrozado, deshecho, y cogí depresión. Se me pegó al estómago y todo lo que comía lo devolvía. Estuve a la muerte. Más tarde un médico me dijo que me quedaría debilidad en la rodilla. Estuve con mi abuela hasta que me puse bueno. Volví yo voluntario con la suegra de Miguel Moreno. Me quité de la familia. Estuve cinco años con ellos, hasta que vino mi madre, en el año 43, y me pegué a su lado.

Cuando mi madre regresa de la cárcel, lo primero que le pregunto yo es que quién la denunció. Me dice que había tenido un careo con Julio Ramos Corral en Vélez y le contó todo lo que había pasado. Mi madre estuvo condenada a 12 años y un día. Le condenaron por evadir a un militar, por lo que condenaban entonces. Cinco años fue a la cárcel solamente porque le dio de comer a aquellos señores que llegaron allí al cortijo y otra cosa no podía hacer.

Luego, ya en el año 45, viene mi padre de la cárcel. Cuando terminó la guerra también fue a la cárcel. Lo condenaron a 30 años por haber sido de la UGT y todas esas cosas. Decide mi padre, que no le daban trabajo, de coger las tierras de mi abuelo de renta a El Río de la Miel y se van ahí. Pero yo no quiero ir, no señor. Ya había pasado aquello, yo me quería marchar. No obstante, al irse mi hermano mayor, Francisco, al ejército en el 46, mis padres me obligan porque yo soy el mayor a irme a El Río de la Miel para ayudarles y trabajar las tierras. Francisco está sirviendo en una compañía de Jaca. Viene aquí con permiso a primeros del 47, desertó y se fue a la sierra. No llegó nunca a mi casa de El Río de la Miel. Ya en el 47 lo quitaban de cerca de la familia para que no tuviera contacto con la familia. Aunque nos llevábamos muy bien, nunca supe por qué se fue, sino por eso que yo he contado de la familia. Yo mayormente creo por engaño. Como cuando vinieron los de Orán en el año 44, esos venían con unas creencias de que los americanos, cuando terminara la guerra mundial, nos iban a liberar de Franco. Y los rusos y, si no los rusos, los otros. Yo he sentido muchas conversaciones como esa. Yo no lo he creído nunca.

Yo me fui a la sierra en el 47. Me dejaron un hombre que estaba enfermo del estómago para que le llevara una botella de leche, unos huevos. Dieron una batida allí (la Guardia Civil) y no lo encontraron. Se había escondido muy bien.

La gente de la sierra

Yo no me fiaba ni de mí mismo y me fui a la sierra. En diciembre del año 47 me encuentro con mi hermano. Como mayor que era, me echó la repulsa, para qué me había ido, que aquello no era lo que nosotros pensábamos, que aquello era muy distinto. Vamos, que se había desengañado.

Cuando en el 44 aquí venían de África 10 de la guerrilla, el jefe Ramón Vías, esos traían unas normas: no era matar a nadie, no era robar, no era meterse con el campesino. Y por eso le llamaban Maquis. Andaban por aquí en la sierra y por todos lados vestidos como estamos nosotros ahora, cualquier campesino. El que quería pues iba a su casa a ver a su familia. Eso duró desde el año 1944-45 hasta el 46. En el 46 muere Ramón Vías en Málaga.

José López con una foto de su hermano Francisco

Cuando Roberto pone los uniformes, ya no puede el guerrillero ir a ver a su familia ni ir a ver a nadie. Es un simple soldado. No es disciplina, no es eso de hacer instrucción ni nada de eso. Ni puedes ir solo a ningún sitio. Se tienen que ir a las Guardias, dos. La desconfianza de unos a otros. Ya no te fías de tu compañero. Y aparece también aquí la contrapartida (Guardia Civil disfrazado de guerrilleros). Y vienen las muertes en el año 47.

A primeros del 47 aquí en Nerja en la Fuente del Esparto ellos matan a un hombre que estaba haciendo carbón. Le habían dado 300 pesetas para que comprara lo que fuera, un hombre que había estado en la cárcel cinco años, los hijos muertos de hambre. Se gastó el dinero en comida para los hijos y luego fue a Barcelona a ver si encontraba trabajo. No encontró trabajo y se vino de buscar por carbón y lo mataron por chivato. Había muchas personas allí que no aceptaban eso.

Se cargan en el 47 a un tal Antonio Sánchez, El Tejerillo, un guerrillero. Él nació en la parte de Almuñécar y en mayo del año 45 se había ido de El Río de la Miel cuando cinco muchachos se habían ingresado a la sierra. Y en junio matan a ese Antonio Sánchez sus propios compañeros. Uno de ellos se escapa. Se viene para su casa, para entregarse sería, para quitarse de la sierra. También lo cogen

La gente de la sierra

y lo matan los propios compañeros por no estar conforme con ellos. El delito es no estar conforme. Si se llama la cosa democrática y no estoy conforme con ellos, me creo yo que con irme para mi casa ya vale. Que me cogen y me matan porque opine lo contrario, eso yo he considerado como una dictadura comunista.

Sentía miedo de sus propios compañeros y miedo de sus propios enemigos. Es que no había salida para nadie. Los únicos que les tenían que proteger eran los campesinos. Si el enemigo, la Guardia Civil y el régimen de Franco eran criminales, asesinos, yo no me tengo que portar igual. Porque si yo me estoy portando igual, soy otro verdugo para esos campesinos.

De vez en cuando ellos entrarían en un poblacho. Son cuatro casas juntas y entró a dar una charla Roberto. A algún campesino en una casa de campo le hablaron de política, de que si las tierras se las iban a dar, que si... Todo eso es muy bonito. Pero el campesino estaba asustado. Porque le decían: 'Si no nos prestan atención, venimos y te matamos.' Y como es que lo hacían, pues tenían miedo. Nos tenían miedo. La palabra, eso es que lo he sentido yo. Por eso le digo que de protección nada. El terror.

Ellos del Partido Comunista estaban encubiertos dentro de la bandera republicana y nos tenían engañados con la bandera. Y la cantidad de jóvenes que había en la sierra, campesinos que ni sabían leer ni sabían nada, no les explicaban que era el Partido Comunista. A partir del año 47 ellos se formaron una dictadura totalmente comunista. Los jefes, que eran todos comunistas, se reunían. Pues los otros nada.

Nosotros llevábamos un brazalete con la bandera de la República, que te lo ponías cuando ibas a algún sitio que hubiera gente, como un soldado. Pero no había disciplina. No te dieron escuela de marxismo ni de nada de eso. Yo no he visto de darle escuela a nadie. Hombre, si pedían una cartilla, pues te lo compraban, eso sí. Tú agarrabas y te leías con algún compañero que fuera. Ahora, yo era más aprovechadillo que los demás, otros no. Aquello era muy distinto a lo que cuentan muchos.

Sí había un sueldo que decían ellos que iba a haber todos los meses. Así ofrecieron a muchos y algunas veces sí dieron las 500 pesetas. No seguido todos los meses, pero cuando dieron un golpe que era abollado pues sí te daban las 500 pesetas. Yo no sé si yo, en los dos años que estuve, cogí las 500 pesetas tres o cuatro veces. Y siempre eso venía para mi madre que era la que más había sufrido y tenía derecho a tener comida.

Nunca estuve en la escuela. Yo aprendí por un amigo mío. En la sierra había uno un poco mayor, Carlos, que se fue a vivir a Nerja y estaba en una casa escuchando la radio, cogiendo información. Según la Guardia Civil, fue matado en Cázulas, Granada, en 1949. Su nombre propio es Francisco Reyes Montes, hijo de un carabinero, de Motril. Ahí, en la sierra de Nerja, se cogía y decía: 'Tienes que aprender.' Me hacía cuentas, me ayudaba. Pues ya juntaba letras, leer, pero

La gente de la sierra

eso era por cuenta de él, pero no porque te obligara a hacer el maestro ni te obligaran a eso. Yo me enseñé a leer allí en los dos años en la sierra. El tiempo que tenía libre acudía a ese hombre. Cuando llegué en la sierra, preguntaba por mis conocidos. Todos me decían que estaban en Sierra Nevada. Y estaban muertos. Vamos, que los habían matado ellos. Ese era el embuste que daban. Cuando mataban a uno, o 'estaba en Sierra Nevada' o 'lo había matado la Guardia Civil en un apostadero' o...unas versiones que hacían ellos para los que estábamos dentro. Entonces, se reunieron todos, los juzgaron allí. Aquello era demencial. A mí me desmoralizó y yo ya no me fiaba de nadie. Yo ya desconfiado, porque de pequeño he tenido mi sufrimiento.

Jaimito, un chaval de Frigiliana, estuvo conmigo en la sierra pero muy poco tiempo. A ese muchacho y a otro les mandaron de la Venta Panaderos al río de Nerja a por unas perolas. La Guardia Civil los tiroteó y él se tiró la escopeta y las perolas y salió corriendo. El otro que le acompañaba también tiró las perolas pero se llevó la escopeta. Hombre, si yo tiro la escopeta no regreso, sabiendo lo que ocurría allí. Me impresionó muchísimo porque, cuando llegó allí, Los Frailes se reunieron como hacían siempre. Los jefes eran los que mandaban y acusaban. Lo acusaron a ese chico de todo, vamos, una persona y más joven. Yo creo que lo hubieran matado. Es la primera vez que yo veo aquello, como se jugaba.

Siempre se montaban las patrullas para ir a por suministro o hacer lo que fuera por la noche por ahí de camino. Le juzgaron tanto (a Jaimito) que a las seis de la tarde lo nombraron para salir de viaje por El Fraile el menor. Y él se tiró para Joaquín Centurión, que era entonces comandante en jefe del Sexto Batallón y mandaba más que Los Frailes. Se largó a las tiendas de Joaquín, los nervios apretados. Estuvo a punto de tirar a Joaquín al suelo, diciéndole: '¡Joaquín, por Dios, que me matan, que ellos me quieren matar! Me quieren asesinar.' Aquella fue la impresión más grande que he tenido yo.

Él tenía tanto miedo que se agarró. Entonces Joaquín le dijo al Fraile el menor que lo quitara de la vista y, en vez de él, me pusieron a mí en la lista de que se salía aquella noche, la primera noche que yo salí de patrulla para allí. No fuimos a ninguna parte, ni a encargar comida ni nada, nada más que a la Venta Panaderos. Cuando regresábamos a las 12 de la noche, nos dijo El Fraile, que de aquello que habíamos estado y lo que habíamos hecho, que no se dijera ni una palabra. Que nos cortaba la lengua. Así que yo sospeché que se lo llevaban para matarlo.

A los cuatro o cinco días, me nombraron a mí de Guardia con Jaimito. En lo alto de un cerro, sales por la mañana y hasta mediodía que te relevan estás allí solo, vigilando. Y allí le metí yo los dedos por una persona que yo había preguntado cuando yo llegué y me habían dicho que estaba en Sierra Nevada. Porque se lo trajeron de El Río de la Miel a Edmundo (Miguel Martín López), un chaval que también sería un poco mayor que yo. Engañaron a la familia y a eso.

La gente de la sierra

Yo le metí los dedos a Jaimito hasta que le hice cascar. Y sí me dijo lo que había ocurrido en el trayecto de El Río de la Miel hasta el río de Frigiliana. En un sitio que le llaman Puerto Umbrales El Fraile el menor le pegó un tiro a Edmundo por las espaldas, en la cabeza, y lo mató. Que estaba enterrado por ahí. Es uno de los desaparecidos. Edmundo había venido a la costa e hizo el error de volver a la sierra y adentro de 24 horas le habían matado. Un poco más tarde se presentó Jaimito y se fue a la Legión.

A mí me han preguntado muchas veces que si sería estalinista. Yo en ese tiempo ni sabía lo que era estalinista ni lo que era ser de Nietszche ni de eso. Yo siempre he sentido desde la guerra 'los comunistas, los socialistas, la derecha, los anarquistas, los republicanos'. Continuamente, he escuchado esas palabras. Pero cuando llegaron las elecciones democráticas aquí en el año 77 me puse las manos en la cabeza. Yo me conté nueve partidos comunistas, y cinco partidos socialistas. Entonces, lo que yo veo es que siempre ha estado bien organizada la derecha.

En todo ese tiempo que estuve en la sierra, fui práctico. Yo estuve siempre agregado a una especie de suministro, no para matar a nadie. Yo creo que a mi hermano lo pusieron de jefe de ese grupo por el mismo motivo. Yo he estado ahí en el río de Frigiliana, donde está Venta Panaderos, y allí pasaban arrieros, tramperos, con garbanzos, con alubias cuando todo eso de la hambre.

Había gente que llevaba de aquí género como miel, otras cosas, para la provincia de Granada, y luego traían garbanzos, harina, una cantidad de género para abajo. Yo he parado cantidad de arrieros para la comida, descargar, pagarles. Le han pagado los jefes la carga y se han ido. Entonces era tiempo de estraperlo. Alguna vez también los de la sierra han robado, pero la mayor parte era comprado y luego transportado a cuestas. Nosotros íbamos cargados como burros y ya tenían suministros ellos.

Lo primero que hacía yo era no hacerme ver con ningún campesino o pastor por el peligro que corría yo y corría ese hombre también. Yo tenía que sortear los caminos para no tropezarme con la Guardia Civil. Pero también tenía miedo en ese tropiezo de que me pudieran matar mis propios compañeros. El soplón existía dentro del propio grupo. Estaba escuchando para ir a decirle al jefe o jefes lo que habías dicho. Esto no me gusta. En una dictadura tenías miedo.

Ahí nosotros pasamos hambre, incluso tuvimos miserias, piojos. Nosotros no vivíamos como dicen muchos, que vivían del robo, secuestros, todas estas cosas para el dinero. Nosotros no recibíamos dinero de nadie de fuera. Nosotros ahí estábamos aislados a lo que quería el vecino.

Armas había pocas. Por ejemplo, en el grupo de José García Muñoz, Ceferino, él llevaba un mosquetón de regimiento y una pistola de nueve milímetros y 800 balas. Sargento Rojas Álvarez, Arturo, una pistola de nueve milímetros. Y luego este grupo llevaba otro mosquetón. Y los otros siete con escopeta. El

La gente de la sierra

LAS ACCIONES DE LAS GUERRILLAS DE ANDALUCIA

El combate del Cerro del Lucero

Las fuerzas represivas sufrieron veinticinco muertos y quince heridos

Un enfrentamiento en Cerro Lucero aclamado como un triunfo guerrillero por *Mundo Obrero*, órgano comunista

jefe tenía una bomba de piña. Ahora, estaba ya mermado. A todos los enlaces en Nerja se les puso un nombre supuesto, y entonces no se les dijo a los jefes quién eran esas personas. Cuando recogíamos el suministro, venían 15 o 20, cargábamos y no vieron nunca a quien nos podía el suministro. No lo sabían nada más que yo y mi hermano.

Luego había la cuestión de la contrapartida, que se vestían igual que nosotros. Teníamos nosotros uniformes, pantalón y cazador de pana, camisa caqui, y una boina. Y unas albarcas (zapatos con suela de goma cortada de una rueda) que comprábamos en la parte de Granada. En el año 47, los de la contrapartida llegaban a un campesino que era republicano, a lo mejor un pastor, y le exigían que les llevara de comer. Si no había visto a la gente de la sierra, pues caía en esa trampa. Les llevaba de comer y a otro día le secuestraban y le fusilaban. Y decían que le habían matado unos guerrilleros. Eso lo hacía la propia contrapartida y luego lo declaraba la Guardia Civil.

Por el mes de diciembre del 47 secuestran a cinco de Nerja y a tres mataron en Canillas de Albaida y a dos en los límites de la sierra de Frigiliana, el Barranco del Manu. Todo eso hacía la contrapartida. Entonces, había muchos que proponían lo de Roberto: cuando se mata a un Guardia Civil se le quite el uniforme y nos vestimos nosotros también. Eso no lo querían ellos.

Mi hermano, al poner las partidas esas, también les advirtió a los campesinos que, si no iba ninguno conocido, que denunciaran. Nosotros éramos para cuidar a los campesinos para que no les pasara nada, para que no supiera nadie quién eran los del suministro. Ellos (los jefes) le contaron al Partido Comunista de que nosotros teníamos esas consignas para nosotros separarnos de allí. Y que, si no

La gente de la sierra

íbamos nosotros, no le abrieran la puerta los campesinos a nadie.

El único tropiezo que hubo con la Guardia Civil fue en Cerro Lucero. Allí me cogió porque era la concentración. Todos los años por Navidad se congregaban todos los grupos. Había ciento y pico. Los que estaban en Sierra Nevada, todos esos venían aquí a la sierra de Nerja y en el diciembre de 48 era allí detrás de la Venta de Panaderos, en Cerro Lucero. Aquel día nosotros, un grupo de 20, que habíamos estado en Frigiliana a por suministros, entramos cargados a las cinco de la mañana. Nosotros sabíamos ya que habían venido fuerzas pero no sabíamos para dónde. Nos acostamos.

Encima de la Venta de Panaderos hay dos pinos y la Guardia Civil sabía que la Guardia estaba en un pino de esos. Sabían las dos entradas o salidas del campamento pero se escapó la gente porque la tercera salida no la sabían. A las ocho de la mañana, el cocinero salió a cagar más para abajo. Lo primero que le salió fue un perro. El cocinero empezó a gritar que es la Guardia Civil y entonces se lió el tiroteo. Todo el campamento era en tiendas de campaña que hacían con una lona, y todos íbamos saliendo y escondiéndonos detrás de las rocas, con las escopetas, pero en mangas de camisa.

Desde las ocho de la mañana hasta que oscureció hubo tiros. Yo no tiré ni uno. Desde lejos, por la tarde sí vi yo a ellos de abajo. ¿Pero en ese instante qué vas a tirar con una escopeta a 300 metros o más? Tú no puedes tirar un tiro. ¿Para que vean el humo que ha salido de la escopeta? Con la escopeta sí se puede rechazar, que es lo que ocurrió. Todos los que venían para arriba, pues los rechazaban. Yo creo que habría muchos heridos, porque rodaron ellos y se caerían.

Nosotros subimos y salimos arriba del todo para guardar las espaldas atrás. Que es donde hieren a dos, ya a las nueve de la noche. Esos heridos caen porque, al salir de aquí, tienen que saltar una sima y el tío que nos vio nos tiró la ráfaga por las espaldas. Yo iba en medio. Al que iba a mi derecha le dio en la pierna y el que iba a mi izquierda le dio en el codo. A mí no me pilló. Al del codo me lo tuve que echar a cuestas.

El día 1 de julio de 1948 estuve en el Cortijo Los Caños cuando Paco Cecilio fue matado en una emboscada de la Guardia Civil. Aquel día murió también Joaquín Centurión Centurión, el comandante del Sexto Batallón, en el río de Torrox, por El Acebuchal. Una emboscada de noche. Se supone que lo había denunciado algún campesino porque ya en el año 48 no se podía fiar tampoco de los campesinos, como les tenía aterrorizados. Entonces, cuando muere Joaquín, nosotros estábamos más de la parte de las creencias de Joaquín que del Fraile y de Roberto.

El día 30 de junio nosotros salimos de Alcóncar, 20 tíos, a por suministros, dos cargas de comida que nos tenían que dejar en el Cortijo Los Caños. Joaquín iba con nosotros, también Paco Cecilia y Vicente Vozmediano, uno de Frigiliana. Los tres eran jefes. Iba mi hermano también. Yendo por la ermita por en

La gente de la sierra

medio del pinar por la tarde, se vieron los moros en El Fuerte y le dije yo a Paco Cecilia: 'No me gusta esto. Esta noche no me gusta. No me gustaría seguir.' Joaquín lo escuchó y me regañó. Me dijo: 'Supersticioso.' Cuando llegamos a los Cuatro Caminos, Joaquín se fue con ocho para el río para Torrox y nosotros cogimos un camino a Los Caños. Entramos por la parte de atrás del cortijo. Cuando estábamos en la puerta, el práctico se había separado de nosotros y con los otros estaba bajando a la alberca a la espalda del cortijo. Yo me asomé a la esquina del cortijo y llamé a Vicente: 'Que subas que tú sabes dónde está el suministro.' Eso lo tuvo que escuchar la Guardia Civil.

Como yo hacía siempre, yo me iba solo y me fui a lo hondo de los paseros. Allí me tendí de espaldas para el cortijo. Encima de los paseros había una cocina que tenían allí la leña y todo eso. Yo estaba mirando para arriba cuando sentí un tiro de pistola. Hice de mover la cabeza para el cortijo y me tiraron una ráfaga a mí. Tiró toda la tierra y la echó a la cara. Me quedé un momento y voy para abajo donde hay un baluarte. Al ratillo salimos de allí por el mismo camino que habíamos venido, sin suministros ni nada. Eso sería la una de la mañana del día 1, cuando ocurrió eso y llegamos a Alcóncar de día. Ahí ya le dimos a Paco por muerto.

Entonces de Alcóncar, al mediodía, los 11 que quedamos salimos para El Río de la Miel. Cruzamos toda esa sierra y al día siguiente amanecimos en un sitio que se llama la Camatocha, en la sierra de Nerja. El día dos por la tarde, llegamos nosotros al Río de la Miel en los Tajos Rodados. Aquella noche fue mi hermano con otro y Francisco, el hermano de Joaquín, y yo no sé dónde adquirirían una arroba de patatas. Otro día por la mañana le compraron a un tío de Joaquín un cabrito. A la una habían picado la carne y las patatas y estaban haciendo las patatas con carne en una alberca en el barranco.

El Tuerto, porque yo era el práctico, me tira una piedra al campamento. Subo yo a la Guardia y dice: 'Que veo muchos bultillos con la cabeza colorada por allí arriba.' Digo: 'Pues eso serán una banda de colorines.' Miro por los prismáticos y venía un señor delante de los moros, bajando una panda de moros, yo no sé cuántos serían, pero para nosotros. Entonces le dije al de la Guardia: 'Venga, tira para arriba.' Y les dije a todos los que estábamos allí: 'Preparad los macutos que nos marchamos de aquí. Que los moros vienen en busca nuestra.' Bajé donde estaban los otros haciendo la comida y les dije: 'Tirad la comida y las perolas y venga. Que tenemos los moros encima. Y no sabemos lo que viene por detrás.'

Entonces los saqué por ahí hacia Nerja. Nos apalancamos en un sitio llamado Los Catalanes. Ya llevábamos tres días sin comer. Nada. Por eso en la Guardia Civil, cuando yo me negué a comer aquí, no sabían que yo aguantaba hasta siete días sin comer. El día cinco fuimos por casualidad a casa de una tía mía. Estaban comiendo y lo poquillo que tenían nos lo pusieron de comer aquella noche. Pero no nos podían suministrar para 11 tíos que íbamos. Volvimos otra vez al mismo sitio. Eso ya el día seis. El día siete bajamos a otro cortijo y nos dieron queso,

La gente de la sierra

leche, y otra cosas, pero tenían poco. Yo no entraba en los cortijos y me quedé con otro que le decían el Careto. El dice: 'Voy a cagar.' Digo: 'Bueno, tú sabrás lo que vas a cagar.' Llevábamos ya tantos días sin comer. Habíamos comido un poquillo, mayormente 10 kilos de patatas crudas que nos las repartimos.

Cuando llegaron los otros, trajeron una botella de leche y un trozo de queso para partirlo para los dos. Me dicen: '¿Dónde está el Careto?' Y le digo: 'Pues el Careto se ha ido a cagar allí.' Pero no estaba el Careto, ni había cagado. Venía la Guardia Civil para arriba, así que nos tenemos que ir, avisarle a los otros para donde habíamos salidas. Ahí para el río de Frigiliana había por lo menos 30 al mando de Felipillo (Manuel Martín Vargas, de Escúzar, Granada). Entonces, cuando nosotros regresamos, a los ocho días, pues llevaban ellos también otros cinco o seis días sin comer. Habían matado unas cabras, se las habían comido asadas o fritas. Los huesos tirados en el suelo los estaban recogiéndolos, cociendolos en ollas y bebiéndoselo el caldo.

De ahí vino que Felipillo me quisiera matar a mí. Porque delante de toda esa gente le dije: 'La culpa de que aquí se esté pasando hambre es tuya.' Pues intentó matarme. Entonces mi hermano nombra a unos para ir aquí a Nerja y encargar comida. Venían cinco. Llegamos aquí a Nerja deshidratados. Nos pusieron café en una casa aquí en Nerja y nos pusieron pan con aceite, calentito. No nos entraba el pan. No teníamos paladear. El café sí nos lo bebimos. No podíamos tragar la comida. Estuvimos todo el día comiendo tomates picados.

Nos cargamos a los dos días de estar ahí una garrafa de 16 litros de aceite, arroz, harina. Cargados como burros, subimos por la parte del Río Chíllar. En dos días habíamos recuperado algo. Salimos de aquí por la noche, nos metimos por Puerto Umbrales, todo el día andando por la sierra, y por la mañana, llegamos a lo alto del río de Frigiliana, que es donde estaban ellos. Y no había nadie. Sólo nos encontramos con un muerto. Yo no sé quién sería el muerto. No era de la sierra. Nos tenían que haber dejado nota esos "Felipillos" pero no había. Cuando nos dimos cuenta, estábamos casi vencidos.

En la Venta Panaderos y por ahí había Guardias Civiles. No nos dejaron señas. En un tubo se metía una nota y se señalaba en el tronco de un pino y en esa notilla los jefes te decían aproximadamente dónde podían estar. Pues no dejó eso. Como mi hermano le amenazó con matarlo al Felipillo y tiró la pistola al suelo delante de todos, nos hizo traición con eso. Nos quitó la nota. Nos hizo perdernos. Tuvimos los cinco que volver por los pinares por el mismo camino, por Puerto Umbrales y al río de Nerja.

Estuvimos lo que quedaba de julio, todo el mes de agosto y todo el mes de septiembre perdidos. No pudimos hacer contacto. Los encontramos a últimos de septiembre. Estaban el Estado Mayor y todo y nos recibieron casi encañonados. El Felipillo nos acusó que habíamos desertado. El día 12 de julio nos enteramos que a Joaquín lo habían matado. El padre de Joaquín y mi abuelo eran primos

La gente de la sierra

Una noche en la Venta...

'Yo he estado en la Venta de Panaderos, riendo o charlando. Pero nada de vino. No te lo permitían. Yo no sé si Roberto tenía relaciones con una chica de la venta. De relaciones de mujeres, allí estaba eso prohibido, de ninguna clase. Nosotros teníamos prohibido la cuestión de las mujeres y la cuestión del vino. De modo que nosotros llegábamos a una casa, y nosotros lo primero era respetar a esa mujer. Una vez, toda la noche entera, estuvimos unos 20 con Joaquín en lo alto del tejado de la Venta Panaderos cuando estuvieron encerrados el Cabo Largo y siete u ocho Guardias. Había quien dijo de echarles bombas por la chimenea. Pero estaba la gente en la venta, allí dentro, y a la familia no iba a hacer eso.'

---

hermanos y mi madre y Joaquín eran primos segundos — de modo que éramos de la familia. Y el Estado Mayor nos recibió para fusilarnos. Menos mal, a ese hombre de Agrón, que conocía a Felipillo, lo puso como una rodilla a Felipillo, pero como ellos eran comunistas no pasó nada. Los comunistas se tapan unos a otros los errores.

Mi hermano está en contra de enseñarles a los jefes quienes eran los enlaces, está en contra de que no se les hable de la contrapartida a los campesinos. Mi hermano defiende a esos campesinos porque es nuestra ayuda. Les tiene que advertir de que se vestían igual que nosotros y que, si no eran personas conocidas, que denunciaran.

El día uno de diciembre de 1949, nos llevan a nosotros a un consejo de guerra en un campamento. Todo el Estado Mayor, todos los enlaces estaban enfrente de nosotros. Yo no sabía a lo que iba. Pero allí nos acusaron de todo, de traidores, de que decíamos a los campesinos que denunciaran. Nos acusaron de que queríamos separar el grupo de los demás, que teníamos consignas para suministro para nosotros.

Mi hermano le pidió que fuera delante del grupo toda aquella acusación. Como decían que nos queríamos separar con el grupo entero, también se debería que estuviera el grupo presente. No tuvo solución. Nos condenaron a muerte a los dos. Al separarse de mí, Francisco me dijo así: 'Tú a estos criminales y asesinos no les ayudes en nada. Y te largas de aquí.' Esa fue la última conversación que mantuve yo con mi propio hermano. A él se lo llevaron y, como allí se sabía que cuando iba uno trasladado de eso, lo mataban por el camino... Uno me dijo que sí, que lo mataban. Dijo que yo le tenía que enseñar todas las consignas y todos los enlaces y enseñarles todo lo que yo sabía. Entonces a mí no me pasaría nada.

¿Qué le iba a decir en aquel momento? Le tendría que decir que sí. Eso fue lo que ocurrió. Luego yo, todavía esa noche dormí allí, y a la noche siguiente

La gente de la sierra

me mandaron a por agua. Siempre yo he sido un poquillo despabilado y le dije al acusador, que era el secretario general del Partido Comunista en la sierra, Manuel Martín Rico (alcalde de Nerja en la Guerra Civil): 'Toma la escopeta y me das pistola para ir a por agua a cambiar.' Él, para congraciarse conmigo de las acusaciones, me dio la pistola con dos cargadores. Yo me podía haber cargado medio grupo. Los cuatro compañeros venían conmigo a por las cantimploras, me los cargo. Para mí fue aquello terrible. Estuve a punto de matar a cuatro inocentes para escaparme.

Yo no tengo nada contra el Partido Comunista ni contra el Partido Socialista. Además, yo he sido más que 30 años, hasta el año 93, de Comisiones Obreras y he tenido relación con el Partido Comunista y con el Partido Socialista. Incluso he tenido carné. Pero los comunistas actuales mienten para encubrir el asesinato de mi hermano. Hay unos que han pretendido que un Guardia Civil de Torrox le dijo a Los Frailes que mi hermano se quería escapar y por eso le habían matado. Eso es una patraña. Ese Guardia Civil, apodado La Coneja, tenía cinco asesinatos porque pertenecía a la contrapartida. Mi hermano no iba a entregarse. Diez días antes del consejo de guerra, le había incitado a Francisco a desertar, a desarmar a aquellos tres que iban con nosotros y largarnos nosotros. Pero me dijo mi hermano que prefería que le mataran antes que desertar. Como yo había estado un año sin verlo, yo pensé que podía tener las manos manchadas de sangre. Pero los dos años que yo estuve con él no tenía delito de ninguna clase.

Me escapé aquella noche y en lugar de tirar para el pueblo tiré para arriba, para el monte porque yo sabía que me iban a buscar, que algún grupo habría salido a buscarme para abajo. Me metí aquella noche en un hoyo y estuve toda la noche allí despierto. Estuve todo el santo día sin comer. Agua sí tenía porque llevaba la cantimplora. Estuve leyendo cómo eran las detenciones, cómo eran todas esas cosas, en un libro que le habían quitado a la Guardia Civil.

(Después de pasar unos 11 días en la sierra, José se refugió en la casa familiar en Nerja, luego con su madre fue a ver al cura, Miguel Martínez García.)

Don Miguel me dio tabaco. Estaba todo tranquilo, se fue a no sé qué y al poquillo de regresar entró el teniente Reyna con 11 Guardias Civiles armados hasta los dientes. Yo estaba desarmado. Me preguntó allí delante del cura qué armamento tenía. Yo no lo engañé. Yo le dije que tenía allí en la sierra una escopeta y 25 cartuchos. '¿Y qué has hecho con ellos?' 'Allí se han quedado.' No menté la pistola para nada.

La primera noche cuando fui detenido dormí en mi casa y al otro día por la mañana me llevaron sin esposar ni nada a la Comandancia de Vélez. Allí me estuvo tomando declaración un capitán de la Guardia Civil. Aquello fue jodido. Me sacó un libro grande, con todas las fotografías de toda la gente de la sierra y vino preguntando que si los conocía. Le dije que no. Cuando llegó a vecinos que yo conocía o a Manuel Martín Rico o a toda esa gente que eran de Nerja,

La gente de la sierra

vecinos, pues no podía negar que sí que los conocía. Pero a los otros no. Yo no le dije nada de que mi hermano estaba muerto. Eso lo oculté yo a la Guardia Civil también. Se metió dentro al coronel y al teniente Rivas que yo estaba aleccionado, que a mí no me iban a sacar nada. Me dejaron en la sala. Me pegué a la puerta y escuché esto: de dar la orden a Reyna de que me llevaran a la sierra y me aplicaran la Ley de Fugas, que no me iban a sacar más.

Cuando me personé en Nerja, me dijo Reyna: 'Vete para tu casa pero a la noche tienes que venir aquí.' Tenía que llevar un colchoncillo y una manta y dormir dentro del cuartel, pero de día yo no estaba preso. Entonces me fui a la casa del cura y le conté eso que había escuchado. Se puso el cura la sotana y se fue al cuartel y estuvo hablando con Reyna. Luego me comunicó que a mí no me llevarían para la sierra.

Tenía mi madre en el corral una cuadra con un marrano y las paredes de barro y piedra. Se le habían caído dos o tres piedras y habían hecho un hueco. Y yo agarré al marrano y lo solté de allí. Estaban haciendo el cuartel de la Guardia Civil de Nerja y me fui a los albañiles con un cubo y les pedí un cubo de mezcla. Metí la pistola ahí dentro, le puse las piedras y tapé todo el boquete. Cuando se secó, amarré el marrano. El marrano, de sobarse contra eso, el parchín de estiércol y eso, pues aquello no tuvo Dios y parece que aquello estaba hecho 20 años más.

Se presentó el día 25 de diciembre Martín Vargas (Felipillo), que era secretario de finanzas y organización en la sierra. Tenía dos o tres cargos. Ese denuncia en Nerja a una familia entera, que serían seis o siete entre hijos y madre. Denuncia a los hombres de la Caleta y denuncia a Esteban el Panadero. Y me denuncia a mí, que yo me he traído una pistola, y que he venido a sacarme una muela para marcharme otra vez a la sierra, y que yo conocía mucha gente aquí en Nerja que nos ayudaba a nosotros.

Yo no sabía de que se había presentado ni nada de eso. El día 12 de febrero, estaba yo en la puerta de mi casa, llega la Guardia Civil, me echa las esposas y me lleva al cuartel. Tenía Reyna encima de su mesa una pistola y un vergajo y me dice: 'Hasta aquí nos has estado engañando. Pero ya se terminaron los engaños. Estás armado. Tienes una pistola. Y conoces a mucha gente aquí.' Y le dije: 'Lo mismo que le dije el primer día delante del cura y le dije al capitán de la Guardia Civil y le dije al coronel de la Guardia Civil y le digo a usted ahora: no hay nadie ni en la sierra ni fuera de la sierra que me saque más de lo que he dicho.'

Entonces sacó a Martín Vargas, el mismo, vestido de Guardia Civil y con una pistola colgada. Cuando lo vi, salió mi genio como soy yo. Cuando la acercó a la mesa le tiré con el vergajo a la cara. Le dije: 'Este hijo de la gran puta, ¿es el que le va a decir a usted la verdad? ¡Este embustero! ¡Este granuja! ¿Este no le ha dicho a usted que me quiso matar y que ha venido aquí a conciencia, por el odio, a que me maten ustedes? Lo que él no tuvo cojones de hacer en el río

La gente de la sierra

de Frigiliana. Si no hubiera sido por mi hermano me asesina ahí arriba.' Yo intentaba echarle las esposas al pescuezo, a matarlo. Digo: 'Yo voy a la cárcel, pero cuando salga lo buscaré y lo mataré yo y volveré a ir a la cárcel otra vez.' Y Reyna nada más que decir: '¡Quieto, quieto! Le pego un tiro.'

Me sacaron aquella noche de allí, el día 12, y me llevaron al famoso Cortijo Mora. Todavía no he pisado el suelo. A mí no me pegaron ni mucho menos. Me llevaron ahí, y se hace la primera huelga de hambre. Me ponían bien de comer pero estuve cinco días sin probar bocado. Me metieron a uno para que me sonsacara, el tío que también había estado en la sierra y tuvo que salir, gritando: 'Este tío está loco, que me mata.'

Y por poco lo mato yo. A mí no me tocó nadie. A mí me ponían la comida y tal como me la ponían, pan y todo, allí se quedaba. Cinco días. Entonces el brigada tuvo que dar conocimiento y fue al cura y mi madre. Me llevó mi madre una olla de leche. Eso sí me la bebí de seguida. Entonces me llamó el cura aparte y me dijo: 'José, ellos saben bien que tú tienes la pistola. Así que tú entregas la pistola porque se van a meter con tu madre. La van a acusar de que está encubriéndote y la pueden meter en la cárcel. Que entregues la pistola y te termines con este martirio. Y vas a la cárcel y te quedas tranquilo.' Entonces le dije al cura: 'Dígale usted al sargento que la voy a entregar.'

Me trajeron a Nerja. Fuimos a la cuadra y mandé que trajera un pico y que soltara al marrano. Cuando al marrano lo sueltan, gruñe. Digo: '¿Ve? Te está diciendo que sabe dónde está la pistola.' La piedra que dije yo la arrancó el Guardia y salió la pistola y todo. Ellos ya sabían que yo la tenía para luego vengarme, porque sabrían todo lo que había ocurrido en la sierra. Ya habían sacado a mi hermano de donde estaba, ahorcado. Eso me enteré yo después.

Al día siguiente de llevár a mi hermano de aquí, llegaron a otro grupo en la Sierra de Cázulas. Estaba comiendo cuando llegó uno por detrás, le echó la soga al cuello, le pegó una patada en el cuello y lo desnucó. Lo mataría allí. Una muerte mala. Todo eso lo sabía la Guardia Civil. Un chico de Frigiliana se presentó en el año 51, lo acusaron de que había matado a mi hermano y delante del juez no rectificó. Le fusilaron en Málaga en el 54. Era zoquillo, pero yo no podía decir más que eso. Porque a muchos les obligaban ellos mismos a mancharse las manos por sospecha de que se fueran a presentar.

Roberto no era nada más que un hombre como otro cualquiera. Sí tenía carisma. Y duro, lo era. Una vez yo estuve bajo la pistola suya más que media hora. Un día en el verano yo estaba tendido debajo de un pino donde tenía la escopeta colgada. Yo siempre he estado separado. Nunca he estado yo charlando. Ahora me junto con los viejos y charlo más, pero siempre he sido más solitario.

Me dice Vicente, de Frigiliana, de ir a por agua. El agua estaba menos que de aquí a la esquina, en el mismo pinar. Yo dejé la escopeta allí y cogí la garrafa. Íbamos todos los días haciendo la misma faena pero aquel día Vicente me acusó

La gente de la sierra

de que había ido desarmado. Se fue a Roberto y se fue de la lengua diciendo que yo había ido desarmado a por el agua, para darme un susto. El mismo Roberto fue el que me puso la pistola en eso y dijo que me iba a matar y que el armamento no se abandonaba.

Cuando me dijo de traidor, le dije: 'Tú tienes aquí muchos más traidores que yo. A mí algún día me cogerán. Si me cogen algún día, jamás delataré a nadie. Pero tú tienes aquí muchos traidores.' Ni me quitaron la escopeta ni me pasó absolutamente nada. La vida allí era peligrosa.

Si en el año 48 Stalin cambió de política, Santiago Carrillo cambió de política y les ordenó a estas gentes, por mediación del Partido Comunista, abandonar la sierra. Estos no obedecieron a Carrillo ni al Partido Comunista. La palabra de Stalin no llegó hasta aquí y, si llegó, no la aceptaron la gente de la sierra, ni Roberto ni Los Frailes. Al fin Roberto delató a los otros. También una traición se paga con otra traición. Los Frailes traicionaron a Joaquín y a los otros a favor de Roberto.

Según tengo yo entendido, les dijo Roberto que se iba para Vélez. Partió un billete de cinco duros con unas tijeras y dijo que vendría con el medio billete un comunista, un hombre bueno que tenía que atender para que hiciera las documentaciones. Cuando se fue Roberto, parece que se fue para no volver más. Él se iba a buscar apoyo.

Roberto se va con el medio billete y con no sé si llegó a 500.000 pesetas para preparar documentaciones. Yo sé de buena información que se entregó a la Policía Nacional. Les dijo que, si le daban un pasaporte para Sudamérica, él entregaba a toda la gente de la sierra. Que él era el jefe. No lo creían y llamaron a las comandancias de Granada y de Málaga que si tenían un hombre que conocía a Roberto. Ya en 51 Vicente estaba al servicio de la Guardia Civil, y en Madrid Vicente reconoció que era Roberto y entonces lo trajeron a Málaga.

Un teniente de la Guardia Civil, vestido de paisano, fue el que mostró el medio billete a Los Frailes y se entrevistó con ellos, el que empezó a preparar las documentaciones de cuatro o cinco. Prepararon un camión con el toldo de camionero, con adentro Guardias Civiles vestidos de paisano para detener a los guerrilleros.

Yo entré en la cárcel el 18 de febrero del 50 y salí el 26 de julio del 52 en el indulto que dio Franco por el Consejo Eucarístico de Barcelona. Cuando llegué aquí al pueblo, yo estaba reclamado por la Marina. Estuve 21 meses y estuve muy bien. No me molestaron, no me persiguieron ni nada. Fui querido. Después yo fui al País Vasco, encontré trabajo allí y me casé. Mis hijos han hecho carrera. Por el verano vuelvo a mi casa en Nerja.

Según parece, los restos de mi hermano se encontraron junto a otra persona de Motril el primero de enero de 1950 y fueron enterrados en el cementerio de Otívar (Granada). Pero han pasado más de 50 años y todavía no puedo conseguir confirmación oficial de donde yacen sus restos.

'La misión de la Guardia Civil era mantener el orden...lo que hizo la Guardia Civil aquí era su deber, nada más: cuidar de que el pueblo viviera lo mejor posible.'

Pedro Pizarro Cruz, Guardia Civil jubilado, nacido en Monturque (Córdoba) el 13 de mayo de 1925, muerto en Frigiliana el 21 de abril de 2006.

Ingresé en la Guardia Civil en el 49 con 24 años y vine aquí. Cuando yo ingresé, se ganaba un Guardia 420 pesetas al mes. Eramos 50 de la Guardia Civil, incluido un teniente, un brigada y dos cabos. En mi grupo estábamos ocho o nueve que comíamos todos juntos y dormíamos en una sala, como en el ejército. Vinimos de todos sitios. Y también los Regulares estaban, muchos. Había una compañía repartida entre Frigiliana, Cómpeta y Nerja.

La misión de la Guardia Civil era mantener el orden. En aquel tiempo había mucha gente en la sierra, fugitivos de la guerra. La gente de la sierra eran delincuentes, todos. Muchos, los principales, habían hecho mucho daño antes de la guerra, cuando la República, y entonces luego no podían actuar porque habían matado a algunas personas antes de entrar los Nacionales. Claro el que había matado a alguien, pues no podía presentarse. Esos eran los cabecillas y engañaban a las criaturas y se los llevaban. Había muchas necesidades, había mucho hambre y los engañaban diciendo a los jóvenes que les iban a dar dinero, que iban a ser jefes, que iban a tener de todo. Que nada, que no les daban nada, que no era para darles, que no tenían nada. Ellos creían que iba a cambiar el régimen y no había posibilidad. Se había ganado la guerra, la guerra se había terminado. La paz.

Nosotros en la Guardia Civil no teníamos miedo. En aquella edad, como era uno muy joven, pues no tenía miedo nunca. En el cuartel vivía el puesto, que había nueve Guardias y un cabo. Había un grupo en la casa que hay en lo

La gente de la sierra

alto de Lízar, otro donde está la fábrica de aceite, y otro en la fábrica de harina en La Molineta. Cuando no se salía por la sierra, pues se hacían controles de vigilancia. Unos controles se hacían ahí en el Santo Cristo, otros se hacían allí en el Tejar, para controlar al personal y procurar que no llevaran mercancías a la gente de la sierra.

Aquí había unos 20 en la sierra, hijos del pueblo, y las familias había que controlarlas, que no llevaran comida. Pero no se encontró nunca a nadie. Lo que pasa es que aquí se hacían controles y no se les permitía llevar nada. Solo una comida para comer al mediodía, un poquito. De noche, a partir de las 10, ya no se podía salir a la calle. Si había una necesidad, tenía que ir con una luz, para saber por dónde iba. Donde el control que lo veía lo cogía y miraba a lo que iba. Por ejemplo, se había puesto un hijo enfermo, una cosa así, es por lo único que se podía salir. El pueblo estaba pringado todo en la gente de la sierra, porque 20 familias, pues son muchas familias para el pueblo éste. El que no tenía un primo tenía un hermano, el que no tenía un amigo. Claro, si yo tengo un hijo en la sierra, procuro llevarle comida, por supuesto, de la manera que sea. Pero eso no llevaba a nada. Estaba todo controlado.

En aquel entonces la agrupación de los guerrilleros era bajo el mando de Roberto. Era duro, porque inclusive él mataba a los suyos. El que no le convenía lo mataba porque a lo mejor no hacer lo que él quería y lo mandaba eliminar. Mataron a dos muchachos, ahí en el río. Los colgaron de un pino y le pusieron un letrero, un cartel diciendo: 'Cada árbol echa su fruto y cada fruto pertenece a su árbol.' Uno tenía un hermano Guardia, y el otro iba a buscar esparto. Ya ve usted el daño que les hacían. Que eran dos muchachos que vivían de lo que había en la sierra y lo mataron porque creían que eran cómplices de la Guardia Civil, o espías o algo así por el estilo.

Yo no tuve la suerte de ver a Roberto. Pero muchos le conocían, incluso Guardias Civiles le conocieron. Ese fue camarero antes de la guerra. Fue oficial de la zona roja y luego, como había hecho mucho daño, había matado a muchas a varias personas, no podía presentarse al terminarse la guerra y se tiró al monte. Se hizo bandolero, como se suele decir. Y fue reclutando gente de esa manera, dos de aquí, tres de allá. Los como el alcalde de Nerja en la República, o que habían sido malos, que habían matado a personas, no podían presentarse en los pueblos. Y entonces se tiraron al monte.

Eran delincuentes. Pues ahí cogieron a un muchacho, Ángel de Bernardo, y le pidieron un dinero al padre, que tuvieron que llevárselo, y entonces lo soltaron. Hacían eso, secuestrar, matar a uno y ya está. Ahí en lo alto de la Loma de la Cruz mataron a uno, Miguel Moreno. No los delató ni nada, sino que uno de ellos le tenía interés y lo cogieron y lo mataron.

Luego, en el Cortijo de los Almendros, el dueño del cortijo era un señor jefe policía en Málaga. Ángel Herrero se llamaba. Fueron al cortijo, lo cogieron y le

La gente de la sierra

pidieron un dinero, una cantidad. Y entonces mandó a uno por el dinero. Ese señor estaba allí y el casero. Y entonces él creía que no había nadie más que un par de ellos allí. Y con un palo, de majar esparto, le pegó en la cabeza a uno y todos se levantaron. Entonces salió corriendo y le pillaron y le mataron a él y al casero. Al año siguiente, había tres trabajando allí, muy cerquita en otro cortijo que se llama Los Caños y por estar trabajando con el señorito los mataron también.

Ahí en Cerro Verde había una partida en el encuentro de ciento y pico. Hubo una batalla buena. Murió un cabo que estaba conmigo, hirieron a un brigada y mataron también a uno de los Regulares. Ese encuentro fue muy mal hecho. Un capitán fue arrestado, porque mandó a un grupo y ese fue a Venta Panaderos, o sea, él se escondió.

En el molino de harina de La Molineta ellos robaron 18 sacos de 100 kilos cada uno. Llegaron de noche, abrieron la fábrica, cogieron, se llevaron la harina y nada más. Luego se encontraron allí abajo que en la caída hacia el río habían dejado unas cuantas sacas. Porque no se las podían llevar. Después pusieron allí un destacamento allí en la fábrica.

Había varios secuestros. Le pedían cierta cantidad, a lo mejor 20.000 duros. Aquí no hicieron nada más que dos o tres secuestros y quisieron hacer otro a un tal Justo López, un señorito de aquí que ya murió. Casi enfrente del Ayuntamiento vivía Justo. Pero el hijo tenía una pistola y cerró la puerta y él ya empezó el tiroteo y se tuvieron que largar. Ya no pudieron.

Luego hubo un encuentro un día en el año 50. Veníamos de la presa en el Río Chíllar, donde cae el agua para hacerla andar a la luz. Cuando llegamos a todo lo alto del Almendrón, veníamos cansados. Y dijo el teniente: 'El que esté muy cansado, que se venga conmigo. Y el que no, que eche por ahí y llega antes al río. Y que nos espere en el río.' Pero cuando bajábamos, ellos subían. Hubo un tiroteo. Y murieron dos, y otros dos que cogimos vivos. No sé si serían siete u ocho de ellos. Los otros se escaparon.

Después tuvimos otro encuentro en el barranco Pichirri y cayeron cuatro. Después se entregó uno que le decían el Vicentillo. Y en Madrid, Fernández Montes de Oca, que era el teniente coronel jefe de la Comandancia de Málaga, con un brigada cogió al Roberto en un café. Ese Roberto fue declarando y entonces con la letra del Roberto los citaban a los que había en la sierra. Iban viniendo como si se fueran a ir al extranjero, y ahí los cogían. ¿Por qué delató Roberto a todos sus compañeros? Eso ya no lo sé yo. ¿Había tortura? Je, je. Eso ya no lo sé yo.

Aquí cogimos a uno que le decían el Paquillo. Era chiquito, uno de la sierra, y lo teníamos ahí en Lízar. Y una noche, cuando estábamos en el cine, él estaba en Lízar con dos o tres Guardias. Cogió el subfusil de Francisco Altamirano Recio, y se fue. Y entonces lo vieron rondando por el pueblo donde era natural, que era del Salar de Loja, ahí de la provincia de Granada y ahí mató a un Guardia. Ya se cogió. A él lo mataron y a todos los de la sierra. Bueno, murieron todos.

La gente de la sierra

Nosotros salíamos, unos 50 hombres, y a lo mejor estábamos cuatro días en el campo, en la sierra. Aquí se ponía un servicio, aquí a la salida se ponía otro, ahí se ponía otro. Para controlar. Día y noche. Se ponían los controles en los cruces de camino. Y de día, pues, observando nada más en los puntos clave, por ejemplo, en lo alto de El Fuerte, en lo alto del Almendrón, en Pinto, vigilando en los puntos altos, pero entonces no había ni prismáticos. Luego aquí en este cerro se ponían unos cuantos. Aquí en éste, otros. Y así sucesivamente. Muchas noches, muchas, pasé en el puesto del Cerro Lucero.

Llevé subfusil ametralladora y pistola y dos bombas. Yo llevaba 360 balas. Y los otros que llevaban fusiles, esos llevaban 150 y a 60 la pistola. Llevaban cerca de 200 y pico cada uno. Yo tuve dos encuentros. Tiré tiros. No sé si tiré a morir a alguno. No sufrí ninguna herida. Yo, solamente, de un tiro me cortaron una mata de tomillo. Yo estaba tumbado, y aquí había una mata al lado, estaba yo al cañón del subfusil. Y tiró un tiro y me lo cortaron.

Estaba aquí en Frigiliana hasta abril del 52. Ya se terminó. Porque de aquí no quedaban nada más que dos. Y el día 19 de enero cogimos al Moreno en la casa de su madre y el día 20 murió el Lomas. El Moreno se lo llevaron a Málaga y lo mataron. Lomas murió ahí en la cuesta del Pedregal. Ese quiso salir corriendo y entonces lo mató el teniente. Tenía un rifle y le tiró una ráfaga. Otro Guardia, Rafael Requena Zamora, tenía un subfusil y también le tiró. Lo mataron entre los dos.

Yo no he visto nunca aplicar la Ley de Fugas. Todos los que se cogieron vivos fueron a Málaga y lo juzgaron. Juzgados. Les sacaron pena de muerte, pues los mataron. Eso no es aplicar la Ley de Fugas. Hoy no existe la Ley de Muerte pero entonces sí.

Cuando murieron un Guardia y un cabo aquí no fue nadie al entierro. ¡Nadie! Y cuando mataron a esos tres, pues fueron todos los señoritos y todo el pueblo al entierro. Eso sí lo vio mal. Esos son la gente de la sierra que han matado a bastantes personas. Y estos son la Guardia Civil y los militares defendiendo al pueblo entero. Muere uno de la Guardia Civil o dos, y los del pueblo no va nadie al entierro. Y entonces muere uno del pueblo y todos van al entierro. ¿Lo ve bien eso? Entonces vino el Capitán Fernández Muñoz y les dio leña a todos los señoritos, le pegó a todos los señoritos del pueblo. Que no fue por otra cosa.

Con respecto a malos tratos, hubo alguno que se sobresalía. Aquí hubo un cabo que le decían el Cabo Largo. Antonio González Bueno se llamaba. Ese hombre fue un hombre duro, pero porque una persona sea mala, todos ya no son malos. Si un hombre se excede un poco de sus obligaciones porque cree que así va a arreglar las cosas mejor, los demás no tienen culpa ninguna. Él creía que de esa manera iba a arreglar las cosas. Y no, no podía ser. Pero aquí no podíamos ir solos por la calle. Teníamos que ir acompañados. Porque fuera a ocurrir cualquier cosa. Yo llegué aquí y tuve suerte. Tenía ahí a un paisano que era brigada, José

La gente de la sierra

Rodríguez Alvalá. Yo no tuve necesidad de pegarle a nadie, ni tuve necesidad de molestar a nadie. A la inversa: le salvé a alguno la vida.

Llegamos los Guardias una noche ahí al cuartel, serían las 12 y media de la noche, después del cine, y queríamos irnos al destacamento en La Molineta para acostarnos. Nos dice el teniente: 'Cuidado con Puerto Blanquillo, que la gente de la sierra cruzan por Puerto Blanquillo.' Bueno. Nosotros dejábamos el armamento en el cuartel de los Moros allí en el Calvario. Entonces llegamos, cogimos el armamento y me dice el sargento: 'Pizarro, eche usted delante con el subfusil.' Y hubo una distancia entre uno y el otro bastante. Ahí a Puerto Blanquillo estaba lloviznando, sin luna, oscuro. Siento pasos. Yo cogí mi subfusil, llevaba un cargador con 30 tiros, y lo puse a fuego ametrallador. Y estaba como de aquí a ahí a la esquina, cuando yo vi a alguién. Digo: 'Alto, que no se mueva.'

Es que el hombre vestía de negro porque se le había muerto un hijo. Ese era Manuel Nera que vivía ahí arriba. Traía una sombrilla en la mano y, al decirle: 'Alto, no se mueva', se le cayó la sombrilla de la mano. Y empezó el sargento '!Tírale! ¡Tírale! ¡Tírale!' Y yo '¿Cómo le tiro?' Cómo le iba a tirar. Si le tiro, hago una criba. El hombre se quedó hecho una pieza. Era un hombre alto también. Y ya llegaron dos Guardias y después llegó el sargento. '¿Yo no le he dicho que le tire?' 'Si le tiro, lo mato.' El hombre se dedicaba a vender miel de caña. Iba por la parte de Córdoba y de Jaén a vender miel. Se le había hecho de noche y se quedó con los Guardias que había en La Molineta. Allí había un bar que era de una mujer que se llamaba Dolores Jaime. Era ya la una de la mañana y le dijeron: 'Vaya usted para arriba pero vaya usted con mucho cuidado, que los Guardias están al bajar. Va a tropezar con los Guardias y lo van a fastidiar.' Y se los tropezaron. Si llega a ser otro con la cabeza más ligera, pues le tira. Le mata. Ha durado 30 años más, 30 años más ha durado ese hombre.

Hombre, siempre pasan cosas porque tienen que pasar. En las guerras muere algún inocente, como pasa inclusive cuando matan a uno, le echan la culpa a uno y a lo mejor no ha sido ese hombre. Y va a la cárcel sin culpa ninguna.

Yo he estado en las contrapartidas también. Yo estuve con un brigada y un cabo y ocho Guardias. La misión en la contrapartida era, por ejemplo, llegar a un sitio y esclarecer los que eran confidentes de ellos. Porque en la contrapartida se va de paisano. Se iba camuflando, haciendo como la gente de la sierra para conocer al personal que está en el campo, los que están con ellos y los que no están a favor de ellos.

Estuve 33 años en la Guardia, en Barcelona, en Cádiz, Córdoba, Ciudad Real y Málaga, en todas partes menos el País Vasco. Llegué a ser cabo y después sargento. Me casé con una chica de Frigiliana y volvimos cuando me jubilé en el 92. Ahora es un poco más tranquilo. Para mí, lo que hizo la Guardia Civil aquí era su deber, nada más: cuidar de que el pueblo viviera lo mejor posible.

'Estaba uno, como dice el refrán, entre la espada y la pared. Les temías a los de allí. Y les temías a los de aquí.'

Eduardo Triviño Martín, campesino, nacido en Frigiliana el 29 de noviembre del 1929. Ha muerto.

Yo tenía siete años cuando eso de 1936. Hicieron unas elecciones y no estaban este partido y el otro partido, nada más que izquierda y derecha. Ganaron los izquierdas por una mayoría aplastante pero estuvieron mandando cuatro o cinco meses, nada más. Como había mucha necesidad y mucha falta de todo y dinero no había ninguno, pues al rico le quitaban la vaca, la mataban y la repartían para todo el pueblo, para los que no tenían nada. Mataron a unas pocas de esa manera.

Antes, los ricos controlaron la economía. Los ricos de aquí tenían vacas, que las cogían los pobres a medias para criárselas, y luego era casi todo para ellos. Porque a lo mejor ponían la vaca y decían: 'Esta vale 10 duros y cuando tenga un año o dos años vale 20.' A ver cogió los 10 duros que valía la vaca el rico y luego los otros 10 era la mitad para cada uno. Era todo para él, porque si le ponía 10 duros era porque la vaca valía seis, y lo ponían mucho más caro.

Dicen aquí que los rojos entraron en la iglesia y echaron todas las imágenes, pero no es eso. La gente que entró en la iglesia eran de aquí, los sociales, como para hacer un almacén de abastos. Allí traían el suministro y allí repartían. Como todo esto estaba rodeado por los invasores, tenían que traer de la provincia de Granada, con bestias, los suministros para aquí, trigo y garbanzos. Luego los santos los quitaron de en medio. Cogieron todas las imágenes y las metieron en una habitación y clavaron la puerta. Y aquello (la iglesia) lo dejaron para abastos.

Vinieron gente de Nerja, cuatro desatornillados, a quemar los santos pero los

La gente de la sierra

izquierdas de aquí, los que mandaban, no los dejaron. Y siguió cerrado. Luego fueron tres o cuatro falangistas de aquí que los quemaron para poder culparlos a todos y matar a unos y a otros. Nadie de los izquierdas había estado en eso. Y luego, cuando ya entraron los Nacionales aquí, pues todos los de izquierdas habían quemado a los santos. A mi padre le detuvieron por quemar a los santos. Echaron la culpa a todos ellos, del Partido Socialista o sin Partido Socialista, nada más que por ser de izquierdas. Aquí no había más que un comunista — los otros eran todos socialistas — y le llevaron a Torrox y le mataron. Mataron a una pila. Y no pararon de matar hasta no hace mucho tiempo.

A esto le llamaron "guerra civil", pero guerra civil no era. Porque guerra civil es la misma nación luchando unos con otros. Pero aquí vino Alemania, vino Italia. Vinieron todos los mandones estos, muy de derechas, vinieron a ayudar aquí.

Cuatro éramos en mi familia, tres machos y una hembra. Yo era el más chico. Estuve en la escuela, pero yo salí sin saber poner mi nombre. No era buena escuela. Fui ya grande porque, primero no me dejaban ir, porque el Ayuntamiento no me dejaba. Un tío mío hablaba con el alcalde unas cuantas veces y decía: 'Sí, sí que vaya a la escuela.' Pero luego al maestro le decía que no me admitiera, pero no a mí, a varios por ser hijo de uno que estaba en la cárcel.

La gente de la parte de mi madre no eran de izquierdas ni de derechas. Ellos no se metieron en nada y mi padre tampoco. Mi padre es que se apuntó al Partido Socialista. Todo eso es lo que hizo pero pasó en la cárcel sobre siete u ocho años. Estuvo menos porque sabía muy bien de letras y de números y le llevaron de Málaga a Dos Hermanas, un pueblo de Sevilla, para llevar las cuentas allí en un canal que estaban haciendo. Paco el Gordo, también del pueblo, estaba allí, trabajando en el propio canal y mi padre salía y entraba porque estaba llevando las cuentas de los materiales que estaban entrando allí, a lo mejor en un coche que iba a por cemento.

Yo empecé a trabajar en el campo con seis o siete años, así de chico, con mi abuelo. Como ya se fue toda la gente a la sierra y no quedaron aquí quien trabajara en el campo, tenían que ser los chiquillos. Aquí las mujeres ahora sí trabajan, pero en el campo no. Mis abuelos tenían unas pocas de vacas y yo estaba buscando hierba para las vacas y haciendo lo que había que hacer en el campo. Como me crié allí, yo sabía todo lo que había que hacer en el campo. Mi abuelo estaba ya viejo y mis tíos estaban todos en la guerra. Nos llevaban a unos pocos chiquillos aquí, de 13 o 14 años, para trabajar, y yo tenía que decirles cómo se hacían las cosas allí. Allí estuve cuando vino mi tío ya de la guerra. Era el menor de cinco hermanos, que era el único que sabía de letras. Antes era todo el mundo analfabeto aquí.

El Barrio Alto siempre era el barrio más analfabeto, más pobre. Allí arriba la gente no gustaba de que les enseñaran a leer y algo. En los tiempos de la gente de la sierra, en el Barrio Alto, a partir de las 12 de la noche, no se podía salir

La gente de la sierra

de la casa. A las 12, al que cogían por aquí abajo, lo majaban a palos. Llegaba uno, a lo mejor se descuidaba, estaba hablando con otro cualquiera, tomando un refresco en los pocos bares que había entonces y a lo mejor cuando se daban cuenta y cascando y tampoco tenía nadie reloj y le preguntaba a uno cualquiera: '¿Qué hora es?' '¡Ah, las doce ya!' Salía corriendo y de noche estaba la calle llena de Civiles, de moros por un lado, de Civiles por otro. Cuando se encontraba a un civil: '¿Dónde vives?' No se atrevía a decir dónde vivía. Le decía: '¿En el Barrio Alto vive? ¿Tú no sabes que tú a las 12 tienes que estar acostado?' Y le pegaban unos pocos de estacazos.

Hay una anécdota de dos: uno del Barrio Alto y el otro que vivía un poco más abajo de la Iglesia, en el Chorruelo. A los dos les gustaban mucho las copas, y tenían tierras y dinerillo para poder tomar copas. Estaban hablando, calentillos con las copas. '¿Vamos a cambiar las casas?' 'Vamos a cambiarlas.' Estaban de trato por la casa. Y total, que no la cambiaron y ya se fueron. Ya había pasado de las 12 largas y, cuando iba el uno para el Chorruelo y el otro para subir por el Zacatín al Barrio Alto, llegan los Civiles. Los paran a los dos. Le dicen: '¿Usted, dónde vive?' 'Yo ahí abajo, en el Chorruelo.' 'Pues, ala, a dormir. ¿Y usted dónde vive? ¿En el Barrio Alto, ¿no?' Le pegaron tres o cuatro hostias en la cabeza. Y el otro, cuando vio que le pegaban las hostias, le dijo: 'Antonio, anda, si llegamos a cambiar, las hostias las hubiera pillado yo.' Y al que le pegaron sí era de derechas, muy de derechas.

Cuando todavía no se había terminado la guerra pero ya habían entrado aquí las derechas, cada uno del ejército republicano iba a ver si podía pillar para presentarse en su casa, donde lo conocieran. Bajaron muchos soldados de la parte de Granada, de Córdoba, de Jaén, de donde fuera, cuando ya había entrado y salído desbaratado el ejército que había por aquí.

Entonces, los que venían con bestias eran dos, unos de los últimos del ejército republicano que pasaron, ya en el tiempo del "traspelo" (estraperlo), como le llamaban el contrabando que traían, pan, harina, garbanzos, de toda la parte de Granada. Al que le pillaban le quitaban la carga. Estaban en La Rambla, justo en el límite de Málaga y Granada, en Cerro Lucero, más arriba de la Venta de Panaderos. Andaban de noche nada más para que no lo cogieran, para presentarse allí en su pueblo.

Encontraron a dos falangistas del pueblo y salió ese, vestido de soldado, y les pidió un pedazo de pan. Ya estuvieron allí diciéndole: 'Tú, que eras soldado, ¿no?' 'Sí, yo, me recogieron, estaba en el ejército, y voy a ver si puedo ir para mi casa.' Y le dijeron: 'Te vamos a dar comida para que te hartes de comer.' Le pegaron cada uno un par de tiros y mataron a uno. Después, dicen que lo estuvieron arrastrando por ahí y todo, burlándose de él.

A esos no los quiere nadie en el pueblo. De los mismos de derecha, muchos dicen: 'Hay que ver esos granujas lo que hicieron. Salió a pedirle un pedazo de

La gente de la sierra

pan y lo mataron.' ¿Que era un soldado de la República y a lo mejor era de gente de derechas, quién sabía? Cuando llegaba la hora de recoger de una quinta o dos quintas que recogieron para la guerra, lo cogían. Unos cayeron en las izquierdas, otros en las derechas, y allí estaban. Unos se pasaban de un lado para el otro cuando podían. Unos años después la gente de la sierra lo cogieron (a aquel falangista) para matarlo. Y le dieron de castigo tener que llevarles de comer. Estuvo una pila de tiempo llevándoles carga y comida. Por pegarle un tiro a uno que iba buscando su casa.

Cuando ya entraron aquí las derechas, como se liaron a quitar y a matar, pues el que se pudo ir a la sierra se fue para que no lo quitaran de en medio. Luego después se fueron más gentes con tanto palo como daban y tanto hambre. Si uno de ellos hacía cualquier cosa, pues la culpa era para la gente del Barribarto, que les dicen a todos aquellos de allí arriba.

El cura de entonces, Don Miguel lo que hizo fue quitar muchos palos, quitó de encerrar a la gente del cementerio. Encerraban a la gente para darle castigo. Entrar en el pueblo sin dar el sol en el pueblo ya a dormir al cementerio. Que no se hubiera puesto el sol todavía, que estuviera dando en toda la sierra esta, eso ya no valía. Pero el que entraba al cementerio llevaba ya unos pocos de palos. Ellos utilizaron el cementerio como una prisión. Luego los echaban para que fueran a trabajar a otro día. Con el que estaba trabajando tenía que decirle con tiempo: 'Vete, vete para el pueblo con un cacho de sol.' Algunos sí lo hacían. A ellos les dejaban venir a la hora que quisieran, pero a los trabajadores no, a los más pobres no. Cuando ya el cura se enteró, quitó eso: que el cementerio era para los muertos, no era para los vivos.

Después de la guerra había mucho hambre. Todos teníamos las cartillas de racionamiento para la compra de comida y ropa, pero poco. Aquí en el pueblo casi todos tenían una mijilla de terreno y siempre había algo de comer, la caña, trigo, higos, albaricoques, patatas, habas. Pero en otros sitios no tenían nada. La gente de la capital estaba robando en la vega de Málaga porque pasaban hambre y aquí vino la gente de Nerja, pidiendo comida y también robando, tomando fruta verde o lo que sea, chupando caña, y no solo por la noche, por el día también. Por la parte de Nerja era más duro porque los Guardias jurados denunciaron a la gente y sufrían multas y palizas. Aquí los Guardias los amenazaron pero no los llevaron al cuartel .

Todo el que estuvo en la cárcel, el que hizo algo era gente que no estaba centrada. El que estaba centrado no se metió en nada ni hizo malo a nadie ni nada. Pero cualquiera a lo mejor sí pudo hacer cualquier trastada de poca importancia. (En la Guerra Civil) no mataron aquí a nadie. En otros sitios sí matarían y mataron a curas. Por aquí no, al contrario.

Tenían las izquierdas aquí escondidos a los ricos, a algunos ricos, porque venían de otros sitios a quitarlos de en medio. Los protegieron a todos para que

La gente de la sierra

no les pasara a ninguno nada. Muchos se fueron a la sierra y en otros pueblos pocos porque aquí eran más malos las derechas. Aquí pegaron más palos que en otras partes. Se iban temiéndo a los palos. No podían ir a trabajar porque eran hijos de uno que estaba en la cárcel, a lo mejor, o de uno en la sierra. Insoportable era aquí en aquel tiempo. De los pocos que quedarían en aquel tiempo sin pillar palos, yo fui uno. Por suerte, no pillé palos ni nada. Me escapé. Pero no sé cómo pudo ser eso. Que yo digo muchas veces: '¿Cómo me escapé yo de los pocos que se escaparon?'

Aquí los llamaban al cuartel por cualquier cosa. Decían: 'Tú le llevas de comer a la gente de la sierra' y los llamaban al cuartel a sonsacarle. Un tío mío, Antonio García Martín, tenía a su padre en la sierra y otro tío mío, Francisco Triviño García, tenía a un sobrino. El Cabo Largo llamó a ellos y otro que no tenía a nadie en la sierra al cuartel. Su nombre era Antonio González Bueno pero era muy grande. Por eso se llamó Cabo Largo. Era el peor y tuvo dos hermanos, Guardia Civiles igual que él. Ese echaba a la gente a la sierra. En el cuartel les pegaron una paliza a matarlos. Les dijo el Cabo Largo: 'Si no os vais mañana a la sierra, os mato. Aquí estoy a palos hasta que os mate.' Los majaron a palos allí.

Una tarde venía yo de buscar un jornal en la sierra y me lo encontré al Francisco Triviño, que iba para arriba, y le digo: '¿Dónde vas tú para arriba?'. Yo creí que iba, como antes los techos eran de palos, pues iba a cortar un pino y traerse un palo y le daban tres duros por él. Eso lo hacían mucho. Robaban de la sierra, pero lo hacían, y cortaban pinos y hacían carbón. Si te pillaban, te denunciaban, pero si te escapabas te ganabas un jornal. Él me dice: '¿Dónde voy? Me voy a la sierra. ¿Tú no sabes lo que hicieron anoche los hijos de puta estos? Nos llamaron a tu tío y a Eduardo y a mí y nos majaron majaos. Y nos dijo que nos iba a llamar esta noche si no nos habíamos ido a la sierra y nos mataba a palos. Y a mí no me va a matar, que yo me voy.' Se quitó la camisa y tenía toda la espalda y todos lados llenos de moratones de darle palos. Toda la espalda ensangrentada. Yo me puse malo. Me vi con ganas de irme yo también. Me dije: 'Estos cualquier día me cogen a mí.'

Bueno, mi tío no se fue. Aquella noche lo llamó y lo cogieron al cuartel a matarlo. Le pegaron una paliza que tenía que ir el médico dos o tres veces al día a visitarlo y a mandarle inyecciones y a curarlo. El cura le dijo: 'Venga, que vamos a ir a Málaga, que yo te voy a presentar en Málaga, para que quiten al cabo ese de aquí. Tú te vienes.' Pero él dijo: 'Que no, porque luego usted se va para otro sitio y me quedo yo aquí y a mí me matan. Y yo no puedo denunciar. Yo tengo una casa de familia y a mí me van a matar.'

Ese se tiró una pila de días metido en la cama. El médico y el cura lo visitó dos o tres veces. A la fuerza quería llevarlo a Málaga pero él no quería y no se fue. El otro (el tercer hombre) tenía dos hermanas en Nerja y las hermanas le

La gente de la sierra

dieron dinero para irse para Barcelona. Valía 18 o 20 pesetas irse en un barco. Ese se fue para Barcelona. Se quitó de en medio.

Durante la guerra hubieron soldados en El Ingenio, y luego después con la gente de la sierra en dos o tres sitios paraban. Ahí después metieron a los presos y ahí los majaban a palos. A los soldados no sé yo que les hiciera a nadie nada. Los soldados estaban ahí obligados también. ¿Qué iban a hacer? Aquí, habría por lo menos un ciento o más de Regulares, los moros. Es que estaba todo. Además del cuartel había una pila de destacamentos de Guardia Civil. Al lado del cuartel había una familia que tenía una fonda y por la puerta de atrás entró la gente de la sierra. Vinieron a dormir ahí seis o siete guerrilleros mientras la Guardia Civil estaba buscando a ellos por todas partes. Claro, al mismo tiempo, para muchos aquella época era un buen negocio porque llegaron a ser ricos y compraron fincas y casas y terreno porque la gente de la sierra les pagaba bien por el suministro de comida.

Los guerrilleros estuvieron una pila de tiempo que no lo sabía nadie. Todo dios sentía nombrar a Roberto, pero nadie sabía quién era. A mí una vez me salió uno de la sierra, Vicente (Martín Vozmediano). Me dijo que tenía que llevarle comida, que buscara a dos o tres y le lleváramos harina. Me dijo: 'Yo te digo donde están.' Yo le dije que yo no llevaba la harina, que ellos que estaban allí y no trabajaban que fueran a por ella. Me dijo de todo, que yo era un fascista, que me iba a colgar de un pino, que yo era un traidor... Yo le dije: 'Yo en mi casa, en Frigiliana, soy más de izquierdas que tú. Tú aquí no eres nadie. Y allí tampoco.'

Yo ya contaba con que me iba a matar. Él me señaló dos o tres veces con un fusil ametrallador que llevaba. '¡Tira ya!' Que me iba a colgar. '¡Fascista!' me dijo una pila de veces. Ya me vine y no pasó nada. Vamos, me vine porque me dejó que me viniera, si no ¿cómo me iba a venir con el cacho de fusil que tenía en la mano?

La gente de la sierra se lo llevaron de su cortijo a Paulino y lo mataron. Le pidieron dinero, pero no se lo dieron porque la mujer decía: 'De todas maneras si les doy el dinero, me van a matar también.' Porque ese era del Río de la Miel o de por encima de Almuñécar y había matado a unos pocos de la izquierda cuando la guerra. Vamos, así lo dijeron. La mujer misma lo dijo, que había matado a unos cuantos y que por eso se había venido para acá, porque le temía a estar allí, y que lo iba a matar a un hermano de los que él mató, que tenía un hermano o dos en la sierra. Se lo llevaron para quitarlo de en medio. Y encima le pidieron dinero. La mujer no lo dio porque sabía que de todas formas lo iban a matar.

La mayoría en la sierra no se fueron por política. Los que había primero sí era por política, los otros que se fueron después ya era por los palos que pillaban aquí y por el hambre que pasaban. En el caso de El Moreno, él quería irse a la sierra y no lo admitían allí si no hacía algo, si no mataba a alguien para que no se pudiera venir (a presentarse), como allí ya estaban muchos hartos de estar allí.

La gente de la sierra

Le dijeron que matara a un teniente de la Guardia Civil y él dijo que no lo podía hacer porque era muy amigo del teniente.
    Entonces los moros iban a la acequia a lavarse y a bañarse. De modo que El Moreno con otro, Mocha, fue a la acequia y estaba el moro allí. El Moreno llevaba un hacha escondida y le pegó un hachazo al moro. Salieron corriendo y El Moreno le dijo al otro: 'Vámonos para la sierra.' Mocha decía que no, pero El Moreno le decía: 'Como te vayas para el pueblo de momento que llegues te matan, te hacen pedazos. Venga ¡vámonos!' Y se fueron a la sierra.
    Al moro dicen que no lo mató del todo, que lo curaron. Pero entonces ocurrió lo de los tres jovenes que mataron aquí. No habían hecho nada. Nada más que uno tenía un hermano en la sierra, el otro también tenía hermano y el más joven tenía el padre. A ellos los recogieron, los tuvieron tres días encerrados por ahí sin saber dónde les tenían. Los tuvieron en el cuartel, luego les llevaron a una fábrica de aceite ahí abajo en La Molineta, y los metieron. Allí sí los vieron la gente. Tenían una ventana que daba a un camino y por allí pudieron ellos hablar con alguno. No les daban agua ni na'. Y luego se los entregaron a los moros.
    Los moros disfrutaron lo suyo con ellos, arrastrándolos para arriba toda la noche entera. Amarrados con cuerdas y ellos tiraban y los arrastraban, otros echándoles piedras encima. Los hicieron pedazos. Toda la noche entera, arrastrándolos desde por encima del Molino hasta salir a la carretera. De aquí, para allá. Estaba todo eso lleno de sangre, de cachos de ropa, lleno de cachos de huesos de ellos. Se recogieron muchos cachos, de cráneos, los sesos de uno, un cacho de mano de otro. Cuando yo los vi en el cementerio, les faltaban dedos y además tenían los dedos comidos y las manos desbaratadas, de ir arrastrando. Vamos, hecho un desastre.
    Aquello había que tener valor para verlo. Todo el mundo no era capaz de eso. Yo dije, 'Yo voy a verlo.' Mi primo estaba allí, desbaratado, y me dijo: 'No entres que te van a pillar y te van a matar. Además, eso no se puede ver. Te vas a caer al suelo allí. Que tú eres muy nuevo para ver esas cosas.' Yo cuando eso tenía 20 años. Me metí para adentro y lo vi. Estaba mi tío solo ahí, abrasado y diciendo de todo: 'Asesinos, criminales...' Ya le habían pegado a él y le habían sacado arrastrando, pero el cura entonces, Don Domingo, dijo: 'Este tiene que estar a la vera de su hijo.' Le metieron para dentro y el cura dijo: 'No meterse más con él.'
    Luego, cuando mi tío le puso la lápida en el nicho 'Asesinado por la Guardia Civil', le quitaron la lápida. Cuando vieron lo que había puesto allí, arrancaron la lápida, la desbarataron y tuvieron que poner otra.
    Esto fue lo más grande que puede pasar en ningún pueblo de España. Lo que pegaron aquí, lo que martirizaron aquí. Los chiquillos estaban acobardados, asustados con la Guardia Civil, los chiquillos y los grandes. Aquí no había ricos capitalistas. Había gente que comía algo, que estaba harta de comer, y que tenía unas pocas de criadas porque no ganaban nada. A lo mejor les daban dos

La gente de la sierra

o tres pesetas al mes y tenían cuatro o cinco para que hicieran todas las cosas en la casa. Esa gente era la que hacía todas las trastadas. Algunos de los que se llamaban ricos no hicieron daño. Los que eran menos ricos y querían ser alguien fueron los que más daño hicieron.

Estaba uno, como dice el refrán, entre la espada y la pared. Le temías a los de allí. Y le temías a los de aquí. Porque allí cualquiera desnortado, a lo mejor, por cualquier mijilla iba diciéndole: 'Pues fulano ese es un fascista, que ese ha hecho esto, ha hecho lo otro.' Aunque no hubieras hecho nada ni dicho nada, lo decían y te agarraban también, y lo calentaban.

Encontraron dos cuerpos en la Cruz de Napoleón. Esos dos cuerpos, de Paco Bendita y El Terrible, mayormente fueron ellos los que se los quitaron, ellos mismos. Uno, El Terrible (José López Jurado), sí le llevaba de comer a la gente de la sierra. Que no estaba acostumbrado a trabajar. Estaba acostumbrado a estar con unas cabrillas, muy pocas también, porque no tenía para tener muchas cabras, era un pobre y tenía la mujer y dos chiquillos o tres. Estaba la cosa muy mala, pues él tenía que ganar algo. Le llevaba comida a la gente de la sierra. La gente de la sierra daba dinero.

Estaba todo muy vigilado, y llovía mucho. Todos los días lloviendo, no como hoy, que se tira cinco o seis o diez meses sin llover. Entonces se pasaba los dos o tres meses de verano y ya era a todas horas lloviendo, cinco o seis días seguidos así. Pues no podía tampoco salir a trabajar cuando había trabajo en el campo con tanto llover. Le iba a llevar comida a la gente de la sierra. Le dieron dinero y le dijeron que en cuanto pillara un claro que fuera a llevar la comida. Como se comía todo el dinero, luego les dijo que se había comido todo el dinero, que no podía salir, todos los días lloviendo, y tanto Civil por todos lados. Tres veces comió el dinero y parece que también llevó algo del dinero al cuartel. Bueno, lo sé yo por oídas.

Ocurrió que colgaron unos sacos la gente de la sierra ahí arriba en el río. Y el otro, Paco Bendita (Francisco Iranzo Herrero), vio allí sacos colgados con comida y cogió uno. Tenía pan y cortó un cacho de pan. Otro tenía tabaco y sacó un paquete con unas pastillas de tabaco grande y cortó media. Y cogió unas alpargatas y se las puso, que iba casi descalzo. Luego él colgó los sacos y lo puso otra vez como estaba. Pero lo estuvieron viendo la gente de la sierra. No le dijeron nada.

Pero luego después, él se lo dijo a la madre. La madre tenía otro hijo que iba a ver si podía entrar en la Guardia Civil. No sabía leer pero entonces solamente sabiendo firmar entrabas en la Guardia Civil. Le dijo la madre a Paco Bendita: 'Ve al cuartel, ve a dar parte.' Y él: 'Que no, que no, que me matan.' Entonces fue la madre que dio parte de eso, de lo que había hecho. Y él tenía que ir a la sierra, a buscar la vida para ganar un jornal. En la sierra los cogieron a los dos, El Terrible y Paco Bendita, y a los dos los colgaron. Se tiraron una pila de días

La gente de la sierra

ahí en la Cruz de Napoleón. Los habían visto gente, pero ninguno se atrevía a decir nada. Se dice que uno que los había visto unas cuantas veces mandó a un hijo suyo, un chiquillo, y echó un papel en la puerta del cuartel diciendo dónde estaban. Ya sabían que faltaban y sabían que los habían matado. Cuando leyeron el papel, pues ya fueron a por ellos y los trajeron. Aquello fue una cosa grande. Por un lado y por otro, todo el mundo asustado.

Por fin ya quedaban nada más que dos aquí, que eran El Moreno y Lomas. Ni tenían dinero ni tenían nada. Comían lo que podían. Entonces El Moreno vino al pueblo durante la feria de San Sebastián. Iba a comprar turrón para él y Lomas. El Moreno fue a su casa en El Calvario, un poco más allá del cuartel. Un hermano suyo casado que vivía en la provincia de Granada estaba ahí, y su mujer. Estuvieron conformándolo y estaban a ver si le podían quitar la pistola para que no hubiera un tiroteo en su casa, la mujer del hermano diciendo '¿Con esto tiráis tiros?' como ella no sabía lo que era eso ni nada. Cuando se la cogió, el hermano se salió y fue al cuartel y dijo que vinieran que estaba su hermano allí para que lo cogieran.

El Moreno no quería (presentarse). Él era fuerte, pero a él lo cogieron y ya dijo dónde estaba Lomas. Fueron a por él. Estaba en un cortijo de un familiar suyo, y allí se lo cargaron. Trajeron el cadáver en una bestia, pasándolo por todo el pueblo ante la gente en la feria. Habían unos que les gustó aquel espectáculo, como una mujer que gritaba: '¡Aquí hay carne fresca¡ ¡Han cazado un macho montés!'

Ese día trajeron al último que quedaba en la sierra. Lo enterraron y ya está. Por ahí en otras provincias, ahí por el norte, sí quedaban más gentes. Pero por aquí ya no había. Lomas era ya el último.

Al Moreno, el que le pegó el hachazo al moro, lo vistieron de Guardia Civil cuando se vino y a mi primo hermano, Manuel Triviño Cerezo (Valeriano), ese también lo vistieron de Guardia Civil cuando él se presentó. Los engañaron diciendo que iba a seguir de civil. Dijeron: 'Tú dices todo el que les haya llevado de comer, todo el que sepa que ha llevado algo u os ha ayudado algo...mientras más gentes descubramos de eso, nos digas de eso, más sueldo vas a ganar tú.' Y ellos se creían que era verdad. Metieron a una pila en la cárcel, de decir: 'Este, en este cortijo. De aquí nos llevaron de comer, aquí dormimos una noche, o hemos dormido unas pocas de veces.' Fueron por ahí y otros pueblos y delataban a los que habían ayudado a la gente de la sierra, a los que les habían dado cobijo y todo eso. Al Moreno lo llevaron por la provincia de Granada y también declaró de muchos que habían llevado de comer ahí.

Cuando ya metieron en la cárcel a muchos y ya vieron que no quedaba ninguno, pues ya a los dos en Málaga los mataron. Ellos sacaron toda la información de toda la gente y luego los quitaron de en medio. Pero eso lo sabía todo el mundo, que se los iban a quitar de en medio. Sus gentes se creían que no, que ya iban a ser Guardias Civiles, pero todo el mundo lo sabía.

'Ni soy comunista ni soy fascista. Porque si a mi hermano lo mataron los Civiles y a mi padre lo mataron sus mismos compañeros, ¿de qué partido soy yo?'

Virtudes Martín Ruiz, ama de casa, nacida en Frigiliana el 11 de octubre de 1929. Ha muerto. Su padre Sebastián y dos hermanos de él estaban en la sierra con la Agrupación de Roberto.

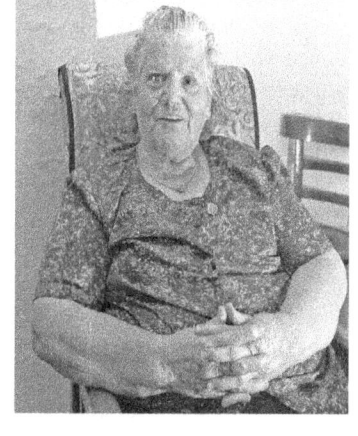

Mi padre me dejó a mí con siete años para irse a la guerra, a la zona roja, cuando entró Franco de gobierno en el año 36. Se tuvo que ir a la zona roja él porque si se queda aquí lo matan, como mataron a muchos. Y a mí me dejó con siete años y a mi hermano, que en paz descanse, el que mataron, con cinco. Y un niño con 15 meses, que se le murió, mientras él para allá, se murió. Y ya, pues de ahí a aquí hemos ido sufriendo, consecuencia del pueblo: porque el que llevaba el pueblo eran los ricos del pueblo.

Me acuerdo del día que salió mi padre. Yo fui a la puerta del cuartel de la Guardia Civil, que había un camión cargándolos a todos, para los que se iban a la zona roja, que se fueron muchos. Y yo llorando porque mi padre se iba y él, pobrecillo, llorando de verme a mí llorar porque era muy chica. Pero es que él decía: 'Si me quedo, me matan aquí.' Era comunista y las fuerzas de Franco estaban ya por todos lados.

La madre de mi madre, que en paz descanse, tenía tierrecillas y allí comíamos mi hermano y yo y allí estábamos con ella mientras mi madre estaba en la calle limpiando casas para poder comer. Luego también se fue a trabajar a la fábrica del azúcar de Nerja. Estuvo mucho tiempo trabajando allí con Larios. Y, en fin, que hemos pasado mucho. Chicos hemos sufrido mucho, y grandes, lo mismo.

Mi padre estuvo en la zona roja tres años y medio. Y a los tres años y medio

La gente de la sierra

se vino. Ya estaba la cosa más tranquila y él se creía que no le iba a pasar nada. Él tenía muchas ganas de venirse y se pasó para acá. Era un poquillo antes de terminar la guerra, pero no habían terminado los palos.

Y entonces, a mí me dijeron: 'Tu padre viene por ahí abajo. Por Puerto Blanquillo.' Yo tendría 11 y medio y yo corría por esas carreteras abajo en busca de mi padre como una loca, buscándolo. Y el pobre, como hacía tanto tiempo que no me veía, también desesperado por verme, pero llegando a mi casa, pues no lo dejó la Guardia Civil entrar, ni a lavarse ni a vestirse ni a nada. Desde la calle lo cogieron, se lo llevaron para el cuartel y se lo llevaron a la cárcel a Málaga y en la cárcel estuvo otros tres años y medio, que pasamos de fatigas y de angustias y de dolor. Es que los ricos humillaban hasta a los niños chicos, que éramos pobres, nos humillaban mucho.

Ya cuando salió de la cárcel, el pobre hombre se tiró ya al trabajo que él tenía: a ir a la sierra a hacer carbón, a por esparto, a por tomilla. Que esa era la vida del pobre de antes. Ya con 12 años iba yo que me llamaban para fregar una casa o a limpiarla, una casa grande. Y en el almuerzo me ponían pescado frito sin pan y detrás una batata cocida, un boniato. ¿Y luego qué ganabas? Un duro, haciendo toda esa limpieza en la casa.

Iba con 12 años a Alcóncar a recoger aceitunas. Nos levantábamos a las siete de la mañana para a las ocho tirar para arriba, todo el río arriba, una pandilla que íbamos muy grande de niñas, todas de la misma edad. Mi tío Blas era el capataz de Sebastián Torres, y decía: 'No ves, no ves qué gente. Que parecen cabrillas andando por el agua, dando brincos por los tajillos.' Gente nueva, gente con 12 años o 13 años. Todos los niños estaban trabajando, en las aceitunas, a las tomillas, a traer carguillas de esparto a cuestas. Que las compraban aquí en la Compañía. Ahí en el río pusieron una caldera para hacer tomilla. Esa era la vida del pobre.

Cuando yo era chiquitilla, mi padre — fue antes de irse a la zona roja — fue una vez a rebuscar uvas, cuando ya las cogían de las viñas lo sano. Rebuscaba una cesta de uvillas e iba mi madre a Nerja a venderlas, para ganar algo. Un señor aquí la pilló y dice: 'Hay ahí dos racimos grandes y los tenía para pisarlo para vino.' Entonces cogió los dos racimos aquellos y la cogió a mi madre. Y por cada racimo de uvas la tuvo dos noches en la cárcel.

Había aquí un guarda forestal de la sierra. Mozuelo era muy amigo de mi padre pero cuando se casaron ya partieron los trapicos. Ese se echó a forestal de la sierra y era él el amo de la sierra, que es de la compañía del Ingenio, una compañía muy grande. Un día mi padre estaba haciendo carbón y decía: 'Bueno, ya que han cogido los algarrobillos de los hoyos, pues voy a ir a rebuscarlos. Si rebusco una arroba de algarrobas y me dan algo, entre el saquillo de carbón y la arroba de algarrobas, ya llevo el jornalillo más grande.' Pero llegó aquel forestal y le dice: '¿Tú, qué estás haciendo?' Él, con la confianza de que era amigo, in-

La gente de la sierra

tentó explicar. Dice la Guardia: '¿Ah, sí? Venga, échate las algarrobas atrás, que vamos al cuartel.' 'Pero hombre, si esto ya está cogido...' 'Pues si está cogido, eso tiene amo.' Lo trajo al cuartel y un cabo que le decíamos el Cabo Largo le dio una clase de paliza. Le puso un letrero, "Por Ladrón". Y luego él, con un pañuelo así, echando sangre por la boca de la paliza que le dio. Ya no se podía mover de la casa. Ya se tuvo que salir de guarda y ya tenía que estar dentro de la casa porque lo buscaban donde quiera que estaba.

Ya cuando había movimiento de la guerrilla, ya estaba la cosa fea. Mi padre tenía un hermano llamado José en la sierra y él salió a mi padre y le dice: 'Sebastián, tráenos algo de comer, porque estamos rodeados de Civiles y no hay quien nos meta comida por ninguna parte.' Dice mi padre: 'Hombre, me estás metiendo en un compromiso. Yo soy capaz de traerte a la hora que sea, pero estoy en un compromiso.'

Bueno, pues él, como era su hermano... Nosotros vivíamos por aquí, por la vera del cuartel de la Guardia Civil. Pero él la comida la sacó del Barrio Alto en una casa donde había una taberna. Allí almacenaban ellos la comida para llevársela a la gente de la sierra. Tenían que ir los hombres a llevársela allí a la sierra de noche. Aquella noche salieron tres a llevar de comer y le tiraron tiros los Civiles y los mataron. Pero mi padre, en vez de tirar para donde tiraron, coló para el río. Una señora que había a las tres de la mañana asomada a la ventana, que podía haber estado acostada, lo vio colar, con el saco atrás, que iba para la sierra. Y salió de su casa a aquella hora, pegó en los cristales de la sala de armas de la Guardia Civil, que también hay que tener valor. Salió el de Guardia: '¿Qué pasa?' 'Que ahora mismo ha colado un señor con un saco atrás por la boca del río. Y es fulano de tal.' Le dio el nombre y todo.

Si no los llaman, ellos no tenían por qué levantarse porque no tiene ninguno ganas de exponerse a la muerte. Pero como le avisaron, pues si luego pasa algo. Había moros aquí, había soldados, y había Civiles. Estaba todo esto sembrado de militares. El cuartel de la Guardia Civil puso a los militares, a todos, de punta. Y ya salió por aquí unos pocos, por Lízar otros pocos, y por Nerja otro viaje. Llegando a la sierra del Río Chíllar, porque tenía él la cita por allí, mi padre sintió la voz de los moros y pensó: 'Ya estoy listo. Ya me han cogido.'

Cuando él vio que estaban todos, apagó la linterna que llevaba para poder ver el camino y echó el saco a rodar para que no lo pillaran con el saco. Ya se le encajaron los Civiles y los moros, se le encajaron encima. Y allí lo vistieron de moro. Le pusieron la chilaba de moro, unas gafas, y se lo trajeron para el pueblo. Aquí en Cuatro Vientos había un cuartel de moros y se lo trajeron ahí y lo tuvieron un día o dos, pegándole, para que declarara de dónde había sacado la comida y él dijo que su hermano lo había comprometido. Y el sombrero que llevaba mi padre se lo metieron en la boca para que no lo sintiera nadie chillar de las palizas que le daban con una tabla, con clavos. Le pegaban en los pies.

La gente de la sierra

Luego lo colgaron y colgado le pegaban con el vergajo, los moros y los Civiles. De ahí se lo llevaron preso para Vélez. Entonces cogieron a mi madre y a mi hermano, Antonio, y se los llevaron a la cárcel a Vélez también. Como ella le daba de mamar al niño, que estaba chiquititillo y todavía no andase, lo tuvo que llevar a Vélez a la cárcel. Allí echó mi hermano los dientes en la cárcel. Estuvo en la cárcel una tía mía, dos primas hermanas, otras parientas del Zacatín. Estaban detenidas todas las que había declarado que le habían comprado comida.

Cuando juzgaron a mi padre en Málaga, le dicen: 'Usted ha declarado que su señora le compró la comida para llevársela a su hermano.' Mi padre dice: 'Eso es incierto. Mi mujer no sabe ni por donde yo tiré. Porque ella misma me tenía dicho "Sebastián, no te metas en nada, que vas a liar la casa". Y yo no le hice caso a ella, que le tenía que haber hecho. De modo que no puede ser que yo haya dicho que mi mujer me lo compró, porque mi mujer era la primera que no quería que yo llevara de comer a la gente de la sierra.' Y por eso echaron a mi madre en libertad para mi casa. Pero mi padre estuvo 14 meses en la cárcel por llevarle a su hermano después de haber estado tres años y medio.

Luego estuvimos yendo a ver a mi padre a la cárcel. Mi madre todas las semanas con una caja llena de comida para metérsela en la cárcel porque no le daban de comer. Yo, cada instante: 'Mamá, yo quiero ir contigo a ver a papá.' Y lo veía con una reja aquí, aquí una pared, y en medio una tela metálica. Qué era ver a mi padre así.

Cuando ya lo echaron de la cárcel, siguió él con su ruta, de ir a hacer carbón, de traer esparto, de traer tomilla. Pero el movimiento estaba todavía. La guerra estaba más fuego, más fuego. Y el pobre hombre, lo cogían los Civiles cada instante. Como tenía que llevar un trocillo de pan o de algo para comérselo en medio del camino para poder repechar con el trabajo, decían que era para llevárselo a la gente de la sierra. Y le pegaban.

El teniente Reyna (Francisco Giménez Reyna), un brigada que había aquí, muy malo, y el Cabo Largo se empleaban en él, a matarlo. Le decía el Cabo Largo: 'Pues te tienes que ir a la sierra, y como no te vayas a la sierra te mato.' El pobretico no tenía ganas de irse a la sierra pero, si lo iban a matar a fuerza de palos, pues se tuvo que ir. Salió una mañana a su trabajo y ya no volvió más.

A fuerza de palos lo echaron y mi tío Blas (Martín Navas), que murió por la parte de Motril, y mi tío José. Eran todos comunistas. José era el caballo de Roberto. Era un hombre de mucho poder y, como estaba cojillo Roberto, se lo echaba a sus espaldas y corría toda la sierra con él a cuestas. Al presentarse Roberto se presentó mi tío José también.

¿Pero sabe por qué le decía el Cabo Largo eso? Porque él estaba comiendo con la gente de la sierra. Visto por estos ojos que se los tiene que comer la tierra, los míos. Y visto por donde yo vivía. El cuartel de la Guardia Civil por detrás tiene dos o tres ventanas y por su ventana de la casa donde vivía el Cabo Largo,

191

La gente de la sierra

echaba a uno del pueblo que era arriero, que llevaba dos bestias. Le echaba unas talegas blancas grandes llenas de comida y el arriero las llevaba. Iba a Jayena, iba a por pan, iba a por harina, y llevaba de comer y quedaban en la cita con ellos, a donde tenían que recoger la talega del Cabo Largo. Luego ellos le metían el dinero en la talega y una lista: 'No vayáis mañana por tal sitio que vamos nosotros.' Para no encontrarse unos con otros. Ese era el trajín que traían los Civiles aquí con la gente de la sierra. Y pagaron quien no tenían que pagar.

Mi familia no estaba dando de comer a la gente de la sierra. Pero muchos se han puesto ricos con ellos, llevando comida a la gente de la sierra y pagado a base de mucho dinero. Ya lo digo, al Cabo Largo le venía la leche con ellos porque estaba ganando mucho dinero con eso. Si le mandaba él sus talegas llenas de comida y ellos le mandaban su dinero. Más de lo que valía le mandaban ellos.

Cuando ya mi padre se quedó en la sierra, mi hermano Manolo, un niño con 15 años, también tenía esa vida de ir a hacer carbón, a por tomilla, a por leña. Porque otra vida no había en el pueblo. Un día se encontró mi padre a mi hermano en la sierra y dice: 'Hijo, no tenemos nada. Pero no traigas ni un papel de fumar, hombre, que le vayan a pillar los Civiles. Está el río rodeado. Los Civiles están apostados todos detrás de las adelfas, a ver el que pasa, a ver si llevan comida.'

Un compañero suyo de la sierra, allí a la vera suya, Vicente, uno de los tres hermanos Artabús, le dice: '¿Qué le estás diciendo a tu hijo?' 'Ay, Vicente,' le dijo mi hermano, 'Es que estoy muy perseguido por los Civiles, cómo voy a traer yo de comer. Yo con el alma y la vida le trajera de comer a mi padre, pero cómo voy a traer yo.' Entonces le dice Vicente a mi padre: 'Ahora vas a ir a por esparto, vas a hacer una soga y vas a ahorcar a tu hijo tú solo.' Él ya estaba contando su cuento. Mi padre lloraba por un lado, mi hermano lloraba por otro.

Vicente dice: 'Roberto está allí arriba. Y se lo vas a contar y le vas a pedir perdón a ver si te puede librar. Porque yo cómo te voy a ahorcar a ti.' Y allá iban los dos llorando y se arrodilló delante de Roberto. '¿Por qué lloras?' 'Porque dice Vicente que busque mi padre esparto y que me ahorque porque yo he dicho que yo no traigo nada de comer. Porque estoy perseguido, Roberto.'

Y Roberto le hizo así: 'Vete para tu casa. No busques esparto ni busques de nada. Ala, vete.' Se vino y nosotros vimos a mi hermano entrar a mi casa, cerrando puertas y cerrando puertas. Le preguntamos: 'Manolo, ¿qué te pasa, hijo?' 'Ay, cerrar la puerta, que vienen a por mí, que vienen a por mí!' Y, cuando se hartó de llorar y se refrescó, contó lo que le había pasado. Contó que quería el Artabús que le ahorcara su padre y que Roberto le había dado una palmadilla en las espaldas y le dijo que se viniera y que si nada.

Un tío político mío, Eduardo Noberto, tenía campo en Los Tablazos y él se lo llevaba para quitarlo de la sierra. Y ahí estaba él entretenidillo con él. Pero llegó

La gente de la sierra

el día en abril cuando dice: 'Manolo, mira, hay que cortar caña y luego vamos a cortar un algarrobo que hay en la puerta del cortijo, que no echa algarrobas. Lo vamos a armar. Lo vamos a hacer un horno y vamos a meter fuego y haremos horno de carbón, y cortaremos las cañillas y ahí estaremos liados.'

Estando cortando las cañas, asomó un turbión de Civiles muy grande. Y dice mi hermano: 'Algo pasa. Mira, que turbión de Civiles viene ahí.' Llegaron allí y dicen: 'Es que le han dado un hachazo a un moro y venimos buscando al del hacha.' Claro, como él tenía hacha para cortar las cañas, para cortar el pino, para cortar algarrobo. Dice mi tío Eduardo: 'Pues él no se ha movido de aquí porque yo le tengo aquí trabajando.' Total, que aquel día lo dejaron pasar.

Pero a otro día no lo dejaron pasar. A otro día ya habían cortado las cañas y estaban armando el horno, porque habían troceado el algarrobo. Después mi tío lo dejó dos o tres meses sin meterle fuego porque le daba lástima. Decía: 'Está armadillo él y me da lástima meterle fuego al horno.' Dijo mi tío a sus hijos: 'Mira, irse vosotros para arriba con él. Se tiene que presentar.' Nos teníamos que presentar en el cuartel tres veces al día todo el mundo que tenía gente allí en la sierra, toda la familia. Si estabas en el campo a mediodía, tenías que venir del campo a presentarse al cuartel y antes que traspusiera el sol había que presentarse.

Viniendo para arriba, en la Torna de los Ramos (en la carretera de Nerja) iba la pareja de la Guardia Civil a por mi hermano por lo que habían hecho con el moro, sin hacerle preguntas, sin decirle nada. Se lo dijeron: 'Manolo, venimos a por ti. Porque nos ha mandado el teniente Reyna.' Mis primos les preguntaron: 'Pero él qué ha hecho? Él está trabajando con nosotros. Él no se ha metido con nadie ni él ha hecho malo a nadie.'

Iba uno que le decían Alamino (un Guardia Civil), que tenía que haberle salvado la vida a mi hermano porque él hizo mucho por Alamino. Porque Alamino compraba marranos y compraba cosas, y los pillaban, y le decía: 'Manolo, mira, en tal sitio he comprado higuerillas para socorrer los higos.' E iba Manolo sin ganar nada para coger los higos para el marrano de Alamino y muchas cosas que tenía que haber ido a favor de él. Manolo, que tenía 18 años, no se había metido nunca con nadie. Y eso que lo pregunte en el pueblo, porque el pueblo se hizo un valle de lágrimas con aquello. Pero, por lo que se ve, dio Franco carta blanca. Para que se terminara la guerrilla había que matar a tres de los mejores. Y fue el mío.

De manera que lo meten, y mi madre en lo hondo de la calle, en la Cuesta del Apero, cuando lo ve asomar entre medio de dos Civiles, con su chaquetilla al hombro, dice: 'Ay mi niño. Es ese que va con los Civiles.' Las vecinas, para que no se pusiera ella nerviosa ni nada, decían: 'No, no. Ese no es. Ese será otro.' Aquella noche durmieron en el patio del cuartel los tres que habían cogido. Él, el padre de mi nuera Antonia, y el de Triviño. Como dijo el pueblo entero: 'Si es

La gente de la sierra

que han escogido a los tres mejores del pueblo.' Por la mañana, a las nueve o así, yo me asomé a la puerta de donde está el banco, donde antes había una posada. A ver si se lo llevaban a alguna parte.

Yo, descompuesta, tenía 20 años. Y veo un jeep meterlo de culo en el cuartel. Los veo a los tres en el coche. Yo llorando, dando chillidos, subí para mi casa y digo a mi madre: 'Que los han metido en un coche y uno me ha dicho así con la mano "Adiós". Se lo llevarán a la cárcel, mamá.'

Había un cuartel en La Molineta y allí se lo llevaron. Estuvieron todo el día en el molino allí. Una mujer estaba fregando los platos en una acequia que pasaba por allí y veía las tres carillas en una ventanilla. Pidieron agua y agarró ella una olla que estaba fregando, cogió una olla de agua y se la llevó. 'Hijo, por qué estáis ahí?' dijo ella. 'Eso quisiéramos saber. Por qué estamos aquí? Tita, estamos sin comer.' 'Yo he hecho un arroz aquí a los Civiles. Ahora yo os voy a traer la parte mía.' Y la parte que se iba a comer ella se la comieron los otros.

A las nueve y media de la noche, una familia que vivía allí en La Loma de las Vacas, en la Maquinilla de los Rojas, estaban mirando, a ver lo que iban a hacer con los tres. Y los tres puestos en carrilera para matarlos. El padre de mi nuera de un tiro cayó al suelo y no respiró más. Pero mi hermano y el otro eran más nuevos y dicen que daban muchos brincos. Y luego cayeron al suelo, y mi hermano, que no querría morir o no podría, arrancaba las matas del suelo. Estaba muriendo en el suelo, y con las mismas angustias arrancaba las matas.

Luego ya que murió, pues lo arrastraron de allí a la carretera. Por la mañana, a un hombre que tenía un borriquillo en el Molino le dijeron: 'Tienes que llevar a estos tres al cementerio de Frigiliana.' Mi hermano lo dejaron sin cabeza porque era un niño nuevo, 18 años, daba muchos brincos y hasta que muriera estuvieron a tiro limpio en la cabeza con él. Cargó su borriquillo con los tres, los trajo al cementerio, y ahí los tiró como a perros.

Sin saber nada, mi madre y la madre de Triviño dicen: '¿Vamos a ir al Molino y llevarle una gotilla de leche a ver si están allí?' Van ellas para abajo, mi madre con un vasico de leche que le habían dado, un huevo dentro de la leche para que se lo tomara. La otra igual. Un Guardia allí que le decían Carrasco, cuando las vio, se descompuso, se puso amarillo, pajizo, de todos colores. Porque sabía lo que había.

Le dijeron: 'Ay, Carrasco, dale esto a mi niño.' Y el Carrasco no hablaba. Se metía para adentro, salía para afuera, se metía para adentro, salía para afuera. 'Pero dígame usted dónde está mi niño.' Dice: 'Antonia, váyase usted para arriba, pregúntele usted al teniente Reyna y él le dirá dónde está, porque yo no se lo puedo decir.'

Pues se vinieron para arriba las dos, otra vez llorando. Mi madre hizo así con el vaso y lo revoleó. La otra lo mismo, porque ya no sabían para dónde iban a tirar. Viniendo para arriba, se encontraron sangre en la carretera y dice mi madre:

La gente de la sierra

Excmo Señor:

Don Juan Domínguez Rojo, Teniente de la ciento treinta y siete Comandancia de la Guardia Civil, Jefe de la Línea de Teba y actualmente concentrado en el pueblo de Frigiliana, (Málaga), Juez Instructor de la presente diligencia, tiene el honor de exponer:

Que en virtud de orden verbal del Señor Capitán. Jefe del Subsector se constituyó en el pueblo de Frigiliana, con el fín de instruir las mismas de carácter urgente, con motivo de haber sido muerto por disparo de la fuerza del Cuerpo los naturales y vecinos de dicho pueblo Antonio Triviño Cerezo, Antonio García Martín y Manuel Martín Ruiz, cuando desobedecieron las voces de "alto a la Guardia Civil" y de lo actuado resulta:

Que con motivo de haber sido agredido un soldado de Regulares el día veinte del actual por dos individuos de esta población, a los cuales se les supone se hallan marchado con los bandoleros, y que le produjeron heridas graves con un hacha, se intensificaron los servicios de vigilancia y apostaderos nocturnos, a las órdenes directas del Señor Capitán arriba indicado, con el fín de capturar a dichos malhechores, dando por resultado estas actividades de que sobre la una treinta hora del día de ayer hicieron acto de presencia tres individuos desconocidos en las proximidades de un apostadero constituido por el Capitán de referencia Don Joaquín Muñoz Fernández, Sargento Don Manuel Sevilla Ortega, Cabo Francisco Muñoz López y Guardia primero Manuel Gil Quero, en el lugar conocido por "Lomas de las Vacas" de este termino municipal, a los que al llegar a la altura de la fuerza el Jefe de la misma dió las voces reglamentarias de "Alto a la Guardia Civil" los que lejos de obedecer emprendieron precipitada fuga, ordenando entonces el Capitán que les hicieran varios disparos al aire con el fín de amedrentarles y conseguir se detubieran, los que tampoco surtieron efectos, y en vista de la insistencia de fugarse y ante el temor de que trataran de bandoleros o de los referidos malhechores, el Jefe de la fuerza ordenó se les hiciera fuego con eficacia, consiguiendo seguidamente derribarlos todos a tierra, comprobando al acercarse que yacían en el suelo al parecer cadaver, observando, una vez amanecido, se trataba de los individuos anteriormente relacionados, el primero hermano del bandolero Manuel Triviño Cerezo e hijo político del también bandolero José Martín Navas (a) El Pensón, el segundo hermano del bandolero Angel García Martín (a) El Zumbo y el tercero hijo del bandolero Sebastián Martín Navas (a) Sebastián Miki.

Por lo expuesto, el Juez Instructor que suscribe, estima que el hecho se ha llevado a cabo sin responsabilidad para la fuerza que ha intervenido, la cual ha sabido cumplir e interpretar bien y fielmente sus Reglamentos, dejando bien alto el Honor del Cuerpo, al dar muerte a tres individuos indiscutiblemente enlace de los bandoleros y que de no haberlo conseguido hubieran sido varios más en esta comarca de los que tienen sembrada la alarma e intranquilidad en las personas pasíficas y honradas.

En su virtud, y estimando el Juez que informa que se han practicado las diligencias que previene el Artículo quinientos veintitres (523) del Vigente Código de Justicia Militar, tiene el honor de elevarla

El juez instructor estimó que las fuerzas de orden dejaron "bien alto el Honor del Cuerpo" en el incidente en La Loma de las Vacas

La gente de la sierra

'Eso será un perrillo que a lo mejor han matado.' Ella nunca iba a estar en que a su hijo lo iban a matar. No podía ser, porque su hijo no le había hecho daño jamás en la vida, ni cuando era pequeño. Yo era chica y era muy mala. Yo le pegaba a todo el mundo. Pero él, angelico, no le ha pegado a nadie. Era un niño que desde que nació tenía esa tristeza él en el cuerpo. Era muy bueno.

Llegando a Cuatro Vientos, mi madre vio corrillo de moros. Dice: 'Algo pasa.' Siguieron andando y vio corrillo de mujeres. 'Aquí hay algo.' En el Calvario cayó mi madre al suelo. La metieron dentro de la casa. Le dieron algo para resucitarla una mijilla, porque aquello era una muerta. Las otras mujeres sabían que había ocurrido algo pero no querían decirle nada. Siguieron otra vez las dos andando. Llegaron al cuartel y preguntaron por el teniente Reyna.

Sale el teniente Reyna, ¡que iba a misa! Después de hacer la muerte que hizo, iba a misa. 'Ay, mi teniente, dígame usted dónde está mi niño,' pregunta mi madre. Dice: '¿Su niño? ¡Pues lo que había que hacer ya lo han hecho!' Le contestaron de esa manera: ¡que lo que había que hacer ya estaba hecho! No quisieron que viniéramos a verlo. Mi tío Eduardo es el que se encargó de darle sepultura y enterrarlo, porque no nos dejaban a nosotros ir a verlo.

Luego, fueron todo el pueblo al entierro de mi hermano y de los otros incluso todos los ricos. Cuando los ricos iban de vuelta, ya cada uno para su casa, fueron llamándolos los Civiles al cuartel y a todos les pegaban.

Mucho después, cuando se habían presentado y ya no había nada en la sierra, un sargento me dijo que había venido una carta de Madrid haciendo unas preguntas. El sargento tenía tres hijos, uno sirviendo con un hijo mío en Zaragoza, y tomó la conciencia de preguntarnos el uno al otro si ha escrito si no ha escrito. Un día, un remate de feria, me dijo: 'Virtudes, mañana tienes que venir al cuartel a que me han mandado una carta de Madrid preguntando dónde ha caído tu hermano, el por qué y quién lo mató.' No me dijeron de quién era la carta.

Yo no quería ir al cuartel, pero fui y estaba él con una máquina de escribir. Todo lo que yo le dije, lo estaba escribiendo. Puse a los Civiles allí que no había donde lo agarraran. Le dije: 'Mire usted, el Cabo Largo lo mandó a la sierra porque comía con ellos. Al comer con ellos, le traía cuenta que se fueran mientras más mejor.'

'Pues mire usted,' dijo él y de un cajón sacó un folio muy amarillo. '¡Que malos somos los Civiles y qué bueno es Frigiliana! Firmó todo Frigiliana para que lo mataran.' Fueron pidiendo firmas para matarlos a mi hermano y a los otros y todos los ricos firmaron. 'Han firmado los ricos, pues ellos se han lavado las manos. Ellos no tienen culpa. Mire usted que bueno es Frigiliana y qué malos somos los Civiles.'

De manera que ellos se valían de eso: de que habían firmado los ricos. Me lo dijo el sargento: 'Fueron al entierro todos. Pues si vais al entierro, no firmar para que los maten. Y si firman para que los maten...' Y todavía, después de tantos

La gente de la sierra

años, no hay justicia en este caso.... En la sierra había la Venta Panaderos y allí vivía una familia. Un día llegaron la gente de la sierra y dijeron: 'Ana, haznos un guisado de arroz, que eso es lo que vamos a comer hoy. Estamos muy malamente de comida. Pero, ojo, ojo vayan a venir los Civiles.' Se puso Ana Herrero, la madre, a hacer un guisado de arroz. Está el guisado casi hecho y ella dice: 'Muchachos, le he visto la cabeza al Cabo Largo por lo hondo. Como es el que traspasa a todos, a ese le he visto.' Empezaron a tirarse por una ventana todos.

Llegan los Civiles: 'Ana, ¿han estado por aquí la gente de la sierra o qué?' Dice: 'Pues sí. Porque el arroz que estoy haciendo era para ellos. Como se han ido al veros a vosotros, pues ahora comérselo vosotros de su parte.' Y así vivía esa mujer allí. El marido lo metieron en la cárcel. Los hijos los metieron en la cárcel. Hasta que ya un día un cura que había aquí, Don Miguel, le dijo: 'Ana, lo que tienes que hacer es venirte de allí. Ya no puedes estar allí porque va a ser una desgracia más grande.' De modo que se la llevó para Málaga y en Málaga la colocaron. La hija fue novia de Roberto. La que tenía Roberto en Melilla era más guapa que esta, pero como él tenía en cada puesto una.

Luego, el granuja ese del Artabús (Vicente), cuando ya se presentaron todos, que ya se estaba terminando la guerrilla, él se presentó y lo vistieron de Civil. Iba con los Civiles, buscando de cueva en cueva, y el que había vivo en las cuevas allí lo mataban. Él mismo los llevaba a los Civiles a que los mataran allí. Antes de presentarse, a mi padre, que en paz descanse, lo echó rodando por la sierra. Porque él, cuando se enteró de que a su hijo lo habían matado, se le fue la cabeza. Por la parte de Granada, estuvo en una batida y le dieron un tiro en un brazo y no le quería dar el granuja el botiquin para curarse. Sabe con qué se curaba? Con mearse las heridas. El brazo se le estaba gangrenando y en la chalaura que él tenía decía: 'Yo me voy con mi niño, que lo han matado por culpa mía. Y yo me voy con mi niño.' Y ese del Artabús le dice: 'Sí, sí, que te vas a ir con él.' Y lo subió a lo alto de una loma que se ve desde aquí, le dio un achuchón y lo echó a rodar por ahí. Fue al río a parar.

Éramos cuatro hermanos, pero el uno se murió con 15 meses. El otro con 18 años matado, y mi hermano Antonio y yo. Nosotros, mi madre y yo, al matar a mi hermano, nos fuimos las dos a Málaga. A mi hermano Antonio lo metimos en una casa cuna y nosotros estuvimos trabajando con gente. Nos enteramos de lo que había pasado porque Paco López, el hijo de Justo López, nos vio un día en Málaga. Dice: 'Antonia, ¿tú no sabes que tu marido ha muerto también? Le han echado por un ladero muy grande. Ha caído al río y a los 20 días que está en el río ha subido la patrulla de Nerja y se lo han encontrado muerto boca abajo.'

A uno que tenía un borriquillo e iba a por leña para llevarla a Nerja a venderla le dijeron los Civiles: 'Oye, que tienes que llevar a este hombre a Frigiliana.' Dice: 'Hombre, si yo vengo a por una carguilla de leña para ganarme un jornal.' Dice: 'Ya te lo daremos el jornal. Llévate a este hombre para Frigiliana.' Se trae

La gente de la sierra

a mi padre para Frigiliana y dice el señor del ayuntamiento: 'Ah, ese no lo metáis aquí, ese os lo lleváis para Nerja.' Y se lo llevaron para Nerja. Mi madre fue a preguntar al sepulturero que si el que venía muerto de la sierra lo enterraban en el cementerio. Dice: 'No, señora. Han hecho una zanja por detrás y todos los que vienen muertos los están echando revueltos ahí.'

A todos los echaban revueltos. Ahí no se separaba ninguno. De modo que ahí no sabemos si han obrado encima, si lo han sacado, si no lo han sacado. El nombre de él está en el juzgado de Nerja porque yo fui a por una defunción que me hacía falta y estaba allí. Me dijeron: 'Nos hemos visto negros para poder sacarlo. Porque ya los papeles estaban muy malamente. De 20 días allí boca abajo.' Ya no tenía ni cabeza, que se la habían comido los bichos. Y todo eso hemos pasado nosotros.

Yo iba a presentarme al cuartel y a mí me pegaban con la culata del mosquetón en las espaldas, que yo tenía que decir dónde estaba mi padre. Y yo, con 20 años, ¿cómo iba a saber dónde estaba mi padre? De sufrir tanto, me salieron heridas en las piernas. Como yo estoy mala del corazón, me dice el médico: 'Antes tenía usted 20 años y podía soportar todos los porrazos que fueran. Pero ya con 70 no.' Ya eso están saliendo ahora todos los porrazos que llevaba aquí atrás, porque me duele mucho y me estoy poniendo inyecciones, me están dando pastillas.

Cuando lo mataron a mi hermano, mi madre se fue a la casa de Don Manuel Pérez Brián, que vivía en la Calle Larios y que era el director del hospital de Málaga. A mí me colocaron en un convento de los sordomudos. Yo, de pensar en lo que en mi casa había pasado, lloraba mucho y las monjas me decían: 'Ay, Virtudes, no llore usted más.' Estuve 10 meses con las monjas en una cocina para 18 personas. No podía. Me dijo una señora que nosotros conocíamos en Málaga: 'Mira, en tal sitio van buscando una cocinera. Y te dan un duro más.' En el convento eran nueve duros al mes.

Pues yo por el duro más me salí del convento y me fui a trabajar con un comandante médico, pero la otra muchacha que trabajaba allí y yo tuvimos una trifulca. Al fin tuve que venir a Frigiliana porque me puse mala. Yo cogí depresión, yo siempre toda vestida de negro y un velo negro puesto en la cabeza. Llevé 11 años de luto por mi hermano. Costumbre. Si pierdes el marido, toda la vida. Mi madre ha estado toda la vida enlutada, de su hijo toda la vida. Ahora ya no se pone nadie luto, ni por un padre ni por nadie.

Estuve año y medio trabajando con una familia del pueblo. Entonces mi marido, José Martín Sánchez, ya ganó para casarse conmigo. Me casé con 24 años porque yo ya no podía vivir más de esa manera. Con tanto como yo llevo pasado. De novios nos veíamos muy poco. No se podía estar a solas con su novio ni nada de eso hasta el día de la boda y la vida de mi marido era también irse a las cañas a Motril, a Málaga. Mi juventud fue bastante fea. Primeramente

La gente de la sierra

que mi padre se fue a la zona roja. Como una chica joven en este pueblo que no se podía hacer nada. Cuando estaba la guerrilla, no salía nadie a la calle. Como no teníamos baile, no teníamos cine, no teníamos de nada. Había cine los domingos, pero no teníamos dinero para ir al cine, no teníamos los seis reales (una peseta y media). No nos divertíamos.

Después de que se terminó la guerrilla, ya se iba arreglando poco a poco en el sentido de que el sueldo era más grandecillo. Mi marido ha sido siempre muy trabajador. Campo y obra y lo que le encartara. Y luego nosotras, las mujeres, hemos sido muy ahorradoras. Ya mi marido ganaba y yo sabía administrarlo. Ya tenía yo radio. Compré mi tele también. Con mis niños chiquiticos, pues sí hemos disfrutado. Tengo dos hijas y dos hijos.

Ahora la vida en el pueblo es una gloria. Yo veo tanta guerra y tanto de todo y digo, con lo a gustito que estamos ahora. Que nos dan a cada uno su pensión. Pero es que me da miedo del mundo cómo está por ahí.

Soy católica. Mi padre era comunista. Pero llegaba una Semana Santa, y el primero que se ponía una túnica era él. Muchos comunistas que había aquí se estaban valiendo de la gente y mandaban al desgraciado a las casas de los ricos: 'Ve a tal sitio y roba. Quítale a Sebastián lo que tiene dentro de la casa. Ve acá Federico y quítale lo que tiene dentro de la casa.' Ese era el comunismo que aquí había. Que el desgraciado es el que pagaba. Pero mi padre sentía las campanas de la Iglesia y decía: '¿Qué habrá dentro de la Iglesia?' Allá iba él a ver lo que había en la iglesia.

Entonces la vida de la mujer era muy restringida. No es que estábamos frustradas con la vida, no. Estábamos desilusionadas. Vivíamos porque teníamos que vivir. No teníamos ilusión de vida. Poca ilusión de vivir.

Si yo entonces no sabía lo que era la política. Ahora, yo ya me he metido. Ni soy comunista ni soy fascista. Porque si a mi hermano lo mataron los Civiles y a mi padre lo mataron sus mismos compañeros, ¿De qué partido soy yo? No soy de ninguno. Si le voto a un alcalde es porque un alcalde tiene que haber en el pueblo.

La gente de la sierra era buena, yo no digo que era mala. Mi marido tenía allí parientes también. Era gente buena. Lo que pasa es que ellos se creían que iban a ganar ellos la guerra. ¡So inocentes! ¿Cómo vais a ganar vosotros si habéis sido inocentes?

'Para mi la vida estaba mala aquí y allí en Barcelona también estaba mala. Ahora es cuando está todo bien. Ha variado mucho para todo el mundo y para todo.'

Rosario Triviño González (La Pichana), ama de casa, nacida en Frigiliana el 31 de octubre de 1930, perdió a su marido en la matanza de La Loma de Las Vacas.

Yo qué sé por qué tengo este apodo. Que se lo decían a mi madre y nos hemos quedado nosotros con eso. A mí me dicen 'Rosario' y no contesto. Me dicen 'Rosario la Pichana' y contesto.

Cuando yo estaba pequeña, no teníamos nosotros nada que comer. Tenía una hermana, otra hermana ahora en Barcelona y un hermano también en Barcelona. Mi madre se fue a la aceituna y la mayor, que es mayor que yo tres años, es la que tenía cuidado de nosotras, de las más pequeñas. Yo me levantaba y me iba a la escuela. Yo no tenía un vestido que ponerme casi. Y me iba sin peinar, sin vestir y me decía la maestra, una vieja que yo no la conocía: 'Niña, así no se viene a la escuela. Estás muy roñosa. Anda y ve que tu madre te peine y te vista.' Y yo 'Ay, mi madre no está allí, mi madre está por ahí trabajando.' 'Bueno, pues nada, vete.'

Bueno, pues yo me vine. Cuando vino mi madre, pues le dije yo: 'Mamá, dice la maestra que me vistas y me peines, que no me quiere así en la escuela.' Dice: 'Anda, hija, no vayas más.' Y ya está. Nunca aprendí a leer. Todavía no. Ya me muero así.

Como la gente no sabía leer, no había periódicos. Yo no sabía de política ni lo que era una radio ni lo que era nada. Si no tenía ni luz. La luz la cortaban porque mi madre no tenía para pagarla. Ahí había una fuente en el Barribarto y ahí se iba a por el agua. No había nada más que una carguita de leña en la calle para venderla a peseta a peseta. Y saquillos de carbón. Yo he vendido leña. He vendido palmito. He vendido carbón. Y he vendido de todo.

Yo no tenía familia en la sierra, nunca. Pero le toca a mi padre. Lo llamó el cabo que le decían Cabo Largo nada más que porque sí y le pegó una paliza. Yo fui al cuartel y vi a mi padre en el patio tirado, todo lleno de sangre y yo empecé a pegar chillidos. Había un médico en el Casino y fui en busca de él para que

La gente de la sierra

viniera. Vino el cura Don Miguel y dijo que a un hombre no se le pegaba así. Había que explicarle que porqué. De modo que ya se trajeron a mi padre aquí a mi casa. Apenas se puso mejor se marchó para Barcelona. Estaba con mi hermana. Se fue a Barcelona también el marido de mi hermana, que eran novios. Se fueron una pila, porque la vida de aquí era pegar y matar.

Esta casa era de mi padre, que vino de Barcelona a cosica hecha a comprarla. Dos mil pesetas le costó. Estuvo unos pocos de días y se fue otra vez a Barcelona porque allí tenía su vivir. Aquí no lo tenía ya. Porque aquí lo que había era nada más que el monte. Hacer carbón y hacer cosas. Y ya se encontraba mayor y se fue otra vez.

Aquí no había cuarto de baño, no había antes agua. Y una noche cuando yo estaba mozuela, yo fui a orinar a la cuadra y alguien me dice: 'Rosarico.' Era Miguel Cerezo, que estaba en la sierra. Lo mandaron a robar. Y él no era capaz, angelico, de robar. Era

Rosario Triviño con una foto de su primer marido

muy pequeño y muy delgadillo. Lo único que tenía era la carilla, que era muy bonica. Nosotros nos hemos querido mucho. Y digo: 'Oi, ¿Miguelico, tú dónde vas?' Yo me creí que venía más gente. Dice: 'No, no, yo vengo solo con otro hombre, que me iban a matar ellos a mí. Porque yo iba a ir a robar y yo no quiero robar. Unos muchachos que había haciendo Guardia en la sierra me dicen: "Que te van a matar esta noche. Y nosotros mismos te vamos a matar, porque ya nos lo ha dicho".'

Él traía un chaparrón de tiro en el pie pero no horadado, el pellejo. Todo descalzo, los calzones de pana, corriendo al Fuerte, de la sierra. De modo que yo le dije: '¿Que te iban a matar?' Dice: 'Sí, me mataban. Me han tirado los tiros al aire.' Al aire, porque aquellos mismos lo decían: 'Nosotros tiramos tiros, pero al aire. Y tú, corre.' Y él corrió y el otro muchacho. Estaba mi madre ahí sentada en el fresco y le digo: 'Mamá, está ahí Miguelico.'

Mi mamá era una mujer muy nerviosa y le entró un ataque de nervios. Mi tía Rosario vivía en Calle Santa Teresa y fue corriendo mi madre y le dijo: 'Mira, ahí está tu Miguel.' Mi tía Rosario, llorando. Ella estaba trabajando con los Platero y fue y se lo contó a Ángeles Platero. Entonces los Platero hablaron con un hermano de Antonio Ruiz, que era capitán del ejército, y fue ese hombre que

La gente de la sierra

vino aquí, con el Cabo Largo. El Cabo Largo no cabía aquí. Miguel estaba en la cámara, apurado, en un poco de palmilla que tenía mi madre en el suelo. A lo mejor esa palmilla era para nosotros dormir. Y digo: 'Siéntate aquí, hijo, siéntate aquí.' Y allí estaba arrinconadillo.

Cuando vino el Cabo Largo, dijo: 'Esto es un choto.' Se lo llevaron. Ni le pegaron ni nada por culpa del capitán ese. Vaya, total, ya se fue a la Legión y de allí se fue para Barcelona. Y en Barcelona se ha casado. Ha tenido suerte.

Cuando me casé, tenía 15 años por ahí y mi marido ya estaba licenciado y todo. Los novios no eran como ahora. Los novios eran 'Buenas noches', 'Adiós', a su casa él y a su casa una. Y no ir por ahí, como ahora con las motos, no. Nada de bailes, nada. Había un cine, una vez a la semana, pero yo no fui. Tampoco. No había luna de miel ni nada de eso. Luna de miel? ¿Qué luna de miel? Entonces aquello no se llevaba. Nada más que casarse y acostarse.

Con mi marido tuve un hijo, que ahora lleva un restaurante. Pero no nació aquí. Nació en Málaga. Pues fui al río a lavar, con mi madre, y había un albaricoque. Y yo me subí a coger albaricoques. Mi madre dice: 'No te subas que te vayas a caer.' Total, que no le hice caso. Me subí, esperando para tenerlo. Me subí, me tiré un brinquillo, como esa silla de ahí. Caí. Y el hijo dio un vuelco. Pues, al venirme me puse mala y yo llamé a mi madre. Mi marido llamó al practicante y de todo.

Aquí no había médico. Aquí no había nada. Esto estaba abandonado. Me tuve que ir al hospital en Málaga. Mi marido no tenía dinero y fue a hablar con el alcalde de Frigiliana. Le dijo: 'Mi mujer no puede tener el crío y se me va a morir. Yo no tengo dinero para llevarla a Málaga. El Ayuntamiento que pague el coche.' Y dice: 'El Ayuntamiento no tiene dinero.' Dice: 'Pues si no tiene dinero, búsquelo usted, porque yo, como se me muera mi mujer, me da a mí que voy a pillar el camino y voy a dar un porrazo a uno y voy a ir a la sierra.' El alcalde se puso un coche ya con mala leche también. De modo me llevó el coche sentada hasta Málaga dos horas o más por una carretera muy mala.

La boda mía fue muy mala por lo que que pasó con Rosario la Caída, la hermana de mi marido. Rosario había perdido a su marido. Lo prendieron y lo mataron (la Guardia Civil). Yo, a Rosario sí la conocía cuando era novia de su hermano pero no muchas amistades.

Cuando yo me casé, yo me fui a vivir con mi suegra. Mi suegra tenía campo, tenía pasas, tenía vino, de pisar lo suyo. Tenía conejos. Y en la boda, cuando salen de la iglesia los padrinos y eso, dice: 'Vamos a hacer una fritada de papas con conejo y vino y pasas.' Pues ellos decidieron, pues ya está. Le dieron una pata de conejo a Rosario la Caída y le dieron una botella de vino.

De modo que, en el refresco en la casa de la suegra, se puso a llorar, a pegar chillidos. Digo: '¿Esto qué es? Todos estos chillidos.' Y fue mi marido, le dijo: '¿Por qué lloras?¿Por qué lloras?' Había en la casa un cuadro con una cena del

La gente de la sierra

Señor con muchos santos y Rosario se hincó de rodillas así y dijo: 'Señor, Señor, te pido que te veas igual que mi marido.' Que se viera igual que su marido, matado y arrastrado como su marido se vio.

Estaba chillando, llorando. Unos chillidos terribles. Y yo dije 'Ay, ay, ay.' Que dice mi marido: '¿Por qué lloras?' Y ella le dijo que se viera igualico que su marido. Matado y arrastrado y todo. Y así le pasó a mi marido. Lo mataron y lo arrastraron. Mi niño me lo dejó con ocho meses, cuando cogieron a los tres muchachos. Porque uno tenía 26 años, otro 18 y mi marido 22.

Él no había hecho nada. Mi marido solamente vino de trabajar, de cavar con Manuel Díaz, ese que vive enfrente del cura. Y se tenía que presentar en el cuartel por su hermano Ángel, o Zumbo, que tenía en la sierra. Zumbo era su hermano, y de Rosario la Caída y de Dolores, y Luisa, y Bastián.

Los tres se presentaban. Mi niño ya lo llamaba. Decía: 'Pa, pa, pa.' Y él decía: 'Ay, ya me llama mi niño.' Lo agarró, lo besó, y dice: 'Voy a presentarme.' Digo yo: '¿Vamos a comer?' Dice: 'Tengo mucha hambre, pero no. Cuando venga de presentarme.' Bueno. Como yo no comía hasta que venía él, pues yo venga a esperarlo, venga a esperarlo, venga a esperarlo...

Y no venía, no venía y yo: 'Esú y no viene, esú, y no viene.' Fui para abajo, para el Zacatín y había un bar que era Pepe los Almendros. Y le digo: 'Pepe, mira, ¿tú no has visto por aquí a mi marido?' Dice: 'No.' Fui acá Manuel. 'Manuel, ¿tú no has visto a Antonio?' Dice: 'No.' Fui a la barbería. Digo: '¿Ha estado aquí mi marido?' Dice: 'No.' Fui al Cuartel. Que yo nunca en la vida allí entré. Y había uno de Guardia allí. Digo: 'Oiga usted, señor. ¿Aquí ha venido Antonio García Martín?' 'Aquí no ha venido nadie. Vete para allá.'

Y yo pillé el camino y me vine. Me dio mucho miedo. Mi madre ya tenía a mi niño en brazos. Le digo: 'Ay, mamá, se ha perdido. Se ha perdido.' Dijo mi mamá: 'Ay, qué lástima.' Se puso mi madre a llorar, ya ves tú si yo he llorado por mi madre. Digo: 'Se ha perdido. ¿Cómo se va a perder en el pueblo?' Un coche que tenían los Civiles tapado lo metieron de culo al Cuartel. Lo metieron en el coche y se lo llevaron a La Molineta, donde había un molino de Paco López, y allí lo metieron. Y allí estuvo tres días.

Yo me levantaba por la mañana, le dejaba el niño a mi madre. Antonia, la madre del más joven, yo, mi prima Sagrario, nos íbamos las tres para abajo. Allí había gente viviendo de Frigiliana y nosotros nos veníamos para arriba para que los Civiles no nos pillaran, no nos vieran. Pensamos: 'Los tendrán encerrados por aquí, porque hay unos Civiles en la puerta de ese molino.' Yo era muy nueva, 18 años que tenía. Pues cuando hizo tres días los sacaron a las cuatro de la mañana y en La Loma de las Vacas lo mataron.

Cuando una mañana fuimos yo y Antonia muy tempranito para abajo, había por toda la carretera un chorro de sangre. Y le dije yo: '¡Antonia!', porque esa mujer estaba sorda, '¡Antonia, sangre! La sangre!' Dice ella: 'Será de un perro.'

La gente de la sierra

Seguimos nosotras para abajo, y nos vinimos otra vez para arriba. Y había en el Calvario una muchacha que estaba tonta, pero tenía muchas luces. Dice: 'Ay, qué lástima. Qué lástima. Ay, ay, Antonio Matutero...' que era mi primo 'y el niño de Antonia la Poeta los han matado. El otro muchacho no lo conozco yo.' Digo: 'El otro muchacho era mi marido.' Digo yo: 'Antonia, mira lo que dice, mira lo que dice, que el hijo de Antonia y mi primo Matutero los han matado. Y mi marido ella no lo conocerá.' Antonia cayó al suelo. Se me cayó la falda y no me di cuenta y vine acá a mi suegra en viso, llorando. Vaya, eso da miedo.

Luego al cementerio los trajeron. Las mujeres no nos dejaban que los viéramos, porque como las mujeres chillamos mucho. Dejaron a mi tío Matutero, que viera al hijo. Y él tenía la cabeza de su hijo en las piernas del padre. Lo que había en la puerta del cementerio eran los moros. Con un cañón así le daban a uno un palo, que eran los que más pegaban en aquel entonces. Pues no lo vi ni muerto siquiera. Desde que salió por la puerta de mi suegra, porque yo no tenía casa, estaba con mi suegra, ya no lo vi más.

A la Iglesia no llegó a la puerta mi marido. Allí los metieron en la caja y los enterraron. Antes, cuando se moría una persona, iba el cura, vestido de cura, y en la puerta del Cuartel le echaba el pater noster que le decían. Le rezaban lo que le tenían que rezarle y andando. Se lo llevaban para el cementerio. Fueron mucha gente al entierro y encima los llamaron al cuartel y le pegaron porque dicen: 'Habéis tenido la culpa vosotros de que los matemos y ahora queréis quedar bien con la familia.' Los mismos Civiles les pegaron a los que fueron al entierro. Y no había explicación de ninguna clase. Matarlo y ya está.

Mi madre era nueva todavía y me vine con mi madre, a el calor de mi madre. Porque mi suegra no me daba calor. Mi suegra no era muy buena, la pobre. Cuando me quedé viuda, me tuve que ir a trabajar a la calle. Yo pillaba el camino e iba al campo, a Nerja. Traía cebollas, tomates, papas y vendía por la calle.

A los dos días de matarlo a mi marido, yo fui a Rosendo. Ahí en el Santo Cristo, esos bancales eran suyos. Los tenía puestos de papas. Y le dije: 'Dame, dame dos arrobas de papas. Y cuando yo las venda por la calle, yo se las pagaré a usted. Para comprarle a mi niño alguna leche.' Porque yo no tenía pecho para darle teta. Ese hombre, Rosendo, me dio dos arrobas de papas y las vendí por la calle. Ya le gané algo para comprarle a mi niño leche, un poquillo de pan para comer. Un desastre, un desastre. El hambre. ¡Lo que tiene ahora! ¡Como se crían ahora!

Me fui viuda a Barcelona con mi niño. Yo no sé en qué año era. Hace una pila de tiempo. Mi niño Antonio solo tenía un añillo. Ahora tiene 54. Mi padre estaba muy malamente también allí en Barcelona. No había trabajo. Yo me fui a trabajar en una fábrica de trapos viejos, un trabajo malo. Por viuda, no, por mozuela para no darme seguro.

Paraban los domingos. Y yo, mi niño, lo veía yo con mi hermana esta que

La gente de la sierra

tengo aquí. Mi niño se cagaba a chorros, con cagueta. Estuve cinco o séis meses en Barcelona. Aquello era un horror. Allí se pasaba el hambre. Y yo decía: 'Osú, mi niño se me va a morir aquí. Ay, yo me voy con mi mamá.' Mi madre estaba aquí en el pueblo y decía: 'Yo no tengo dinero.' Digo: 'Ah, pues si no vas a tener dinero, pues yo me voy.'

Bueno, total, me trajo mi padre al muelle en el puerto de Barcelona y vine de polizón de Barcelona, con mi niño y mi hermana y un hermano, y un primo también se vino. Nos vinimos una pila. Un primo mío tenía dinero para pagar el barco. Yo tenía un baúl y él lo llevó. Era a media tarde. El barco estaba parado y había medio mar. Entramos en el barco saltando la tapia. ¡A matarse! Y mi padre y otro hombre me achuchaban. Después subió mi hermana y luego me subieron a mi niño chico. Uno achuchando y los otros subiendo y achuchándole a una. No se mató una porque Dios no quiso.

A Málaga tardó muchos días el barco. Tuve que pedir limosna al capitán. Llevábamos nosotros un día sin comer. Yo no le conté que venía de polizón. Yo le conté diciendo que era viuda. No hay trabajo. Mi padre no tiene dinero para darme de comer. Y mi niño chico, mi hermana. Y el capitán me dijo: '¿Bueno, usted por qué no ha hablado antes? Que le hubiera dado un poco de leche a su niño y a usted comida y a su familia.' De modo que ya nos daban comida y nos daban hasta que llegamos a Málaga. Dormía allí metida debajo del barco. De polizón no sabía nadie que yo iba. Si no, me tiraba donde sea.

Estaba la mar muy mala. Se tiró lo menos dos días en mitad de la mar. Muy mala. Se estaba moviendo mucho y otras gentes más mayores decían: 'Oh, qué mala está la mar. Veremos a ver.' Yo no entendía nada de todo eso. Yo iba allí como cuando llevas a una gallina a un cortijo. Qué sabía yo lo que era aquello ni lo que no era.

Hasta que llegamos a Málaga. Nos bajamos y no tenía para venirme a Frigiliana. Pero estaba el coche del Ingenio con Expedito que estaba trabajando en el Ingenio. Le dije: 'Expedito, mira lo que me pasa.' No podía traer gente en la camioneta, porque lo denunciaban. Pero dice: 'Vosotros os metéis, os agacháis que no os vea nadie.' Y nos metimos en el cajón, y veníamos agachados hasta que llegamos a Frigiliana, yo, mi hermana, mi hermano y un primo. Y mi hijo chiquitillo que lo traía yo en mi falda.

Me casé por segunda vez pero yo no sé el año. Don Domingo me casó y tiene 45 o 46 años mi hija la que está en Nerja. En total he tenido cinco hijos pero uno se murió, una niña. Mi padre murió en Barcelona, con mi hermana. Ahora en Barcelona tengo mi hermana, mi hermano, cinco sobrinos y una sobrina. Aquí solo nos hemos quedado las dos, yo y mi hermana.

Para mi la vida estaba mala aquí y allí en Barcelona también estaba mala. Ahora es cuando está todo bien. Ha variado mucho el mundo para todo. Pero antes...

'Mi madre me lo comentó una vez que ese Roberto podía ser de un infiltrado. Todo el mundo sospechaba que era un infiltrado.'

Antonio Martín Ruiz, constructor jubilado, nacido en Frigiliana el 28 de octubre de 1946, hermano de Virtudes Martín. Su padre (Sebastián Martín Navas) murió en la sierra y su hermano Manuel en La Loma de las Vacas.

Cuando terminó la guerra mi padre estuvo en la cárcel tres o cuatro años por ser republicano. En Frigiliana había un comandante de puesto que se llamaba el Cabo Largo, que a todos los que venían de la cárcel por republicanos, a fuerza de palos se tenía que ir a la sierra como guerrillero. A mi padre le dio en tres días 12 palizas. Dice: 'Si al mediodía no te has ido, te pasas por aquí.' Entonces mi padre se tuvo que tirar a la guerrilla también porque se fue obligado por él. Ya dos de sus hermanos se habían ido a la sierra.

Después ya llegó a Nerja el teniente Reyna. Por lo visto tenía orden de quitar a la gente de la sierra de en medio. Y cómo la quitó: cogiendo tres personas jóvenes de los familiares que estaban en la sierra. La Guardia Civil cogieron a un hermano mío y dos otros, los encerraron en el cuartel, se lo llevaron a La Molineta, y al otro día los mataron.

De mi hermano yo recuerdo que él ya era un hombre con 18 años y me hacía lo que les pasa a los chiquillos, que es cuando están para hacerles gracias y él me quería muchísimo. Yo recuerdo muy bien de todo aquel trajín de la muerte. Entonces mi padre en la sierra se enteró y se trastornó un poco de la cabeza, sintiéndose culpable, y se quería entregar. Pero unos compañeros suyos, temiendo a que se fuera de la lengua, lo cogieron en la sierra de Nerja y lo despeñaron por un tajo. Me dijo mi madre: 'Tu tío José estaba allí y se fue más arriba para no verlo caer por el tajo.' Cuando mi tío, que estuvo muchos años en la cárcel,

La gente de la sierra

salió lo vi yo solamente una vez y lo único que le pregunté fue eso: ¿por qué se fue más arriba para no ver a su hermano caer? Él me lo negó eso, diciendo que no era verdad.

Mi madre soportó todo eso muy mal. La pobrecilla ha pasado mucho. Y una vida muy cruel. Yo no quisiera tener rencores, pero es que los tengo. Yo estoy muy marcado por toda aquella cosa. Yo pensaba, cuando yo tenía 17 o 18 años: 'Cuando sea más mayor, se me irá quitando.' Pasé también unos días muy desagradables porque mi hermano estaba enterrado en un nicho muy alto y mi madre ya no se podía subir en unas escaleras y arreglarle el nicho. Entonces compramos uno más bajo para que mi madre lo pudiera arreglar bien en el día de Todos los Santos.

Le voy a poner un ejemplo que pasó en Frigiliana. La derecha es que es muy mala. No sé si había empezado ya la guerra, o iba a empezar. Sebastián "Lucrecia", que era el secretario del Partido Comunista aquí en Frigiliana, estaba con fiebre, acostado con calenturas maltas. Vinieron tres o cuatro republicanos de Málaga a llevarse a tres o cuatro señoritos para darles el paseíllo. "Dar el paseíllo" era matarlos. Entonces alguien se lo dijo a la madre: 'Dile a tu Sebastián que vienen cuatro forasteros que vienen a por Don Víctor.' El hombre se levantó y, cuando se los encontró, ya iban los forasteros por la curva del Palacio en Calle Real para llevárselos a los señoritos. Y él se enfrentó a sus compañeros diciendo que no, que aquí ellos no se llevaban nada, que esas gentes estaban aquí, que no hacían nada. Hasta que les convenció y se fueron.

Mira por dónde, pasados dos o tres años, yo creo que ya fue en plena guerra, cuando entraron los Nacionales por aquí, por esta zona. Esos mismos señoritos y unos pocos más se vistieron de Guardias Civiles para matar a él y a otros siete más en el cementerio de Torrox. Fueron ocho de Frigiliana a matar y dentro de esos ocho iba el que les salvó la vida. A todos les taparon la cara y él dijo que no. Dice: 'Yo, aunque estéis vestidos de Guardias Civiles, tú eres fulano, tú eres fulano y tú…' O sea, los conocía a todos. Dice: 'A mí me tiráis que yo os vea. Que yo os vea tirar.' Claro, en esas cosas siempre hay alguien que escuche y a los pocos días ya se sabía en Frigiliana. Fíjese usted lo que hicieron. Ese hombre se levanta de la cama para salvar la vida, luego ellos se la quitan.

Yo fui a la escuela tres años solamente. No era torpe pero entonces era casi imposible para alguien de familia pobre seguir sus estudios. Para la persona que fuera familiar de gente que hubieran estado en la República era imposible que entraran en alguna escuela del Gobierno, porque, claro, el Gobierno era Franco. Ni en la Administración, ni de Guardia Civil, ni de municipal, ni de Policía Nacional. Nada. De 12 a 15 estuve en el campo y después me fui a la obra. Empecé de peón y después estuve en una buena empresa de encargado general.

Tengo mi propia familia, les he dado carreras a mis hijos, pero pagado por mí. Nadie les ha dado nada. Una que ha hecho ingeniero, la otra filología in-

La gente de la sierra

glesa, y el otro ha terminado biología y ahora está haciendo la tesis doctoral. Pero todo eso a fuerza de sufrir y trabajar. Todas las cosas de mi casa las saben mis hijos. Es bueno que lo sepan para que ellos sepan de dónde vienen. Porque la vida les ha sonreído en cierta forma, si no se les explica lo que ha pasado su padre, ellos creen que es así porque es así. Entonces mis hijos sí son muy conscientes de todo.

Yo de Roberto lo que yo tengo entendido es que lo introdujo el Régimen y lo tuvo ahí hasta que ya se fue conectando, porque no estaba siempre con los guerrilleros de la zona. Y la sospecha era de que el tío estaba recopilando para quitar a la gente de la sierra después, como la quitó de rápida la Guardia Civil. Mi madre me lo comentó una vez que ese Roberto podía ser de un infiltrado. Todo el mundo sospechaba que era un infiltrado.

Huyó para la sierra

```
J I M E N E Z
M E L G A R E J O           M A N U E L                           9

(a) Terrible.- Hijo de Antonio y Juana ,de 36 años en 1.947,de estado viudo y
de oficio jornalero,natural y vecino de Torrox,con domicilio en el Barranco de
Huit Cortijada de Los Jimenez.
SEÑAS PERSONALES.- Mas bien bajo,pelo rubio algo rizado,cabeza grande,cerrado
de barba color sano.
ANTECEDENTES.- Con anterioridad al G.M.N.perteneció al partido comunista,du-
rante el periodo rojo a la F.A.I.prestando servicio como miliciano voluntario,
habiendo alcanzado la graduación de Teniente,siendo presidente de la Célula co-
munista del Barranco de Huit.Detenido al terminar la guerra de Liberación fué
condenado a la pena de seis años y un dia,ingresado en la Prisión el 16 de A-
bril de 1.939 y puesto en libertad condicional el dia 1º de Octubre de 1.942.-
En la madrugada del dia 29 de Junio de 1.946 huyó para la sierra,uniendose a la
partida de bandoleros denominada los Frailes.
HECHOS DELICTIVOS EN LOS QUE SE SUPONE HAYA TOMADO PARTE.- Envio de anonimos a
varias personas,asesinato de D.Angel Herrero Herrero y Antonio Lomas Horihuela
el dia 22 de Septiembre de 1.946,agresión al Guardia 2º Francisco Leiro Vila el
dia 21 de Diciembre de 1.946 en camino Fornes Barranco del Marmol,en la que resul
tó herido de ambas piernas.-Asesinato de Felix Castán Ortega en la noche del 23
al 24 de Febrero de 1.947,Secuestro de José Fernandez Navas el dia 5 de Marzo
de 1.947 en Cortijo Pastor- Mallarín del término municipal de Torrox por el que
percibieron por su rescate 100.000 pesetas.
```

Ficha típica de la Guardia Civil. Al parecer el guerrillero Manuel Jiménez quitó su propia vida en 1951 al encontrarse rodeado y sin munición. Vino del Barranco de Huit (Torrox), considerado – como El Río de la Miel (Nerja) – un semillero de subversivos.

'Eso de mi padre no lo podré olvidar yo nunca en la vida. El no poder verlo, el no poder abrazarlo. Eso se queda ahí para mientras viva. Es lo único que me falta.'

Antonia Triviño Martín, ama de casa, nacida en Frigiliana el 18 de mayo de 1950, unas semanas después de la muerte de su padre, Antonio, abatido con dos más en La Loma de las Vacas.

El 22 de abril de 1950 mataron a mi padre y yo nací el 18 de mayo. Eso de mi padre no lo podré olvidar yo nunca en la vida. El no poder verlo, el no poder abrazarlo. Eso se queda ahí para mientras viva. Es lo único que me falta. La gente me habla de él, que era muy bueno, que era muy cariñoso, que era muy sociable... Pero a mí me falta él. Me falta haberlo visto, haberlo tocado, haberlo abrazado, que me tuviese en brazos...no sé, lo que todo el mundo. Es lo único que yo quería: lo que todo el mundo.

Mi madre se quedó con 21 años y tenía que sacar a su hija para adelante. De la única forma, irse a trabajar. Se fue primeramente a Málaga y de Málaga se fue a Barcelona porque mi abuela se quedaba conmigo en el pueblo. Me criaban mis dos abuelas, Dolores la de Andrés y mi abuela Virtudes.

De los años 50 en Frigiliana tengo recuerdos muy malos. Buenos, ninguno. Porque la Guardia Civil estaba cada dos por tres en la casa de mi abuela. Estábamos allí durmiendo y yo me acuerdo de chica, yo tenía dos años o tres, más no tenía, y venían los Civiles a medianoche. Coño, pegando a la puerta, que le dio un porrazo a la puerta y la arrancó, buscando a mi abuelo. ¿Es que iba a estar mi abuelo allí en mi casa metido? Era imposible que estuviera allí. Yo estaba asustada. Aquello no era vida.

Cuando se casó mi madre de segundas, yo me tuve que ir con 11 años a

La gente de la sierra

Barcelona. Yo tenía 14 años cuando salió mi abuelo José (José Martín Navas, nombre en la guerrilla Tomás) de la cárcel en el año 64 y él vino a vivir con mis padres. Era un hombre muy recto, muy rebelde, con mucho genio. Hablaba mucho con nosotros. Yo muchas veces no tenía ganas de oírlo, pero no tenía más remedio que escucharle.

A cualquier persona, cuando le tengo más roce le tengo más cariño. Pero no le conocía de nada a mi abuelo. Me daba mucho miedo. Yo de mi abuelo tenía pánico. Él quería a mi abuela con delirio pero mi abuela no se llevaba muy bien con él. Era una mujer muy seria, muy recta, una mujer muy difícil. Ella me había criado a mí y me decía siempre, eso me acordaré toda mi vida: 'Cuando tu abuelo salga de la cárcel viene a matarme. Viene a matarme.'

Mi abuela no quería saber nada de él. Para ella él se fue a la cárcel y él se metió en política sin tener por qué meterse porque tenían campo y tenían cosas y no tenía por qué haberse ido. Claro, mi abuela también era de armas tomar. Era una mujer muy fuerte. Ella era de una forma y mi abuelo era de otra forma. En aquella época ningún hombre le llevaba a la mujer la ropa para lavar. Y él le llevaba la ropa a lavar. Y él le cogía a las niñas pequeñas. Él le daba los biberones. No podía ser tan malo, ¿no?

En la guerra cuando estaba luchando con lo que le había tocado a él en el ejército republicano, José ya conocía a Roberto y a un montón de gente, según me contaba él. Lo creo porque después de los detalles que me daba y de las cosas que me daba, pues sí. Antes de que lo metieran en la cárcel la primera vez él estuvo en la sierra. La conoció. Estuvo poco tiempo en la cárcel y, después de salir, vino, le pegó a un Guardia Civil y de camino se fue a la sierra. Roberto casi lo estaba esperando. Que por lo visto eso ya lo tenían ellos hablado. Entre ellos había un entendimiento, una cooperación muy fuerte, muy íntimo.

Nosotros podíamos estar millonarios, mi madre, mi abuela — que en paz descanse — todos, porque Roberto ha dado mucho dinero para nosotros. Que Roberto le decía: 'Que tu familia no pase faltas. Que tu familia no vaya a trabajar. Que tu familia se mantenga en su casa.' Pero se lo ha dado a familiares y los familiares no le han dado ni a mi madre ni a mi abuela ni un duro. Se lo han quedado ellos y después se ha visto quién ha tenido dinero, quién ha comprado tierras, quién ha hecho casas.

Se han beneficiado muchos a cuenta de José y de otros más. También ha tenido el pueblo de Frigiliana, Cómpeta y todos los alrededores, muchas ventajas con José esté con Roberto. Porque le ha salvado la vida a muchísima gente. Él sacó tres penas de muerte y al final no lo mataron. Sacó tres condenas de 30 años cada una, pero al final salió mucho antes. Entiendo que él habló con Roberto para salvar la vida de gente del pueblo, de la familia de la Torre, y resultó que en su consejo de guerra el Obispo de Málaga intercedió por él.

A la hora de pedir papeles es cuando yo me he enterado de todo eso. Si no, no

La gente de la sierra

me entero porque yo me creía y no me creía lo de mi abuelo. Para mí era como otro mundo. Eso no cabía en mi cabeza... No podía yo asimilar todo lo que él me estaba diciendo. Él dijo que intervino muchas veces para que no mataran a gente en esos pueblos.

Además, que consta en los papeles. Uno de los papeles consta que el tiempo que estuvo José María Martín Navas en Cómpeta no hubo derramamiento de sangre ninguno. Y aquí igual. Aquí querían matar a todos los ricos. Entonces, José estaba por medio y no se tocaba a ningún rico.

En Barcelona José siguió creyendo en el comunismo. Lo único que decía era: 'Yo no quiero nada que huela a derechas. Porque todos son unos granujas. No se puede salvar ninguno.' Yo le decía: 'Papa, no querrás tener nada que ver con la derecha, pero tú le has salvado la vida a mucha gente del pueblo.' En ese momento (en la Guerra Civil) le vetaron que no les llevara ni comida ni pan, pero él le revoleaba los panes y los cachos de carne por debajo de las puertas.

Luego no ha sido un hombre sanguinario. No ha sido un asesino así, matar por matar, porque yo he estado indagando. Los ha habido, y muchos. No es porque sea mi abuelo, ni mucho menos. Todo el mundo me ha hablado bien de él. He escuchado en un bar, desayunando una mañana, hablando un tal Tomás. No daba el nombre, pero le dijo que su hermana le debía la vida. Él sí le dio un porrazo a un compañero suyo y lo mató. Lo mató allí mismo porque estaba violando o estaba intentando violar a una muchacha. Y él le dio un porrazo con una piedra y le abrió la cabeza y le dejó allí tirado.

Roberto le tenía mucha confianza a mi abuelo. Porque en aquella época ha estado en media España con Roberto, tanto en Madrid, como en el País Vasco, como en Pontevedra. En Galicia estuvieron unos pocos de meses. Estaban recopilando gente y trabajando con ellos en la guerrilla. Roberto viajó por toda España. Iba mi abuelo y creo otro más, que era de la provincia de Granada.

Roberto era cojo y por eso muchas veces mi abuelo estaba trabajando como el caballo de Roberto. Lo llevaba en su espalda. Él lo cogía agarrado por la sierra, por los caminos que donde ni los mulos andaban, ni los caballos. Le había dado a Roberto una parálisis en una pierna y era mucho más corta que la otra. Tenía un trozo de bota grandísimo y esa bota se la arreglaba José montones de veces cuando se le ha roto. Y ha expuesto su vida para ir en busca de un zapatero para que le arregle la bota a él. Roberto siempre llevaba un arma camuflada. Una de las veces que José le arregló la bota, la bota se movía para un lado y, por lo visto, llevaba un hueco grande y una pistola allí metida. Llevaba una plataforma grande, se movía para un lado y por eso se le rompía tanto la bota.

Roberto era muy mujeriego, pero eso era cuestión de machos. A todos los hombres machos les gustan las mujeres. Luego ya llegó el punto de que solamente le gustaba una. Tenía una amante, La Tangerina. Llevaba dos p'alante. A una se llamaba Dolores, de la Venta Panaderos. Ha tenido varias. Pero la última

La gente de la sierra

ya fue que se le fue la cabeza con ella. Era La Tangerina, la que cogieron en Madrid.

Roberto era un hombre duro. Un hombre que tenía unos estudios. Según decía mi abuelo, era formal y recto. Luego, en el momento que había una disputa o algo, él era un tío muy agresivo. No se fiaba de que nadie le hiciese de comer. Solamente José. Todo lo que comía se lo tenía que hacer José, porque tenía miedo de que lo envenenaran. Le hacía la comida y él la probaba antes. José no probaba la comida que hacía otro. Él prefería comerse una papa frita o una papa cocida o lo que fuera antes de comer una comida que hiciese otro, y a Roberto le pasaba igual. Roberto siempre quería café. Bebía cebada porque en aquella época era cebada y se lo hacía José.

Roberto le tenía mucho apego a ese hombre. Eran los dos. Pero eso no quita que a la hora de presentarse y a la hora de hacer el cambio que hizo y la traición que hizo, los entregara a todos. El último que fue en caer fue mi abuelo. Cayó mi abuelo porque era un cabezón. Él no quería dejar a ningún hombre atrás y por eso cayó. Porque Roberto le dijo: 'José, tal día a tal hora, desaparece. Que en tal sitio hay un barco esperando para que te vayas. No vayas donde van todos. Tú, vete a otro sitio diferente.' Pero mi abuelo, no. Se fue y cayó con todos. Iba en el camión. Con los últimos cayó José. Él no quiso defraudar a su gente. No quiso dejárselos atrás.

José lo entendió perfectamente a Roberto y su traición. Para mi punto de vista, Roberto abandonó a toda la gente. Los fue enredando uno a uno. Pero José le encontraba justificación a todo. Yo le decía que había sido un traidor, que había vendido a la causa, y él me dijo que para nada, que tuvo que hacerlo y lo hizo. Yo le decía: 'Pero, papá, dame una explicación. Dame una explicación que yo la pueda entender, la justificación que tú le das a ese hombre. Coño, si ese hombre lo que ha hecho ha sido venderte a ti y vender a toda su gente.' Dice: 'A ese hombre lo cogieron en Madrid, le dieron unas palizas de muerte y no tuvo más remedio que hablar.'

Mi abuelo explica: 'Lo que pasa es que a él le cogieron a su amante.' La cogieron y Roberto la quería mucho. Entonces empezaron a martirizarla y a pegarle y a través de ella consiguieron que él hablara. Aún así, él seguía justificando el momento de que Roberto hubiese hecho un changüí con las fuerzas. A mí no me cabe en la cabeza, pero a él sí. Luego cuando estuvo en prisión, se ha peleado con gente que iba en contra de Roberto, a muerte. Él lo ha defendido siempre hasta última hora. Cuando yo le hablaba en contra de él, se enfadaba conmigo, paraba de hablarme, que estaba sin hablarme semanas enteras. Él me decía: 'Nadie sabéis lo que yo he sido para él. Y lo que él ha sido para mí. Nadie.'

Él le tenía mucho respeto para Roberto porque él decía que, si a Roberto no le traicionan, Roberto hubiese cambiado España en aquella época. Lo que pasa es que a Roberto lo traicionaron en su momento los jefes del partido en Francia

La gente de la sierra

y en Rusia. También venían de vez en cuando gentes y José los conocía. Pero hablaban español chapurreado. Entre un español malhablado y un andaluz peor hablado, casi no se entendían. Pero, vamos, que él los ha conocido a casi todos y ha estado hablando con todos.

Incluso en el mismo tren en la estación de Atocha, en Madrid, allí hubo una reunión

José Martín Navas (centro) con unos camaradas en la cárcel de Málaga

con varios gordos que, según decía él, se estaba fraguando algo acerca de Roberto, del Partido y de todo aquello. Ellos no se tenían como bandoleros sino como guerrilleros. Era una guerrilla que tenía que derrotar al gobierno que había actualmente. Ha sido creencia de los suyos hasta última hora. José lo ha llevado todo a rajatabla. No venía ni a ver a la familia. Todos se escapaban de vez en cuando. Él, no.

Dicen que en el año 48 el Partido tomó la decisión de quitar la gente de la sierra. Entonces, Roberto seguía con el Partido. Y mi abuelo seguía con Roberto porque seguía con el Partido. Mi abuelo decía que aquí había esperanza porque los hombres eran muy hombres y que podían llegar a conseguir algo en la parte de Andalucía. Y de hecho, fue que no. Pero que Roberto no abandonó. Por eso tenía mi abuelo tanto querer y tanto amor por ese hombre, porque ese hombre no le dejaba. Ese hombre seguía infundiéndoles valor a nosotros, los andaluces, para ver si podía sacar algo de Andalucía. Porque Andalucía es muy grande y hay muchos hombres y de aquí podía haber sacado algo bueno. Pero Andalucía no es una zona donde sean las personas unidas. Solamente con que Andalucía se levantara, pues había suficiente. Pero no llegó a levantarse.

Si yo le decía algo a José en contra de Roberto, me pegaba. Decía: 'Tú no sabes de lo que estás hablando. Porque él murió por nosotros. A mí me cogieron en el año 51 o 52, y en el año 47 o 48 el Partido ya había cortado a Roberto, y Roberto seguía para adelante para ver si podía sacar algo más.' O sea, el que

La gente de la sierra

no abandonó fue Roberto. El partido en sí sí abandonó, pero Roberto, no. Yo, lo único que te puedo decir es lo que él decía en ese momento. Que no le digas tú a él en ese momento que Roberto era un traidor. No lo aceptaba de ninguna de las maneras.

Un traidor era el Partido. Según él, porque los dejó de lado. Entonces después de tantísimos años como se habían tirado con ellos y tantos sacrificios, tantas penas y tantas enfermedades, tantas muertes, tanta falta de comer y tanta falta de todo, el Partido diese la vuelta y le diese la espalda a todos sin más ni más, como si no les hubiese conocido. Eso para él no era aceptable. Lo que era aceptable era que Roberto no le dio la espalda a ninguno.

Antonio Triviño, el padre Antonia nunca vió, asesinado en La Loma de Las Vacas

Sí José ha matado a gente, pero él no consta de que haya matado a nadie. De hecho, después de salir de la cárcel, fue a matarlo a Vicente, el Artabús (Vicente Martín Vozmediano). José iba ya en busca de Vicente y Vicente se quitó de en medio y se escondió. Era un traidor y un asesino. Había matado al hermano de José, Sebastián. Sebastián estaba desesperado porque le mataron a su hijo (Manuel Martín Ruiz, uno de los tres jóvenes asesinados en La Loma de las Vacas). No quería comer, no quería nada. Lo único que quería el hombre era morirse. A Sebastián no le tocaba nadie porque era hermano de José. Pero estaba en lo alto de un tajo y viene el Artabús, Vicente, y le metió un empujón y lo tiró. Lo despeñó. Todos los demás que estaban presentes vieron que había sido él.

En el momento en que José se enteró, se le fue la cabeza, buscándolo por todas partes. Se escondió debajo de tierra. Pero luego, cuando José salió de la cárcel y se vino con nosotras a Barcelona, no podía estar en la casa. Como en la cárcel se enteró de donde vivía Vicente, iba en busca de él. Iba a quitarlo de en medio, a matarlo con sus propias manos porque él no tenía ni navaja ni nada. Era bajito y muy ancho y tenía mucha fuerza. Fuimos al campo donde Vicente vivía. Si lo pilla allí, lo mata.

Vicente siempre iba disfrazado por todas partes. Llevaba sombrero, llevaba una gabardina. Se ponía bigote, se ponía barba postiza. Pero claro, la gente sabía quién era. No vivía en comunidad con todos, sino hizo una chabola en la otra punta y alto para ver venir a la gente. Era un malvado, con la familia, con las hijas, con todo. Era muy mala persona.

Entramos en un bar. El tren pasaba justamente por al lado. Vicente estaba allí y en el momento que lo vio, lo conoció. Mi abuelo cogió un sifón, uno que tenía

La gente de la sierra

la botella metida en una coraza de hierro para que no se rompiera. Lo cogió del mostrador y se lo tiró. Le hizo daño. Vicente intentó escapar, corriendo. Cruzó la vía. En ese momento pasaba el tren. Yo pensé que el tren mataba a mi abuelo, porque es que se tiró debajo del tren. ¡Hay que ver! Yo me quedo alucinada. Yo pensé, lo ha reventado. El tren pasó ya, porque entonces el tren no tenía tantos vagones como ahora, pero él no se esperó. Él se tiró y salió. Hombre, lo habría hecho muchas veces porque le salió bien.

En el momento que se tiró él, todo el mundo chillando, porque allí se formó un griterío y un chillerío que daba horror. Que parte de la gente que había allí era del pueblo, sabía la historia, sabía el motivo. Entonces, veían justo que José cogiera a este hombre para quitarlo de en medio. Le hizo sangre, porque luego se veía la sangre que le había abierto la cabeza. Por las huellas de la sangre mi abuelo fue a ver si lo encontraba. Pero ya le perdió la pista. Si lo coge, lo mata. Y vuelve a ir otra vez a la cárcel. Porque estaba en libertad condicional. Hacía menos de una semana que había salido de la cárcel. No llegó a ir a la cárcel porque la policía no vino.

Intenté averiguar hace unos años exactamente lo que pasó con mi padre y voy a seguir moviendo cielo y tierra, de la forma que sea. De hecho ya están recogiendo los cadáveres, a los muertos están reconociéndolos. Eso ya lo han aceptado. Son los crímenes que ellos hicieron, porque, con mi padre, con Manolo y con Antonio, eso fue un crimen. Cogerlos y matarlos fue un crimen y quién lo paga? Esa falta que me queda a mí no me la va a pagar nadie.

Yo no quiero dinero. Yo lo único que hubiese querido es tenerle a él, y como yo el hijo del otro, que tenía ocho o nueve meses, pero bueno, por lo menos lo ha cogido en brazos. Lo ha tocado. Pero yo no lo he podido tocar. Estoy intentando, porque dicen que si haces una sesión (de espiritismo), puedes llegar a tocarlo. No sé si será cierto o no será cierto. Estoy dispuesta a todo para tocarlo de la forma que sea.

```
Telegrama codificado
2 Sept 46, Almería-Madrid, Dirección General de la
Guardia Civil -
Se tiene noticias que en la mañana de hoy, día 2,
han salido dos barcos de Oran y uno de Argel con
100 o 150 hombres cada uno armados fusiles y bombas
de mano. Estos barcos vienen hacia litoral sur de
España frente costas Africa ignorandose porto
desembarco Extreme vigilancia y deme cuenta
```

Mensaje de la Guardia Civil interceptado por el puesto
de escucha de los comunistas

'Esa represión tan grande contra el Maquis fue totalmente injusta. Yo lo que digo es que el 50 por ciento de que la gente se fuera al monte han sido por culpa de la Guardia Civil.'

Manuel Prieto López, nacido el 19 de octubre de 1919. Prestó servicio en la División Azul y, más tarde, en la Guardia Civil en la lucha anti-Maquis, jubilado con el rango de general en 1980.

Al fin el Partido Comunista abandonó a la guerrilla. Yo he hablado con Santiago Carrillo, pero muchas veces. Dijo que él era partidario de quitar la guerrilla. Que Stalin dijo que se ha acabado. El año 49 ya se quedaron sin nada.

Lo asombroso es que todos, todos han sido comunistas. No ha habido nadie del PSOE. Anarquistas, pocos, pocos. Pero comunistas. Les veía (a la gente de la sierra) como bandoleros. Habría ocho o diez bandoleros, Maquis, o guerrilleros. Y los demás han sido gente que ha ido huyendo de la paliza que le metía la Guardia Civil porque era la mala gana. Y le metían. Y se metían por no sé por qué.

¿Que ellos estaban luchando contra el fascismo y Franco? Ja, ja. El Roberto sí. Ese era auténtico político, pero totalmente. Y todos los del Estado Mayor, todos los que había, siete u ocho creemos que son del Maquis. Los demás no.

Serví unos años en la Infantería y estuve en la División Azul. Entonces, en el año 1945, me alisté en la Guardia Civil. Estuve un poco tiempo en Granada como teniente. Ascendí a capitán y entonces me dijeron que me fuera a Málaga, a otra cosa: bandoleros.

En el tiempo cuando estuve en Torrox, se presenta un Guardia. Yo estaba durmiendo tranquilamente, y a las tres de la mañana ¡Pon! ¡Pon! 'Pasa.' 'Que

La gente de la sierra

vienen bandoleros.' '¿Que vienen bandoleros? ¡Coño!' Y vengo y El Vicente se presenta. Viene muy bien, con el papel que yo le decía: 'Tira, el que me diga algo le pongo en Gibraltar.' Le dije: 'Ahora tú vas a ir por todos los sitios que vamos y vas diciendo donde te di las cosas. Vienes tú, vamos a Frigiliana.' Y vamos con un sargento, dos Guardias, un conductor y yo en un Land-Rover.

Entonces me dice el tío: 'Hombre, mi capitán, yo ya le querría echar un polvo a mi mujer.' '¿Echarle un polvo a tu mujer? Pues muy bien.' Hay que ponerle bien a este hombre. Total, un Guardia busca la mujer. Y dice: 'Vente ya, que tu hermano está fuera.' Y el hombre, viene con la mujer y una niña, chiquitita, y echó un polvo a su mujer en la calle, en la cuneta. Este hombre tenía una muchacha chiquitilla. Bueno, terminan ya, la mujer se va con la pequeña y le pregunto: 'Oye, y ¿qué has hecho con la pequeña?' y dice 'La he puesto encima de mi carro'.

Antes de ir a Málaga, yo ya teniente estaba en Granada. El 14 de abril del año 1946 ponen una bandera republicana y propaganda en un patio allí y empezamos a investigar. (La gente decía) '¡Oye, ahí he visto un comunista! ¡Un comunista!' Una barbaridad. Entonces yo recibo una carta de un tal Carlos, que me dice: 'Señor teniente coronel, se ha equivocado usted. Si quiere usted que le ponga yo la verdad, póngame usted una esquela en el periódico, un anuncio y diga usted esto.' Puse el anuncio. Tengo muchas cartas de él.

Luego se va el coronel de aquí a revistar Almería y pasa a Gergal. Y coge la Guardia Civil a un bandolero, a un individuo que sospechan, y es Tarbes (José Luis Merediz Víctores, jefe de la Agrupación Guerrillera en Granada). Entonces, cuando Tarbes se dió cuenta de que la Guardia Civil tenía su manual técnico del guerrillero (él lo tenía hecho a mano), temiendo por su vida, él dijo al coronel: 'Un momento, un momento. Yo quiero hablar con el teniente Prieto.' Me llamaron y él dijo: 'Soy Carlos.' '¡Coño! Carlos! El mismo cartero que me ha escrito.'

Le di cosas bastante buenas, comida y tal. Fuimos buscando al "Ramiro". Ramiro era Ricardo Beneyto Sapeña, jefe del Estado Mayor del Ejército Guerrillero de Andalucía. Tenía una doble identidad. Para el bandolerismo, fue Ramiro. Para una cosa de tipo laboral, Argüelles. Estuvimos en Sevilla, estuvimos en Madrid. Donde es menester.

Entonces le dije a Tarbes: 'Ahora, a acabar la cosa, te vas a escapar. Vete con un Guardia en un sidecar con una moto y ...' Este se tira por un barranco, el Barranco del Ahogado. Y los Guardias pon, pon, pon, todos tirando, tirando. Pero sus camaradas lo pillaron. La mala suerte. Le dice Ramiro: '¿Oye, qué hora es? ¿Pero dónde te diste tú el golpe? ¿Y no te rompiste el reloj? Qué raro. Qué raro.' Y lo pillaron. Porque el Tarbes explicó cómo se había fugado y que se había caído. Pero si tú te caes en el brazo y tal es muy difícil que el reloj esté impecable. Por eso no le creyeron y lo ejecutaron. Perdí un magnífico confidente, y una

La gente de la sierra

gabardina que se la dejé al ir. Lo detienen a Argüelles en Sevilla (por organizar sindicatos ilegales). Vienen aquí a Granada y yo tengo a éste en el cuartel del Albaicín. Lo tengo tres días. Yo sabía que el Ramiro tenía dos metros de altura, una dentadura completa de postizo. No sé si la de arriba o la de abajo se ha puesto de acero. Y luego habla muy bien. Entonces me dice el tío: 'Usted sabe quién soy yo. Pero usted no me puede comprobar a mí.'

Hasta que el Roberto dice: 'Ramiro es fulanito y está en tal sitio. Este que está detenido como Argüelles.' Roberto estaba intentando salvarse a sí mismo señalando al otro. Lo que hizo fue delatar a los otros para salvarse. Sé que ha estado ocho o nueve meses detenido diciendo las cosas y tal. Luego fusilaron al Beneyto Sapeña. Y queda éste, que también le fusilaron después. El Roberto también merecía la muerte porque él había matado a mucha gente.

Yo he visto a muchos que los bandoleros han matado. Era una cosa que le ponían (al cuello) y lo llevaban corriendo, tirando, tardaban 200 metros or 300 metros hasta que murió ahorcado. Yo he visto uno que era un joven, no era confidente de nada, sino un pobrecico. Que ha nacido en Agrón. Metieron a uno... pon, pon, pon. El desgraciado, más que tonto, desgraciado, estaba en un cortijo. Que iban allí los bandoleros y otros que no bandoleros. Y estaban ahí unos con otros y éste que no hacía nada.

Esa represión tan grande contra el Maquis fue totalmente injusta. Yo lo que digo es que el 50 por ciento de que la gente se fuera al monte ha sido por culpa de la Guardia Civil. La represión de la Guardia Civil provocaba que la gente se fuera al monte, huyendo del terror. Por ejemplo, en Agrón (Granada) todo el pueblo se fue a la sierra. Y a todo el que quedaba lo metieron en la cárcel. No quedaba nadie. Entonces me mandaron allí. Primeramente (dije): 'Estos que están en la cárcel, a la calle! Vosotros (estaís) aquí porque no sé.' Y no se quedaba nadie. Se han ido los pobres. Decían: 'A mí, hombre, a mí hacía una paliza, y otra paliza, y otra paliza.' No. Eso no.

Había aquí en Granada un gobernador, Fernández Vitorio, que era capitán de la División Azul en Rusia. Entonces él viene y vienen los Guardias. Ponían una cuartilla con los datos de los bandoleros muertos…el uno, dos, tres, cuatro, cinco, seis. '¿Cuánto?' 'Veinte.' '¿Cuánto?' 'Treinta.' Y ponía 200 más. Yo no decía nada. Pero me decía: 'Será idiota. Porque no había tantos como habían puesto muertos.' El gobernador llevaba lo que le daban. 'Él ha matado a dos, ellos dos. Él ha matado a cuatro. Cuatro y dos, seis.' Una cacería. Mataban indiscriminadamente. A todos los bandoleros esos mataban, aplicando la Ley de Fugas. Y no podía ser.

Por denunciar todo eso de mis jefes, a poco salgo trasquilado. Yo denuncié esas cosas de mis jefes inmediatos al jefe superior de la Guardia Civil, por escrito. Me iban a echar. Adiós, muy buenas. Luego, Don Camilo (Alonso Vega, el Director General de la Guardia Civil) se portó bien porque le investigó la

La gente de la sierra

verdad. Y entonces vió que yo llevaba razón, y me dio la razón.

Una vez los bandoleros mataron un pelotón de soldados en la Sierra de Cázulas (cerca de Almuñécar, Granada). Entonces había un general allí que era el mayor de la familia, que tenían una serrería. Y les habían puesto, como es general, que tuviera una cosa allí. Había unos soldados con tres ametralladoras y un fusil, y (los bandoleros) fueron allí y los mataron. Quince eran (nota: ocho muertos y cinco heridos, según archivos de la Guardia Civil). Y les quitan las cartucheras, los tres fusiles ametralladoras.

Entonces, un general aquí en el Hotel Victoria de Granada me dice: 'Bueno, todos los días me están dando la lata con alguna cosa de bandoleros. Ahora mismo te vas a Almuñécar y matas a diez.' Cualquiera dice a este señor: 'Que no.' Le digo: 'Sí, señor. ¿Muy deprisa o muy despacio?' 'No. Usted coja cuatro o cinco días.' A ver. Qué digo yo? Voy al general (y le digo) que viene una embarcación de los bandoleros de Orán a la costa cerca de Albuñol. '¿A Albuñol? Vete para allá.' Me envía allí para esperar el barco, que no llegó. Pero todavía había la matanza. Otros la hicieron. Yo no. Entre Motril y Calahonda había un cuartel. Ahí los metieron, nueve. Y ahí los mataron.

Nueve bandoleros he matado yo. No, yo mismo no. Mejor dicho, yo he ordenado: 'Haz esto aquí, aquí, aquí.' Eso he hecho yo. Yo únicamente a quien le pisé unos pelos fue a Ramiro Fuentes Ochoa, que editó con Tarbes el periódico *Por la República*.

N.B. *Prieto irrumpió en una casa granadina y tiró cuatro veces a Fuentes Ochoa cuando intentó escapar. Acusado a ser un jefe de la guerrilla, Fuentes pasó 17 años en la carcel. Un informe de la Comandancia de Granada afirmó que Prieto López "logró detener a 51 individuos afiliados a una organización del Socorro Rojo". Sigue, diciendo: "Descubrió el lugar de reunión del Estado Mayor del Ejército Guerrillero de Andalucía, logrando detener al comisario político. Logró la detencion de 'Pancho Villa' autor de más de 40 asesinatos en Motril. Haciéndose pasar por Capitán del Ejército Rojo logró establecer contacto personal con varios enlaces... Recompensas: concedido la Cruz del Mérito Militar.")*

*Al autor de este libro el General Prieto entregó una declaración suya escrita sobre el bandolerismo en que afirma: "Estoy convencido de que para acabar con un problema similar hasta la fecha no conozco ningún método tan eficaz como el que se empleó en aquel tiempo. Al principio de los años 60, cuando triunfó la 'guerrilla' en Argelia, Cuba, pensaba que en España era el único sitio donde no había triunfado y lo hacía con orgullo por haber colaborado a ello en la pequeña parte que le correspondía a un teniente y capitán. Creía que el sistema operativo era bueno, el apropiado, pues no había más que remitirse a los resultados, y pudiera ser el modelo a seguir ante posibles circunstancias similares futuras."

'En invierno algunas veces abría las puertas del cortijo y había un metro de nieve. A otro día ya había que rebañarlas las cabras de allí y venirse para acá.'

Federico Sánchez Álvarez (El Molinero), cabrero, nacido en Frigiliana el 18 de julio de 1938, vivia unos años en la Venta Panaderos. Ha muerto.

"El Molinero" viene de mi tatarabuelo que tenía un molino de moler harina ahí al lado de la carretera en La Molineta. Y después estuvo en Lízar. Nosotros éramos nueve hermanos, pero uno ha muerto. Machos éramos cuatro y quedamos tres. Nos hemos criado del campo y de las cabras. Gracias a Dios, en mi casa han tenido comida todos los días. Yo no digo que ha pasado mi gente falta, porque no.

Mi abuelo, Federico Sánchez Villasclaras, fue arriero mucho tiempo. Cargaba dos mulos de pescado en Nerja y los llevaba a Granada, a la capital, por la noche. Iba todas las noches con cargas de pescado para arriba. Pasaba a las seis o siete por Frigiliana y al amanecer estaba en Granada. Los arrieros más rápidos, los que aligeraban más, a esos les decían "los corsos".

Le echaran 10 o 12 arrobas a cada mulo, si el mulo era bueno. En una arroba habían 12 kilos de pescado. Entonces no había carreteras, no había coches, no había de nada. Mi abuelo estuvo mucho tiempo. Y después decía que se había desgraciado y había gastado 18 mulos en el camino. Iba casi corriendo: a todo meter. Iba a la cola, y ala, que te pego. Había mulos que caían, otros se entregaban, otros se lastimaban, otros de andar mucho se desbarataban los brazos. En fin, muchos.

De muy chiquitillo iba a la sierra, pues ni un día a la escuela. Estuve yendo una temporadilla ahí a las "pizarrillas" y también ahí no aprendía nada. Yo no sé escribir nada. Echo mi firma malamente. ¿Para qué voy a decir otra cosa? Si no sé. Tampoco mi padre sabía escribir. Después se enseñó a los números de

La gente de la sierra

lotería, eso es lo que sabía. Los números sí los conozco. Pero mi padre aprendió lo mismo. Cuando era chiquitillo, cortando una cinta, me di un puntazo con una navaja en un ojo. Eso me sacó la uva del ojo, se salió una mijilla y después ya me lo sacaron. Hoy podían hacer algo, pero entonces no había preparativos ni nada. Yo he trabajado mucho con un ojo. A mí no me ha hecho falta el otro. Ahora ya se pone uno más viejo. Ya no llega la vista a tanto. Pero antes, de aquí a lo alto de los cerros esos veía las cabras.

Cuando era yo chiquillo estaba toda la sierra llena de gente de la sierra. Antes les decían que eran bandoleros. Pero yo ni los vi. No hablé con ellos. No tuvimos contacto con ellos. No me marearon los Civiles ni me llevaron a la cárcel, ni a mi padre tampoco ni nada. Entre los que se fueron a la sierra, había gente buena. Lo que pasaba que ahí llevaron comida. Una noche llevaron siete u ocho con comida por Lízar, y estaban los moros y tiraron una bomba. Mataron a uno de aquí del pueblo, y los otros se tuvieron que ir.

Mi padre no podía ir con las cabras. Iba yo, que era un niño. La gente de la sierra no los vi yo nunca por ahí, se quitaban de en medio. No salieron nunca a mí. Los caminos de donde estaban sí los veía yo, a donde paraban. Tan solo un día venía río abajo y había un hombre llenando un cántaro de agua. Para no presentarme a él me volví de espaldas para arriba. Venían las cabras río abajo y empecé a regañarles a las cabras. Y cuando volví la cara ya no estaba. Se había quitado de en medio. Los Civiles me preguntaron si yo había visto a la gente de la sierra, que dónde estaban, que estuviste en El Fuerte, pero no habían estado nunca conmigo por ahí.

Una noche estaba en la puerta del Casino. Había otro muchacho conmigo y pasaron tres hombres corriendo con pellizas. Me dijo: '¡Esos son gente de la sierra, esos son gente de la sierra!' Que fueron una noche que le tiraron a Justo y a Paco López en su casa. Intentaron secuestrar a Justo pero se tiró por la ventana y salieron corriendo.

Cabras sí me quitaron cuatro en un año. Pillaban una y la mataban y se la comían. Y al poquillo tiempo otra. Pero después no me hicieron mucho daño a mí. Ya estaban muy malos los últimos que quedaban. Y ya no tenían nada, ni nadie quería llevar comida para ellos.

Mi padre se los tropezó dos o tres veces. Una vez estaban ahí en la Fuente del Esparto y estaba mi padre de marchante. Venía de comprar unas cabras. Ahí en la Fuente se encontró a unos pocos y traía una pelliza de esas gordas. Y le dice el uno: 'Federico, véndeme la pelliza.' '¿Yo cómo te la voy a vender, si hace falta?' Pero empezó a quitársela. Que nervio tenía, que tenía el carné en la pelliza y no se lo sacó. Se llevó el carné en la pelliza.

Había aquí un sargento que era amigo de mi padre. A él le explicó lo que había pasado. Dijo el sargento: '¡Cago en Dios! Y ahora te vas a liar un lío.' En fin, que le hicieron un carné nuevo. Y después, a la pila de tiempo, se lo encontró

La gente de la sierra

a aquel otra vez. Dice: 'Hombre, te di la pelliza y no me mandaste el carné.' 'Sí te lo mandé, en una carta sin dirección.' Es el único percance que han pasado mis gentes con la gente de la sierra y tampoco nos marearon ni nada.

Los Civiles dijeron a mi padre: 'Usted no puede venir a la sierra. Usted no puede tener las cabras aquí.' La Guardia Civil le dijo que como fuera le iban a matar por ahí. 'Usted si viene todos los días es porque está con la gente de la sierra.' Entonces, iba yo con ellas porque las cabras nos hacían falta para comer. Cuando ya venía yo de la sierra para abajo, salía y me ayudaba mi padre. Pero para la sierra no iba.

Con 10 o 12 años, empecé a ir con las cabras. Un día estaba yo encima de Lízar y había un cabo, el Cabo Trigo, muy amigo mío. Dice: 'Federico, nos vamos a disgustar. Porque ves a la gente de la sierra y no nos dices a nosotros nada.' Digo: 'Yo no los veo. Yo no los veo nunca.' Dice: 'Pues estuviste en El Fuerte el otro día con ellos.' Y era mentira. Allí no hubo nadie conmigo. Me dijo: '¿Cuándo vas a ir al Fuerte otra vez?.' Digo: 'Pues de aquí a un par de días iré.' Dice: 'Pues, lleva una soguilla. Que te vamos a colgar allí en un pino.' Eso era para que no fuera. Pero ni me dijeron más nada ni me hicieron nada. Yo, con la Guardia Civil, me he llevado siempre bien.

En la Venta Panaderos había la familia de Paco Manuela. Eran seis hermanos y el matrimonio. Esa gente pasaron allí la de Dios con los Civiles y con la gente de la sierra. Ellos tuvieron muchos problemas. Pillaron el tiempo malo allí. Allá venían unos, ya venían los otros, ya venían unos, ya venían los otros. ¿Y qué tenían que hacer las criaturas? Los Civiles llegaban, que si estaban allí la gente de la sierra. Y ellos qué iban a decir: que no. Había cuatro hijas y una, Dolores, estuvo amante de Roberto, de lo que dicen. Después cogieron a Roberto y a ella la metieron en la cárcel. Después se casó con un cabrero de Jayena y se fueron para Barcelona.

Después, en los años 50, se la vendieron la Venta Panaderos a mi padre en 8.000 duros. Ya estaba casi toda desbaratada. Cuatro habitaciones es lo que había, una cocina, dos cuartos y una camarilla. Que allí había una labor grande, porque también se ponía de habichuelas, de papas, de todo eso. El terreno aquel se lo compramos para las cabras porque quitaron las cabras de esta sierra y la acotaron. Nosotros tenemos una piara de 200 cabras entonces. Andaban en el terreno de la venta y allí sobre la sierra de Cómpeta y por allí. Pero en los inviernos nada más. Después, en los veranos, en Sierra Nevada.

Estuvimos allí viviendo nada más que tres o cuatro años. Después, cuando ya estábamos viviendo aquí en Frigiliana, la tuvimos 15 o 16 años. Había allí una escolta de madera. Traía madera con las bestias, troncones, leña, carbones. Como ya estábamos cuatro, pues a veces se pegaban algunos de mis hermanos a las cabras y yo tenía dos mulos acarreando madera aquí siete u ocho años. Cortamos nosotros en el terreno nuestro unos pocos de pinos y los traía yo cada dos

La gente de la sierra

En invierno la sierra detrás de Frigiliana se reviste de nieve

o tres días dos cargas con dos mulos. Después, en una llevaba el hato, comida para nosotros, y en otra llevaba cuatro garrafas de vino.
    Por la venta pasaron muchos arrieros y nosotros mismos estuvimos vendiendo vino allí. Casi todos los arrieros tenían solo un mulo. Era milagro el que llevaba dos. Llevaban tomates, uvas a Fornes, a Jayena, a todos los pueblos de la provincia de Granada. Había días que pasaban 20 o 30 arrieros. Pero otros días pasaban dos o tres. En el verano sí pasaban más gentes. Iban a por paja o por harina. En los veranos es el trajín. Ya por lo último, en el invierno, ya no pasaba nadie. En el verano estaba mi familia también allí, mi padre, mi madre, mis hermanas. Pero en el invierno, cuando tenía 18 o 20 años, yo solo con las cabras. Hemos vivido así, bregando mucho. Y yo era el mayor y era el que apretaba más.
    En el invierno cuando yo tenía las cabras allí, podía bajar al pueblo por la noche, andando, pero con las claras del día me tenía que amanecer a mí en la venta porque las cabras dejaba sueltas el día antes. Para venirme al pueblo más temprano, echaba las cabras, dejaba la puerta del corral abierta. Unas se metían en el corral y otras se quedaban allí. Por la mañana, si se habían ido las cabras, unas con los chotillos chicos detrás de ellas, se perdían por ahí. Tenía que llegar al corral, oscuro, antes de que se fueran las cabras.
    He tenido con mi padre hasta 500 cabras. Después ya me casé y junté ya 500 mías. Esas las crié con dos o tres cabras nada más. Yo tenía cabras malagueñas, todas coloradas. Las malagueñas son grandes y dan mucha carne y mucha leche,

La gente de la sierra

cabras muy buenas. Ahí en la sierra, cuando no comía grano, te echaba casi un litro de leche cada día y algunas te echaban dos litros. Pero estas mías criaban chotos todo el invierno. En febrero o en marzo ya se empezaba a ordeñar, quitando los chotos machos.

En toda la sierra, he estado 40 y tantos años. En los años 60 se pagaban al Ingenio, a la familia de la Torre, que son los dueños de la sierra esta, cuatro pesetas por cabra por un año de pastos. Entonces, valía un choto unas 400 o 500 pesetas, pero un choto con 20 kilos, un choto criadillo ya, con los cuernos así. En los tiempos más recientes estaba yo pagando 500 pesetas por cada cabra. Ahora, como han puesto Parque Natural, van quitando las cabras de la sierra.

Compramos la Venta Panaderos para tener a las cabras allí en el invierno. En marzo nos íbamos para arriba para pasar el verano en la Sierra Nevada. Hasta el mes de la Pascua estábamos allí. Cuando ya venía el mal tiempo, me venía ahí a Panaderos con las cabras. Fui andando, andando, cinco días para arriba. Para abajo otros cinco días. Y durmiendo dónde pillaba, con las cabras.

Tenía que echar por Lomas Llanas donde había unas rehalas de ganado y después por el puerto de Cómpeta, también a parar en Fornes, por la sierra de la Mora, por un campamento que hay. Al pasar por Dúrcal, para subir a lo alto de Sierra Nevada, más alto de las Alpujarras. Estuvimos llevando las cabras allí lo menos 15 años o más porque había más pastos. Allí estábamos hasta que ya la nieve lo echaba para abajo. En invierno algunas veces abría las puertas del cortijo y había un metro de nieve. Tiraba uno la puerta para adentro y se quedaba con un escalón de un metro. Que ya había que venirse. A otro día ya había que pillar las cabras, rebañarlas las cabras de allí y venirse para acá.

Por eso cuando me parecía a mí que ya caía la nieve no venía ni mi gente a por mí. Nada más que yo pillaba el corte, pillaba una bolsaca grande de piel que tenía. Metía yo la comida en la bolsaca y una mantilla metida en un morralillo. Lo metía todo en un morral, un saco, y le hacía dos soguillas. La bolsaca por delante y el morralillo atrás y las manos para tenerlas sueltas para andar arreando a las cabras. Así venía de allí. No tenía bestia. La bestia era yo. Una pila de veces vine yo solo para abajo. Estaban mis gentes aquí en las aceitunas y yo traía 400 cabras de allí. Aquí en la sierra esta lobos no ha habido nunca pero zorros para comerse los chotillos ha habido. Como se quede alguna cabra sola que haya criado a esa se los quitan. Y había unas águilas que en los inviernos cuando ya hacía mucho frío también mataban a algunos.

De modo que todo eso lo he andado yo por lo menos 15 o 16 años. Había días que no se veía a nadie. No me importaba nada. No es que me gustó la vida, que tenía que hacerlo. Ahí por Cázulas en el verano a lo mejor había resineros, cortando y sacándoles resina a los pinos. Pero después del verano ya no había nadie.

En Sierra Nevada estaba yo en un cortijo más debajo de la nieve. Las cabras estaban en lo alto, pero yo me venía de noche a un cortijo, con una familia de

La gente de la sierra

Dúrcal. Ellos tenían una labor allí grande, e iban a arrancar papas o habichuelas, y yo les encargaba la comida para que me la trajeran. Pero algunas veces estaban 14 o 15 días sin subir. Allí no se veía a nadie, excepto algunos pastores que tenían vacas, caballos y algunas ovejas. Esos los que nos juntábamos allí, los ganaderos, nada más. Cinco o seis meses estaba solo allí. Para la Pascua ya me las tenía que traer porque ya hacía allí mucho frío.

Yo ya llevo 30 años casado y cuando me casé ya no fui más a Sierra Nevada. Porque el último año que fui a Sierra Nevada, que traje las 200 cabras mías y las de mi gente, pillé una noche de frío muy mala. Me cayó mucha nieve encima y eché una maldición. Digo: 'Ya no vengo más a Sierra Nevada con las cabras! Ya las vendo.' Y fui, las pillé, las vendí y compré la finca esta. Las vendí a uno de Cómpeta y a otro muchacho más y me dieron 60.000 duros por más de 200 cabras. Muy baratas.

Tengo un hijo y una niña. Él sí me ha ayudado de chico, pero después ya no quería cabras. Aquí en la sierra se trabajaba mucho con una piara de cabras, hasta 500. Cuando el niño empezó a decir 'que yo no quiero cabras, que yo me voy a la obra...', pues ya empecé a venderlas.

En la sierra yo me caí y tuve dos o tres porrazos. Me partí tres o cuatro veces las costillas. Pero lo peor ocurrió cuando tenía unos 57 años. Me caí para atrás y me partió las costillas y me pinchó el bazo. Me subí en un mulo, que tengo ahí todavía, y el mulo me trajo al pueblo. Y después ya me llevaron a Nerja y me dijeron que tenía cuatro costillas partidas. Le dije al médico: 'Es que me estoy ahogando.' El médico, Don Juan Maldonado, me hizo una radiografía y tenía todo el cuerpo lleno de sangre por dentro. De modo que el médico allí mismo llamó a un taxi y ya me llevaron a Vélez. Ya no me dolía nada. Nada más que poquito a poco me iba muriendo, ahogándome. En Vélez me abrieron, me sacaron cuatro litros de sangre y me quitaron el bazo. Ya el médico me dijo: 'Si te descuidas media hora no lo cuentas.'

Así que después, cuando vine al pueblo, vendí las cabras, todas. Digo: 'Ya basta.' Ahora no tengo ninguna, y en el pueblo quedan nada más que tres o cuatro cabreros. Ahora yo tengo una pila de aguacates. Eso es lo que hago, coger aguacates y labrarlos, regarlos y limpiarlos.

Si he disfrutado de la vida? Disfrutar, no. Trabajo. Tenía que trabajar y ya está. Cuando iban a parir las cabras siempre tenía que ir yo. El que se tenía que hacer cargo de las cabras era yo, siempre. 'Vete tú con las cabras, vete tú con las cabras...' Siempre. Sí me sentía solo allí arriba en la montaña, siempre, muchísimos años. ¿Pero qué iba a hacer?

'Mi familia estuvo muy preocupada hasta que ya pasó un poco la ola fuerte. Pero no solamente mi padre. Hubo unas cuantas personas que estuvieron sentenciadas a muerte.'

Antonio Raya Olalla, taxista jubilado, hijo de un práctico de la sierra, nacido en Frigiliana el 30 de abril del 1936. Murió en 2008.

Cuando termina la guerra en el 39, vivíamos en calle San Sebastián y una de las primeras cosas que recuerdo es que de madrugada se escuchaba cantar a mucha gente y hablar muy fuerte. Iban camiones, iban hombres vestidos de Falange, con las gorras coloradas. Iban a cubrir carretera, en la general, porque pasaba Francisco Franco por la general de Nerja, dando la vuelta a España porque había terminado la guerra y era el triunfador. Era el General Francisco Franco y los hombres pasaban por la calle cantando, cantando. Yo tengo tres años y mi madre me asoma a la ventana y yo veo unos camiones, hombres con boinas.

Empecé a trabajar con 10 años en la sierra, o donde correspondía, con mi padre y con otras gentes en muchos sitios. Pero a trabajar brutalmente, cortando leña en la sierra, en el campo, recogiendo la aceituna, la patata. Luego, más tarde, este maestro Don Enrique Ginés Mata, que tenía los niños más mayores, daba unas clases de dos horas o hora y media por la noche y cobraba muy poquito. Que es donde ya aprendí un poquito más. Porque aquel maestro era muy buen maestro y tenía muy buenas cualidades.

Frigiliana ha tenido siempre privilegios, porque como hay muchos años nunca ha habido grandes latifundios pero sí ha sido muy repartida la parcela. Había muy poquita gente lo que se llama rico, rico. Bueno, en aquellas fechas, toda persona que destacaba un poquillo en comodidades o en algunos dinerillos, ya se le llamaba "cacique". Ahora, a nivel general, todo el mundo tenía un poquito, sus cositas, su campito. Tiempos difíciles, muy estrechos, pero en Frigiliana, en

La gente de la sierra

comparativa con otros muchos pueblos, se vivía mucho mejor, aunque se trabajaba mucho, y muy duro.

Estuve en la sierra unos años porque mi padre era guarda y al mismo tiempo vigilando siempre a unos hombres que trabajaban en las maderas para cuando los caminos, para las caballerías, para esas cosas. Yo trabajé allí unos cuantos años. Después he estado mucho tiempo en Vélez-Málaga, casi media vida. Pero al final estaba casi 20 años de taxista en el pueblo.

En el pasado gran parte del pueblo dependía del Ingenio. La caña de azúcar podía venderla también a Nerja a la familia Fossi, que era otra fabriquita también pequeña, o una fábrica que le decían la Fábrica Larios. Pero todo el mundo tenía ya el compromiso aquí. Luego, en aquellas fechas y estando los Maquis y todo eso, el campo de Frigiliana, en el 80 por ciento era caña dulce. Algo para algunas patatillas, para unos boniatos, pero la mayoría de eso. Luego, otro compromiso, todo lo que era de la sierra era para la fábrica de El Ingenio. Que en la sierra se cosechaba mucho. Luego los del Ingenio tenían mucha influencia. No eran malos. Eran un poco cuidadosos con las fincas. Dice la gente que eran muy clasistas. No es verdad. Cuidaban un poco lo suyo.

Muchas partes del pueblo vivían de la caña y la sierra y luego había otra parte que vivía del campo. En aquellas fechas el campo se llevaba todo o casi todo. Se cogían en Frigiliana muchos miles de cajas de pasas y muchos miles de arrobas de aceitunas. La agricultura ha cambiado totalmente aquí. Ahora que si aguacate, que si chirimoyo, que si esto no vale. En aquella fecha Frigiliana cogía uva, pasa, vino, aceituna, muchos millones.

Luego surge esto de los Maquis. Cuando termina la guerra, quedan unas filtraciones políticas de personas en partidos marginados. Entonces, a estas sierras, que prometen mucho porque son muy quebradas y muy favorables, vienen mucha a la que llamábamos "gente de la sierra". De Frigiliana se fue mucha gente con ellos.

Aquello ya se puso muy fuerte. Atacaban mucho, hacían mucho daño, buscando vivir. También se veía que había venganza, y ya empezó mucho rencor. Entonces ya empezó a acoplarse aquí mucha fuerza armada. Hubieron más fuerzas que Civiles. Había mucho miedo, mucho pánico. Porque aquí había mucha gente muy complicada con ellos, que les llevaba comida, tenía contactos. Era una época muy difícil. Entonces, cuando las fuerzas tenían noticias de qué familia les llevaban comida, le cogían, le pegaban, le metían en la cárcel.

Para mi familia, la gente de la sierra, ni eran delincuentes, ni eran buenos ni eran malos. Porque no eran afectados, ni por su política, ni por su economía, ni fueron nunca secuestrados. La idea de que Roberto quiere derrotar a Franco es bien aceptada por algunas personas, pero no muchas. Frigiliana tenía de todo, sus seguidores y sus contrarios. Francamente, mucho antes de Franco, mi familia, aunque humilde, era siempre con tendencia a la idea de derechas, todos

La gente de la sierra

en mi familia. Nos parecía esta gente unos desgraciados con mala suerte, porque nosotros conocíamos a personas de aquí que se habían ido, y eran a lo mejor muchachos que por razones de sus padres, de tal y que cual, si le pegaban mucho, o no querían hablar. La persona que está hambrienta, y encima, palos, y lo hostigaban, pues, como allí le decían: 'Vente, vente, vente', allí le va.

Cuando ocurrió el incidente de la Cruz de Napoleón yo tenía 12 o 14 años. En aquellas fechas difíciles, en la sierra se trabajaba mucho. Entonces, era la temporada del esparto e iban dos hombres buscando esparto, porque había un sitio aquí donde lo compraban. Llegan a unas matas allí y ven un saco de comida. Eso era un suministro que llevaban la gente de los Maquis, pero les vino el día y para no seguir con los sacos, porque podía la Guardia Civil desde los puntos observarlos, los meten, los tapan un poco, y ellos se van a unos picos a observar. Se ocultan todo el día muy en silencio.

Estos dos chicos ven que en un saco iba el típico zapato que se gastaba en aquellas fechas, unas alpargatas. Entonces coge cada uno una y se ponen. Una necesidad. Parece ser que no llegaron a coger comida. Pero, cuando llegan al pueblo, comunican que en tal sitio habían visto una comida. Entonces, las fuerzas rodean aquello. Cuando estos maquis vienen a recoger los sacos, hubo un tiroteo. Por poco mueren. Perdieron las comidas pero ellos sabían a quiénes habían visto. De modo que, estos hombres no les hicieron malo a aquella gente, nada más que eso. Pero lo que más les fastidió es que les dijeran a esta gente que habían visto esto y la gente de la sierra estuvo a punto de morir por aquello. Entonces, los cogieron un día y les hicieron de todo.

Uno del pueblo los vio ahorcados. Entonces, rápidamente fue la Guardia Civil. Cuando llegaron a ellos estaban ahorcados. Pero había unos palos allí al lado, unos palos bastante largos y fuertes. Tenían los brazos rotos, pero por varios sitios. En las piernas tenían muchos palos. Entonces, le habían cortado la lengua entera y sus partes. La lengua y el pene, en un pañuelo. Y cogidos aquí, a la correa, delante. Eso, eso sí le hicieron a estos chicos. Aquello fue horroroso.

Cuando ya al final, entonces se presentaron ellos. Hubo quien no se presentaba y moría en los combates que tenían. Otros se presentaban para buscar de salvar la vida. Porque al final, cuando ya se puso aquello difícil, les ofrecían que el que no tuviera muertes hechas que se presentara y dijera dónde había más gente, para pillar a los compañeros. Pues todo eso se le sumaba para quitarles penas. Se presentaban muchos aquí. Vi al que ahorcó a estos dos muchachos de los que estamos hablando, uno que le decían "el de El Cordelillo". Que era el que ahorcaba. Había un especialista en ahorcar.

Aunque no éramos contrarios a ni una parte ni otra, ni hemos tenido problemas con ni una parte ni con otra, pero al final tuvimos un poquito de problema. Hubo unos malos entendidos. Mi padre era guarda de la sierra, esta de la Compañía de la Torre. Cuando aquello se puso tan difícil, los guardas no iban a la

La gente de la sierra

sierra de servicio. Hacían servicio en la fábrica de miel de la Compañía y a mi padre le pusieron pesando las maderas. Pero venían aquí unos jefes de la Guardia Civil y preguntaron: '¿Quiénes son los prácticos de la sierra?' 'Pues fulano que es guarda, que lleva muchos años en la sierra y se la conoce muy bien.' Y el teniente venía aquí con un camión con 50 Guardias, más los que había aquí. Salían porque había un chivatazo de que en el punto había un campamento, un escondite. Entonces, ellos iban de noche y rodeaban.

Una o dos, o tres veces llamaron a mi padre. Pero a las 12 de la noche llegaban a la puerta. 'Antonio,' decía un cabo. 'Mira, que el teniente busca al práctico. Venga, que aquí a media hora vamos andando. Antonio, si dices que no, vas a la fuerza.' ¡Media hora! Yo estaba escuchando. Porque en aquellas fechas, la Guardia Civil de toda esta zona, con permiso y orden de exterminio, de esta gente de los Maquis, tenían carta blanca.

En la segunda o la tercera vez hubo un enfrentamiento con ellos. Dos veces observaron lo que fuera y se escaparon. Pero una vez rodearon, hubo enfrentamientos y murieron de ellos dos o tres. Los que atacaron allí, eso fue la fuerza. Mi padre estaba totalmente en el río, pero él tuvo que llevarles al sitio. Y se enteran aquella gente. Entonces escuchamos que querían hacerle daño. Esas fueron las razones. Uno de aquellos jefes de allí arriba le dijo un día a uno del pueblo: 'Nosotros comprendemos que ese hombre vino hostigado, pero de cualquier manera aquella noche murieron dos compañeros y él fue uno de los culpables.' De modo que no lo perdonaban. Que mi familia estuvo muy preocupada, unos cuantos años, hasta que ya pasó un poco la ola fuerte. Pero no solamente mi padre. Hubo unas cuantas personas que estuvieron sentenciadas a muerte. Uno le hicieron daño. A otros no les hicieron daño porque se escondieron.

Pasadillo el 50 ya empezó aquello a ponerse muy mal. Ya empezaron a presentarse, y ya no tenían fuerzas. Los últimos dos que quedaban, Lomas y El Moreno, que eran de Frigiliana, se presentaron una noche antes del día de San Sebastián en el Cortijo de Ángel Rojas, arriba del Pedregal. En el cortijo ese vivía un suegro de Lomas. Y aquella noche sabía que se venían allí y se llevaron comida, se llevaron vino. En fin, para pasar la noche allí.

Le dice El Moreno: 'Yo me voy a asomar al pueblo, y me traigo unas barras de turrón, unos dulces y unas cosillas y por la mañana nos vamos a la sierra.' Lomas se quedó allí con su familia y El Moreno se vino ya empezando la noche a su casa y le dijo a la madre lo que le pasaba: que él ya no quería seguir allí más. Que se había quedado el compañero allí con su familia, y él había venido aquí a entregarse. Entonces, la madre fue al cuartel en busca de un Guardia, que conocía muy bien la sierra. Le dijo: 'Mire usted, mi hijo quiere presentarse, que ya no quiere seguir más, que está arrepentido.'

Entonces vino este cabo y un Guardia y encontraron al hijo acostado y la pistola en una silla a la vera de la cama. Moreno estaba despierto. Le dice el

La gente de la sierra

cabo: '¿Moreno, tú vienes a entregarte arrepentido?' 'Sí.' El cabo comunica a los jefes que se ha entregado el último que quedaba y que el otro está en tal sitio.

De modo que sobre las dos o las tres de la mañana los Guardias rodean el cortijo, con dos círculos. Delante de la puerta del cortijo, uno de los Guardias, un tío fuerte, esposado con El Moreno. Entonces esperan el día. Cuando empieza a salir el sol, se ve que dentro del cortijo están ellos comiendo y bebiendo. Dentro notan algo.

Entonces, sale el suegro, Ángel, con un plato de desperdicios, con una contraseña para su yerno dentro. Si veía algo, decía tal. Ellos se entendían. Y sale Ángel y le dice: 'Pitica, pitica.' Pitica es la gallina. '¿Pitica habéis salido ya? Ya tenéis comida aquí.' Como el suegro no notaba nada, porque esta gente estaba detrás de las matas y de los olivos, sale Lomas con idea de irse. A dar la vuelta por unas pencas que hay, sale el teniente que está a la vera del Moreno y más Guardias. '¡Alto!' Este hombre no se movió. Le dice el teniente: 'No vayas a correr. Entrégate que está todo rodeado.' No sé qué pasa, si es que trató de agacharse o a correr. El teniente le pegó un tiro y tuvo el acierto de pegarle en el pecho. Y se quedó frito.

A partir de eso ya terminan los Maquis. A partir de eso es la tranquilidad. El que quería irse al campo, se iba al campo. Todas estas fechas no se podía la gente ir al campo. Entonces, a partir de esas fechas, abrieron totalmente la veda. A partir del 52 empezaron a mejorar las cosas. Mejoró la agricultura, mejoraron los sueldos, mejoró todo. Más tarde, en el 57, ya empezó a haber mucho trabajo. A partir de ahí es cuando Frigiliana tuvo un avance estupendo.

Antes se vivía muy económicamente. ¡Ahora cómo se vive! Toda la gente tiene buenas casas y en cada casa, donde hay tres hombres, tres coches. Y llegan los días de fiesta y cómo vive todo el mundo. ¡Qué bien! En Frigiliana ha prosperado mucha gente. No solo urbanísticamente, sino en todos los sentidos ha prosperado mucho.

Cuando lo miro yo al pasado, con sinceridad veo lo de los años de franquismo como una época que tuvo su razón de ser. Ahora, también comprendo que el avance de la vida para que continúe en una democracia la ley franquista, pues no puede. Que a la sombra de Franco, el que tenía unos poderes, abusó, exageró con el nombre de Franco y no era Franco, pienso. Se cometieron faltas. Hubo venganza y la venganza es cobarde... Que Franco tuvo mucha razón de ser en España, sí. Con estos reparos que termino de decir. Para mí fue un gran hombre.

'Nos llevaron a la cárcel de Málaga. Nos pelaron a raíz y nos quitaron la ropa. Nos dejaron las alpargatas o las albarcas. Nos dieron una manta. Diez días liados en una manta sin ropa, en invierno y en el suelo.'

Antonio Orihuela Herrero (El Zorro), obrero, nacido en Frigiliana el 11 de marzo del 1931, detenido por la Guardia Civil y condenado al trabajo forzado. Murió el 3 de junio de 2007.

Yo me crié aquí en el pueblo. Eran unos años muy malos pero yo tenía unos abuelos que tenían tierras y entonces vivíamos bien. Luego ya se murió mi padre, cuando yo tenía unos 15 o 16 años, y ya se habían muerto mis abuelos. Nosotros éramos cuatro hermanos. Otro hermano le dio una meningitis y se murió joven, chiquitillo. Y la pasamos negra. Yo era el más grande y tenía que trabajar. Iba a la sierra a por leña, a por esparto, a por tomilla, a cuestas, y a lo mejor veía (a la gente de la sierra) y me callaba.

De los años de la guerra me acuerdo que cuando llegaron los Nacionales aquí cogieron a todo el que decía que era rojo y lo mataron. Nos fuimos — dos hermanos, una tía mía de mi edad y la hermana y mi padre y mi madre y otra mujer que al marido le decían Frasco el Matutero — nos fuimos todos en una camioneta, le decían La Canaria, por la carretera esa de Nerja por Motril. Pero hay un sitio que le dicen el Puente de las Marías y se puso un barco ahí enfrente que le decían el Cervera. Vengan cañonazos a la carretera. No querían que pasáramos para allá.

La gente se subía en las camionetas. Las iban a volcar porque aquella carretera era muy mala. Ví camionetas volcadas. Había gente llevando los pequeños en sus brazos, gente llevando cabras. Todos andando. Había tanta gente huyendo por la carretera que no podíamos seguir. Entonces, en el río Cantarriján, nos

La gente de la sierra

bajaron mi familia y la familia del otro hombre, Matutero. Ese sí se fue, no se quiso volver. Mi papá sí se volvió. Entonces pillamos de Cantarriján para arriba y subimos toda esa sierra adelante hasta llegar al canal. Me acuerdo que iba para arriba una fila de milicianos con los fusiles. Dijeron: 'Esto para ir para la provincia de Granada, ¿va por aquí bien?' 'Sí,' les dijo mi papá. Iban buscando la columna de Maroto, una columna de milicianos.

Ya nos vinimos al pueblo y a ninguno le pasó nada, nada más que a mi mamá que la pelaron unos falangistas. Los que no se fueron corriendo los mataron, los más cabecillas. No habían hecho nada, no le pegaron a nadie ni mataron a nadie ni nada. Pero, cuando entraron aquí los Nacionales, los cogieron y se los llevaron a Torrox y sin tomarle juicio los mataron, uno porque había sido alcalde.

Mataron a uno que dicen Bastián el de Lucrecia porque ese era comunista. De comunistas aquí en el pueblo no había más que uno y en Nerja había dos o tres, y en Torrox había otros dos o tres. Dos primos hermanos de Nerja estuvieron ahí en un frente que hubo en Zafarraya y ya se dieron en retirada y echaron por la sierra para acá. No echaron por la carretera porque había muchas fuerzas, que estaban aquí costeando por la sierra para acá, de Vélez. Llegaron aquí a Frigiliana y llegaron a ver a Bastián el de Lucrecia, que estaba acostado con calenturas maltas. Dicen: 'José, te vas a venir para allá con nosotros, que nos va a matar esta gente.' Pero con calenturas maltas no podía andar, y ellos tuvieron que ir andando hasta Almería. ¿Cómo se lo iban a llevar a él? Entonces llegaron los otros. Los ocho se lo llevaron a Torrox y allí los fusilaron. Sin pedirles cuentas.

Luego, a todos los chavales esos, les hacían una cruz en la cabeza y les daban un vaso de aceite de ricino, que es para purgar a la gente. Y hacían beberse un vaso. Los falangistas decían que eran rojos. 'Por tu papá esto, tu papá ha hecho esto o tu mamá ...' Le daban aceite de ricino. Aquí había uno que le decían Antoñico Jureles, que era subnormal, y a ese le hicieron comerse una sopa de aceite de ricino. Con lo malo que está eso.

A los hombres les apaleaban, el que no a la cárcel, tres años en la cárcel. A las mujeres las pelaban a raíz. A mi madre la llevaron engañada y luego la pelaron. Nosotros vivíamos en lo alto del Zacatín, y llegó una pareja de paisano del pueblo. Como nos conocemos todos, pues que le abrí y dijeron: 'Que vayas a tu tío.' Entonces, coge mi madre la calle abajo a la casa de mi tío que vivía enfrente al Ayuntamiento. Pero mi tío no estaba allí. Y cuando llegó allí, pillaron y la pelaron. Eso sólo porque había hecho un favor a uno de la izquierda. Hizo un gorrillo para el novio de una hermana. Fui yo en busca de ella y estaba allí, echada con un pañuelo en la cabeza, llorando, y ya me la traje para mi casa.

Pues mira, como esos han pelado aquí a 40. Y yo no sé si esto lo puedo decir o no lo puedo decir, pero todos los fascistas que hay hoy en día han estado pelados por los fascistas. Y matados. Casi todos los del PP (Partido Popular) tienen gente matada y todos tienen gente pelada. En el año 40 ya estaba yo trabajando

La gente de la sierra

con un tío mío. Tenía ocho o nueve años y casi siempre no había escuela porque algunas veces había guerra, otras veces no había maestros. Yo no estuve en la escuela casi nada. Sabía escribir y eso, pero con muchas faltas de ortografía. Entonces, cuando yo sabía escribir era milagro el que sabía. Todas las mujeres venían a una tía mía para que les escribiera la carta para el hijo que estaba en la guerra, en el frente. Yo tenía un tío en la guerra también, con Franco. Yo le mandé una carta y se la enseñó a todos los soldados. Dice: 'Mira, tiene siete u ocho años y ya sabe escribir. Y nosotros no sabemos ninguno.'

Cuando empezó lo de la gente de la sierra, en el Cortijo de los Almendros había un primo mío, Antonio Lomas, que trabajaba con Don Ángel Herrero, que era el encargado. Los mataron a los dos. Vino la gente de la sierra y se personaron Los Frailes (dos de los jefes). Ellos querían llevarse a Don Ángel para que luego le mandaran dinero. Don Ángel le dijo a mi primo: 'Mira, vamos a pegarle un porrazo a éste, y yo atraigo al otro.' Pero se pelearon allí y acabó por el llano. Lo mataron y se fueron.

Pero luego pasó lo siguiente, que alguien se chivó. Detrás del Cortijo de los Almendros hay el Cortijo de los Caños. Vinieron a recoger comida la gente de la sierra allí y allí la Guardia Civil mataron a un tal Cecilia (Francisco Cecilia Cecilia). Entonces, al poco tiempo, le dijeron a la gente de la sierra que se habían chivado dos primos míos y mi tío, un hermano de mi padre. Mi tío era Miguel Orihuela Moreno, el otro Rafael Orihuela Lomas y el otro José Lomas Orihuela. Y fueron al Cortijo de los Caños y los cogieron y los mataron a los tres. Ellos no habían dicho nada, pero le echó les culpa a ellos. Había unos cuantos chavales por aquí que decían nada más que tenían que matar a todos los Orihuela.

Entonces yo ya no iba a la sierra. Ya no me fiaba. Pero un día fui y me cogieron allí y me dijeron que me iban a matar. Estaba buscando leña, para traerme una carguita de leña. Vino uno allí en busca mía y me llevó para arriba a punta de pistola y allí había cuatro o cinco en el Collado de Paulino. Le dicen el Collado de Paulino porque allí mataron a uno que se llamaba Paulino. Me dieron un cigarro para liar pero estaba nervioso y no podía. Por fin lo lié.

Entonces me dijo Vicente: 'Mira, dile a mi padre que estamos aquí.' Era Vicente Vozmediano, un tío criminal. Entonces, cuando llegué al pueblo, vi al padre. Sabía dónde iba y le digo: 'Mira, que he visto a tu hijo.' Dice: 'Sí, sí. Le he visto yo también. Me ha dicho que te había dado el recado ese y me ha dicho que si quieres venir mañana, que te vengas conmigo.' Y yo dije: 'Que no. Yo mañana no voy, yo mañana no voy.'

Me fui a otro sitio por dónde estoy cargando otra vez con la leña y el padre venía y dice: '¿No decías que no ibas a venir?' Y lo suficiente es que me vio. Entonces ya visto yo que no habían hecho nada, pues iba yo a la sierra porque había que ganar un jornal. Pero una vez cuando fui con un compañero, Aurelio, estaba ese Vicente con un grupo. Le dieron el recado a Aurelio para que él fuera

La gente de la sierra

a Nerja, y le dijera a un tal Antonio Lomas, el Chato Lomas, que le preparara las ocho arrobas de aceite. Que ya estaban ellos aquí y que iban a ir a por ellas. Entonces, yo me quedé más retirado y mi amigo fue y le dieron el mensaje. Yo no intervine ahí para nada. A los otros dos o tres días, asoman la gente de la sierra ahí al molino a por el aceite. Pero eran Civiles vestidos de la gente de la sierra. Es que ese Vicente estaba ya colaborando. Bajó ese de la sierra, se fue al cuartel, los Civiles se vistieron como él y fueron allí al molino. Dice Vicente: '¿No tiene aceite preparado?' Dice el Chato: 'Sí, aquí estuvo Aurelio y Orihuela y me dieron el recado. De modo que llevaron eso y bueno, pues nada, adiós. Cuando venga mi cuñado, a lo mejor se lo llevará.' Entonces los Civiles le preguntaron: '¿Quién es Aurelio y Orihuela?' Y dice: 'De Frigiliana, fulano y fulano.'

Entonces yo tenía un primo, un primo hermano de mi madre, que estaba en la sierra. Le decían Antonio (Sánchez Martín) o Lomas. Y el día 19 de enero de 1952 por la noche, vino uno de la sierra, El Moreno, y se entregó. Por la mañana fueron todos los Civiles al Cortijo de Ángel Rojas. Mi primo estaba allí con la mujer y una chiquilla que tenía, y dicen: '¡Venga! ¡Estás rodeado, sal fuera! Venga, vamos para arriba.' Salió con los brazos abiertos y delante de la chiquilla lo mataron. Entonces, el día 20 yo venía de la fiesta de San Sebastián, que era mediodía o así, y ahí iba en un mulo atravesado. Lo llevaban, pasando por todo el pueblo, para el cementerio. Y toda la familia detenida.

El 22 fui yo a trabajar al campo, en el Cortijillo del Cavador, que lo tenía un cuñado del hijo del cavador que le decían Manuel el Mono. Estuve trabajando yo con él y a la noche, cuando entré a mi casa, llegó la Guardia Civil detrás mía y me llevaron a la cárcel del pueblo.

Allí adentro había un matrimonio. Mi mamá y todos estaban allí, a la vera nuestra y los Civiles. No estábamos amarrados. Pero por la mañana nos maniataron a mí y ese chaval, Aurelio, y nos llevaron para Nerja. Pasamos por la calle y nadie nos miraba ni nada. No podían. Iban lo menos 13 o 14 Guardias Civiles. Iban cabos, cabos primeros, sargentos, tenientes. Me acuerdo una mujer que estaba mirando por la puerta y estaba llorando. Porque todo el que cojían lo mataban.

Y aquí, cuando pasabas por donde está la puerta del cuartel, por El Calvario para acá, allí estaban calle arriba mi madre y mis tías, y todas llorando. Ellas creían que iban a matarme. Nos llevaron para abajo, a Nerja. Lo primero que hicieron, yo no sé lo que había liado ese que estaba conmigo, Aurelio, que le pegaron dos hostias. Yo me cagué. Entonces ya nos llevaron al cuartel y estábamos allí los dos amarrados, yo y Aurelio. Nos dejaron allí amarrados, sentados, fuera y estaba lloviendillo. Y allí toda la noche sin decirnos nadie nada. Se quedaba uno helado. Pues aquella noche no me dormí.

Cuando ya empezaban a llegar las claras del día, nos llevaban otra vez a la cárcel. Y no preguntaba nadie nada. Allí en la cárcel, detrás de la iglesia de

La gente de la sierra

Nerja, había una puerta grande y una ventana que caía ahí a la playa. Durante el día, el día 24, pues allí, dentro de la cárcel pero amarrado.

Mi mamá nos llevó algo de comer, pero tampoco la dejaban que llevara ni nada. Y cuando llegó la noche del 24, como las cabras, otra vez para el cuartel, toda la noche allí sentado. Ya me quedaba dormido allí en el charco de agua. Allí escribieron unas letras y la noche del día 26 ya nos dieron a firmar allí un papel diciendo que habíamos sido encubridores, o que éramos enlaces de las guerrillas. Yo no tenía nada que ver.

Nos llevaron el día 27 temprano a la cárcel de Málaga. Aquel día entraron con nosotros lo menos 14 del Barranco Huit. Bueno, pues entramos ahí, nos pelaron a raíz, nos quitaron la ropa. Nos dejaron las alpargatas o las albarcas, lo que tuviéramos. Nos ducharon. Nos dieron una manta, nos pusieron una inyección aquí y otra aquí. Y un día liados en la manta, otro día liados en la manta. Diez días liados en una manta sin ropa, y en invierno, durmiendo en el suelo. Diez días liados en una manta.

Este, el Chato Lomas, el que hacía el aceite, les dio dinero y nos devolvieron la ropa. Entonces, cada 15 días o cada mes, nos iban a un sitio y nos desinfectaban la ropa. En las celdas me parece a mí que había unos ocho. Pues menos mal que nos mandaron algo de comer, porque allí no daban nada. Una comida muy mala y poca. Y así estuvimos hasta el día 10 de julio, que nos pusieron en libertad provisional. En octubre nos llevaron a Málaga a un tribunal militar. Nos formaron un consejo de guerra y nos echaron cuatro años de cárcel. Luego, a últimos del año, nos detuvieron otra vez a cumplir los cuatro años.

Pero resulta de que hubo un concilio, un congreso Vaticano o no sé qué, y quitaron penas. A los que tenían menos de cuatro años, le quitaban la mitad. Entonces a nosotros nos quitaron dos años de cárcel con el Congreso Vaticano Segundo, me parece a mí que se llamaba.

Nos llevaron a trabajar a una cantera en un pantano del Río Segura en Murcia. Allí tirábamos barrenos en una furgoneta y las cargábamos de piedras. Las llevábamos a una machacadora y allí la molían para hacer material para hacer los muros y eso. Y allí estuvimos. Entramos en febrero del año 53 y a últimos de año nos echaron en libertad condicional. Me vine aquí. Todo estaba igual. Entonces, hice la mili en Barcelona y nos fuimos todos, cuatro hermanos y mi madre, a Barcelona. Nos fuimos todos a recalar a la casa de una tía mía. El año 55 sería y había mucho trabajo. Muchos se fueron a Barcelona y a Argentina.

En Barcelona, yo me metí con un chaval, un tal Jordi, muy buena persona, y nos llevábamos muy bien. Allí hacíamos cosas de la construcción, de todas las cosas. Y ahí he estado casi siempre hasta el año 80. Antes en unas vacaciones vine al pueblo y compré el terreno para una casa. Entonces cuando estuve 18 meses con el carné de paro venía de Barcelona y estaba trabajando para hacer esta casa. En el año 81, el día 9 de marzo, ya la inauguramos un bar y restau-

La gente de la sierra

rante aquí. Y ahí estoy. Me ha ido muy bien. Ahora estoy jubilado. Voy al campo cuando me da la gana.

Hice los papeles por la recompensa por los años en la cárcel. Han distribuido el dinero en proporción al tiempo que haya estado. A los que han hecho más de tres años le pagaron primero. Mi mujer cobró un millón y pico de pesetas por mi suegro que estuvo más de tres años en la cárcel. Yo no he estado tres años encerrado pero ahora me ha tocado a mí. Y he recibido un certificado del presidente de la Junta de Andalucía.

En la cárcel se escucha muchas cosas. Todo el mundo creía que la Guardia Civil había matado a un hombre del pueblo y su hijo que desaparecieron en la sierra. Pero, estando en la cárcel, según he escuchado yo allí entre la gente de la sierra, eran ellos y no la Guardia Civil. Yo escuché, a los mismos de la sierra que estaban allí, que los cogieron por un sitio que se llama Dos Hermanas. El padre y el hijo iban por esparto y cogieron al padre para matarlo. Resulta que el hijo, le decían Manolillo el Mudillo porque era mudo, empezó a llorar, y dice: 'Este nos va a delatar como lo dejemos vivo.' Y entonces tuvieron que matar a los dos. Era el cuñado que los mató. Yo no sé por qué. Que lo hablaban allí, yo lo escuché y ya está.

De Roberto, dice la Guardia Civil y todos, que lo mataron en Granada. Pero eso es mentira. Yo creo que Roberto estaba trabajando con la Guardia Civil. Me acuerdo un día que fuimos a un sitio a trabajar al campo, y llevaba yo una olla con un poco de migas y pillaron los Civiles, escarbaron a ver si llevaba algún papel debajo de las migas. Que no llevaba nada. Cuando éramos registrados por todos lados, cómo iba a estar la familia de Dolores, la querida, la de la Venta Panaderos, durmiendo y trabajando allí, comprando comida para llevársela para arriba? El marido, el hijo y las hijas, y Roberto y la gente de la sierra allí todas las noches y que no le hicieran nada?

Él estaba allí para pillarlos, para a través de eso ir enterándose de todo el mundo. Antes, los guerrilleros eran una resistencia de los republicanos, pero Roberto los convirtió en bandoleros. Yo entiendo que él fue a Madrid con dinero y su mujer. Y en el hotel en Madrid, él le dice a ella: 'Estate aquí que voy yo a un mandado. Toma la pistola por si viene alguien.' Y entonces él se fue y avisó a la policía y la pillaron a ella, y a él no.

A ese no lo mataron en Granada. Allí pillaron a cualquier desgraciado, lo hartaron de vino o de cualquier cosa y lo sacaron allí tapado, lo mataron y ya está. Cualquiera que estuviera en la cárcel. Pero ese, no. A ese lo echaron, seguro, o a América o a España, a cualquier sitio…

'En la iglesia estaban sentados el jefe de la Guardia Civil aquí, el alcalde y el juez. Entró un Civil y se acercó al jefe. En seguida el jefe salió y todos sabíamos que había ocurrido algo importante.'

Testimonio de un campesino jubilado, nacido en Frigiliana en los años 30, que prefiere no ser identificado.

En el año 1936, cuando la guerra, sacaron las imágenes de la iglesia y después era como un almacén, todo lleno de escombros, de trozos del retablo dorado, la puerta abierta de par en par, gente entrando, saliendo. De niño entré y me traje un trozo del dorado que estaba en mi casa 20 años.

Los cabecillas que se juntaban en el comité tenían reuniones en la iglesia. Hablaban and decían: 'Hay que matar una vaca. Mañana vayan dos al campo. Fulano tiene vacas, que se traigan una.' La vaca se la traían, la mataban en la puerta en un lado de la iglesia, la colgaban, la troceaban y luego repartían la carne a la gente.

La iglesia estaba controlada por los comunistas. Había unos cuantos de aquí y también de fuera, de Málaga, y no paraban de venir. Había siete o ocho señoritos en el pueblo. Había Don Manuel de la Torre y sus hijos, los hermanos Don Sebastián y Don Federico, y había los López, Don Justo, Aurelio y Javier, y había Don Victor. Quedaban en sus casas y los visitaban los cabecillas, amenazándoles. Decían que los sacaban, que les daban un paseíco.

Los hombres tenían que trabajar y, como no había mucho trabajo y los señoritos preferían no hacer nada, los cabecillas organizaban el trabajo. El comité decía: 'Fulano y fulano, mañana os vais los cuatro a trabajar con Don Victor allí a la viña.' Iban con sus herramientas y empezaban a cavar en la viña de Don Victor. Y luego por la tarde uno del comité iba a cobrar a Don Victor.

La gente del pueblo estaba asustada. Tenían mucho miedo y estaban en sus casas, saliendo a la calle lo menos posible y, cuando había algún lío, mirando al lado por no estar en medio.

Mi padre era albañil, pero en aquellos tiempos unas veces había construcciones, y otras veces no. Lo que más había era del campo. De modo, que lo mismo nos íbamos a la obra como al campo. Mi familia tenía su propio terreno, un poquito. En el campo había de todo. La mayoría estaba puesto todo de caña

La gente de la sierra

La Sierra de Almijara vista desde la cima de El Lucero, donde todavía quedan las ruinas del puesto de la Guardia Civil

de azúcar, pero había también para vender de todo, trigo, cebada, boniatos, papas, pimientos, tomates. El campo es grande.

Cuando llegaba el mes de julio, la gente se iba al campo y se quedaba allí hasta octubre, recogiendo las uvas y preparando las pasas. De noche se reunían en algunos cortijos que disponían de mejor sitio o peor pago. Entonces allí se juntaban muchos vecinos. Los que estuvieran retirados de los cortijos allí iban a parar, porque era donde podía haber fiesta, donde estaba la radio. Los que vivían en el pueblo y se iban al campo también acudían esa noche a la fiesta. Se estaba hasta últimos de septiembre y la mayoría estaba hasta el 15 de octubre. Cuando se había acabado la vendimia y todo lo del campo, ya se venían otra vez al pueblo.

Del tiempo de la gente de la sierra, recuerdo que una mañana — en el año 51 creo que era — yo iba para mi cortijo que está en la linde de Torrox y vi un pañuelo en el suelo. Entonces me susurró alguien. Yo me paré y vi a dos hombres sentados debajo de un muro pequeño. El que se puso de pie lo conocí, porque era de Frigiliana, Matutero se llamó (Manuel Triviño Cerezo), y llevaría en la sierra dos o tres años. El otro hombre se quedó sentado. Tenía una escopeta que le salía de las piernas. Estábamos a unos 20 metros, muy cerca. A mí me dio miedo y entonces eché a correr. Me quité de en medio. Fui corriendo, cor-

La gente de la sierra

riendo hasta el Río Seco y di una vuelta larga para llegar al pueblo. En mi casa, lo cuento a mis padres y me dicen que no dijera nada. Después sabía que aquel hombre solo quería preguntarme por unos de su familia que esperaban porque iban a venir con comida.

La mañana siguiente, temprano, mi madre vino a la cama a decirme: 'Mira, este hombre se ha entregado anoche.' Entonces estuvo con la Guardia Civil en otro pueblo, pasando por estos campos, y al mes y medio vinieron a Frigiliana. Yo iba un día por la calle, iba a entrar al Casino, y Matutero estaba al lado del Casino hablando con unos cuantos hombres de Frigiliana. Al entrar yo al Casino, me llamó. Me dijo que por qué, el día que me llamó, corría.

Hombre, entonces yo me hice el nuevo y dije que estaba equivocado, que nosotros no nos habíamos visto, ni él me había llamado ni yo sabía nada de él. Porque estaba él hablando con unos cuantos hombres, y al otro lado había también un Guardia Civil en la puerta del Casino, escuchando, viendo y vigilando. Yo me hice el nuevo y así pasó. A aquel hombre lo fusilaron en Málaga. Después de hacer el servicio con la Guardia Civil en los pueblos por aquí y por los alrededores, lo metieron en la cárcel. Y sacó pena de muerte.

Fue después del hachazo que uno del pueblo, El Moreno, dio a un soldado moro que cogieron tres muchachos. Los tuvieron encerrados en el cuartelillo de la Guardia Civil en La Molineta, y los mataron en La Loma de las Vacas. Al día siguiente fue el entierro de los tres hombres. Estuve allí dentro del cementerio cuando estaba el cura diciendo el responso. Quedaron poca gente sin ir al entierro porque fue una cosa muy grande para el pueblo. El padre de uno de ellos estaba muy emocionado, demasiado estaba el hombre. Estaba el hombre hincado de rodillas en el suelo al lado del cadáver de su hijo. El cura, Don Domingo, paró el servicio para que se aplacara el hombre un poco. Eso... una emoción muy grande. Con 17 o 18 años esas cosas no se olvidan.

Cuando moría un hombre de la sierra, buscaban una caballería y lo terciaban arriba. Lo pasaban por el pueblo hasta el cementerio y el Ayuntamiento se encargaba de enterrarlo, dentro del cementerio.

Me acuerdo del día cuando trajeron el último de la sierra. Era el 20 de enero de 1952, la fiesta de San Sebastián, y todo el mundo está a la misa. En la primera fila en la iglesia estaban sentados el jefe de la Guardia Civil aquí, el alcalde y el juez. Entró un Civil y pasó por un lado para acercarse al jefe.

En seguida el jefe salió y todos sabíamos que había ocurrido algo importante.Cuando entramos en la plaza a la una vinieron los Civiles con un mulo y encima el cuerpo de Lomas (Antonio Sánchez Martín). Pasó por todo el pueblo.

'Mi padre se fue (a la sierra) en el año 47... Nos dijo a nosotras: 'Irse para la casa que yo ya volveré, ya volveré.' Y todavía no ha vuelto.'

Salomé Pérez Moreno, nacida el 30 de septiembre del 1934 en Fornes (Granada), antiguamente residente en El Acebuchal y más tarde en Nerja. Hija del guerrillero José Pérez Moles (Ranica).

Mi padre fue de Fornes y nació allí en el 1906. Él era un hombre alto, recio. Creo que medía 160 y algo. Era arriero y traía cosas de Fornes para acá. Mi abuela tenía la venta del Ventorrillo cerca de la Acebuchal y por ahí pasaban los arrieros y se paraban para tomar una copa o lo que fuera. Mi padre se enamoró de mi madre, la hija de la venta, que tenía un año menos que él, se casaron y se fueron a vivir en Fornes. Tuvieron un niño pero se le murió con dos años. Luego, en el 32, nació mi hermana, la que está en Barcelona. En el 34 nací yo y en el 36 nació mi hermana Carmen.

En el 36, cuando ya se formó la guerra, mi padre, que era comunista, salió corriendo. No sé a dónde iría. Mi madre, con sus hijas, vino de Fornes a la Acebuchal en la casa de mi abuela y mis tías, que también estaban allí. Y allí estuvimos hasta que ya nos vinimos aquí a Nerja.

Mi padre volvió a los dos años, en el año 38. La verdad sea dicha, ni él nos conocía a nosotros ni nosotros a él. Era un hombre que había venido a la casa. No teníamos roce ni teníamos nada. Lo mismo que estamos aquí ahora estábamos sentadas allí, chiquitillas, y dice: 'Venid, venid para acá. Vamos a ver: cuál es la Carmen y cuál la Salomé?'

Entonces, uno de Frigiliana dijo que le había visto en la Acebuchal y vino la Guardia Civil a por él. Me acuerdo que pegaron a la puerta de mi abuela. Dice: 'Aurora, Aurora', porque la conocían. 'Que queremos una cuerda para amarrar un pellejo que se nos ha soltado.' Como antes los arrieros transportaban pellejos

La gente de la sierra

de vino, de aceite o de lo que fuera. Pero no eran los arrieros. Salió mi padre en calzoncillos. Y dice:'Que se tiene usted que venir.' Pues se tuvo que ir, y estuvo preso siete años y tres meses. El cargo en contra de él no sé. Estuvo mi padre preso en La Coruña, estuvo en Santander y estuvo en Bilbao, en esos tres sitios. Porque yo, a mi madre se lo escuchaba decir. Sería en el 46 o por ahí cuando volvió y estuvo en nuestra casa dos años más. Como la vida que él llevó en la cárcel, eso lo traía en la sangre, salió rebelde. Se le pegó. Estuvo trabajando en una carretera que hay de Cómpeta. Unos dos años estaría en mi casa con nosotras y nosotros.

Como había estado preso, se creía que era él más que nadie una persona en la calle con peligro. Se tenía que presentar al cuartel en Frigiliana tres veces durante el día. Se presentaba por la mañana, se presentaba a medio día y se presentaba por la noche. A dónde vas a trabajar? Ni a ningún sitio. Y uno que había en Frigiliana, según tengo yo entendido — claro, si era una niña inocente no se enteraba de la mitad de las cosas — le decía: 'Usted no es hombre cuando no se va a la sierra. Porque esta vida no es de tener vida.'

Así que mi padre se fue (a la sierra) en el año 47. Me acuerdo porque el mismo día un primo mío que se iba al servicio militar fue a despedirse de mi

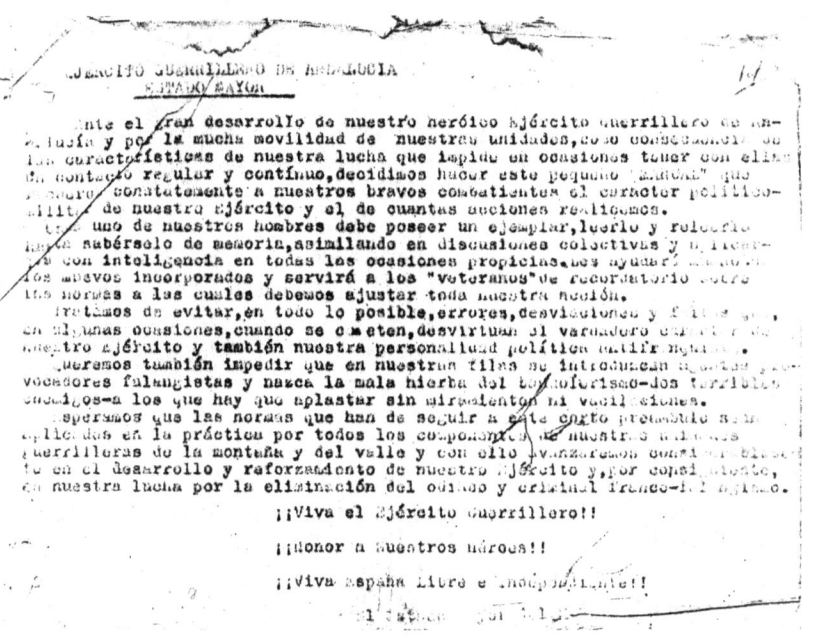

"¡Viva el Ejército Guerrillero!"
Panfleto encontrado entre las posesiones de Pérez Moles

La gente de la sierra

madre. Salimos aquella tarde a por leña, serían sobre las cuatro o por ahí, y vimos a un hombre y le dice: 'José, ven, que vas a venir, que hay un hombre ahí abajo que te está esperando.' Nos dijo a nosotras mi padre: 'Irse para la casa que yo ya volveré, ya volveré.' Y todavía no ha vuelto.

Ya no lo hemos visto más ni hemos sabido de él más, hasta ahora. Ahora hemos sabido que lo mataron en el 48 y está enterrado en el cementerio de Lanjarón. Estuvo mi madre presa 14 meses y seguramente, porque por las fechas sale claro, que la echaron a la calle de la cárcel cuando a él lo mataron. La acusación contra mi madre será que fue a ver a no sé quién, a ayudar a la gente de la sierra. Pero yo estaba para que la gente de la sierra me ayudara a mí, si no tenía yo para comer. Porque se fue mi padre y nos dejó con las tripas en las paredes. Nos dejó tres niñas y su mujer.

En verdad, más de una vez lo digo yo que mi padre, si hubiera sido otra clase y que hubiera tenido roce con nosotros, cuando vino de la cárcel, que ya venía libre de todos los problemas, nos hubiera cogido y nos hubiera dicho: 'Bueno, pues vámonos a Barcelona mismo.' O a Francia. A vivir. Pero él nos dejó para atrás. Se quitó de en medio. Era un error haberse quedado aquí, pues si se hubiera ido a Barcelona, por ejemplo, hubiéramos buscado la vida todos. Se hubiera muerto cuando hubiera llegado su hora. A mi tío Baldomero, un hermano de mi madre, le decía yo: 'Este es mi padre'. Yo no había conocido otro padre. A mi padre, pobretico, Dios lo tenga en su gloria, pero más calor tenía yo con los demás que con él.

La primera vez que yo fui a trabajar, gané tres duros al mes. A lo mejor me adelantaba la señora tres meses para comprarme un vestidillo de nueve duros. He pasado más que usted se piensa, mucho más. Con mis hijas, que tengo cuatro, se quitan un trapo y da lástima de tirarlo. Y hago un delantal o hago una talega, o hago cualquier cosa porque me da mucha pena de tirar los trapos.

Nosotros no conocíamos un maestro ni pintado en un papel. Ni sabemos leer ni escribir, pero luego, eso es verdad, es porque no hemos querido. Se dejan pasar los años y ya está. Nunca he aprendido. Ahora yo ya lo he comprobado que es porque no he tenido vocación de aprender.

En Acebuchal había una tiendecilla pero más bien no había. Veníamos a Frigiliana andando. Me acuerdo que venía cuando tenía 10 años y estaba descalza y mi hermana también. Pero no era por promesa, sino que mi madre no podía, la pobre, comprarnos un calzado. Venía muchas veces mi madre con carbón, que lo hacían mis tíos, a Frigiliana a venderlo y después se llevaba mandados para arriba, y descalza. Y venía mi madre de trabajar, que le avisaban a blanquear un techo, que le avisaban para coger aceitunas, que le avisaban a lo que fuera: a trabajar en la calle.

Dijo ella: 'Te tengo que lavar el vestido.' El vestido estaba para tirarlo, no estaba para lavarlo. Pues no tenía vestido. Vinieron vacunando a Frigiliana para la

La gente de la sierra

```
        P E R E Z
                                    J O S E
        M O L E
APODO:Ranica.-NATURAL DE:Fornes.(Granada).-DE 41 Años de edad en 1.947.-HIJO
DE:Antonio y Salomé.-ESTADO:casado.-PROFESION:jornalero.-VECINDAD:Frigiliana
domiciliado en la Barriada del Acebuchal "Cómpeta".

               A N T E C E D E N T E S

     Este individuo es natural de Fornes (Granada) y se encuentra desterrado a
en la barriada antes mencionada,por su actuación durante la dominación roja
y aunque se carecen de sus antecedentes,se sabe que en el pueblo de su natu
raleza fué miembro de la F.A.I.,autor de innumerables hechos delictivos.-
Está casado con Rosario Moreno Sanchez,de pésimos antecedentes y prima del
bandolero José Sanchez Martin,que vivia con ellos hasta el momento que huyó
a la sierra en 2 de Enero de 1.947.
     En 18 de Abril de 1.947 se le detuvo a disposición del Excmo.Gobernador
Militar de Málaga,por suponersele enlace de los bandoleros y en 25 de Mayo
de 1.947 es detenido e ingresado en la Carcel del Partido de Velez-Málaga
a disposición del Excmo.Señor Gobernador Civil de la Provincia por las mis-
mas causas.
```

Datos de Ranica en los archivos de la Guardia Civil

enfermedad esa de las viruelas. Yo no tenía una ropa en condiciones para venir a donde hubiera gente. Entonces se llevó a mi hermana la mayor y al otro día tenía que quitarse la Aurora el vestido, un vestido que me compró la tita Serafina, y se tenía que traerme el vestido para poder venir a vacunarme. Pero cuando me trajo a vacunarme ya se había ido el tío de las vacunas y me quedé sin vacunar. Pero como yo estaba ya vacunada contra todas las enfermedades, que Dios no me ha dado ninguna.

Yo hubiera querido nacer más tarde. Por lo menos para saber más y disfrutar de mejor vida que la que tuvimos antes. Yo tenía 10 años y estaba descalza. Mi madre nos hacía las zapatillas, las hacía de esparto y con cualquier tela le ponía ella la tela. Mi madre hacía pleita y hacía una espuerta, y nos forraba una garrafa o hacía un cerón.

Por Acebuchal yo nunca ví la gente de la sierra. Una vez me acuerdo que decían: 'Ay, han matado a un hombre en la sierra.' Ahí estábamos las chiquillas, deseando ver algo. Pues yo me asomé y vi a la Guardia Civil y al hombre, boca abajo, terciado en una bestia. Llevaba el hombre el pantalón levantado y llevaba las piernas muy blancas. Como muerto, que estaba la criatura. No quería yo acostarme sola, que me acordaba del hombre que había pasado por allí...

La Guardia Civil siempre estaba preguntando, dando vueltas por los cortijos. Contaba la gente que fueron una noche unos hombres a sus cortijos. El hombre, dueño del cortijo, hizo de comer. Entonces, por la mañana se presentó la Guardia Civil al cortijo. Y una niña que tenía pequeña le dijo: 'Papá, no digas que no ha venido nadie, porque este hombre vino anoche.' Se vistieron de paisano los Civiles que la noche antes fueron, y al otro día fueron a preguntarle a ver si lo

La gente de la sierra

engañaba o le decía la verdad. Entonces urdieron la Guardia Civil de retirar todas las familias que tuvieran las familias en la sierra. Y nos quitaron. Echaron a toda la gente de los campos. Ya no querían a nadie en los cortijos y entonces los echaron para que no tuvieran contacto con ninguno. Y metieron a mucha gente de Frigiliana en la cárcel.

Entonces, al meter a mi madre en la cárcel, pues ya nos vinimos nosotros con mi abuela aquí en Nerja y nos quedamos aquí. Mi madre se murió con 84 años sin saber dónde andaba su marido. Ya se le pasaron las ganas de saber dónde estaba. No tenía ella rencor. Nada más que se había amoldado a la vida que tenía, porque ella la vida que tenía era trabajar para criar a sus tres hijas. A lo mejor le decíamos: 'Abuela, vamos a ver si encontramos al abuelo.' Y es que le daba un pánico porque se creía que le iba a pasar a ella algo. 'No mováis más, no mováis más.' Tenía mucho miedo. Como antiguamente no se podía hablar, pues ella se creía que todavía estábamos en ese delito.

Nosotros no sabíamos nunca lo que había pasado con nuestro padre hasta que mi nieto, Manolo Ortega, empezó ya a investigar con Manolo Valero (un concejal de Nerja) y con José María Azuaga (historiador residente en Motril). Entonces, en Febrero de 2003, me llamó el Manolo y me dijo: 'Tita, cómo se llamaba el abuelo,' y a los dos días me vuelve a llamar otra vez: 'Tita, que hemos encontrado al abuelo.'

Está enterrado en el cementerio de Lanjarón en una fosa común y encima han sido construido unos nichos. A nosotros allí en el juzgado nos dan el papel, la fe de muerto, y nos dicen: 'Si ustedes queréis, os lo podéis llevar ahora mismo.' Pero cuando llegamos al cementerio dice: 'Aquí no se puede tocar, imposible. Porque hay mucha gente enterrada y no se sabe debajo de qué nicho.' Íbamos pisando por encima de ellos. Allí en el Ayuntamiento no sabían nada. El juzgado lo cerraron. Nos quedamos todos con las patas colgando. Que llevaba una una ilusión. Eso se perdió.

El Gobierno ahí no ha hecho ni pío. Han sido ellos mismos. Cada familiar ha puesto de su parte, ha buscado a su padre, a su madre, y estaban (en Lanjarón) los nueve cadáveres que había, el padre y la madre de uno, el padre y un hermano de otro y todos, los nueve allí estaban. Sí, lo mataron y lo enterraron allí. Eso ocurrió en el año 48, el día 17 de junio y el 18 lo enterraron. ¿El por qué no avisaron a la familia? Yo quiero enterrar los huesos donde yo diga, para saber el sitio que está.

Siempre hemos sido huérfanos de guerra. Porque otra cosa más no somos nosotros.

'Aquí le llamamos 1948 «el año de la hambre». Entonces en agosto es cuando la Guardia Civil nos echaron. La Acebuchal se quedó con las puertas abiertas. Quedó desierta.'

Aurelio Torres Sánchez (El Obispo), electricista, nacido el 21 de marzo de 1946 en El Acebuchal, una aldea a cinco kilómetros de Frigiliana abandonada por orden de la Guardia Civil.

Fui el penúltimo que nació en la Acebuchal. Era en agosto de 1948 cuando nos echaron la Guardia Civil. Antes había casi un pueblo pero nosotros estábamos en la línea de fuego. Había que vivir con la gente de la sierra. Había que vivir con la Guardia Civil. Aquí se metían de noche. Si se vienen a tu casa pegando y dicen: 'Quiero comida. Tú tienes comida. Toma dinero.' ¿Y si no tenían dinero y tenían hambre? Tenías que vivir con ellos.

Llegó un momento que había sobre 40 familias entre Acebuchal de Arriba y Acebuchal de Abajo, unas 250 personas. Era mucha gente porque los matrimonios tenían muchos hijos.

Hay una anécdota de un tío de mi padre, que estaba tomando unas copas con otros y le dice: 'Pues menos mal que yo tengo pocos hijos, total siete.' Sólo tenía siete. Había 10, 12, 14 hijos.

El apodo de la familia es el Obispo, por mi padre y por mi abuelo, Antonio el Obispo, que venía de Cómpeta. Somos tres machos y una hembra. Mi padre fue una de las personas que no tuvieron suerte en la vida. Porque su padre vino enfermo de la guerra de Cuba y después se suicidó.

Mi abuelo era analfabeto, pero no era tonto. Entre 1915 y 1917, él hizo un

La gente de la sierra

trato con el alcalde de Cómpeta, que le alquilaba una casa al alcalde o se la regalaba, y el alcalde le mandaba una maestra. Que es la casa donde yo nací y donde yo estoy. Hubo tres o cuatro maestras de escuela, mandadas. Ya duró 15 años la escuela. Mi padre y los hermanos tenían que trabajar para poder comer, pero mi madre estuvo en el colegio. Antes de la guerra, cuando la República, la maestra de escuela se fue. Solamente quedó la escuela, con las bancas.

Creo que siempre, desde que yo me acuerdo, desde que nací, ha ido la cosa a más. Es decir, que no me divertía. No teníamos luz, no teníamos radio. Veía a hombres pasar para Fornes. Paraban en mi casa, porque Concha, mi madre, tenía un barecillo pequeño para alguna gente. Estaba en la ruta de los arrieros, la ruta del pescado. El mercado de Granada pasaba desde Nerja a Granada. Entonces, yo veía a los hombres, cantaban allí un poco, a lo mejor bebían. Después, en los años 60, un tío mío compró una radio. Escuchaba la radio un poco. Cuando era mayorcito, venía a Frigiliana a ver el cine o para las fiestas.

Resulta que había un señor que vino de Monachil, un pueblo de Granada. Este hombre, un soltero guapo, venía con una piara de cabras buenas y se enamoró de una en la Acebuchal, pero entonces no podía ir lejos. Subió a hablar con el padre: 'Me gusta su hija y tal y cual,' y entonces él le cantó una copla, un fandango. Le decía: 'Aunque se secará el agua del río Monachil, no faltaré a la palabra, Dolores, que por ti di.' Entonces, la otra mujer que estaba allí le dice así a ella: 'Cásate con él, que me ha enseñado cinco duros.' Cinco duros era mucho dinero entonces. Visto está que la casa que construyó en la Acebuchal de Abajo en la posguerra le costó 22.000 pesetas hacerla, una casa con mosaicos y todo. Tenía dinero él. Pero tuvo que ir a Sevilla. Con la gente de la sierra, tuvo que venirse porque si no le quitaban todo.

Entonces, ahí ocurrieron una serie de cosas. Había muertes. Por ejemplo, en el 47 mataron ellos al padre de Antonio Federo, Antonio Ortiz Torres. Mataron a uno de la Acebuchal por cualquier coraje que tuvieran. Se ha ido a la sierra en busca de él, se lo llevaba y lo mataba. Antonio murió en la explanada, por encima de la Acebuchal. El porqué es muy difícil, porque no había un porqué. ¿Por qué eran Maquis? No había un porqué. Posiblemente tuvieran en contra de que le pidieron dinero y no se lo dio. O alguno que estuvo trabajando con él le tenía coraje. Fueron por él y lo mataron. Ya está. Entonces eran escopetas y pistolas, y punto. Es muy difícil. También un alcalde, Baldomero Torres López, el tío de mi padre, que tenía una tienda de comida, estuvo secuestrado un tiempo. Sería para unos días hasta que diera algo.

Aquí le llamamos a 1948 "el año de la hambre". Fue cuando hubo menos comida por esta zona después de la guerra. Entonces, ahí estuvimos aguantando y entre julio y agosto del 48 estábamos en el Barranco Moreno con mis padres y llegaron los Maquis, mucha gente con escopetas y tal. Entonces en agosto es cuando la Guardia Civil ya se movilizó un poco y nos echaron. La Acebuchal se

La gente de la sierra

El Acebuchal en ruinas. Fueron echados todos los habitantes.

quedó con las puertas abiertas. Quedó desierta. Había una compañía de Regulares y una de militares para aquí. Nos fuimos a Cómpeta, porque ya los pueblos estaban saturados totalmente. En Frigiliana no había casa ninguna ni cuadra donde meterse. Entonces buscamos casa en Cómpeta, de alquiler. Los mayores, mis padres, mis tíos se iban a dormir a Cómpeta.

Pero resulta que después volví a Acebuchal y me quedé con mi abuelo, porque la gente mayor y los niños no se metían con ellos, ni la Guardia Civil ni la gente de la sierra. Mi abuelo tenía un cortijo en los Peñoncillos junto a la casa del río. Nos quedábamos en los Peñoncillos mi abuelo y nosotros, todos los nietos.

Estábamos allí una noche y llegaron en el cortijo la gente de la sierra. Escuchábamos, yo los vi. Mi abuelo les regañó a ellos: 'Por favor, aquí no venir, no molestarme. Que tengo mis nietos, que estamos nosotros.' 'No pasa nada, Paco Sánchez, hemos venido a echar un cigarro, no queremos nada.' 'No, yo no quiero que vengáis. Porque mañana la Guardia Civil también viene, y entonces ya.'

Después, desde el 14 de septiembre al 16 del 1949, se hizo el contraataque de Cerro Verde cerca de la Acebuchal. Hubo una batalla entre la Guardia Civil y la gente de la sierra y allí murieron dos Guardias Civiles, un señor de Alozaina y un cabo de Guaro.

Cogieron prisionero a un tal Espartero (Miguel Ángel García Platero, de Frigiliana) en la calera de Cerro Verde pero no murió ahí. Lo amarraron la Guardia Civil y lo venían arrastrando y pegando y en la Acebuchal murió. Todo esto

La gente de la sierra

ya me lo contaban mis gentes. Luego el día 20 de enero de 1952 nos cogió a nosotros por la casa del río. Yo pequeño, pero ya tenía seis años y lo recuerdo siempre. Aquel día murió el último de la sierra, Lomas (Antonio Sánchez Martín), en lo alto de la cuesta del Pedregal, a la vera del Cortijo del Pino.

No había maldad en la gente de la sierra, ni tenían razones políticas. No se iba a eso. Eran analfabetos. ¿Qué sabían de política? Yo no soy franquista, no soy de derechas, no puedo ser. A mi padre le pegaron la Guardia Civil y todo. Yo no puedo ser de derechas. Me lo prohibe mi religión, aunque me dicen el obispo. Pero sí lo que puedo decir es una cosa: Franco no mandó a matar a todas estas gentes. Seguro. Los mataron ellos. Igual que los otros que estaban en la sierra los dejaron abandonados. Estas gentes los acribillaron, pero a ellos los dejaron abandonados. A la Pasionaria y a Carrillo etcétera le buscaron trenes, aviones y puertas para que se fueran a Francia. ¿Por qué no le buscaron a esta gente también?

A ellos, pistolas y muertos. Y tenían hijos. Antonio Lomas tenía dos hijas, una, un año mayor que yo y una un año menor que yo. Tenía una cogida de la mano cuando le pegaron un tiro al marido en el corazón. Fue el teniente que hubo aquí. Ese hombre tenía que tener hijos también. Lomas tenía una pistola y una bomba de mano. La puso en el poyo del cortijo. Se entregó. El teniente con el fusil a la bandolera, acercándose. Y cuando estaba así, a un metro, ¡pon! Y lo mató.

Lo sé seguro y lo digo. Tan seguro como que el que iba acompañando al teniente es un Señor Alarcón, que estará muy viejito, y vive en la Calle Alcalá en Madrid. Estaba de Guardia Civil aquí y lo estaba acompañando a este hombre cuando vio esta muerte. Se vino aquí y estuvo seis o siete días sin salir. Pidió excedencia. Lo echaron a Arenas, y de Arenas a los siete meses se salió de la Guardia Civil y se fue de taxista a Madrid.

Hace más de 20 años, llamó al Ayuntamiento, si vivía la familia de mi mujer. Vino a Frigiliana para estar tres días con la familia. Entonces me dice que esto fue así y me lo contó. Es verídico.

A mi padre Baldomero le pegaron y todo. Entonces si le pegaron a mi padre, me pegaron a mí. Antonio Sánchez, el hermano de mi madre, y Pepe Benigno, el novio de una hermana de mi madre, estaban en el estraperlo. Cruzaban desde Cómpeta a Fornes, Jayena, Játar, Arenas. Le compraban harina y la traían y llevaban uvas. Que los cogía la Guardia Civil, malo, pero si los cogía la gente de la sierra les tenían que vender también a ellos.

Un día a mi padre y los dos cuñados los cogieron en lo alto del Puerto de Frigiliana. Los de la Guardia Civil salieron vestidos de paisano, pero nada en la cara, como si fueran los bandoleros. Les quitaron las cargas de harina y las bestias. Les quitaron el aparejo y les quitaron la ropa a ellos. Y les hicieron que les pegaran fuego a la ropa de ellos y a los aparejos de las bestias. Entonces,

La gente de la sierra

cuando ya estaban solamente los calzoncillos blancos, empezaron a tiros con ellos pero tiros de fogueo, porque si no hubieran matado a alguno. Y los echaron. Se fueron corriendo.

A la entrada de Cómpeta se escondieron porque no iban a entrar en cueros. Tenían los calzoncillos blancos. Entonces, ellos escondidos, pasó un hombre, y dicen: 'Oye, dile a mi mujer que me mande esto.' El hombre salió corriendo. Pero ya a otro: 'Que mira, oye, que soy fulano de tal, dile a mi mujer que te mande ropa y tal, no vamos a entrar así en cueros a Cómpeta.' Entonces entraron a Cómpeta, se vistieron y se fueron para el cuartel. Y dieron parte: 'Han salido los bandoleros a nosotros y nos han quitado la carga y la ropa...' Ellos sabían que iba el capitán de la Guardia Civil vestido de paisano y los otros y los conocían.

Pero no podían decir nada, porque si no los liquidaban. Entonces, a los tres o cuatro días, los llamaron al cuartel y dicen: 'Mira, que os hemos encontrado las bestias, y hemos encontrado dos o tres sacos de harina.' Los otros se los comieron ellos.

Cuando estaba la gente de la sierra, otro Guardia Civil ha estado aquí mucho, hasta de novio. Está casado con una mujer de Frigiliana. Mi padre tenía familia en Río Seco, de un tío mío, y todos los años iba un par de viajes. Llevaba a ellos harina, y él se traía para arriba sandías, tomates, pimientos para comer. Se trabajaba en la vida sólo por la comida. Un día, cuando iba para abajo en Río Seco, lo cogió este. Le dice: 'Quita el aparejo.' Le cogió el aparejo. 'Pégale fuego.' Y le quemó el aparejo. Nosotros esperábamos a mi padre y no viene, no viene. Ya vino mi padre con la mula sin aparejo y dice: 'La Guardia Civil me ha quemado el aparejo.'

Hace poco, en Nerja, me dice un compañero que un Civil jubilado allí le había contado una anécdota de cuando iba una vez por el Barranco Fernández. 'Cogí a un hombre que iba para arriba. Le quité el aparejo y lo quemé. Y me dice el hombre: Hombre, no me quemes el aparejo, que tengo solo ese y que voy a trabajar. Y le digo: Yo te he quemado el aparejo, pero ahí más arriba te van a coger y te van a emparejar.'

Yo antes hablaba con ese hombre, pero no sabía del tema. Pero hace dos años me enteré y desde entonces yo a ese hombre no le he hablado. Él está vivo todavía. Pero ha tenido su merecido, hasta la mujer.

La Guardia Civil tenía servicio de cuatro días. De aquí salían una noche andando a la Venta Panaderos y se quedaban allí. Otro día, andando, se venían a Calixto, otro día a la Acebuchal. Se tiraban todo el día, dormían otra vez en la Acebuchal, y otra vez se venían a Frigiliana. Nosotros no estábamos obligados, pero si se le daba a ellos se quedaban, ¿no?

Entonces, en mi casa solo había dos camas, una para mi padre y mi madre y otra para mi hermano y para mí, camas con palmillas que hacíamos nosotros. No era lana, no era Flex, no era nada. Cuando venía la Guardia Civil, mi madre

La gente de la sierra

El Acebuchal (en primer plano) ha sido reconstruido. En Cerro Verde, la cuesta encima del pueblo, ocurrió una batalla campal.

le daba la cama nuestra a los Guardias Civiles. Yo no creo que Franco se lo dijo, pero ellos dormían en mi cama. Y nosotros los niños dormíamos en el aparejo de las bestias. Nos hacían una camilla y nosotros nos poníamos allí los dos y nos tapábamos con el lienzo de las aceitunas.

En el 53 volvimos otra vez a la Acebuchal y al campo. Ya no había gente en la sierra. Entonces mi padre, por parte de mi madre, teníamos el Cortijo de los Peñoncillos y por parte de mi padre el cortijo en el Pino. Todo el que tenía unos bancales, olivos, higueras, tierras, todos comían. Mis abuelos tenían una pila de fincas, en la Acebuchal para uvas, pasas, pimientos, tomates, patatas, maíz. Lo molías y tal y comíamos. Pero no fue buena vida, aunque por eso yo no me arrepiento. Es más, estoy orgulloso de ser de la Acebuchal, por qué no? También hay personas humildes que no hayan estado en colegios que hayan estado con otro sistema de vida y que tengan educación para bregar con la gente.

Volvimos pocos, los que no teníamos casa ni nada. Cuando yo volví, en la Acebuchal sólo había una casa caída. Las demás tenían todos los tejados, todas las puertas abiertas de los moros darle patadas, la gente meterse, pero no en ruinas. Había muchas ratas, murciélagos, bichos, pero nosotros nos vinimos allí. Estuvimos hasta el verano del 67. Allí nos juntamos seis o siete familias. En verano nos acompañaban más. Un guarda de Cómpeta se venía con los hijos allí, porque era guarda de la sierra.

No teníamos seguro, no teníamos médico. Pero sí teníamos a Don José Maldonado, el médico de Torrox. Le gustaba mucho la cacería y cuando él venía de

La gente de la sierra

cacería, yo iba con él. Cuando yo tenía 14 años, he estado en la Acebuchal 16 días de cacería, cabras monteses. Mis padres, mis hermanos, y amigos íbamos con Don José a cazar y nosotros no le cobrábamos dinero. Entonces, cuando lo necesitábamos, íbamos con un mulo y decíamos: 'Don José, que se ha puesto mi padre malo o mi hijo malo.' Cogía su caballo, venía y no nos cobraba dinero tampoco. Nos daba también las medicinas. 'Esto para esto, esto para lo otro. Anda, no os cobro nada.' Entonces, era el seguro que teníamos.

En aquel entonces, sólo había una manera de llegar a Frigiliana, andando, una bestia y andando. Yo he estado en la finca de Calixto, arriba, cogiendo aceitunas. Era un grande olivar, pero más tarde se quemó. He venido corriendo, me he lavado en la Acebuchal y me he venido a Frigiliana o a Nerja para una fiesta, y después, aquella noche, andando otra vez a la Acebuchal. He dormido un poco y después a Calixto andando. Tenía novia aquí en Frigiliana. Yo la llevé en mulo a mi novia a la fiesta de la Acebuchal, ella 15 y yo 17 años. Después ya no seguí, me disgusté después con esta novia. Ya me fui a la mili.

Pero luego nos pasó otro percance. El gobierno sacó esto que se llamó "ICONA", que después "IARA", y que después los Verdes, y que después ecologistas, etc. Entonces, nos prohibieron trabajar en la sierra: buscar esparto, hacer carbón, echar caleras, cortar pinos, cortar leña para venderla y poder comer. Entonces, un día mi padre dijo a mi madre: 'Nos vamos a tener que ir porque no hemos podido darle nada a ellos.' Había que trabajar fuera. En el 67 nos vinimos de allí. Entonces, la Acebuchal se fue abandonando poco a poco hasta ver la caída del todo.

Ahora me alegra de haber nacido en aquel tiempo aunque estábamos un poco desprestigiados de lo que es la gente del pueblo. Estábamos un poco apartados de ellos, por ellos, porque nosotros nos tenían nombres puestos: "acebuchaleños" o "cipotones". A lo mejor te decían que eres "un tonto", o un "cipotón". Eres "acebuchaleño". Es despreciarlo. Entonces, lo mismo que la gente del Río de la Miel por Nerja le dicen "los follesques". Y eso siempre me ha causado a mí problemas en el interior, y yo decía para mí: 'No te tengo nada en contra, pero te tengo que demostrar que soy más que tú.' Ese orgullo no me lo ha quitado a mí nadie, y me voy a morir y no me lo quitan. Yo llevo 30 años en el Ayuntamiento de Nerja, de electricista, y no estuve en escuelas. Yo hice escuela en la mili para hacer curso de cabo. Me apunté y hice el curso de electricidad.

Gracias a Dios, gracias a la gente, se ha restaurado la Acebuchal. Espero que va a ser un pueblo de vacaciones. Nos trajimos las imágenes de la capilla al Cortijo del Pino y todos los años en junio, desde 1982, hacemos una fiesta en el cortijo cuando se reúnen todas las familias de la Acebuchal. Viene gente de muchos sitios.

'No es que tenga amargura. Porque te has ido allí a luchar por una libertad. Has luchado por un ideal. Nosotros luchábamos por la República, porque la República nos la arrebataron a nosotros.'

Miguel Padial Martín (Campañito), guerrillero en la Agrupación de Roberto, nacido el 14 de diciembre de 1922 en Alhama de Granada. Conoció a su mujer, Amada, guerrillera del grupo de Levante, en la cárcel. Murió el 16 de octubre, 2007, en Madrid.

Después de la guerra mucha gente, por las miserias que se pasaban y por la represión tan grande que había, se marchaban a la guerrilla. Otros estaban en las cárceles, otros estaban en campos de concentración, a quien no fusilaron. Porque fusilaron, pues a mansalva. Por todas partes llegaron y asesinaron a todo el que pudiera ser de izquierdas, llegaban y lo asesinaban.

En cada pueblo y en cada capital los ricos conocían a todo aquel que era del pueblo. Entonces, si tú estabas en la zona de la República, cuando regresabas, tenías unas denuncias. Te cogían y te metían en la cárcel. Si habías sido un poquillo destacado, te pegaban cuatro tiros. Y si de lo que te acusaban no era importante, te pegaban unas hostias y te quedabas unos cuantos años en la cárcel. A mi padre le metieron en la cárcel tan pronto como vino de la zona de la República después de la guerra. No pisó ni mi casa. Mi padre no hizo nada pero fue condenado a pena de muerte porque era socialista. Había una revisión de condenas y entonces le conmutaron la pena de muerte y la pena se la dejaron en 12 años. Y en otra revisión salió a los cinco o seis años.

Entonces en mi casa mi madre se quedó con cuatro hijas menores de 14 años, y yo que tenía 17 años. Mi madre y yo teníamos que luchar para sacar a mis hermanas adelante. Mi madre las tuvo que meter en un colegio, a trabajar, a mis hermanas. Yo iba a trabajar en el campo y después estuve en la mili, en un

La gente de la sierra

regimiento de ingenieros fortificando toda la costa de Cádiz. Estuve tres años, pasando más hambre y más miseria. Mire, cuando yo me incorporé al ejército, que fue en el 43, había varias quintas, desde el 36, de la zona de la República, hasta el 43. Todos estaban en cueros como su madre los trajo al mundo. No tenían nada más que un cachito de manta, a especie de una falda, amarrado con la correa para que no se les vieran sus partes.

La guerra terminó en el 39. Pues hasta el 43 estaban allí trabajando como prisioneros de guerra. El 42 y el 43 éramos las dos quintas que teníamos ropa de militar y estábamos fortificando. Todos los servicios de mecánica, de cocina y de limpieza y de todas esas cosas, eso lo hacían todo estos señores que eran prisioneros. No se podían licenciar mientras no les mandaran sus familias alguna ropilla. A unos les mandaban un mono, a otro le mandaban un trajecillo malillo. En fin, lo que podían, para irse licenciando. Aquello era criminal.

Y estuve dos años en la provincia de Cádiz, en Zahara de los Atunes y la parte de Tarifa y Algeciras. Todo eso lo estuvimos fortificando dos regimientos que habíamos. Había unos batallones de trabajadores penados, que eran prisioneros de guerra y políticos, y estaban lo mismo que nosotros. Fortificando, haciendo todo aquello porque esperaban de que, cuando los Aliados salieran después de la Guerra Mundial, se metieran con España.

Me fui a la guerrilla voluntariamente en el 47 con unos compañeros que eran del Salar y otros de Alhama. Me fui porque se pasaba mucha hambre, se pasaba miseria. De jovencito he sido de las Juventudes Socialistas Unificadas, y después ingresé en el Partido Comunista. La Guardia Civil de Alhama no sabía que yo era comunista. Sabían que había estado en la zona de la República.

Todo el que se marchaba a la sierra no era porque fuera un delincuente. El que se marchaba a la sierra era porque la represión, o bien se había fugado de la cárcel o bien estaba perseguido por la Guardia Civil, o por las calamidades que se pasaban. O porque había sido punto de apoyo y te habían descubierto. Conmigo hubo de Loja uno, un pastorcillo, que era un enlace nuestro y cuando se vio descubierto se subió arriba con nosotros.

Con la invasión por el Valle de Arán esperábamos que vinieran todos los exiliados que había en la Francia, que eran del ejército de la República, que llegarían para liberar a España. Pero fracasó. Porque, claro, no pudo ser eso. Pero yo pensaba que los Aliados pudieran venir un día a España y cargarse al régimen de Franco porque en España la guerrilla era muy fuerte. La guerrilla los traíamos de cabeza en todas partes. No es que fuéramos muy numerosos porque si hubiéramos sido numerosos nos hubiéramos hecho con el poder. Nosotros éramos unos pocos, en un sitio, en otro, y los traíamos desconcertados.

Primeramente yo me fui con estos compañeros a la sierra de Loja. Era un pequeño grupo y estuvimos allí por Sierra Tejeda y por la parte esta de Ronda, pero un grupo aislado, independiente de Roberto. Luego, al cabo de un tiempo

La gente de la sierra

Miguel Padial, segundo izq., y sus camaradas con la bandera republicana

tropezamos con ellos y entonces nos incorporamos. Estuvimos un cierto tiempo con ellos allí, pero ya las cosas no marchaban como tenían que marchar. La lucha en la guerrilla no es como uno se la imagina. Es muy dura. Porque hay días en que tienes qué comer, otros días que no tienes qué comer y tienes que aguantar las inclemencias del tiempo todos los días.

Teníamos tiendas de campaña tan pequeñas que dormíamos con dos o tres y te resguardaban de la lluvia o del frío. Pero las inclemencias eran duras. Y luego, que tenías que marchar de noche, desplazarte de un sitio para otro, y llegar y tirar propaganda en los pueblos, manifestarse, hacer saber tú por lo que luchabas y tratar de convencer a esos. Como era la represión tan grande, el que no estaba en la cárcel estaba en un campo de concentración, y el que no, no se podía mover para nada. Pues resulta que la guerrilla no iba a más.

El miedo y el hambre son dos cosas tremendas. Porque la vigilancia de la Guardia Civil, la tenías que todos los días salían por las afueras del pueblo. Y claro, tú tenías que buscarte la vida para comer. Si no tenías un jornal tenías que salir al campo a por un haz de leña, y llegar y venderla para poder llegar. Si no ganabas, no podías comer. Aquello era de miseria de verdad.

Secuestros había cuando hacía falta. En la guerrilla te valías de que, por ejemplo, iba gente que tenía dinero, gente rica, y les dabas un golpe económico. Les sacabas el dinero que podías. Y con eso tenías que comprar comida, ropa, calzado y todas esas cosas. Yo participé en algún secuestro. Llegabas y cogías al

La gente de la sierra

individuo en sí y te lo llevabas para el monte. Le ponías una cita a sus familiares, diciendo: 'Quiero esta cantidad de dinero'. Había uno de 10 o 15.000 pesetas. Hubo golpes también ya en la agrupación de 200 y 300.000 pesetas. Siempre pagaban. En mi grupo no mataron a nadie. Claro, ha habido casos. Y ha habido muchos casos también de que la Guardia Civil, disfrazada de guerrillero, han pegado atracos y nos han echado la culpa a nosotros.

Roberto era de Madrid y había sido comisario en la zona de la República. Él fue el jefe de la guerrilla. Ya había muchas personas de varios sitios que estaban en la sierra en pequeños grupos. Y luego se fueron incorporando en un grupo grande de todos los pueblos de la provincia de Granada y de Málaga. Había hasta 150, pero nunca estábamos los 150 en la unidad. Unos grupos se iban por un sitio, otros iban para otro pero ya organizados. Y cada grupo, a lo mejor, lo destinaban a uno para hacer una misión.

Siempre había allí un grupo bastante grande en la unidad. Hasta que llegó y los descubrieron y hubo un fregado bueno. Estábamos en un sitio que le dicen Cerro Lucero. Hubo quien desertó y se presentó a la Guardia Civil. De por la zona de Frigiliana era. Ese fue el que llevó a la Guardia Civil y a los moros. Lo hacían Guardia Civil, pero provisionalmente para que hiciera los servicios. Iba vestido de Guardia, con su pistola y su fusil y a llevar a donde estábamos los demás. Al Cerro Lucero vinieron dos compañías de Guardias Civiles y dos octavos de moros a por nosotros, con éste que era el que hacía ya de guía.

Por la parte esta de Málaga no podían entrar en el campamento porque era un cortado. Pero te podían entrar de frente y por los dos costados. Resulta que en la noche uno de los centinelas oye piedras, rodaje. Sube el capitán y dice: 'Qué pasa?' 'Que se oyen piedras rodar.' Dice: 'Bah, eso serán las monteses.' Porque el día anterior se habían matado dos cabras monteses. Total, que se baja para abajo el capitán, pero ya cuando venía el día el centinela vuelve a oír piedras rodar y mira por los prismáticos y ve que no eran monteses. Tira una piedra al campamento, y dice: 'Que las monteses son de dos patas. Mira para arriba.' Se levanta todo el campamento y cada uno a su puesto y empezaron a venir allí Civiles y moros y empieza el combate. Duró el combate desde que amaneció hasta que anocheció.

Allí ya sabías que venían a por ti, tirando, claro. Cuando venían en busca tuya no venían a darte caramelos. Miedo siempre se tiene. Miedo es libre y cada uno coge el que puede. Pero si el enemigo viene en busca tuya, tú tienes que hacerle frente. Porque no te vas a estar quieto con los brazos cruzados para que te maten a ti.

Pues estuvo todo el día así, de combate. Al oscurecer, ya todos preparados, salimos marchando. Tuvimos nada más que un herido, no grave. Porque estábamos nosotros en una posición buena, un poquito más para abajo de la cima donde se dominaba todo. Y, si tú dominas el terreno, el enemigo tiene que venir

La gente de la sierra

en busca tuya a pecho descubierto. De la Guardia Civil cayeron bastantes. Y nosotros nos marchamos todos al oscurecer.

También en Cerro Verde tuvimos un tropiezo, con un grupo de soldados. Según ellos, los soldados iban a proteger a unos trabajadores y yo no creo que fueran a proteger allí a ningún trabajador. Los soldados les hicieron frente a un grupo nuestro y mataron a un capitán de los guerrilleros. Entonces, el grupo le tuvo que hacer frente y se cargaron a un cabo primera, a dos cabos de segunda, y varios soldados. Se apoderó el grupo de un fusil ametrallador y de todas las armas que llevaban y de las municiones.

Nosotros a los soldados no queríamos hacerles frente, pero si te hacían frente, tenías que defenderte. Mataron a un capitán porque el cabo primera ese iba a ver si llegaba a otro grado más, si ascendía a sargento. Y ascendió, pues con la muerte. Cuando a nosotros nos juzgaron, un capitán militar decía que les habíamos matado a sus hijos. 'Tus hijos a quién mataron primero?' decíamos. Al matar al capitán ellos, los demás no se iban a estar quietos para que los mataran. Hicieron frente y se los cargaron a casi todos. Y el capitán decía que eran sus hijos. Bueno, nosotros no éramos sus hijos.

Pasábamos por Frigiliana, pero yo estaba más que nada en la provincia de Granada. Había varios grupos y unos trabajaban en un sitio y otros trabajaban en otro, cada uno para el sitio que conocía. Íbamos a lo mejor un jefe de grupo y dos o tres prácticos del terreno. Íbamos a pie, de noche andando y con una mochila. Llevaba algo de comida, la munición, a lo mejor la ropa.

Teníamos una paga de 500 pesetas al mes para comprar tabaco, para nuestros gastos. No podía ir a visitar a la familia. Porque lo primero y principal es, si tú visitas a la familia y te descubren, porque siempre hay quien vea, pues tu familia llega y paga las consecuencias. Si a ti no te cogen, tu familia es la que paga las consecuencias. La cogen y la meten en la cárcel, la torturan y hacen de todo. De manera que allí te tenías que despedir de la familia. Tenías que llegar y aguantar mecha y tirar para adelante.

De Roberto cada uno le ha dado la versión que le ha parecido. Cuando una persona convive con otros, siempre hay algunos roces. Tú a lo mejor implantas una disciplina. Hay quien la acata y hay a quien no le gusta eso. Alguien no aguantaba la disciplina y se marchaba, o decía cosas y lo castigaban de la forma que fuera.

Los chivatos eran los traidores de la guerrilla. Los mataron a varios pero ahí no se sabía nada. Porque al que tienen que ejecutar por cualquier delito que hubiera cometido, ese ya se encargaba un grupo especial. Yo era uno normal. Uno que se defendía cuando venía el enemigo y ya está. No yo nunca ví a alguien ejecutado. Roberto tenía un Estado Mayor y ese Estado Mayor era el que llegaba...si usted tiene que ejecutar a alguien y tiene a tres o cuatro de su confianza, llega y... 'con este grupo vas para tal sitio'. Y en el camino, se ha

La gente de la sierra

muerto fulano, o se ha marchado, decían. ¿Y quién averigua lo que le ha pasado y lo que no le ha pasado?

Ya las cosas no estaban muy buenas, no había la vida que había que llevar y entonces nosotros decidimos marcharnos para allá. La moral se baja, claro. Es natural. Son muchos años los que eso y pesa mucho. Había un cambio de táctica por el Partido. Te dicen que hay que dejar la lucha armada y la reconciliación y todas esas cosas... Sin un punto de apoyo que te acoja, tú te tienes que buscar la vida como sea, porque ya la lucha armada desaparece. A tu pueblo no te puedes ir, y a ningún sitio. Porque no tienes una documentación. No tienes quien te resguarde. Dejas las armas o vas a la cárcel a que te peguen dos tiros o a pudrirte en la cárcel.

Yo salí con vida porque ya la cosa no estaba muy bien y un grupo decidimos marcharnos a Francia. Unas veces íbamos en tren, otras veces íbamos andando por la noche. Pero nos cogieron en Barcelona la policía y nos llevaron para Granada. Tuvimos suerte. Este paisano mío tenía un tiro pegado. La Guardia Civil le pegó un tiro así por la espalda. Y le sacaron al cuartel de Las Palmas, a hacerle una entrevista, para un reconocimiento médico, para ver por dónde había sido el tiro. Si se lo habían pegado haciéndole frente a la Guardia Civil o había sido por detrás. Un tiro por detrás es como que vas corriendo. Pero si te pegan un tiro por delante es porque has estado haciéndoles frente. El capitán Caballero de la Guardia Civil de Granada le preguntó a este paisano mío: 'Has estado mucho tiempo en la sierra, no?' 'He estado desde el 42 hasta el 49. Siete años.' Dice: 'Pues allí te hubiera querido ver. La suerte que habéis tenido es que habéis caído en manos de la policía. Que si caéis en mis manos, despúes de reventaros a palos, os aplico la Ley de Fuga.'

Nos juzgaron y nos metieron 30 años. De los 30 estuvimos 11, porque nos cogieron dos indultos porque murieron los dos Papas. Y cinco años de condicional y cuatro y pico que tenía redimidos. Redimí pena por el trabajo. Yo entré en el 49 y salí en el 60. Estuve cinco años presentándome del uno al cinco cada mes y no podías salir a parte ninguna si no pedías un permiso. Me fijé aquí en Madrid la residencia porque en Granada me tenían ganas. Para evitar compromisos llegué aquí en la ciudad donde había más libertad.

Aquí me puse ya en contacto con el Partido y con mi compañera, que también había estado en eso. Al poco tiempo nos casamos y teníamos ya tres hijos. Pero volví a caer en el 68 con vistas al primero de mayo, el mayo francés. Me cogieron tirando propaganda, por asociación y propaganda, del Partido. Y me metieron seis años de condena. Eso, aparte de, cuando caímos, la tortura que se ponen cuatro o cinco graves de la Brigada Político-Social en Gobernación, la policía secreta. Te hacen una pregunta y tú les contestas a lo mejor creyendo que la pregunta no tiene importancia y sí. Y te arrean un par de castañazos. El uno te coge por un lado, el otro te coge por otro lado, hasta que te dejan sin sentido.

La gente de la sierra

Y cuando te quedas así, que te han dejado tirado en el suelo como un guiñapo, te echan un cubo de agua. Entonces les dicen a los "grises" que te bajen para abajo a la celda. Te bajan a la celda y, cuando ya ha pasado un tiempo, que te has enfriado, te vuelven a subir otra vez a preguntarte que quién te ha dado aquello, la propaganda. Y así hasta que se cansan.

La Guardia Civil dice que Roberto traicionó a todos los otros. Yo no puedo decir ni que sí ni que no. Pero la tortura es muy grande. El cuerpo humano tiene un límite. No todo el mundo llega y resiste la tortura. Los torturadores son malísimos. Son criminales. Yo no estuve en el pellejo de él y no sé lo que resistiría ni lo que no resistiría. Luego, la Guardia Civil te pone todo lo que a ellos le da la gana. 'Usted se pone en una máquina de escribir y pone lo que yo le diga y lo que no le diga. Y usted se pone a escribir.' Y te dan leña, y más leña. Y siguen escribiendo. Y te ponen cosas que no has hecho. Que te hacen que las digas. Así de claro.

A los que fueron para la guerrilla en Alhama los mataron a casi todos aunque de mi grupo no mataron a nadie. Bueno, mataron a uno que tenía una muerte comprobada y a dos cuñados que, en vez de ser puntos de apoyo, se dedicaron a pegar un atraco por su cuenta. Mataron a un hijo, al que iban a secuestrar. Al caer nosotros, los detuvieron a ellos y los mataron a ellos.

Ya a última hora, claro que había un desencanto en la guerrilla. Cuando tú ya no tienes una fuerza que llegue y que te respalde, el desencanto viene y la desmoralización. ¿Qué pasó en la guerra? Era un ejército contra otro ejército. Después de los tres años de guerra, todo el mundo estaba harto ya de guerra. Querían la paz, porque la guerra no la quiere nadie. Y nosotros tampoco queríamos estar en la guerrilla. Queríamos nosotros la paz y queríamos la libertad. Pero si no tienes pan y no tienes libertad, tienes que luchar.

Ahora no es que tenga amargura. Porque te has ido allí a luchar por una libertad. Has luchado por un ideal. Nosotros luchábamos por la República, porque la República nos la arrebataron a nosotros. Porque España en el 36 tenía una república constituida por el pueblo, ganada en unas elecciones. Y te pegaron el golpe de estado.

He participado en las campañas para recuperar la memoria histórica de la asociación Archivo, Guerra y Exilio (AGE). Hay muchas cosas todavía que se van descubriendo. Y seguimos con esa lucha: que se descubran y se reconozcan los crímenes que ha hecho el franquismo. Mira, el padre de mi señora también murió en la guerrilla, y un cuñado suyo, y sin embargo no sabían siquiera ni dónde estaban.

La gente de la sierra

Ideal de Granada, edición de 23 de enero de 1953: la muerte del "bandolero" El Roberto mereció sólo una breve mención

Apéndices

Vecinos de Frigiliana que no volvieron a casa

Caídos en la Guerra Civil

En el lado Nacionalista: Antonio Julio Jiménez Navas, Antonio Cañedo Sánchez, Antonio Rodríguez Sánchez, Plácido Ramos Platero, Manuel Agudo Martín, José Jaime Castillo, Bautista Cerezo Álvarez.

En el lado Republicano (no hay datos oficiales): Sebastián González González, Miguel Retamero Peralta, Javier Retamero Peralta, Baldomero Ruiz Cerezo, Eduardo Platero López.

Ejecutados en Torrox: Baldomero Cerezo Iranzo, Sebastián Conejero Espada, Eduardo García Platero, Antonio Gutiérrez García, Francisco García Martín, José García Ramírez, José Pérez Castillo, Francisco Rojas Ramírez.

Abatido en el campo: Antonio Cerezo Moreno

Caídos en los años del Maquis

Desaparecidos: Manuel Santisteban Gutiérrez, Sebastián Platero Navas, Manuel García Herrero y su hijo Manulillo García Platero.

Abatidos por la Guardia Civil: José Cerezo Rodríguez, Manuel Martín Ruiz, Antonio García Martín, Antonio Triviño Cerezo.

Abatidos por el Maquis: Miguel Ángel Herrero, Antonio Lomas Orihuela, Paulino Fernández Ortega, Miguel Orihuela Moreno, Rafael Orihuela García, José Lomas Orihuela, Antonio Ortiz Torres, Miguel Moreno González, Francisco Iranzo Herrero, José López Jurado.

Los guerrilleros de Frigiliana
Entre paréntesis sus nombres en la guerrilla

Muertos en tiroteos con la Guardia Civil
Bautista Acosta Urdiales – Tomarroque (Máximo)
José Castillo Moreno – Pepe Mocha (Mocha)
Miguel Ángel García Platero – Espartero (Julián)
Blas Martín Navas – Panzón (Gonzalo)
Blas Martín Vozmediano – Artabús
José Pérez Moles – (Ranica)
Antonio Rojas – Miserere (Carlillos)
José Rojas Álvarez – Miserere (Arturo)
Antonio Sánchez Martín – Lomas
José Sánchez Martín – Lomillas (Domingo)

Abatidos por sus propios compañeros
Sebastián Martín Navas – (Federo)
Antonio Platero Ayllón – Chispa (Ricardo)

Suicidio
Antonio García Martín – el Zumbillo (Gaspar)

Juzgados y ejecutados
Sebastián Martín Vozmediano – Artabús (Severo)
Antonio Platero Martín – El Moreno (Silverio)
Manuel Triviño Cerezo – Matutero (Valeriano)

Encarcelados
Ángel García Martín – Zumbo (Marcelo)
José Martín Navas – Panzón (Tomás)
Vicente Martín Vozmediano – Artabús
Antonio Ruíz Cerezo – Yelo

De los 21 hombres de Frigiliana que se echaron al monte el único que no sufrió ni la carcel ni la muerte era Miguel Cerezo González, El Caniyo (Jaimito en la sierra).
Pasó el resto de su vida tranquilamente en Barcelona.

Se echaron al monte

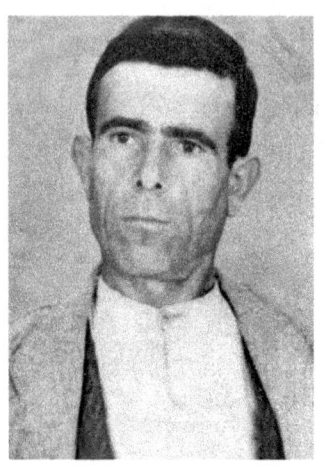

Acosta Urdiales, Bautista - Tomarroque (Máximo). Nacido en Frigiliana en 1905. Casado, campesino. Se fue a la sierra el 16 de diciembre de 1946. Formaba parte del Tercer Grupo, Sexto Batallón. Tomó parte en el robo de harina de La Molineta en febrero de 1948. Acusado de haber participado en el secuestro de Miguel Moreno González cerca de Frigiliana en abril de 1949 y de haberlo matado con una navaja. El 26 de agosto de 1951 cayó en un tiroteo de unas 13 horas en el Cerro Gitano, Sierra de Cázulas (Granada), cuando una contrapartida sorprendió una partida. También murieron a tiros Manuel Fajardo (Senciales), el jefe de la partida, de Otívar, José Cecilia Márquez y Miguel Martín. Se expusieron los cuerpos como trofeos de guerra y fueron enterrados en el cementerio en el castillo de Almuñécar. Hace unos años este cementerio fue trasladado y su paradero es impreciso. Eladio Ledesma, el cabo que acribilló a Senciales, recibió la recompensa de un avance en la escala y tres Guardias recibieron la Cruz del Mérito Militar.

Castillo Moreno, José - Pepe Mocha (Mocha). Nacido en Frigiliana el 12 de octubre, 1929. Soltero, cabrero. Huyó a la sierra el 20 de abril de 1950 con El Moreno (Antonio Platero Martín) que había herido a un Regular con un hacha. Su madre Josefa fue detenida y encarcelada por haber ayudado a la guerrilla. Confesó que durante dos años su hijo compraba alimentos para los de la sierra y había recibido 1.500 pesetas. No se adaptó bien a la vida de la guerrilla y quería volver a casa.

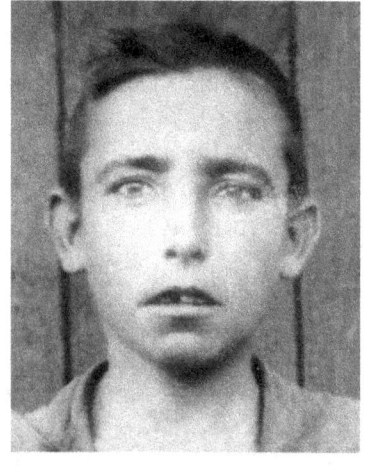

La gente de la sierra

Según un informe de la Guardia Civil, un cabo y 10 Guardias esperaban ocultos durante 20 días en el Cortijo Pozo Húrtiga, cerca de Alhama de Granada. A las dos de la madrugada del 17 de julio, 1950, seis bandoleros armados entraron en el cortijo para comer. Los Civiles, apostados en una zahúrda, abrieron fuego, matando a los seis, entre ellos Mocha y Juan Alaminos Palacios (Teodoro), jefe del grupo. Los cadáveres fueron expuestos al público en Alhama.

Cerezo González, Miguel - El Caniyo (Jaimito). Nacido en Frigiliana el 2 de junio de 1927. Soltero. Trabajaba como carbonero y recogiendo esparto. El día 19 de marzo de 1947 huyó a la sierra con Antonio Platero Ayllón (Chispa) sin saber nada de política pero atraído por las promesas de dinero. Se puso a malas con los jefes después de perder una escopeta. Sospechando que iba a presentarse, querían enviarle a la sierra de Granada. Temiendo por su vida, se fugó de la guerrilla en septiembre de 1947, escondiéndose en una cuadra en Frigiliana, donde fue  encontrado por Rosario Triviño González (La Pichana). Se presentó y por su seguridad se alistó en la Legión y fue enviado a África. Nunca volvió a vivir en su pueblo natal. Después se sentó en Barcelona, donde se casó y tuvo niños. Murió allí, el último superviviente de todos los que huyeron de Frigiliana.

García Martín, Angel - Zumbo (Marcelo). Nacido en Frigiliana el 3 de noviembre de 1927. Soltero, campesino. Se marchó a la sierra el 17 de diciembre de 1948, temiendo que iba a ser detenido por ser enlace. Estaba en el Tercer Grupo, Sexto Batallón. Llamado El Verdugo por la sospecha que había participado en la tortura y muerte de dos hombres del pueblo, El Bendita y El Terrible, en la Cruz de Napoleón en el río de Frigiliana. Se presentó en 1951 y colaboró con la Guardia Civil. Estaba unos años en la cárcel. Se fue a Barcelona donde se casó y murió, al parecer en un accidente.

La gente de la sierra

García Martín, Antonio – Antoñico Virtudes (Gaspar). Nacido en Frigiliana el 21 de julio de 1928. Soltero, carbonero. Su padre, Francisco García Ramírez, fue detenido en 1942 por "estar controlado en el radio comunista de Frigiliana y ejercer el cargo de secretario del mismo". Se fue a la sierra el 7 de octubre de 1947 y llegó a ser el enlace y miembro del Estado Mayor. Estaba presente en el secuestro de Ángel Sánchez García, llevando una metralleta, y supuestamente participó en los asesinatos de tres campesinos acusados de ser chivatos en el Cortijo de Los Caños. Erróneamente pronunciado muerto en un tiroteo cerca de Alfarnate en diciembre de 1950, fue atrapado por la Guardia Civil el 5 de julio de 1951 cerca de Torrox. Viendo que no había posibilidad de librarse, destruyó sus pocas posesiones de valor y se mató con su última bala.

García Platero, Miguel Angel – Espartero (Julián). Nacido en Frigiliana el 4 de agosto de 1901. Casado, con seis hijos. Según un compañero, se le condenó a muerte por una infracción pero Vicente Martín Vozmediano, el encargado, se negó a hacerlo. Murió el 17 de septiembre de 1949 en unos de los más intensos y prolongados enfrentamientos con la Guardia Civil en Cerro Verde, cerca de El Acebuchal. Según la Guardia Civil, después del tiroteo se encontró el cuerpo de Espartero que había herido con una metralleta al Guardia Antonio Román Ojeda. Pero, a decir de otros, Espartero se rindió y fue interrogado por el capitán Quilis que, como no le gustaron sus respuestas, le fusiló. El Registro Civil indica que falleció en la sierra a consecuencia de arma de fuego.

Martín Navas, Blas – Panzón (Gonzalo).  Nacido en Frigiliana el 13 de febrero de 1911. Casado, campesino. Uno de los tres hermanos Panzón. Se marchó a la sierra en diciembre de 1948 y formaba parte del Tercer Grupo, Sexto Batallón. Supuestamente ayudó a otro guerrillero ajusticiar a un pastor. Cayó el primero de febrero de 1951 cuando la partida de El Polopero chocó con la Guardia Civil cerca del caserío Haza del Lino, del término de Polopos, provincia de Granada. Después de un tiroteo, los Civiles persiguieron a la partida durante unos días. Al fin identificaron a tres muertos, Blas, José Sánchez

La gente de la sierra

Martín (Domingo), también de Frigiliana, y Daniel Villena Ruiz (Gregorio) de Algarrobo.

Martín Navas, José - Panzón (Tomás). Nacido en Frigiliana el 21 de marzo de 1901. Casado, carbonero. En 1936 era jefe local de las milicias izquierdistas "si bien no se realizó hecho ninguno de sangre durante la dominación marxista". Fue acusado de participar en el saqueo del cuartel de la Guardia Civil en Frigiliana, con tres otros individuos vistiéndose de Civiles con los tricornios puestos, y de exigir dinero bajo amenaza a varios vecinos. Él contestó que "auxilió a las personas de orden, llevándoles pan escondido debajo de la chaqueta". Fue sentenciado a  reclusión perpetua en 1938. Puesto en libertad el 23 enero 1944, huyó a la sierra el 5 febrero de 1947. Entró en el Grupo de Enlace de la Agrupación de Roberto y llegó a ser su íntimo ayudante y

Tomás condenado a cadena perpetua por el delito de rebelión militar

La gente de la sierra

guardaespaldas. Conocido como "El Caballo de Roberto" porque muchas veces llevaba a acuestas a su jefe, que era cojo. Fue acusado de participar en por lo menos dos encuentros donde tres Civiles murieron y también en un secuestro en Nerja. Detenido en diciembre de 1951, y condenado a muerte, al parecer porque se le confundió con otro guerrillero, Andrés (José Martín García, de Escúzar, Granada), verdugo de varios compañeros. Andrés fue ejecutado en Granada en abril de 1953, pero parece que el Obispo de Málaga protegió a Tomás por haber intercedido con Roberto para salvar la vida de unos de los ricos del pueblo. La sentencia fue conmutado a 30 años. Salió de la cárcel en 1964 por una amnistía. Murió el 5 de diciembre de 1969 en Barcelona.

Martín Navas, Sebastián – Panzón (Federo). Nacido en Frigiliana el 16 de enero de 1903. Casado, con tres hijos, carbonero. Comunista, luchó en la zona republicana en la Guerra Civil y después pasó más de tres años en la cárcel. Encarcelado otra vez, unos 14 meses, en 1947 por llevar comida a su hermano José en la sierra. Finalmente huyó a la guerrilla y entró en el Tercer Grupo, Sexto Batallón. En 1950 la muerte de su hijo Manuel de 18 años, uno de tres detenidos y asesinados por la Guardia Civil, le trastornó y habló de presentarse. Sus compañeros le mataron, tirándole en un tajo. Su cádaver fue encontrado unas semanas después por la Guardia Civil. Fue llevado al cementerio de Nerja donde se le enterró en una fosa común.

Martín Vozmediano, Blas – Artabús (Blas). Nacido en Frigiliana el 5 de junio, 1919. Soltero, campesino. Uno de los tres hermanos Artabús, hijos de Antonio Martín Requena y Dolores Vozmediano Cerezo, que huyeron juntos a la sierra el primero de junio de 1947, dejando abandonado el carbón que estaban preparando. "De ideología extremista", según la Guardia Civil, tenía el rango de sargento en el Tercer Grupo del Sexto Batallón. Contrario a rumores que fue matado por su hermano Vicente porque estaba enfermo, los archivos oficiales muestran que cayó en un tiroteo en el Barranco Cordero en el Río Higuerón el

La gente de la sierra

17 de enero de 1951. Su cadáver fue llevado a Frigiliana en una bestia. El Registro Civil de Frigiliana indica "fallecido a consecuencia de heridas por armas de fuego".

Martín Vozmediano, Sebastián – Artabús (Sebastián). Nacido en Frigiliana April 9 de 1917. Soltero, campesino. Acusado de ser el principal instigador y actor en el saqueo de la iglesia en 1936 y de practicar detenciones de personas de orden. Huyó a la zona republicana. Cumplió condena. Detenido en 1946 por formar parte de una célula comunista. Era uno de los mandos del Sexto Batallón, con el rango de teniente en el Primer Grupo. Participó en el secuestro de Ángel Sánchez García, posiblemente en el asesinato de tres hombres en el cortijo Los Caños y en la muerte de Antonio Platero Ayllón (Chispa), un  guerrillero tirado a un pozo. "Muy abnegado y sacrificado. No se metieron con él," según otro guerrillero. Detenido el 17 de diciembre de 1951 en la trampa preparada por la Guardia Civil en Málaga. Ejecutado en Granada el 6 de mayo de 1953.

Martín Vozmediano, Vicente – Artabús (Vicente). Nacido en Frigiliana el 13 de febrero de 1915. Casado, campesino. Teniente en el Tercer Grupo, Sexto Batallón. Uno de los guerrilleros más notorios de Frigiliana y más temidos por su carácter violento. Condenado a 12 años de prisión en 1939 por auxilio a la rebelión. Participó en el secuestro de Ángel Sánchez García (liberado) y de Antonio Ortiz Torres (asesinado), de El Acebuchal. También en el secuestro y la muerte de Miguel Moreno González y los vecinos El Bendita y El Terrible, todos acusados de ser traidores. En marzo de 1951, desarmó a otro guerrillero, El Jacinto (Francisco Bonilla Arrebola, de Salar, Granada), y se presentó con él. En mayo Jacinto se fugó de un cuartel en el Lízar de Frigiliana, llevándose un subfusil de la Guardia Civil, pero poco después murió en un tiroteo en Alhama. Vicente "se puso resueltamente al servicio de la Guardia Civil, arrepentido de su vida pasada", se vistó de Guardia y delató a muchos de sus compañeros. Parece que fue llevado a Madrid para identificar

La gente de la sierra

a Roberto y ayudar en su detención. Evitó la pena de muerte por su colaboración pero pasó un tiempo en la cárcel. Odiado en el pueblo, se fue a Barcelona donde murió el 22 de abril de 1996.

Pérez Moles, José - Ranica (Jorge).
Nacido en 1906 en Fornes (Granada). Arriero, se casó con una mujer de El Acebuchal. Militante del PSOE, huyó de Fornes a la zona republicana. A la vuelta fue acusado de ser miembro de la FAI (Federación Anarquista Ibérica) y de varios delitos, incluso llevar gasolina para quemar cortijos y tomar parte en los asaltos a cuarteles de la Guardia Civil. Condenado a siete años de prisión y después desterrado en El Acebuchal. El 2 de enero de 1947, se fugó a la sierra, ingresando en la Agrupación de Roberto. La familia no sabía nada más de él hasta 2002 cuando se enteró de que murió el 17 de junio de 1948. Había un combate de varias horas con la Guardia Civil en el Barranco de la Sierra de Bañuelo, Soportújar (Granada), después de una delación. Cayeron en el tiroteo Ranica, Juan Romero Arellano (Juanillo) y uno más no identificado. Fueron enterrados en una fosa común en el cementerio de Lanjarón. El Guardia Emilio Oliva Martín, que resultó gravemente herido por una bala en la pierna derecha, fue recompensado con la Cruz de MM y un premio de 3.000 pesetas.

Platero Ayllón, Antonio - Chispa el de la Quiñona (Ricardo).
Nacido en Frigiliana el 8 de octubre de 1927. Soltero, carbonero. Llevó comida al grupo que secuestró a Ángel Sánchez García en febrero de 1947 y en marzo se fue a la sierra con Miguel Cerezo González (El Canijo). Estaba en el Grupo de Enlace de Roberto. Un primo hermano, Sebastián Platero Navas, desapareció en la sierra, por lo visto matado por la Guardia Civil. Acusado de participar en el secuestro y muerte de Paulino Fernández Ortega en agosto, 1947. Matado por sus propios compañeros, supuestamente "Felipe", "Guillermo" y "Jaime", por sus indiscreciones con las mujeres, incluso al parecer con una viuda de Algarrobo. Tenía novia, que dejó embarazada. En julio de 1951 un cabrero notó el mal olor saliendo de un pozo de Algarrobo y allí fue encontrado su cadáver.

La gente de la sierra

Platero Martín, Antonio - El Moreno (Silverio). Nacido en Frigiliana el 23 de junio de 1929. Soltero. Actuó como enlace con los guerrilleros. Cuando la Guardia Civil se enteró de que suministraba comida a la gente de la sierra, le presionaban para delatarles. Atrapado entre la espada y la pared, el 20 de abril de 1950 atacó a un Regular, Mohamed Ben Abdela, con un hacha y en seguida huyó a la sierra. Su madre, Florencia, fue encarcelada. Admitió que había llevado al Maquis una talega con 12 pastillas de tabaco y 35 cartuchos de escopeta comprados en Málaga con dinero recibido de ellos. El Moreno y Lomas eran los últimos de Frigiliana en la sierra en enero de 1952 cuando El Moreno entró desapercibido en el pueblo durante la fiesta de San Sebastián. Presionado por su familia, se presentó y dio parte del paradero de Lomas. Aunque colaboró con las autoridades, delatando a los que habían ayudado a la gente de la sierra, fue ejecutado en Málaga el 3 de Abril, 1954.

Rojas Álvarez, Antonio - Miserere (Carlillos). Nacido en Frigiliana el 11 de octubre, 1924. Soltero, campesino. Conocido como El Barbero. Vivía en El Acebuchal antes de irse a la sierra el 2 de enero de 1947. Se dice que tenía problemas de corazón. Estaba en el Grupo de Enlace y fue acusado de participar en el secuestro de Paulino Fernández Ortega y tres asesinatos en Cortijo Los Caños. Al parecer era uno de los guerrilleros que en octubre de 1947 mataron a un cabo y dos Guardias del puesto de Cantarriján "por error" porque el objetivo era otro, el odiado cabo del Molino de Papel, Río de la Miel. La Guardia Civil informó que había muerto en el encuentro en Cerro Verde en 1949, confundiendo el cuerpo de Rafael Jurado Martín (Nico) con él. El 16 de agosto de 1951 murió en un enfrentamiento cerca del cementerio de Alhama de Granada.

Rojas Álvarez, José - Miserere (Arturo). Nacido en Frigiliana el 26 de enero, 1921. Soltero, cabrero. Trabajó en la Venta Panaderos y cuando el dueño, Paco Manuela, fue detenido en 1947 decidió irse a la sierra. Sargento en el Primer Grupo, Sexto Batallón. Participó en varios secuestros. Según un informe de la Guardia Civil, cayó en un encuentro con la contrapartida en Cerro del Cisne el 16 de abril de 1951, la resulta de la delación de otro guerrillero de Frigiliana, Vicente. El hecho que había tomado "Arturo" por nombre de guerra condujo a una confusión de identidades. Otro Arturo, Arturo Moreira, gallego, que llegó de Orán a la costa granadina con la expedición de Ramón Vías, murió el 17 de agosto de 1947 en un

La gente de la sierra

tiroteo en un cortijo. Moreira mató al Guardia Civil José Collado Mañero, sufrió una pierna rota y, rodeado, optó por pegarse un tiro. La dueña del cortijo, La Cascaja (María Martín Godoy, de Torrox), fue detenida y más tarde, se dice, delató a Roberto.

Ruíz Cerezo, Antonio (Yelo). Nacido en Frigiliana el 4 de diciembre,1912. Viudo, campesino. Huyó en 1945 después de robar unas algarrobas, ganando el apodo de "Robapera". Participó en unos secuestros. Acusado de participar en el robo de una escopeta por cuatro hombres armados en la central eléctrica San Modesto en el término de Nerja. El encargado fue amenazado con un simulacro de fusilamiento. Según un guerrillero, en la sierra robó dinero del jefe de su grupo, se fugó y pasó un tiempo escondido en Nerja. Todo el mundo creía que había muerto. Detenido por una delación del hermano de la mujer con quien estaba viviendo, fue condenado a 10 años de cárcel. Después, se fue a Barcelona.

Sánchez Martín, José (Domingo). Nacido en Frigiliana el 4 de marzo de 1923. Soltero, carbonero, hermano de Antonio (Lomas). Cuando murieron sus padres, le cuidaba una tía en El Acebuchal. Sospechado de ser simpatizante del Maquis y con un tío en prisión por ser enlace, el 2 de enero de 1947 se fugó a la sierra. Formaba parte del Tercer Grupo, Sexto Batallón. Estaba en el grupo que secuestró a Ángel Sánchez García. En febrero de 1951 la Guardia Civil informó que una patrulla repelió una "agresión con magnífico espíritu" por "una partida de bandoleros al mando del criminal forajido Paco El Polopero" que merodeaba por un barranco entre la Cortijada Las Casillas y el Caserío Haza de Lino, Polopos (Granada). Un cable de la Guardia Civil del 8 de febrero informó: "Resultando muerto forajido José Martín Sánchez (sic), alias Domingo, y capturado horas después en casilla campo donde se refugiaba el otro bandolero llamado Manuel Ordóñez Pérez alias Pepe."

Triviño Cerezo, Manuel - Matutero (Valeriano). Nacido en Frigiliana el 17 de mayo de 1929. Campesino. Sordo. Detenido en 1946 con ocho más de Frigiliana después de un asalto al vecino Justo López Navas en su casa, acusado de formar parte de una célula comunista. Detenido también en 1947, por haber exigido dinero de un campesino de Nerja. Se incorporó al Tercer Grupo, Sexto Batallón. Se presentó el 30 de junio de 1951, colaboró con la Guardia Civil, ayudando en la detención de los enlaces. Confesó que, a las órdenes de Clemente, participó en el asesinato del guerrillero Francisco López Centurión (Lucas), de Nerja, porque existía la sospecha que se iba a entregar con el grupo que mandaba. Ejecutado en el cementerio de San Rafael de Málaga, 3 de abril de 1954.

El último en la sierra

Obra de Manuel Villena, colgada en el Ayuntamiento de Frigiliana

Día de fiesta en Frigiliana, el 20 de enero de 1952: llega el cadáver de Lomas al cuartel de la Guardia Civil

Sánchez Martín, Antonio - Lomas (Manuel). Nacido en Frigiliana el 14 de mayo de 1920. Casado, campesino. Era el último guerrillero en la Sierra Almijara. En 1947 fue condenado a un año en la cárcel después del descubrimiento de "ropa de bandoleros" en su cortijo. El 20 de abril de 1950 huyó a la sierra "suponiéndose tuviera cumplicidad en la agresión a un soldado de Regulares No 5". De hecho, la agresión fue obra de El Moreno. En la sierra formaba parte de la Guardia personal de Roberto. Cuando se presentó El Moreno en Frigiliana, informó a las autoridades del paradero de Lomas. La mañana del 20 de enero de 1952 la Guardia Civil montó una emboscada alrededor del Cortijo de Ángel Rojas. Según testigos, Lomas fue fusilado después de rendirse. Llegó su cadáver a Frigiliana atravesado en un mulo mientras el pueblo celebraba la fiesta de San Sebastián. Su mujer, Ana Santisteban Gutiérrez, fue encarcelada en Málaga por llevar ropas y comestibles a la gente de la sierra. Dos hijas, Ana y Virtudes, se fueron a Barcelona.

UN PUEBLO BAJO VIGILANCIA

La Guardia Civil vigilaba de cerca a los vecinos de Frigiliana. Aquí sus informes sobre cinco que huyeron a la sierra: Antonio García Martín y Antonio Rojas Álvarez, acusados de haber participado en los asesinatos de Los Caños; Antonio Platero Ayllón; José Sánchez Martín; y Antonio Sánchez Martín, el último "bandolero". Muchas veces los informes contenían errores de bulto.

GARCIA   ANTONIO   14
MARTIN

(a) Antonio Virtudes.- Natural y vecino de Frigiliana, provincia de Málaga, de 14 años en 1.947, hijo de Fransico y de Ana; profesión carbonero, residente en calle Queipo de Llano.

SEÑAS PERSONALES.- 1,670, pelo negro, cejas al pelo, nariz recta sin barba, ojos grandes negro, bien parecido.

ANTECEDENTES.- No, se le conoce haya cometido hecho delictivo alguno, ni haber pertenecido a partidos politicos, debido a su corta edad, pero ya mayor se dedicaba a la vagancia y simpatizante a las izquierdas puesto que su padre se encuentra detenido por estar controlado en el radio comunista de Frigiliana y ejercer el cargo de Secretario del mismo cuya detención se llevó a efecto por fuerzas del Puesto de Frigiliana el día 22 de Agril de 1.942.- El día 7 de Octubre salió de su domicilio pero por confidencias se sabe se encuentra en la sierra con los bandoleros.

HECHOS DELICTIVOS EN LOS QUE SE SUPONE HAYA TOMADO PARTE.-

En los tres asesinatos del cortijo de los Caños, 14-9-48

ROJAS   ANTONIO   12
ALVAREZ

(a) Miserere.- Natural de Frigiliana Provincia de Málaga, de 23 años en 1.947, Hijo de José y de Ana, estado soltero, profesión del campo, con residencia en el Acebuchal.

SEÑAS PERSONALES.- Estatura 1.705, color moreno, pelo negro, ojos al pelo, nariz recta, barba naciente, padece del corazón y motivado a su enfermedad da el color palido.

ANTECEDENTES.- No se le reconoce haya cometido hechos delictivos alguno ni haber pertenecido a partidos politicos debido asu corta edad, pero mayor se dedicaba a la vagancia y simpatizante a las izquierdas.- El día 2 de Enero de 1.94? salió de su domicilio ignorando suparadero, pero si, por confidencias se sabeque este sujeto se encuentra en la sierra con los bandoleros.

HECHOS DELICTIVOS EN LOS QUE SE SUPONE HAYA TOMADO PARTE.-

En los tres asesinatos del cortijo de Los Caños el 14-9-48

La gente de la sierra

PLATERO   ANTONIO
AYLLON

(a) Obispa.- Natural y vecino de Frigiliana Provincia de Málaga de 19 años en 1.947, hijo de Blas y Dolores estado soltero, de profesión carbonero con residencia en calle Franco s/n.

SEÑAS PERSONALES.- Estatura 1.750, pelo castaño, cejas al pelo, ojos malados, nariz recta, barba poca y boca grande.

ANTECEDENTES.- No se le conoce haya participado en hechos delictivos de ninguna clase ni haber pertenecido a partidos políticos debido a su corta edad, pero ya mayor se dedicaba a la rapiña de toda clase y simpatizante a las izquierdas. El día 19 de Marzo de 1.947, salió de su domicilio al objeto de confeccionar carbón a la sierra y hasta la fecha no ha aparecido ignorándose su paradero, pero según rumores públicos se encuentra con los bandoleros.

SANCHEZ   JOSE   13
MARTIN

(a) Lomas.- Natural de Frigiliana, Provincia de Málaga, de 24 años, en 1.947, hijo de Antonio y de Virtudes, de estado sltero y oficio carbonero residente en Frigiliana.
SEÑAS PERSONALES.- Estatura 1.660, delgado enfermucho, ojos grandes negros, sin barba tan solo tiene bigote, a toda su extensión, color amarillo nariz recta con boca algo grande.
ANTECEDENTES.- No se le reconoce haya cometido hecho delictivo alguno ni haber pertenecido a partidos políticos debido asu corta edad, pero no obstante era simpatizante al bandolerismo, puesto que un tío de éste se encuentra en prisión por ser enlace de los forajidos.- El día 2 de Enero de 1.947 salió de su domicilio ignorandose su paradero pero por confidencias se sabeq que dicho sujeto se encuentra en las sierra con los bandoleros portando este una escopeta.

SANCHEZ   ANTONIO
MARTIN

Apodo: Lomas.- Natural de Cómpeta y vecino de Frigiliana, provincia de Málaga, de 31 años de edad en el 1950.- Hijo de Antonio y Virtudes, de estado casado, profesión campo, domiciliado en calle Alta s/n.
SEÑAS PERSONALES: Estatura 1'650, ojos pardos claros, barba poblada, color moreno, nariz recta, boca pequeña y cerrada.
ANTECEDENTES: Antes y durante el G.M.N. no observó mala conducta, perteneciendo a la U.G.T. sin significarse.- El día 9 de Agosto de 1947, fué detenido, sufriendo condena un año, por habersele encontrado en su domicilio cortijo "El Iman", ropa de bandoleros.- El día 20 de Abril de 1950, desapareció de su domicilio, suponiendose tuviera cumplicidad en la agresión y heridas graves a un Soldado de Regulares de Alhucemas Nº 5.- El fichado tiene su hermano José de bandolero en la partida del Roberto, desde el año 1947, por lo que es de suponer que éste sujeto se haya unido a la referida partida.- La esposa del fichado se encuentra en la Carcel por ser enlace de bandoleros.

HECHOS DELICTIVOS DE LOS QUE SE SUPONE HAYA TOMADO PARTE
Se ignora.

La gente de la sierra

[Texto manuscrito:]

...cia. Fue el principal instigador y asesor de la d... ...ción de la Iglesia. A la entrada de las fuerzas nacionales huyó a zona roja, por cuya causa ... cumplió condena, siendo puesto en libertad. El 2 de Abril de 1.946, fué detenido por fuerzas de este Puesto, con motivo de haber sido descubierta la organización del partido comunista en la que ...aba controlado.

Vicente Martín Vermediano. (a) Artábú y Buena... : 32 años de edad, casado, profesión campo, natural y vecino de Frigiliana, domiciliado en calle Ch... , hijo de Antonio y Dolores.

Antes del Glorioso Movimiento Nacional, estaba filiado al partido comunista, propagandista y agitador. Durante el dominio rojo en la población tomó parte en la destrucción de las Imágenes de...

Se cree con fundamento que estos tres sujetos estaban en contacto con los bandoleros y participaron con ellos en el secuestro y asesinato del vecino de la barriada del Aubuchal (Cómpeta) Antonio Ortiz Torres, perpetrado en la noche del 3 al 4 del actual y sea esta la causa de haber huido.

Dios guarde a V.S. muchos años
Frigiliana 20 de Junio de 1.947
El Cabo 1º Comandante de Puesto

Antonio González Bueno

El informe del Guardia Civil Cabo Largo avisando del huido de los hermanos Artabús

DOCUMENTOS

Fuentes:
archivos oficiales y non-oficiales
de España y de los Estados Unidos

La gente de la sierra

FALANGE ESPAÑOLA
DE LAS J. O. N. S.
FRIGILIANA.

INFORME

BALDOMERO CEREZO IRANZO

El individuo que arriba se expresa, era un afiliado al partido comunista desde antes del movimiento, siendo un propagador del partido. Despues del 16 de Febrero del pasado año, fué nombrado Presidente de dicho partido y consejal del Ayuntamiento pasando despues a ocupar la Alcaldia.

Su actuacion ha sido francamente pésima, pues enviaba a sus afiliados a las casas de personas de orden para sacarles grandes cantidades de pesetas y cuando se negaban a ello por no disponer de ellas, daba las ordenes para encarcelarlos. Esto lo hizo en varias ocasiones.

Tambien ha sido uno de los que han ordenado la incautacion de fincas, frutos, muebles, etc.

En dos ocasiones hizo listas de individuos de orden, para que los llevaran a Malaga detenidos, pero no llegó a efectuarse porque otras personas las rompieron.

Parece ser que fué quien denuncio a unos muchachos de esta para que fueran detenidos por elementos de Malaga, cosa que se efectuó.

Tambien actuó en la destruccion de la Iglesia, haciendolo con un verdadero placer, pues las risas no desaparecieron de sus labios durante toda la tarde.

Es cierto que despues de entrar las fuerzas nacionalistas en Malaga evitó fueran asesinados D. Sebastian Acosta, D. Manuel Torres, y otros señores, pero lo hizo solo para ganarse las simpatias de todas esas personas y que le perdonaran

La Falange denuncia al alcalde de Frigiliana, Baldomero Cerezo, uno de los ocho del pueblo fusilados en 1937

La gente de la sierra

Los españoles en la liberación de Paris

"A las seis de la mañana, emprendimos la marcha hacia París, llegando hasta la población de Antony, donde fuimos detenidos por un escuadrón de republicanos españoles. La lucha en aquel sector se había recrudecido y aquellos bravos muchachos de la república española consideraban peligroso nuestro avance. Aproveché la oportunidad para establecer conversación con ellos y confieso que me cautivo su entusiasmo y su valor.
Muchos llevan ya años luchando al lado de los franceses libres, otros pertenecían a los guerrilleros y algunos también eran escapados de las cuadrillas de trabajadores forzados de las defensas de Cherburgo. Todos son expertos de las fuerzas mecanizadas y de un valor extraordinario según me afirmó su comandante. Sus tanques y carros blindados llevan pintados en sus costados los colores de la bandera republicana y nombres tan sugestivos como éstos: Belchite, Ebro, Guadalajara.
Poco después de las nueve, recibieron órdenes de proseguir la marcha y antes del mediodía entrábamos en los arrabales de París precedidos por los republicanos españoles que eran aclamados delirantemente por la población civil." **- Charles C. Wertenbaker, corresponsal en Francia de The New York Times. Crónica publicada el 26 de Agosto de 1944.**

"El dia 24 de agosto de 1944 entraban en París por la Porte de L'Étoile, entre aclamaciones, abrazos y miles de parisinos, 120 hombres y 22 blindados, la 9ª Compañía, la de "los españoles", que era la vanguardia del general Leclerc al que venían acompañando desde los campos de batalla africanos.
Los españoles tomaron el ayuntamiento, el Hotel-de-Ville, donde se instaló el Consejo Nacional de la Resistencia y quedó al mando de los hombres que lo defendían el teniente español Amado Granell. Participaron también decisivamente en el ataque al Cuartel General de la Gestapo, instalado en el Hotel Majestic. Uno de los españoles, Pacheco, fue el primero en ocuparlo con sus hombres e hizo, él mismo, doce prisioneros. Dos días después entraba en Paris el general Charles de Gaulle con los miembros del Comité Nacional de Liberación. Le escoltaban por los Campos Elíseos carros blindados tripulados por españoles." - **De la página web de Les Cosaques, boletín informativo del Grupo de Reconstrucción Histórica La Nueve.**

Roberto luchó en La Nueve
aunque no participó en la liberación de Paris

La gente de la sierra

SECRET

Having lost his original team, Downes turned to prisons and internment camps for new recruits. "During the first two weeks in February," he reported to Washington,* "I visited some of the concentration camps in Algeria and Morocco (and the Territoires du Sud) in company with Major [Godfrey Paulson] (S.O.E.) of the British Army. The objective of our trip was to recruit individuals and groups for 'special services' of OSS and SOE..... We visited the following camps: Bou Arfa in Morocco, Beni Oukil in Morocco, Colomb Bechar and Kenadsa in Algeria and Territoires du Sud. On an earlier trip, Major [Paulson] and Mr. Springs...had visited Djelfa, Bogar, Boghari, and Barroughia camps in south-central Algeria."** Downes went on to describe the prisoners as falling into the following categories:

1. Men who joined the Foreign Legion as volunteers for the duration of the war in the winter of 1939-40. These come from all nationalities with Poles, German and Austrian Jews as the greatest single groups. Their motive was to fight against fascism and nazism.

2. Interned enemy aliens, few Germans, mostly Italians.

3. Veterans of the Spanish Civil War, Republican Army
   a. Spaniards
   b. Men of the various international brigades and outfits like the International Brigade, Garibaldi Legion, etc. (Poles, Germans, Austrians, Belgians, Greeks, Yugoslavs)

4. Individuals stranded in North Africa by the war.

5. Foreign residents of North Africa whose political views do not agree with the present regime which came into power with the fall of France,

Informe secreto estadounidense sobre la busca de reclutas para la OSS y el SOE en los campos en Argelia y Marruecos

La gente de la sierra

TELEGRAM RECEIVED

LFR-482
This telegram must be
closely paraphrased be-
fore being communicated
to anyone. (SC)

Madrid
FROM
Dated March 17, 1944
Rec'd 10:30 p.m.

Secretary of State,
Washington.

945, March 17, 9 a.m.

A report has now commenced to circulate among the Madrid public that arms have recently been smuggled into Spain in connection with a movement to overthrow the Spanish Government and that this Embassy is involved. Report is in general a somewhat distorted composit of facts of information forwarded in my 912, March 14, midnight and previous messages on subject.

Specifically, this affair has the appearance of a "plant" but unfortunately we have reason to suspect that an American agency in North Africa may have furnished the ingredients for it. It will, of course, be a serious matter if there is any direct or circumstantial evidence of American involvement. I again urge, therefore, that all American activity which has a bearing upon the Spanish situation be cleared through this Embassy before it is carried out.

Repeated to Algiers and Tangier. To Lisbon by pouch.

HAYES

NPL

Preocupado por las actividades de la OSS, el embajador Hayes pide más control por parte de Washington

279

La gente de la sierra

Furioso, el embajador Hayes avisa Washington de los riesgos creados por torpes actividades clandestinas en España

sequence of developments has followed such a pattern that the affair has superficially had the earmarks of a somewhat amateurish "plant" fabricated by inimical elements with the aid of stolen American material.

However, when considered in the light of the circumstance that it is known in the Embassy that the OSS organization in North Africa has in the past made arrangements to penetrate Spain directly, and in view of the implications of Consul Flexer's previously mentioned report of February 29, there is reason to believe that there has been American involvement in regard to which the Spaniards may have obtained evidence to impugn our past assurances of noninterference in their domestic affairs, and to weaken our case for the elimination of German clandestine operations. The theory held by some American officials that the network under discussion is a hangover from the operations of an OSS group which moved out from Oujda with the Fifth Army does not seem to meet the case, since it appears that activities of the Malaga and Melilla rings have recently been in full swing with current aid and direction from North Africa.

I believe the foregoing fully justifies the Department in insisting that American agencies outside Spain should not engage in activities directed against Spain or involving clandestine penetration into Spain. The incidents which have already occurred have damaged our position here and made it more difficult for the Embassy to achieve objectives which it is now seeking and which are of great and direct importance to our war effort. The chance that such amateurish and bungling efforts as appear to have been made in the past, and which may be being made now, will result in any advantage to our war effort are greatly overbalanced by the chance that they will continue to place impediments in the way of achieving the objectives which the Embassy is seeking.

A number of American agencies equipped to carry on various kinds of activities, including clandestine activities, are now represented in Spain, and all their activities are coordinated so as to minimize the risk that they will interfere with each other or that they will cause harm to our war effort. I believe that the Department should insist that activities to be carried on within Spain should be directed and carried on by the representatives in Spain of those agencies. If the Department is unable to achieve this, I can not answer for the consequences which may result from such uncoordinated activities directed by groups outside of Spain as those I have summarized in this despatch.

Respectfully yours,

Carlton J. H. Hayes

La gente de la sierra

DEPARTMENT OF STATE
DIVISION OF WESTERN EUROPEAN AFFAIRS

December 28, 1944.

A-EE
Mr. Dunn:

    Others in OSS besides Spencer Phenix seem to have the idea that their organization could, if we gave them the green light, bring about the downfall of Franco and his Falange. I had not previously seen it put down in writing. I am old-fashioned enough to feel that we should not through <u>any</u> American agency interfere <u>directly</u> (as this proposal would seem to involve) in Spanish political affairs. I do not believe that any successful movement against Franco can be accomplished by any one of the many opposition elements which of course includes the Basque element. I think it rather naive of OSS to think, as suggested by Phenix, that this "general program" could be executed without "diplomatic embarrassment". They have not been able to conduct their own so-called legitimate work in Spain without embarrassment to us.

WE:PTC:MDM   Paul T. Culbertson

A-EE
Mr. Dunn:
    I do not believe that we can hope for satisfactory relations between the United States and Spain so long as General Franco heads the Spanish Government and the Falange continues to exist. I think it is "time for a change" in Spain. I think that we should encourage those elements friendly to democracy which would reasonably be expected to bring about such a change. In the forefront of these ranks are the Basques. I fully share Mr. Phenix's admiration for the Basques and for President Aguirre. The initiative in all of these things, however, must come from the Spaniards themselves in my opinion and we should not take the lead.

John Hickerson

EUR:JH:MSS
1/3/44

Debate en el State Department sobre la posible intervención de los Estados Unidos a favor de la democracia en España

La gente de la sierra

El Roberto — Informe del Partido Comunista
(archivos del partido)

Muñoz Lozano, José, de Madrid. Nació el 3 Sept de 1914.
En la guerra fue comandante de la 46 Division.
Casado, teniendo su esposa y hijo en Francia.
Dependiente de comercio. Ingresó en el Partido en Agosto de 1936, procedente de las J.S.U. (Juventud Socialista Unificada). En Francia su unidad pasó integro al campo de St Cyprien, no habiendo sufrido alteración en el Partido. En Marzo de 1939 trasladado a Barcares, ahí se deseminaron. Entonces tomó contacto con el Partido y fue nombrado S.G. de barraca de oficiales de su islote. Debido a una delación contra la organización del Partido vió conveniente de pasarse a la base y en cuerpo de tren a fin de pasar desapercibido.
En Febrero de 1940 fue trasladado a Argéles e incorporado en un G.T.E. (Groupes des Travailleurs Étrangers), siendo de la troika de la dirección, siendo llevados por los alemanes a Lorient. Ahí permaneció dos meses sin control. Al tomar contacto quedó hasta Diciembre de 1943 donde fue enviado por el P. a Tours siendo encargado por el Regional de la Secretaria de cuadros de departamento de Indre e Loire permaneciendo hasta Febrero del 44 qué fue encargado del movimiento de guerrilleros de la region comprendiendo 7 departamentos, actuando hasta el 20 de Agosto, donde en un combate con los alemanes resueltó herido, estando hospitalizado hasta el 10 de Sept donde resumió sus funciones. Entonces fue encargado por la Agrupación de reunir todos los guerrilleros de aquellos regiones y formar una division que se llamará Número 11. Fue organizada con 5 Brigadas y un efectivo de mil sietecientos hombres. Luego pasó a la Agrupación (de Guerrilleros Espanoles??) y más tarde al E.M. de la 204 Don y más tarde al mando de un Box o Boa (Brigada?)?? de FFI (Fuerzas Francesas del Interior).

Caracteristicas dadas por Gimeno:
"Conocí a este camarada en el 40 en el campo de Argéles. La vida del la organización del Partido en aquella epoca era muy debil y durante periodos incluso nula. Había una dirección del campo floja y apática y puede decirse que los camaradas nos orientabamos en cada grupo según nuestro proprio criterio.
Muñoz integraba uno de los grupos en donde solo había comunistas y su actuación fue correcta hasta que pasó a ser teniente en su compañía, cosa que le llevó a despegarse de los demas camaradas, a hacer una vida más común con el jefe español de la compania, que por cierto era un 'cabrón' y a crearse ambiente poco simpático entre los camaradas."

La gente de la sierra

IERNO CIVIL DE MÁLAGA

SECRETARÍA GENERAL

2/7 0 - 71

Excmo. Sr.

Según me comunica el Teniente Coronel Primer Jefe de ésta Comandancia de la Guardia Civil, el día 20 del actual le fué comunicado que en las proximidades del pueblo de Frigiliana, de ésta provincia, un individuo desconocido había agredido con golpes de hacha a un soldado moro del Grupo de Regulares allí destacado, causándole diversas heridas, por lo que inmediatamente se trasladó a dicho punto con el fin de informarse e impulsar los servicios, resultando que aproximadamente a las 11 horas del expresado día, el soldado moro MOHAMED BEN ABDELA, número 10.931 del Grupo de F.R.I. Alhucemas núm. 5, en unión de otro soldado indígena se distanció de su acuartelamiento y se dirigió a un arroyo que pasa por las cercanías de aquél con objeto de bañarse, separándose ambos soldados cuando encontraron el sitio propicio para el baño.

Una vez desnudo el soldado MOHAMED, vió acercársele dos individuos desconocidos que aparentemente iban sin armas y cuando aquél volvió la espalda a los recién llegados, aprovecharon éstos tal circunstancia para lanzarse sobre el desprevenido moro asestándole tres golpes de hacha que le alcanzaron en la cabeza y en la clavícula izquierda, dándose inmediatamente después a la fuga y dirigiéndose entonces el agredido a su acuartelamiento salió del mismo fuerza de Regulares para batir el terreno al igual que lo hacía el personal de la Guardia Civil del Grupo de aquélla residencia y se movilizaban los restantes limítrofes.

Practicadas investigaciones ha podido averiguarse que los autores de la agresión fueron los vecinos de Frigiliana ANTONIO PLATERO MARTIN, JOSE CASTILLO MORENO y ANTONIO SANCHEZ MARTIN, los cuales indudablemente, después de cometida la agresión se internaron en la sierra con ánimo de unirse a los bandoleros.

A este respecto, es de hacer constar que como consecuencia de anteriores investigaciones realizadas, pudo comprobarse que el citado ANTONIO PLATERO MARTIN era un enlace de los bandoleros a los cuales facilitaba comida y otros efectos. Al realizarse éste descubrimiento, hace aproximadamente mes y medio, se le hizo presente la responsabilidad en que había incurrido y se le instó a que trabajara con las fuerzas de la Guardia Civil, manifestando que incondicionalmente se ponía de nuestra parte y que daba comienzo a sus pesquisas para la localización de las partidas de forajidos, resultando en definitiva, según se comprueba por los hechos, que durante este lapso de tiempo, despreciando la oportunidad que por nuestra parte se le brindaba se ha puesto de acuerdo con aquéllos para engrosar sus filas, llevándose además a otros vecinos de la misma localidad, después de haber cometido un hecho delictivo para responsabilizarse, sin cuyo requisito, al parecer, no eran admitidos.

Las fuerzas que habían sido movilizadas montaron servicios de apostadero y sobre las 1,30 horas del día 23, un grupo que cubría el sitio conocido por "Loma de Vacas" (G..C. 280-580), del término de Frigiliana, advirtió la presencia de tres desconocidos que avanzaban adoptando precauciones y cuando los tuvo suficientemente próximos, les dieron la voz de "alto a la Guardia Civil", emprendiendo entonces veloz carrera los citados desconocidos con ánimo de escapar, cuya maniobra fué impedida por la fuerza, ya que ésta al apreciar eran desconocidas sus intimaciones, hizo fuego dando muerte a los expresados sujetos

Informe de la Guardia Civil sobre el atentado contra un soldado moro y la muerte de tres sospechosos en la Loma de las Vacas

La gente de la sierra

Transcripción literal de textos o declaraciones testificales: Copia de una Orden de la 136ª Comandancia de GRANADA, número 82, correspondiente al día 16 de febrero de 1.951.-

"ARTICULO UNICO.-Cuando fuerzas del Puesto de Sorvilán y Destacamento de Rubite, formando un Grupo a las órdenes de sus respectivos Cabos jefes de dichos Puesto y Destacamento, reconocían el día 31 del mes anterior un barranco situado entre la Cortijada "Las Casillas y el Caserío llamado Haza del Lino, del término de POLOPOS, como consecuencia de haber tenido noticias que merodeaban por aquellos lugares una partida de bandoleros mando del criminal foragido "PACO EL POLOPERO" fueron aquellas inopinadamente agredidas por los malhechores.- Repelida la agresión con magnífico espíritu, quedó muerto sobre el terreno uno de los bandoleros, huyendo el resto de la partida, que fue perseguida tan acertadamente que dichas fuerzas y otros más que acudieron, bajo el mando directo todas ellas del Teniente Jefe de Grupo de Velez Benaudalla, siguiendo directrices marcadas por el Capitán de la 10ª Compañía, que nuevamente el día 1º del actual lograron provocar un segundo encuentro en otro barranco del mismo término, en que dieron muerte a otro bandolero.- Sin interrumpir el servicio de persecución en días sucesivos, puesto que se tenía la impresión de que los restantes foragidos en número de CUATRO se ocultaban en aquélla zona, pudiendo lograr las mismas fuerzas otro nuevo encuentro el día 5, que dió por resultado la muerte de un tercer bandolero y la captura de otro, quedando por ello la partida reducida a dos hombres, cuya persecución se continúa.-

Identificados los cadáveres resultaron ser DANIEL VILLENA RUIZ (a("Gregorio", de Torrox (Málaga), BLAS MARTIN NAVAS (a) "Gonzalo", de Frigiliana (Málaga) y JOSE MARTIN SANCHEZ (a) "Domingo", tambien de Frigiliana (Málaga), identificándose igualmente el bandolero capturado, todos ellos autores de numerosos hechos vandálicos y los tres - primeros veteranos de las partidas de la citada agrupación.- Les fueron ocupadas CUATRO escopetas, una pistola y macutos con efectos.- Los tres encuentros sucesivos logrados, dicen en favor de las expresadas fuerzas, mucho más que todos los abjetivos encomiásticos que puedan escribirse predominando entre todas las virtudes demostradas,, el decidido empeño de acabar con la partida.- En su consecuencia se han propuesto las siguientes recompensas:

. . . .

Un informe de la Guardia Civil da parte de la muerte cerca de Polopos, provincia de Granada, de tres guerrilleros, uno de Torrox y dos de Frigiliana

La gente de la sierra

Se busca vivo o muerto – informe de la Guardia Civil año 1950 con detalles de Roberto y su agrupación

2646

Consecuente al escrito de ese Juzgado de fecha 23 del actual, dimanante de la Causa número 885/50, que instruye con motivo de la muerte del Cabo 1º Alvaro Martínez Atance y Guardia segundo Antonio Martínez Martínez, heridas del de igual Clase Leonardo González Málaga y lesiones del Teniente Don Antonio Navarro López, tengo la distinción de participar a V.S. las medias filiaciones de los bandoleros relacionados en su expresado escrito, según se refiere a continuación:..

JUAN JOSE ROMERO PEREZ (a) "Roberto" en la Agrupación de su nombre, natural de Madrid. Se ignoran otras circunstancias.

MANUEL JURADO MARTIN (a) "Clemente" en la Sierra y en su pueblo (a) "El Fraile", nació en Torrox (Málaga), de 36 años, soltero, del campo, hijo de Rafael y Nieves, vecino de Torrox.

FRANCISCO SANCHEZ GIRON (a) "Paquillo" en la Sierra, nació en Bolivar (República Argentina), de 41 años, soltero, jornalero, hijo de Adrian y de Plácida, vecino de Olmedo de Camaces (Salamanca), con domicilio en la calle Larga número 7.

FERNANDO ROMERO CALVO (a) "Ignacio" en la Sierra y en su pueblo (a) "Zagala", nació en Agrón (Granada), de 26 años de edad, soltero, campesino, hijo de José y de Carmen, vecino de Agrón.

JOSE NAVARRO GARCIA (a) "Lorenzo" en la Sierra y en su pueblo (a) "Yeguero", nació en Agrón (Granada), de 27 años, soltero, campesino, hijo de Luis y Josefa, vecino de Agrón.

MANUEL MARTIN GARCIA (a) "Guillermo" en la Sierra y en su pueblo (a) "El Chiapas", nació en Agrón (Granada), de 29 años, soltero, campesino, hijo de José y de María, vecino de Agrón.

JUAN GARCIA ROSAS (a) "Horacio" en la Sierra y en su pueblo (a) "Chavo", nació en Salar (Granada), de 37 años, soltero, campesino, hijo de Antonio y de Esperanza, vecino del Salar con domicilio en la Plaza Los Laureles.

GENARO ALMIRON PINILLAS (a) "Félix" en la Sierra y en su pueblo (a) "Maquis", de 37 años, soltero, campesino, hijo de Genaro y de María, vecino del Salar, con domicilio en la calle Santa Ana.

JOSE MOLINA CARDENAS (a) "Moisés" en la Sierra y en su pueblo (a) "El Jorge", nació en Salar (Granada), de 28 años, soltero, campesino, hijo de Antonio y Caridad, vecino del Salar, domiciliado en el cortijo Cachas de Mosto.

ANTONIO PLATERO AYLLON (a) "Ricardo" en la Sierra y en su pueblo (a) "Chispa", nació en Frigiliana (Málaga), de 24 años, soltero, carbonero, hijo de Blas y de Dolores, vecino de Frigiliana.

JUAN ORTIZ LOPEZ (a) "Valero" en la Sierra y en su pueblo (a) "Chisgatillo", de 29 años, nació en Escúzar (Granada), soltero, jornalero, hijo de Cipriano y Serafina, vecino de Escúzar.

ANTONIO SANCHEZ MARTIN (a) "Manuel" en la Sierra y en su pueblo (a) "Lomas", nació en Competa (Málaga), de 32 años, casado, campesino, hijo de Antonio y de Virtudes, vecino de Frigiliana (Málaga), con domicilio en la Calle Alta.

JOSE ALVAREZ MESA (a) "Pascual" en la Sierra y en su pueblo (a) "Violin" y "Nacaso", nació en Torrox (Málaga), de 43 años, casado, campesino, hijo de Francisco y de Ana, vecino de Torrox, con domicilio en la calle Pontil

La gente de la sierra

..ga,sino que ello sirve tambien para limpiar de bandoleros a la Provincia de Cadiz.

Como consecuencia de los servicios que a grandes rasgos se explican anteriormente,queda por completo tranquila y limpia de bandolerismo la casi totalidad de la provincia, pues solamente se acusa la presencia de aquellos en la zona afectada por los hombres del "ROBERTO" que tienen sus guaridas en los límites cin Granada.

No ha descuidado este Jefe durante el tiempo que han tenido lugar las acciones anteriores,combatir al numeroso grupo de bandoleros que siguen al "ROBERTO" y asi ha desplegado y situado sus Fuerzas en número y forma tal,que obligan a la"Agrupación " a cambiar frecuentemente su emplazamiento;les corta con clara visión de la situación elm suministro en grandes proporciones;detiene a sus enlaces en número de unos 250 y cuando los forajidos se deciden a merodear de nuevo dentro de la provincia de Málaga,han de hacerlo bajando al llano en pequeños grupos,circunstancia que les obliga a tener una mayor movilidad y exposición,con lo que se aumenta las ventajas de O.P. represoras en todos los aspectos y terrenos.

Bien pronto cunden entre los forajidos las deserciones y se realizan servicios y asi en el mes de Diciembre se dá muerte en Riogordo a tres bandoleros de importancia. En el mes de enero de 1.951 se eliminan a dos y se capturan otros dos.Continuan las deserciones y presentaciones a nuestras fuerzas y se tenía noticias de que se desmoronan la citada"Agrupación". Siguen muriendo bandoleros en encuentro con la fuerza y en el mes de Abril se liquida a los jefecillos "Arturo" y "Mario" hasta que,

El dia 26 de septiembre de 1.951,como consecuencia de una pa ciente delicada y extraordinaria labor de este Teniente Coronel,realizada con un trabajo improbo,fuerzas destacadas por él con ordenes concretas y terminantes capturan en Madrid al Jefe de dicha "Agrupación Guerrillera apodado "ROBERTO", y a su lugarteniente "PAQUILLO" que ya habian desertado dejando abandonadas a sus huestes,y se apresa tambien a la conocida y peligrosa elemento comunista apodada " LA TANGERINA".

Culminan los servicios de este Jefe con una visión perfecta del problema al introducirse por correspondencia con nombre supuesto en el corazón de la "Agrupación" y conseguida esta maravillosa estratagema,no tuvo más que irles ordenando y asi ha conseguido traerlos a Málaga en grupos de dos para seguir a Madrid a unirse al P.C.entregando previamente las armas y procediendo entonces a su detención,habiendo conseguido por este procedimiento la captura de todos los Jefes y bandoleros que quedaban en esta provincia,habiendo recogido todas las armas de la "Agrupación",como ametralladores,fusiles,rifles,escopetas,pistolas,radios,prismáticos,brújulas y documentación, en una palabra,todo el arsenal e impedimenta con que contaban, habiendo quedado la provincia sin un solo bandolero,completamente normal y resuelto este gravísimo problema que tanto pesaba sobre la población que estaba atemorizada con los campos casi abandonados y cuando pensar un viaje por carretera era para ella un terror.

Hay que hacer resaltar que todos estos dificilísimos servicios, se han conseguido sin una sola baja para las fuerzas,en contraste antes de su venida que,con frecuencia,se veian guardias caer en el cumplimiento de su deber esterilmente.

Por estas circunstancias,el que suscribe,en nombre y representación de la provincia de Málaga,solicita respetuosamente a V.E. le sea concedida al Sr.Tte.Coronel de la Guardia Civil,Jefe de esta Comandancia DON ANGEL FERNANDEZ MONTES DE OCA,la Encomienda del Mérito Civil.

Dios / . . . .

El Gobernador Civil de Málaga solicita la concesión al teniente coronel Ángel Fernández Montes de Oca de una medalla por su "extraordinaria labor" en la supresión de los rebeldes

La gente de la sierra

Acusado de bandolerismo, Vicente Martín Vozmediano, evitó la pena de muerte delatando a sus camaradas

La gente de la sierra

tijos del campo. Por los órganos de información se fueron descubriendo y en parte captando dichos enlaces y confidentes e igualmente las Organizaciones Comunistas de apoyo y auxilio a los bandoleros, lo cual se efectuó sin practicar un sólo interrogatorio, ni detención de los culpables por el peligro que ésto suponía al suponía al suponía en tre dichos elementos un movimiento de pánico, descubriéndose dichas Organizaciones tan sólo por medio de confidentes sin que se apercibiesen de ello los responsables.

Esta labor, si bien secundada por los encuentros favorables que se sostenían con las partidas de bandoleros, no impedía que el cabecilla continuase cubriendo las bajas y que las Organizaciones del llano siguiesen suministrándoles ropas y alimentos que pagaba la Agrupación con el dinero de los secuestros que realizaron en esta provincia y la de Málaga en dicha etapa,con cuyas cantidades y las procedentes de golpes anteriores, además de los pagos antedichos, abonaban explendidas gratificaciones a los que les auxiliaban distribuyendo de cuando en cuando a cada bandolero la cantidad de 500 pesetas y dando otras cantidades y auxilios a las familias necesitadas de los forajidos y a los enfermos, lo que constituía un aliciente para extender las Organizaciones Comunistas y atraer voluntarios a la Sierra, dadas las privaciones de gran parte dels trabajadores del campo de esta provincia y el crecido número de holgazanes, viciosos y maleantes, hasta tal punto que para las familias de los bandoleros constituía una solución económica el tener a sus maridos o hijos en la Sierra.

Para cortar esta situación, se procedió a detener a las esposas y padres de todos los bandoleros y adoptar medidas contra sus haciendas, contrarrestando así el estímulo que provocaba el dinero de la Agrupación.

Paralelamente a ellas se procedió a detener a todos los ex-bandoleros que en años anteriores se habían presentado a las fuerzas mediante una táctica de atracción que se encontraban en libertad en sus pueblos sin prestar ninguna clase de servicios, lo cual constituía otro aliciente para los individuos que se incorporaban a las partidas de la Sierra, pues por medio de esta táctica de atracción, tenían asegurado el regreso a sus pueblos cuando se cansasen de la vida de la Sierra, puás por otra parte dado el escaso número de bajas causadas anteriormente no ofrecía graves peligros.

En esta situación se llegó al 18 de agosto de 1.950 en que habiéndose les causado a las partidas de la Sierra en encuentros con la fuerza hasta esta fecha 49 bajas, de ellas 39 muertos, 3 capturados y 7 presentados y teniendo ya terminados los trabajos de información que permitían conocer en su totalidad los componentes de las Organizaciones Comunistas y de apoyo a los forajidos que mantenían la reclutu en los pueblos y zonas de Loja y Salar, se eligió este momento para efectuar las detenciones simultáneas de todos los responsables concentrando por la noche más de 300 Guardias para rodear ambos pueblos, lo que se ejecutó con tal sigilo y reserva que en la misma fuerza conocía el objeto de la concentración, llevándo a cabo este peligrosísimo servicio con el resultado más satisfactorio, deteniéndose en el pueblo de Salar 93 individuos y en el de Loja 61, huyendo a la Sierra e incorporándose a las partidas tan sólo 8 que se hallaban ausentes de sus domicilios la noche del cerco, cuyo resultado acusa la exactitud de la información, por cuanto no quedó ningún individuo con responsabilidad que nofuese detenido, sin que posteriormente hubiera huído ningún individuo más.

PERIODO FINAL.-

A partir de la fecha de las detenciones y con las distintas medidas adoptadas que se refieren anteriormente, se cortó de manera radical y definitiva la recluta de hombres que cubrían las bajas en las partidas del cabecilla, lo cual dió ocasión en lo. sucesivo para ir realizando otras detenciones de forma metódica en las demás zonas en que no se acusaba un peligro acentuado, continuándose también con más desembarazo la labor informativa para descubrir los enlaces y confidentes que aisladamente y diseminados por el campo y la montaña, auxiliaban a los bandoleros y les proveían de alimentos que aquéllos pagaban esplendidamente, unos movidos por el lucro, otros por el

La gente de la sierra

Resumen del teniente coronel Limia Pérez, jefe de la Comandancia de Granada, sobre la lucha contra la guerrilla

139ª COMANDANCIA DE LA GUARDIA CIVIL (GRANADA).

JEFATURA.

BREVE RESUMEN DEL PROBLEMA DEL BANDOLERISMO DE ESTA PROVINCIA

PRIMERA ETAPA.-

Comprende desde la terminación de la Cruzada hasta Septiembre de 1.946, que se formó la Agrupación titulada del "Roberto".

Al igual que otras muchas provincias españolas quedaron en las montañas de ésta en rebeldía un reducido número de individuos que huyendo de las responsabilidades que habían contraído durante la Guerra, se ocultaron en la montaña y en los pueblos, siendo unos muertos o capturados e iniciando otros una vida de delincuencia basada, en los primeros momentos, en la necesidad de proveerse de ropas y alimentos. Este período duró aproximadamente hasta los años 1.943 y 1.944, no revistiendo en general gravedad la situación creada por estos individuos, que entonces se denominaban "huídos", pués ni sus fechorías revestían carácter grave, ni su número aumentaba, sino por el contrario se iba reduciendo por las bajas que se les causaban.

A fines de 1.944, próxima la victoria de los aliados, al iniciarse en España la infiltración de dirigentes y elementos comunistas por los Pirineos y la costa, contituyéndose clandestinamente el Comité Central en Madrid, éste envió parte de sus elementos a dirigir y organizar la acción subversiva en regiones que comprendían una o varias provincias, encuadrándo los grupos de rebeldes dispersos por las montañas en los nuevos grupos infiltrados que se titulaban "guerrilleros" y venían equipados con armamento, generalmente metralletas y en algunos casos con uniforme, si bien la mayor parte de ellos fueron capturados en la Región Catalana y otras provincias del Sur, entre ellas esta de Granada, donde se liquidó un grupo de diez "guerrilleros" en el año 1.945 y otro grupo que se dividió entre esta provincia, Almería y las limítrofes en el mismo año, que también fueron liquidados en su mayor parte.

Los escasos elementos que se infiltraron en esta provincia, se encargaron del mando, organización y unificación de los rebeldes, cuya acción debía ser simultánea con la creación de Comités Comunistas Clandestinos en los pueblos, con miras a la extensión de la propaganda y buscando el debido apoyo para dichas guerrillas.

En esta provincia se inició la organización de las partidas en la Sierra conforme a las normas anteriores a fines de dicho año 1.944 y durante el 1.945, constituyendo formar grupos de bandoleros que actuaron principalmente por Sierra Nevada, La Alpujarra y la zona de esta Capital, comprendiendo también parte de la provincia de Almería en su límite con ésta.

Estas partidas, carecían de disciplina y los mandos de prestigio y autoridad, por lo cual su acción era desordenada y carente de unidad, enfrentándose con frecuencia los mandos de las distintas fracciones, por no reconocerse superioridad o dependencia jerárquica.

SEGUNDA ETAPA.-

Comprende la actuación de la Agrupación del "Roberto" en esta provincia y la de Málaga hasta Octubre de 1.949.

En esta situación se mantuvieron las partidas sin unidad de acción ni de métodos hasta el año 1.946, que aparece un individuo enviado por el Comité Comunista Central, conocido por el "Roberto", al que se atribuye el nombre de Juan José Romero Pérez, si bien no ha sido posible encontrar antecedentes de este nombre en ningún archivo, ni

La gente de la sierra

temor, a fin de poder continuar viviendo en los cortijos y otros por amistad e identidad de ideología con la Agrupación, cuyos enlaces y confidentes una vez descubiertos fueron captados — y preparados para nuestro servicio observándose que en gran parte de los casos eran desleales y continuaban sirviendo a los bandoleros, por lo cual fué necesario actuar enérgicamente contra dichos enlaces para lograr su colaboración y lealtad, obteniéndose con las medidas adoptadas los frutos que iban recogiéndose en los distintos encuentros cuyo método y táctica se continúa en la actualidad con resultado satisfactorio.

Para la más clara apreciación de los resultados obtenidos en esta tercera etapa, me permito acompañar el estado número 3 que comprende la totalidad de las bajas causadas a la Agrupación del "Roberto" tanto en esta provincia como en las demás donde actuaban.

En vista de los resultados anteriores se pudo disminuir el dispositivo de fuerza en la provincia retirándose en el mes de octubre de 1.950 las últimas fuerzas de Infantería que se hallaban destacadas y en marzo del año actual, el Tabor de Regulares, quedando reducido solamente a la fuerza de la Comandancia, aunque las primeras no tenían otra misión que permanecer en sus destacamentos a la expectativa realizando sus servicios de convoyes y otros de régimen interior sin mezclarse con los servicios del Cuerpo y en cuanto al Tabor, operaba al mando de sus jefes y bajo la dirección de la Comandancia en servicios de conjunto como reconocimientos del terreno, cercos u otra clase de operaciones, por cierto con gran compenetración y hermandad con la fuerza del Cuerpo.

De acuerdo con el estado número 3 que se cita anteriormente, le quedan actualmente a la Agrupación del "Roberto" 28 hombres, 12 de los cuales mandados por el bandolero "Pablo" actúan en esta provincia por las zonas de Cázulas y la Alpujarra sin conexión y con independencia del cabecilla por no haber logrado establecer contacto con éste desde principios del año actual.

Los 16 restantes forman un grupo que se titula de Enlace y se halla establecido desde diciembre del año anterior en la provincia de Málaga, en la zona comprendida entre Frigiliana y Boquete de Zafarraya, que abarca las Sierras Tejeda y Almijara, formándose de este grupo una partida de 6 ó 7 hombres para cada salida, que hace alguna incursión en esta provincia.

De lo expuesto, se deduce que la en otro tiempo pujante Agrupación del "Roberto", se encuentra hoy totalmente batida y destrozada, desmoralizados y perseguidos sus componentes y faltos casi totalmente del apoyo de la población del campo y de los pueblos en donde ha renacido la tranquilidad y confianza en su próximo exterminio, viéndose forzados contra su voluntad a la comisión de atracos para procurarse víveres y ropas, por haber casi agotado los fondos procedentes de los secuestros, que cada día se les presentan más difíciles, siendo por todo ello de esperar que el problema del bandolerismo sea en fecha próxima totalmente liquidado.

Para la obtención de estos resultados, se han puesto a contribución por las distintas fuerzas, sus virtudes militares, tanto para atacar a los bandoleros como para aportar las penalidades de este duro servicio, habiendo sufrido en el cumplimiento de este sagrado deber las bajas que se consignan en el estado número 4.

Granada, 4 de Septiembre de 1.951.
EL TENIENTE CORONEL PRIMER JEFE DE LA COMANDANCIA:

La gente de la sierra

Interrogatorio del general Manuel Prieto

Un detalle curioso del juicio por el intento golpista del 23 de febrero de 1981 cuando el teniente coronel Antonio Tejero asaltó Las Cortes. El general Manuel Prieto fue citado como testigo por su presencia en el Congreso en un momento crítico.

El País, 14/04/1982

A las 12.55 horas comenzó el interrogatorio del general de la Guardia Civil Manuel Prieto, que se encuentra en situación especial. Este testigo compareció vistiendo uniforme de la Benemérita y dijo tener amistad con bastantes de los procesados, y sentir admiración por todos ellos.

A preguntas del defensor de Tejero, López Montero, que le había citado como testigo, Prieto dijo que encontró en la puerta de la dirección general de la Guardia Civil a Aramburu, quien le dijo que iba a enterarse de qué pasaba, y a cuya comitiva se unió. Ambos entraron juntos en el Congreso.

El general Prieto añadió que él permaneció en el Congreso cuando marchó Aramburu, y que habló siete u ocho veces con Tejero, quien le dijo que cumplía órdenes del Rey, lo que él comunicó a su vez a varias emisoras y el propio Aramburu. Agregó el testigo que los Guardias esperaban una autoridad militar.

—López Montero: ¿Observó serenidad y disciplina en los Guardias?

—Prieto: Con gran extrañeza por mi parte, sí. Observé gran serenidad en los Guardias y en Tejero. Respecto a la disciplina, bueno, salvo no obedecer a su director general, sí, porque obedecieron a quien mandaba en aquellos momentos, que era Tejero.

—López Montero: ¿Le dijo Tejero que la autoridad esperada era Armada?

—Prieto: No, eso no me lo dijo.

—López Montero: ¿Cómo se enteró usted de que Armada era la autoridad militar esperada?

—Prieto: Yo intenté saber quién era el jefe de Tejero, y éste me dijo que su único interlocutor válido era Armada. Yo salí y se lo dije: a Aramburu, quien intentó localizar a Armada.

—López Montero: ¿Oyó usted vivas a España, al Rey y a la Guardia Civil?

—Prieto: Sí. Cuando llegó el bando de Milans. Cuando llegó Armada, dijeron que ya habían ganado.

—López Montero: ¿Tuvo usted la impresión de que los asaltantes al Congreso se rebelaban?

—Prieto: No, porque dijeron que actuaban a las órdenes del Rey.

BIBLIOGRAFÍA y FUENTES

Guerrilla en la Axarquía

Azuaga Rico, José María: *Tiempo De Lucha. Granada-Málaga: Represión, Resistencia y Guerrilla, 1939-1952*, Editorial Alhulia, Salobreña, 2014; *La guerrilla antifranquista en Nerja*, Izquierda Unida, Nerja, 1996;
Heine, Hartmut & José María Azuaga Rico: *La oposición al franquismo en Andalucía Oriental*, Fundación Salvador Seguí, Madrid, 2005.
Morente Jiménez, Juan: *Causa Perdida — Agrupación Guerrillera Málaga-Granada*, La Serranía, 2016.
Olmo, Juan Fernández: *Episodios del maquis en la Axarquía*, Vélez-Málaga, 1999.
Romero Navas, José Aurelio: *La guerrilla en 1945 - Proceso a dos jefes guerrilleros*, Diputación de Málaga, 1999; *Recuperando la memoria - entrevistas orales a los protagonistas de la época guerrillera antifranquista*, Diputación de Málaga, 1997; *Censo de guerrilleros y colaboradores de la agrupación guerrillera de Málaga-Granada*, Diputación de Málaga, 2004.

Historia de la Axarquía

Caro Baroja, Julio: *Los moriscos del reino de Granada*, Ediciones Istmo, Madrid, 1985.
Hurtado de Mendoza, Diego: *Guerra de Granada*, Castalia, Madrid, 1970.
Montoro Fernández, Francisco: *Bandoleros de la Axarquía*, Acento Andaluz, Málaga, 2001.
Navas Acosta, Antonio: *Vida y diáspora morisca en la Axarquía veleña*, Málaga, 1995.
Rojo Platero, Pablo: *Cien años de Nerja y Frigiliana en fotos*, Nerja, 2004.
Ruiz García, Purificación: *La taha de Frigiliana después de la Conquista*, Arte y Cultura, Vélez-Málaga, 1994.
Sánchez Sánchez, Antonio: *Cronología de Frigiliana y otros datos*, sin publicar.

La gente de la sierra

General

Acosta Bono, Gonzalo, José Luis Gutiérrez Molina, Lola Martínez Macías, Ángel del Río Sánchez: *El canal de los presos 1940-1962*, Crítica, Barcelona, 2004.
Aguado Sánchez, Francisco: *El maquis en España*, Editorial San Martín, Madrid, 1975; *El maquis en sus documentos*. Editorial San Martín. Madrid, 1976; *Historia de la Guardia Civil (1936-1952)*, Planeta, Barcelona, 1984.
Allan, Ted & Sydney Gordon: *The scalpel, the sword - The story of Dr Norman Bethune*, McClelland & Stewart, Toronto, 1989.
Andalucía, Historia de los Pueblos de España, Argos Vergara, Barcelona, 1984.
Barranquero Texeira, Encarnación: *Málaga entre la guerra y la posguerra*, Editorial Arguval, Málaga, 1994.
Beevor, Antony: *La guerra civil española*, Booket, 2011.
Blaye, Edouard de Blaye: *Franco and the politics of Spain*, Pelican, 1976.
Boyle, Andrew: *The climate of treason*, Hutchinson, London, 1979.
Brenan, Gerald: *El laberinto español,* Austral, 2017.
Bristow, Desmond: *A game of moles – The deceptions of an MI6 officer*, Warner Books, London, 1994.
Brown, Anthony Cave: *Bodyguard of lies*, W.H.Allen, London, 1976; *The last hero – Wild Bill Donovan*, Vintage Books, New York,1984.
Burgos, Antonio: *Andalucía, ¿Tercer mundo?*, Ediciones 29, Barcelona, 1971.
Burns, Jimmy: *Papa Spy*, Bloomsbury, 2009.
Carrillo, Santiago: *Memorias*, Editorial Planeta,1993.
Coon, Carleton S.: *Adventures and discoveries*, Prentice-Hall, New Jersey, 1981; *A North African story — The anthropologist as OSS agent 1941-43*, Gambit, Ipswich (Mass.), 1980.
Debray, Régis y Gallo, Max: *Y mañana España*, entrevista con Santiago Carrillo, Editorial Laia, Barcelona, 1977.
Díaz Carmona, Antonio: *Bandolerismo contemporáneo*, CBC, Madrid, 1969.
Domingo, Alfonso: *El canto del búho*, Editorial Oberon, Madrid, 2002.
Estruch Tobella, Joan: *Historia oculta del PCE*, Temas de Hoy, Madrid, 2000.
Fernández Vargas, Valentina: *La resistencia interior en la España de Franco*, Ediciones Istmo, Madrid, 1981.
Gibson, Ian: *Paracuellos — cómo fue*, Temas de Hoy, Madrid, 2005; *Vida, Pasión y Muerte de Federico García Lorca*, Debolsillo, 2016.
Hayes, Carlton J.H.: *Wartime mission in Spain*, Macmillan, New York, 1945.
Heine, Hartmut: *La oposición política al franquismo*, Crítica, Barcelona, 1983.
Ibárruri, Dolores: *Memorias de Pasionaria 1939-1977*, Editorial Planeta, Barcelona, 1984.
Kaiser, Carlos J.: *La guerrilla antifranquista*, Editorial Crítica, Madrid, 1976.

La gente de la sierra

Lafuente, Isaías: *Esclavos por la patria*, Temas de Hoy, Madrid, 2004.
Leguineche, Manuel y Jesús Torbado: *Los Topos*, Capitán Swing Libros, Madrid 2010.
Líster, Enrique: *Así destruyó Carrillo el PCE*, Editorial Planeta, Barcelona, 1983; *Basta!!*, Editorial Guillermo Del Toro, Madrid 1981.
Martín de Pozuelo, Eduardo, y Ellakuria, Iñaki: *La guerra ignorada – Los espías españoles que combatieron a los nazis*, Debate, 2008.
Martinez López, Francisco (Quico): *Guerrillero contra Franco, Guerrillero contra el olvido*, Latorre Literaria, 2011.
Morán, Gregorio: *Grandeza y miseria del PCE 1939-85*, Editorial Planeta, Barcelona, 1986.
Moreno Gómez, Francisco: *La resistencia armada contra Franco*, Editorial Crítica, Barcelona, 2001.
Nadal Sánchez, Antonio: *Guerra Civil en Málaga*, Editorial Arguval, Málaga, 1984.
Pons Prades, Eduardo: *Guerrillas españolas 1939-1960*, Editorial Planeta, Barcelona, 1977.
Preston, Paul: *Franco, Caudillo de España*, Mondadori, Barcelona, 1994; *El Holocausto Español*, Debolsillo, 2013; *El zorro rojo: biografía de Carrillo*, Debate, 2013.
Ruiz Esteban, Francisco: *Los Hijos de la Noche*, CajaGranada 2008; *Morir en Granada – Los hermanos Quero*, 2010; *Vivir entre tinieblas*, 2013.
Serrano, Secundino: *Maquis*, Temas de Hoy, Madrid, 2001.
Sorel, Andrés: *La guerrilla antifranquista - La historia del maquis contada por sus protagonistas*, Editorial Txalaparta, Tafalla, 2002.
Talty, Stephan: *Garbo, El Espía*, Destino, 2013.
Thomas, Hugh: *The Spanish Civil War*, Penguin, London, 1965.
Torres, Rafael: *Los esclavos de Franco*, Oberon, 2006; *Víctimas de la Victoria*, Oberon, 2006

Informes reservados de la Guardia Civil
Limia Pérez, Eulogio: *Resumen del problema del bandolerismo en la provincia de Granada*, Granada, 1951; *Reseña general del problema del bandolerismo en España después de la guerra de liberación*, elaborado para la Dirección General de la Guardia Civil, Madrid, 1957.

Documentales de televisión
Agente Sicre, el amigo americano, y *Espías en la arena*, Quindrop Producciones Audivisuales.
La guerrilla de la memoria, Oria Films.
Las fosas del olvido, Argonauta Producciones, TVE.
Movimiento guerrillero en Andalucía – El maquis, Cibeles TV, Canal Sur.

Periódicos
Sur de Málaga, *Ideal* (Granada), *Patria* (Granada).

La gente de la sierra

Otras publicaciones
Por La República, órgano del ejército guerrillero de Andalucía.
Mundo Obrero, 1944-1952, órgano del PCE.
Nuestra Bandera, 1945-1952, órgano del PCE.
Crónicas publicadas por la asociación La Gavilla Verde
con motivo de las Jornadas El Maquis en Santa Cruz de Moya.

Archivos
Archivo General Militar de Ávila.
Archivo Histórico Provincial de Málaga.
Archivo Histórico, Partido Comunista de España, Madrid.
Archivos Históricos de la Capitanía General de Granada (Juzgado Togado Militar de Almería y Juzgado Togado Militar de Málaga).
Archivos del Ayuntamiento de Frigiliana.
Archivos del Gobierno Civil, Málaga.
Asociación de Antiguos Militares de La República, Barcelona.
Biblioteca Nacional, Madrid.
Biblioteca municipal de Granada, Casa de los Tiros.
Biblioteca municipal de Málaga.
Registro civil: Frigiliana, Torrox, Vélez-Málaga, Arenas, Fornes.
Registro parroquial, San Antonio de Padua, Frigiliana.
Estudios Históricos, Dirección General de la Guardia Civil, Madrid.
U.K. National Archives, Kew.
U.S. National Archives and Records Administration, Maryland.

Páginas web
Asociación Archivo, Guerra y Exilio: www.galeon.com/agenoticias/
Foro por la Memoria: www.nodo50.org/foroporlamemoria
www.lagavillaverde.org
http://www.brigadasinternacionales.org/
www.international-brigades.org.uk
www.alba-valb.org (Abraham Lincoln Brigade Archives)
en.wikipedia.org/wiki/XV_International_Brigade
www.lanueve.net (Memoria de la 9ª Compañía del Regimiento de Marcha del Chad)
http://agrupacionroberto.blogspot.com.es
http://www.geocities.ws/eustaquio5/ruta_100dias.html
http://losdelasierra.info/ (dictionnaire des guérilleros et résistants antifranquistes)
http://memoriamalaga.blogspot.com.es

ÍNDICE

Abwehr, inteligencia alemana 44-45
Acosta Martín, Antonio, testimonio personal 142-145
Acosta Urdiales, Bautista (Máximo), guerrillero 101, 261
Agrupación Guerrillera de Levante y Aragón 43, 108
Alonso Vega, Camilo, jefe Guardia Civil 71, 218

bandolerismo 29, 60, 71, 78, 97, 105, 106, 217, 219, 288-290
Bethune, Dr. Norman 32
Bevin, Ernest, declaración 109
Brigada Político-Social 52, 54, 111

Cabo Largo, Guardia Civil 72, 73, 98, 141, 147, 151, 159, 169, 177, 183, 190-192, 196-197, 200, 206, 274
Campillo Gascón, Domingo, cura 39, 94, 95, 96, 185, 205, 239
Carchuna, rescate de presos 42
Carrillo, Santiago
   llega en Argelia 57
   organiza la guerrilla 58-59, 78
   reunión con Stalin 112-113
   el oro de Moscú 113
   acusado por Líster 113
   admite errores 114-115
Castillo Moreno, José (Mocha), guerrillero 93, 262
Cázulas, Marquesa de 68
Centurión Centurión, Joaquín, guerrillero 51, 52, 100, 163, 166

Cerezo Iranzo, Baldomero, alcalde republicano fusilado 33
Cerezo González, Miguel (Jaimito), guerrillero 105, 146-152, 261, 263
Cerro Lucero, combate 77, 165, 255 puesto Guardia Civil 87
Cerro Verde, combate 109, 301, 310
Churchill, Winston, gratitud de 109
Conejero Espada, Sebastián, teniente alcalde, fusilado 33
contrapartidas 92, 178
Coon, Carleton S., agente OSS 46-49
Cortijo Los Caños, tres asesinados 85, 145, 233, 264, 267, 269, 273
Cruz de Napoleón, dos asesinados 87-88, 186-187, 228

de la Torre Núñez, Federico, testimonio personal 127-132
desaparecidos 82-84
Donovan, William A., jefe OSS 44
Downes, Donald C., agente OSS 47-49, 50

Eddy, William A., agente OSS 44, 46, 47, 50
El Acebuchal 82, 131, 240-243, 247-251
El Darra, Hernando, Morisco 26-27
El Ingenio, fábrica azúcar 29, 30, 72, 127, 128, 133, 134, 144, 154, 189, 205, 224, 227
El Melgares, bandolero 29
Fernán Núñez, Duques de 29-30, 127

La gente de la sierra

Fernández Montes de Oca, Ángel, comandante GC 91, 102, 105, 176, 286
Fernández Muñoz, Joaquín, oficial GC 91, 93-97, 105, 177
Fernández Ortega, Paulino, secuestrado 82, 259
Franco, Francisco
　mensaje de Roosevelt 45
　preocupado por OSS 54
　"un traje democrático" 109
　"un esfinge sin secreto" 109
　tranquiliza a los monárquicos 110
　firma sentencia de muerte 118
　canal del Guadalquivir 123

Frigiliana
　último de la sierra 25, 83, 271
　historia 26-30
　apodo "aguanoso" 26
　problemas sociales 31
　impacto Guerra Civil 31-33
　fusilados en 1937 33
　caídos en la guerra 38
　condiciones posguerra 34-39

García Herrero, Manuel, desaparecido 83, 84
García Martín, Ángel (Marcelo, Zumbo), guerrillero 105, 152, 203, 263
García Martín, Antonio (Gaspar), guerrillero 66, 88, 100 264
García Martín, Antonio, asesinado 94-95, 125, 183, 203-204
García Platero, Miguel Ángel (Espartero), guerrillero 89, 247, 264
Giménez Reyna, Francisco, Guardia Civil 91, 95, 96, 191
Guardia Civil, política oficial 71
　condiciones del servicio 89-92
　muertos en Cerro Verde 89
Guerra de Independencia 28
Guerrero Rivas, Amparo, testimonio personal 133-135
guerrilleros
　llegadas de África 41
　agrupaciones formadas 43
　medidas represivas 70-72
　himno guerrillero 74
　valor, resistencia 75
　señales 76
　armas 76
　justicia guerrillera 81, 85
　abandonados 100
　condenados 105
　coste humano 116-117
　el último guerrillero 118-119
Gutiérrez Rodríguez, Ana (La Tangerina) 69, 101

Hayes, Carlton J.H., embajador americano 52-56, 279, 280
Herrero, Miguel Ángel, asesinado 70
Hoare, Sir Samuel, embajador británico 45, 110
Hoover, Edgar J., su aviso 57

Ibárruri, Dolores (La Pasionaria) 58, 59, 76, 112-115
Iglesia católica
　parroquia saqueada 31
　su papel 37-38
　bodas de los pobres 39
invadir España, propuesta OSS 45-46
Iranzo Herrero, Francisco, asesinado 88, 186-187

Kremlin, visita de Carrillo, 86, 112-113

Ley de Fugas 72, 83, 86, 89, 171, 177, 218, 257

La gente de la sierra

Limia Pérez, Eulogio, comandante GC 75, 91, 100, 101, 106, 111, 117
Líster, Enrique, 112, 113
Loma de las Vacas, los muertos 93-98, 117, 125, 131, 195, 283
López Centurión, José (Rodolfo), guerrillero 67, 68, 81, 159-173
López Centurión, Francisco (Lucas), "ajusticiado" 100, 160, 169, 170, 172
López Jurado, José (El Terrible) asesinado 88, 186-187
López Navas, Justo, intento de secuestro 70
Los Frailes, hermanos Antonio (Felipe), Manuel (Clemente) y Rafael (Nico) Jurado Martín 66, 67, 89, 100, 137, 138, 149, 163, 170, 173, 233

Málaga capital
  1937, caída y huida 30, 32-33
  ambiente posguerra 39-40
  cárcel 122, 123
Martín García, Miguel, cura 170-171, 182, 197, 201
Martín Navas, Blas (Gonzalo), guerrillero 100, 151, 191, 264
Martín Navas, José (Tomás), guerrillero 68, 73, 105, 210, 211, 213, 265
Martín Navas, Sebastián (Federo), guerrillero 99, 266
Martín Ruiz, Antonio, testimonio personal 254-256
Martín Ruiz, Manuel, asesinado 94-98
Martín Ruiz, Virtudes, testimonio personal 188-199
Martín Triviño, Francisco, testimonio personal 122-126
Martín Vargas, Manuel (Felipillo), guerrillero 168-169, 171, 172

Martín Vozmediano, Blas, guerrillero 73, 100, 266
Martín Vozmediano, Sebastián, guerrillero 66, 70, 73, 105, 267
Martín Vozmediano, Vicente, guerrillero 70, 73, 82, 87, 105, 184, 214, 233-234, 267, 274, 287
Mauthausen, campo concentración 42
monfíes, forajidos moriscos 26
Moreno González, Miguel, falangista liquidado 87, 159-160

Navas Iranzo, Sebastián, testimonio personal 82, 140-141
Niños de la Noche 51, 159

Office of Strategic Services (OSS) operaciones, España, Africa 44-56
  campos de instrucción 49
  quejas del embajador 53-55
  Operation Banana 50
  busca de reclutas 278
  aviso del embajador 280
Operation Torch 45-46
Orihuela Herrero, Antonio, testimonio personal 231-236

Padial Martín, Miguel (Campañito), testimonio personal 252-258
Pérez Hidalgo, Pablo (Manolo el Rubio) guerrillero 118-119
Pérez Moles, José (Ranica), guerrillero 73, 240-244, 268
Pérez Moreno, Salomé, testimonio personal 240-244
Pizarro Cruz, Pedro, Guardia Civil, testimonio personal 174-178
Platero Ayllón, Antonio (Ricardo), guerrillero 73, 82, 99, 268, 274
Platero Martín, Antonio (Moreno), guerrillero 93, 105, 269
Platero Navas, Sebastián, desaparecido 70, 83-84

La gente de la sierra

Prieto, Indalecio 115
Prieto López, Manuel, Guardia Civil 84, 90-92, 216-219, 291
Quarton, Harold B., cónsul EE.UU. en Málaga 52, 54

Radio *La Pirenaica* 37, 76, 119
Raya Olalla, Antonio, testimonio personal 226-230
Rescate, aldea ocupada 68
Ricardo Sicre (Sickler), OSS 48, 54
Río de la Miel, "Rusia Chica" 51-52, 60
Roberto
   carácter 62-65, 68-69, 172-173
   en la Guerra Civil 63
   criticado por el PCE 63
   en el Maquis francés 63-64
   organiza su grupo 65-69, 74-75, 78
   guerrilleros "ajusticiados" 99
   detenido 102, 286
   fusilado 106
   informe comunista 282
Rodríguez Liranzo, Miguel, testimonio personal 157-158
Rojas Álvarez, Antonio (Carlillos), guerrillero 101, 269
Rojas Álvarez, José (Arturo), guerrillero 82, 88, 100, 269, 273
Ruíz Cerezo, Antonio (Yelo), guerrillero 105, 270
Ruiz García, Antonio, testimonio personal 153-156

Salado Cecilia, Miguel, guerrillero 80, 107
Sánchez Álvarez, Federico, testimonio personal 220-225
Sánchez García, Ángel, testimonio personal 82, 136-139
Sánchez Girón, Francisco (Paquillo) 66, 100, 101
Sánchez Martín, Antonio (Lomas), guerrillero 25, 73, 93, 234, 239, 271, 273
Sánchez Martín, José (Domingo), guerrillero 73, 100, 271, 273
Santa Cruz de Moya 108, 115
Santisteban Gutiérrez, Manuel, desaparecido 83
Santisteban Gutiérrez, Ana 96
Sicre, Ricardo (OSS) 48, 54
SIS (MI6), servicio inteligencia 50
Sierra de Cázulas, matanza soldados 85, 100, 219
Stalin, aconseja a Carrillo 112-113

Tarbes, delator 91-92, 217-218
topos, los 118-119
Torres Sánchez, Aurelio, testimonio personal 245-251
trabajos forzados 34, 88, 235
Triviño Cerezo, Antonio, asesinado 94-95
Triviño Cerezo, Manuel (Valeriano), guerrillero 70, 105, 187, 238, 271
Triviño González, Rosario, testimonio personal 200-205
Triviño Martín, Antonia, testimonio personal 209-215
Triviño Martín, Eduardo, testimonio personal 179-187

Unión Nacional 42
Urbano Muñoz, Antonio (El Duende) 52, 80, 81, 141
Utrera Molina, José, falangista 40

Valle de Arán, invasión 59, 110, 253
Venta Panaderos 148, 163, 168, 169, 197, 222, 224, 249
Vías Fernández, Ramón, guerrillero 58, 59, 60-61, 65, 161

wolfram, crisis de 55-56

En el año 1971 David Baird compró una casa en Frigiliana (Málaga). Hasta entonces no sabía nada de la turbulenta historia reciente del pueblo. Poco a poco, de sus vecinos, se enteró de lo que habían sufrido en la llamada posguerra y resolvió que alguién debe documentar sus peripecias.

El autor ha colaborado en numerosas publicaciones internacionales. Antes de afincarse en España, trabajó como reportero y redactor en diarios y revistas en varios países, incluso The Times, Daily Express, Ottawa Citizen, South China Morning Post…

Dos veces ganador del Premio Nacional de Turismo para Escritores y Periodistas Extranjeros. Sus libros incluyen *Inside Andalusia, Sunny Side Up, Back Roads of Southern Spain* y *Don't Miss the Fiesta*.

Libros publicados por Maroma Press incluyen:

Between Two Fires - Guerrilla war in the Spanish sierras (edición en inglés de *La gente de la sierra*)

Ensayo
Sunny Side Up — The 20th century hits a Spanish village

Guía
*East of Malaga —
Your guide to the Axarquía and Costa Tropical*

Narrativa
Don't Miss The Fiesta!
Typhoon Season

Infórmese en librerías y por el Internet

Maroma Press

http://maromapress.wordpress.com/
email: maroma.press@gmail.com

Calle Real, 76
29788 Frigiliana
(Málaga)